일제 파시즘체제하의 한국 근대문학비평

1930년대 후반 한국 근대문학비평 이론 연구

Japanese Fascism and Korean Modern Literary Criticism
The Study on Korean Modern Literary Critic Theory in Late 1930's

저자 **이현식**(李賢植)은 1966년 외가인 경기도 여주에서 대어나 조부 때부터 살았던 인
친에서 성장하였다. 연세대학교 영문과를 졸업하고, 같은 대학교 대학원 국문과 석·박
사과정을 마쳤다. 1997년『문학과사회』(문학과지성사 간)의 추천을 받아 문학평론가로
등단하였으며 연세대·인하대·인천대·경인교대·광운대·협성대 강사를 역임하였
다. (재)인천발전연구원에서 문화정책을 연구하는 연구위원을 거쳐 현재 인천문화재단
사무처장으로 근무하면서 인하대에 출강하고 있다. 지은 책으로『문화도시로 가는 길』
(2004, 다인아트 간)과『제도사(制度史)로서의 한국 근대문학』(2006, 소명출판)이 있다.

일제 파시즘체제하의 한국 근대문학비평
: 1930년대 후반 한국 근대문학비평 이론 연구

1판 1쇄 인쇄 2006년 12월 20일
1판 1쇄 발행 2006년 12월 30일

지은이 / 이현식
펴낸이 / 박성모
펴낸곳 / 소명출판
출판고문 / 김호영
등록 / 제13-522호
주소 / 137-878 서울시 서초구 서초동 1621-18 (란빌딩 1층)
대표전화 / (02) 585-7840
팩시밀리 / (02) 585-7848
somyong@korea.com / www.somyong.com

ⓒ 2006, 이현식

값 18,000원

ISBN 89-5626-234-9 93810

일제 파시즘체제하의 한국 근대문학비평

1930년대 후반 한국 근대문학비평 이론 연구

Japanese Fascism and Korean Modern Literary Criticism
The Study on Korean Modern Literary Critic Theory in Late 1930's

이현식

소명출판

책머리에

열 손가락 깨물어서 안 아픈 손가락이 없다고 하지만 통증의 깊이는 다를 수 있다. 이제 또 하나의 책을 세상에 내보내면서 나는 이 책에 대해 각별한 애정을 느낀다. 영문과에 다니던 학부 3학년 때 대학원에 진학해서 한국문학을 공부하자고 마음먹었었다. 대학 3학년이었던 게 1986년이니 그때 대학은 말 그대로 혁명의 전진기지였다. 최루탄 냄새를 맡지 않고 교문을 드나들지 않은 적이 없었다. 그 시절 나는 내가 왜 영문학이라는 학문을 하는지 도무지 정당성을 찾기 어려웠다. 윌리엄 골딩의 『파리대왕(Lord of Flies)』이나 워즈워드의 시를 읽는 일의 가치를 내 안에서 찾기 힘들었다. 지금 생각하면 철모르던 시절의 푸념에 불과하다는 생각이 들지만 그래도 그때는 절실한 바가 있었다. 열심히 운동하던 친구들을 보면서 나는 그렇게 운동을 할 용기도 없었고 도서관에 파묻혀 공부에만 매진할 명분도 찾기 어려웠던 것이다.

대학원 국문과에 입학해서 선배들과 함께 카프(KAPF)를 찾아 읽고 토론을 하면서 나는 비로소 죄책감과 강박관념으로부터 벗어날 수 있었다. 당시 카프는 국문학 연구자들에게 하나의 상징이었다. 카프 연구에서 진보적 문학 연구의 길을 찾은 것처럼 여겨지던 때였다. 나 역시 연구라는 행위를 통해 실천적 삶을 살아갈 수 있다는 생각을 그때 비로소 했다. 어떻게 살아가야 할 것인지가 막연한 가운데에서도 그 형체가 보이는 듯한 느낌을 받았다. 돌이켜 보면 그때 그 시절의 친구들과 선배들은 나로 하여금 삶의 좌표를 제시해 준 고마운 사람들이다. 연세대 국문과의 '연세민족문학연구회'의 회원들, '역사문제연구소' 문학사연구반의 동료들, 지금은 소식조차 알 길이 없는 사람들도 있지만 생각해 보면 우린 참 치열하게 고민하고 토론했었다. 이번에 내는 책에 대해 각별한 감정을 갖는 것도 그와 비슷하다. 한국문학을 공부하겠다고 처음 마음을 먹었을 때부터 고민했던 내용들이 이 책에는 부끄러운 대로 담겨 있는 것이다.

이 책은 박사 학위논문을 근간으로 하지만 학위논문은 일부분밖에 들어 있지 않다. 그것도 많은 수정을 가해 학위논문의 형태는 사라지고 없다. 김기림을 제외하고 3부의 개별 평론가에 대한 글들이 그나마 학위논문에서 취해 온 것인데 많이 고쳤음에도 학위논문을 쓰던 당시의 문제의식은 유지되고 있다.

비평사를 연구하는 기본적인 출발점으로 나는 그것의 이론적인 구조들에 관심을 가졌다. 비평이 비평으로서 성립하려면 일단 대상의 이론 틀 안에서 그것이 '비평'으로 해명되지 않으면 안 된다고 생각하였다. 다소 지루한 과정을 거치더라도 나는 개별 비평가들의 비평을 그런 관점에서 복원하고 재해석하려고 애썼다. 그 밖의 다른 글들은 그동안 이런 저런 기회에 발표했던 것들과 이 책을 위해 새로 집필한 것들이다. 외형적으로는 개별 논문들이 모여서 한 권의 책을 이룬 것이지만 그래도 일관된 체계를 갖추려고 노력하였다. 서론에서는 소박한 대로 비평사를 공부하면서 개인적인 차원에서 생각했던 것을 정리하였다. 지금까지 나는 대학이라는 제도의 밖에서 문학 연구자가 아닌 다른 삶을 살아가면서 왜 한국문학 연구를 지속해야 하는지 생각할 수밖에 없었는데, 그런 경험들이 이런 글을 쓰도록 만들었다. 부록으로 비평사 연표를 정리한 것은 1930년대라는 시기를 시대와의 관계 속에서 일관된 흐름으로 한번 정리할 필요를 느꼈기 때문이다. 읽는 사람들에게 참고가 되었으면 하는 마음이다.

학위논문을 쓰고 어느덧 10년이라는 세월이 훌쩍 지나가 버렸다. 논문을 쓸 때 젖먹이였던 큰 애는 이제 초등학교를 마칠 나이가 되었다. 책을 내면서 정말 만감이 교차하는 기분이다. 내가 살아온 시기 중에서 요즘처럼 힘겹게 살아가는 때가 없는 것 같다. 어딘가에 정착해야 하는데 계속 부유하는 생활의 조건을 벗어나기 어렵다. 이제는 미래가 정해져 있었으면 좋겠다는 생각을 한다. 힘든 과정이었지만 그래도 이렇게 그간의 연구를 정리하면서 그런 고민을 잠시 잊을 수 있었다.

대학원에 진학한 이후 그래도 못난 학생을 제자로 거두어 주신 이선영 선생님께 머리 숙여 깊은 감사의 절을 올린다. 오래오래 건강하셔서 늘 우리에게 그늘을 드리워주셨으면 하는 마음 간절하다. 박사논문 심사를 맡아 훌륭한 가르침을 주셨으면서도 내게 이처럼 연구서를 낼 수 있는 기회와 용기를 주신 김영민 선생님께 각별한 감사의 말씀을 드리고 싶다. 김영민 선생님이 아니었다면 아직도 나는 내 연구들을 그냥 방치하고 있었을 것이다. 게다가 연세 근대한국학총서의 하나로 출간되는 영광까지 베풀어 주셨다. 논문 심사에 기꺼이 응하셔서 좋은 지적을 해 주시고 큰 가르침을 직접 받을 수 있는 기회를 주신 김윤식 선생님과 홍정선 선생님 그리고 철학을 전공하신 오영환 선생님께도 감사를 드린다.

'문학과사상연구회'의 선·후배들은 항상 내게 문학 연구자로서의 삶을 포기하지 않도록 지적 충격과 조언을 주었다. 그들과 함께 만나 공부하면서 나는 내 스스로의 삶을 항시 되돌아보곤 했다. 문학 연구에 충실하지 못한 처지였지만 그래도 그 모임이 있었기에 나는 문학 연구의 끈을 놓지 않을 수 있었다.

부모님께도 이 책이 위안이 되었으면 하는 마음 간절하다. 부모님의 기대에 부응하는 삶을 충실하게 살아가겠다는 다짐을 이 기회에 말씀드린다. 아내와 나는 대학 입학하기 직전에 만난 사이이니 이제 20년을 훨씬 넘게 보아 왔다. 최근 들어 부쩍 살아가기 힘겨워 하는 내 모습을 보면서 오랜 친구처럼 용기를 주고 함께 고통을 나누어 주었다. 고맙다는 말을 전하고 싶다.

인내심을 갖고 원고를 기다려 이렇게 좋은 책으로 만들어 주신 소명출판의 박성모 사장님과 편집부의 김혜원 씨에게도 감사의 말씀을 전한다. 인문학의 생존조차 의문시되는 이때에 일관되게 인문학 학술출판의 길을 가는 소명출판의 존재가 한편으로는 크나큰 위안이 되면서도 다른 한편으로는 경제적인 부담을 지우는 것 같아 마음 한 구석이 무겁다. 그래도 언젠가는 보답을 받을 거라는 막연한 덕담밖에는 건넬 수 없지만 덕담이 현실이 될 날을 함께 기대해 본다.

2006년 11월
仁川 東春洞 寓居에서
李 賢 植

차례

일제 파시즘체제하의 한국 근대문학비평

1 부

序__오늘, 우리가 비평사를 연구하는 이유

제1장 1930년대 후반의 비평사 연구 동향 1
: 카프(KAPF) 해소·비해소파 논쟁을 중심으로

제2장 1930년대 후반의 비평사 연구 동향 2
: 근대성 논의를 중심으로

오늘, 우리가 비평사를 연구하는 이유

나는 여기에서 우리가 한국 근대비평사를 연구하는 의미에 대해 그리고 이 책의 주요 주제가 될 1930년대 후반의 비평사에 대해 조금 자유로운 형식으로 말해 보고자 한다. 그러니까 이 글은 어떤 정식화된 답을 얻기 위해서 쓰인 것은 아니다. 오히려 상식적인 문제들을 다시 한 번 확인하는 내용이 될 가능성이 높다. 그렇지만 그럼에도 불구하고 우리가 학문제도 안에서 논문이라는 글쓰기에 익숙하게 길들여지는 동안, 보다 근본적인 질문에 대해서는 간과하는 경우가 적지 않았다는 문제의식을 평소에 갖고 있었기 때문에 이런 형식의 글을 쓰려고 하는 것이다. 답을 찾기보다는 문제를 제대로 제기해 보자는 것, 우리가 학문제도에 안주하여 으레 그러려니 생각해 왔던 것들에 대해 다시 생각해 보자는 것이다. 즉 대학이라는 틀 안에 있지 않더라도 우리는 계속 문학연구와 비평사 연구를 할 것인가를 한번 되물어 보자는 것인데, 주어진 학문제도의 틀을 벗어나 우리는 정녕 왜 비평사를 연구하는 것인가 그리고 특히 1930년대 후반의 비평사 연구는 대체 무슨 의미를 갖는가 생각해 봄으로써 오늘날 우리가 하는 문학 연구에 대해 근본적인 성찰을 시도해 보려고 한다. 개인적으로는 1930년대 비평사 연구에 대한 문제의식을 어떻게 갖게 되었는지 그리고 그 시기의 비평사를 어떻게 접근하려고 했는지를 드러냄으로써 이 책의 내용과 방향에 대해 소개하는 기회로도 삼을 수 있다고 생각했다.

그런데 비평사 연구의 문제를 따져보기 전에 우선은 우리가 살아가는 오늘의 현실이 무엇인지부터 물어보는 게 순서일 듯하다. 우리가 비평사를 연구하는 행위도 궁극적으로는 현실 속에서 이루어지는 행위이고 현실에서 그것이 의미 있는 것으로 판단되기 때문에 지속되는 것이고 보면, 과연 오늘의 현실이 무엇인가에 대해서부터 물어보지 않을 수 없다. 현실이란 무엇인가, 혹은 어떤 것인가를 판단하고 인식함으로써 비로소 우리는 비평사를 연구하는 행위의 현실적 의미와 가치를 얻을 수 있는 것이 아닐까.

이제 그렇다면 우리가 살아가는 오늘의 현실, 현재의 우리 삶을 규정하는 것들은 무엇일까. 우리는 어떤 세상에서 살아가는 것인지 되짚어 생각해 보자. 온갖 유무형의 상품에 둘러싸여 있는 일상과 그 속에서의 욕망들, 그 일상과 욕망을 유지시켜 가는 자본주의 시장경제체제, 그리고 우리가 살아가는 이 나라, 그것도 식민지의 경험을 갖고 있는 분단된 나라, 따라서 분단으로 겪게 되는 여러 정치적 사상적 억압과 부자유가 존재하는 곳, 게다가 중국과 일본 그리고 결정적으로는 미국의 영향력으로부터 자유롭지 않은 곳, 여전히 민주주의가 실현되어야 할 과제로 존재하는 정치와 생활의 수준, 새로운 의사소통의 체계로서 인터넷과 무선전화가 광범위하게 자리 잡은 곳, 그 안에 담겨 있는 온갖 컨텐츠들, 오랜 시간 우리에게 전해 내려온 가치의 체계들과 습속들, 윤리적인 규범들, 그런 것들이 뒤얽혀 있는 곳이 우리가 살아가는 현실의 삶이다. 물론 나열하자면 이외에도 많을 것이다.

그런데 이런 여러 영역들이 뒤얽혀 있는 것이 우리들의 삶이자 현실인데 그렇다고 뒤얽혀 있는 것 그대로 나열한다고 해서 그것이 현실이 되지는 않는다. 게다가 이것들 사이의 영향관계나 역학관계, 그 현상의 기원은 간단하게 체계화되거나 분석되기 힘들고 단일한 하나의 원인으로도 환원되지 않는다. 자본주의의 구조적 모순으로도, 분단과 그로 인한 미국의 지배적 영향력으로도, 개인들의 욕망의 뒤얽힘으로도 그것들은 완전히 해명되지 않는다. 특정한 현상과 국면들에서 위에서 나열한 문제들이 지배적인 영향력을 행사할 때는 있겠지만 언제나 어느 곳에서나 지배적인 영향력을 일관되게 행사하는 그런 문제는 존재하지 않는다. 오히려, 하기 쉬운 말로 그런 것들의 복합체가 중층적으로 우리의 삶을, 곳곳에서 서로 다르게 규정하고 있다는 것이 사실에 보다 가까울 것이다.

그렇지만 반면, 우리의 삶과 현실에 보다 지배적으로, 보다 다수에게, 보다 오랜 시간 구조적으로 영향력을 행사하는 것이 무엇인지는 생각해 볼 수 있을 것이다. 그것이 무엇이라고 이 자리에서 꼭 집어 말하는 것은 또 다른 관념론이 될 것 같고, 더군다나 내가 그런 것을 말할 수 있는 능력을 갖춘 사람도 못 되므로 더 이상 말하는 것은 주제를 넘어서는 일이다. 다만 우리가 그것에 대해 고민하고 생각해야 한다는 것, 그리고 그런 노력들이 우리의 삶을 보다 더 자유롭고 평화롭게 만들고 이곳을 인간다운 세상으로 끌어 갈 것이라는 점을 확인하는 것은 중요하다. 무엇이 우리의 삶을 보다 지배적으로 규정하고 또 어렵게 만들고 있는가의 문제를 탐색하는 일을 우리는 멈춰서는 안 될 것이다. 그래서 우리는 지금의 현실이 혼란스럽다고 말은 하지만, 적어도 나는 우리의 오늘을 규정하는 문제들에 대해 생각하고 고민할 근거와 가능성조차 없다고 생각하지는 않는다. 요컨대 우리가 살아가는 현실과 문제점에 대해 그리고 그 해결 가능성에 대해 인식하고 공유하는 일은 가능할 뿐만 아니라 우리가 감당해야 할 중요한 과제이자 책무라고 믿는다.

그렇다면 이제 말을 돌려서, 우리가 연구하고 있는 문학(작품으로서의 문학)이란 무엇인가를 생각해 보자. 나는 그것을 우리가 살아가는 현실의 삶과 그 삶이 지향해야 할 것들을 미적으로 드러내 주는 언어의 표현 형식으로 이해한다. 이 역시도 단순하게 생각할 문제는 아니겠으나, 어쨌거나 나는 문학이란 심미적 이성이 작동하여 삶의 지향들을, 그 가치들을 그리고 우리의 현실이 맞닥뜨리고 있는 문제들을 직관적이고 감성적으로, 또 형상(形象)을 통해 우리에게 인식시켜 주는 것을 고유한 역할로 갖고 있다고 생각한다. 문학이 한 시대 문화의 총화로서 여전히 위력을 발휘하는 이유는 '언어'라는 인간 종(種)의 보편적인 의사소통의 수단을 통해, 그런 문제들에 대한 감성적 발언으로 사람들을 감동시킬 수 있는 장르이기 때문에 그렇다고 생각한다. 음악이나 미술·무용보다 문학은 훨씬 더 구체적 보편성을 담지해내기가 쉽다. 게다가 언어라는 형식 때문에 그것의 이해가능성[literacy]이 높다는 장점도 있다. 적어도 같은 언어를 구사하고 그 언어를 읽을 줄 아는 사람들에게 문학은 구체적인 호소력을 갖고 있다.[1]

그런데 비평은 바로 문학 작품들을 통해 그런 가치 지향들을 읽어내서 판단하고 평가하는 이성적이고 논리적인 행위이다. 형상언어와 미적 정서로 표현된 작품을 읽고 그것의 의미 혹은 가치들을 보편적인 일상의 언어로 해석하고 평가하는 작업이 비평인 것이다. 비평가는 비평이라는 행위를 통해 작가와 독자를 연결하고 작가와 작가, 작가와 작품, 작품과 작품 그리고 궁극적으로는 그 모든 것들과 세계 / 현실을 연결시킨다. 그러므로 우리가 지금도 비평이라는 글쓰기를 하는 최소한의 가치와 의미는, 문학 작품에 대한 이해를 기반으로 우리가 살아가는 삶의 체계와 지

---

1) 물론 다른 주장도 가능할 수 있다. 음악이나 미술·무용 등은 그 매체의 속성상 언어보다 훨씬 더 보편적이기도 하다. 소리와 선과 면·색 그리고 율동은 민족어 단위를 넘어서는 보편적인 매체임이 분명하다. 그러나 구체성의 영역에서 생각해 보면 문학은 언어의 지시(指示)적이고 서술(敍述)적 속성으로 인해 음악이나 미술·무용보다 이해와 감동을 유발하기 쉽고 현실과 시대에 더 밀착되어 있다.

향을 현실과 견주어서 판단하고 평가하는 데 있다. 그리고 상식적인 말이지만, 그런 비평 행위를 통해 나는 앞에서 말한 과제들, 즉 우리의 오늘을 규정하는 문제들에 대해 고민하고 그 해결 방안을 모색하는 것이라고 생각한다. 문학은 그런 문제들에 대해 가장 예민한 감수성으로 반응하는 예술장르이기에 비평은 문학 작품을 통해 우리가 살아가는 현실의 문제를 구체적으로 고민하는 역할을 벗어날 수 없는 것이다.

그런데 이 지점에서 다시 처음으로 되돌아가 생각해 보자. 우리가 과거를, 역사를 돌아보는 행위란 그렇다면 또 무엇인가. 앞에서 든 비평의 역할이야 그렇다고 쳐도 우리는 여기에서 비평사 연구를 말하고 있는 것 아닌가. 비평사란 비평의 역사이고 역사란 과거의 연구인데 우리는 도대체 왜 과거를 놀이켜 보려고 하는 것인가. 즉 우리는 왜 비평사 연구를 하고 그에 대한 논문을 쓰는 것인가. 우리는 왜 임화를 읽고, 최재서를 읽고, 김남천과 김기림을 읽는 것일까. 학문제도 안에서 이런 물음은 바보 같은 질문이겠지만 그 제도를 잠시 괄호 쳐 두고 다시 물어보자. 논문을 쓰고 학위를 받고 주어진 제도니까 그런 연구를 한다는 타성을 잠시 벗어 버리자는 말이다. 나는 왜 임화를 읽어야 한다고 생각하는가.

결론부터 말하자면 나는 그것을 그들의 경험과 생각들을 참조하고 그들의 고민으로부터 오늘날과의 유사성과 차이점을 확인하기 위해, 또 더 나아가 일정한 시간의 단위에서 그것을 조망함으로써 어떤 일관성과 흐름을, 혹시 원리가 있다면 그것을 발견하고 구성하기 위해 읽는다고 대답하고 싶다. 오늘의 문학과 세계에 대한 객관화된 인식을 확보하고 우리의 삶을 지혜롭게 통찰하기 위해 우리는 역사로부터 유사성이나 차이점을 확인하려 하고, 과거의 경험을 참조하고 어떤 원리를 발견하고 구성하려는 것이다.

내가 임화를 읽고 그가 살아갔던 시대를 연구함으로 해서 그 시대와 그의 고민을 이해하게 되고 분석해서 평가할 수 있게까지 되는데, 여기에서 이해하고 분석한다는 것은 오늘과의 관련 속에서 이해하고 분석한다는 의미이고, 평가한다는 것 역시 오늘 우리의 삶과 현실과의 관련 속에서 평가한다는 의미이다. 그런 점에서 그런 이해와 평가는 사회를 구성해서 살아가는 인간, 아니, 조금 더 구체적으로 말해서 이 한반도라는 지정학적 조건에서 민족 단위의 공동체적 삶을 살아가는 우리들이 가치 있는 삶의 전망을 탐색하기 위한 것과 무관한 것이 아니다. 비평사를 연구한다는 것은 오늘의 현실과 여러 겹으로 떨어져 존재하는 것 같지만 궁극적으로는 오늘의 현실을 더욱 잘 이해하고 내일의 삶을 더욱 지혜롭게 전망하는 작업과 연결되어 있는 것이다.

그런데 여기에서 한 걸음 더 구체적인 문제로 들어가 보자. 그렇다면 앞으로 내가 본격적으로 고민하게 될 1930년대 후반의 비평사는 무엇인가. 도대체 나는 1930년대 후반이라는 시대에서 무엇을, 어떻게 읽어내려 하는 것인가. 아니, 먼저 1930년대 후반이라는 시대를 왜 연구하려고 하는가. 그 시대가 어떠했길래 우리는 그 시대를 지금 여기에서 문제 삼고 있는가.

그렇게 하려면 우선 그 시대, 그 비평가들의 고민과 지향을 그 시대적 조건에서 이해하는 일이 절실하게 필요하다. 우리 시대에 비추어 그들은 무엇을 고민하면서 살아갔는가를 알아야 한다. 우리가 오늘의 시점에서 우리의 삶과 문학을 고민하듯이, 그 시대 그들의 삶과 문학을 알고 그들의 고민을 추체험하는 일이 필요한 것이다. 그렇지만 여기에서 중요한 것은 그들이 살아갔던 1930년대 후반이라는 시기나, 우리가 살아가고 있는 지금 현재나 서로 무관하게 홀로 떨어져 존재하는 시대가 아니라는 점을 아는 일이다. 그들도 역사의 연속선상의 한 시점에 존재하는 것이며 우리도 그렇다. 한 단위의 시간은 언제나 역사적 흐름 가운데 놓여 있다는 점을 인식하는 일이 중요한 것인데, 그럼으로써 우리는 그것으로부터 어떤 흐름의 줄기들을 찾아낼 가능성을 얻는다. 물론 그 줄기는 때로는 단절도 있을 것이며 굴곡도 있을 것이고 때로는 서로 엉켜 복잡한 타래처럼 존재할 수도 있다. 그렇다고 그 줄기가 전혀 없지는 않을 것이다. 그 줄기를 찾는 일을 형이상학적 목적론이라고, 문학사의 권력을 구축하는 권력욕의 구현이라고 말한대도 할 수 없다. 그런 흐름과 줄기를 찾아내는 일, 그래서 그들의 고민과 지향점을 거점으로 오늘의 우리를 돌이켜 보고 내일을 전망하는 일이야말로 지금 문학사 혹은 비평사를 연구하는 가장 근원적인 이유이기 때문에 그렇다.

그러나 정작 어려운 것은 그 흐름을 찾아내서 평가하는 일이다. 도대체 우리들은 그것들을 어떻게 평가할 것인가. 그렇다고 현재의 문제의식을 과도하게 투영하는 일 역시 올바른 문학사 연구라고 보기는 어렵다. 텍스트 자체가 갖고 있는 논리를 소중하게 여겨야 히기 때문이기노 하고 역사적 사실을 존중해야 하기 때문이기도 하다. 나를 포함해서 1980년대 일단의 젊은 연구자들의 열정은 종종 현재의 문제의식에 과도하게 집착하도록 만들었다.

예컨대 1930년대 후반 비평사의 문제를 해석하고 평가하기 위해 카프 해소·비해소파의 구도에서 바라본다거나 반파시즘 인민전선의 논리로 접근했던 것은 잘못된 것은 아니지만 반성해 볼 구석이 없는 것은 아니다. 특히 비평 문장을 해석할 때 정작 당대 평론가들의 문제의식은 숨어 버리고 연구자들의 주장만 전면에 나서는 경우가 없지 않았던 것이다.

그렇다면 어떻게 연구자 주관의 과도한 개입을 제어하면서 그것의 논리를 다시 구성할 수 있을 것인가. 그러나 다른 한편 현재의 문제의식을 잃지 않으면서 과거의 역사를 어떻게 재구성하고 해석하고 평가할 수 있을 것인가. 나는 이 책에서 그것을 당시 평론가들이 비평 행위를 하는 논리의 구조가 있다는 가설을 세움으로써 해결하고자 했다. 물론 그 구조라는 것은 일관되고 고정된 것이 아니라 자신이 살아가는 시대와 예민하게 반응하면서 변화·발전·퇴행하는 그런 존재이다. 그리고 당대 평론가들에 대한 평가는 바로 그런 논리 구조 안에서 이루어져야 한다고 생각했다. 그것이 비평이기에 더욱 그렇다. 게다가 그것이 연구인 한에서는 객관적이고 일관된 어떤 논리의 틀이 전제되어야 '분석과 평가'로서 가치를 갖는다.

여기에서 다시 처음의 논의로 돌아가 보자. 우리가 살아가고 있는 오늘의 현실을 과거와 대비시켜 보는 것이 이 대목에서 필요하다. 현실은 단순하지 않다. 여러 문제들이 복잡하게 얽혀 있다. 다만 그 문제들을 이성적으로 해석하고 판단하고 실천함으로써 우리는 오늘의 현실에 대한 문제의 해결과 그 해결의 바른 지향점을 생각해 낼 수 있다. 마찬가지로 우리가 연구하고 있는 문학사의 그 시대 역시 여러 문제들이 복잡하게 얽혀 있는 또 다른 현실이다. 과거를 단순화시켜 버리면 오늘의 현실 역시 단순하게 요약된다. 그러나 그 단순한 요약이 오늘의 현실은 아닐 것이다. 그런데 한편, 과거는 이미 오늘의 현실이 아니다. 그것이 과거인 이유는 아무리 복잡하다고 하더라도 우리가 연구하고 평가할 수 있을 만큼 그리고 그 평가의 타당성을 검증할 만큼 시간적 거리를 두고 있기 때문에 그렇다. 바로 이 지점에서 오늘의 문제의식과 과거의 현실이 만날 수 있는 지점이 있다고 생각한다. 즉 오늘의 문제의식을 발랄하게 살리면서도 과거의 역사를 생동감 있게, 그러면서 주요한 것과 부차적인 것을 가려 읽어 낼 수 있는 가능성이 있는 것이다.

이제, 우리가 비평사를 연구하는 이유는 그 시대의 비평가들의 고민과 가치지향을 점검해 봄으로써 궁극적으로는 오늘을 살아가는 우리의 삶에 자양분을 얻으려는 것이기 때문이다. 결국 오늘의 관점에서 과거를 해석해내는 일이 문제의 핵심이다. 따라서 그들을 해석하고 평가하는 문제는 우리가 지금 이 시대를 어떻게 살아갈 것인가라는 실존적인 문제와 다르지 않다. 오늘의 현실을 바라보는 일은 필연적으로 과거를 이해하는 시각과 연결되어 있는 것이다. 물론 그것이 쉬운 일은 아니겠지만, 그런 지적 노력을 방기할 수는 없는 일이다. 궁극적으로 오늘날 비평사를 연구하는 일은 현재를 어떻게 이해하고 우리는 또 어떻게 살아가야 하는가를 고민하는 문제와 다르지 않다. 이런 원론적이고 상식적인 문제를 확인하는 것으로부터 나의 연구는 시작되어야 한다.

제 1 장

1930년대 후반의 비평사 연구 동향 1

카프(KAPF) 해소·비해소파 논쟁을 중심으로

1. 카프 해소·비해소파 논쟁과 1930년대 후반의 비평사 연구

지금까지 한국 근대비평사 연구에 있어서 1930년대 후반의 비평이 관심의 대상으로 떠오른 것은 지난 1988년 『역사비평』지를 통해 김재용과 임규찬이 벌였던 '카프 해소·비해소파 논쟁'(이하 '논쟁')에서 부터였다. 이 논쟁 이전의 비평사 연구들의 관심은 주로 1925년에서 1935년에 이르는 카프문학운동과 해방 직후의 문학운동에 집중되어 있었다. 더구나 이들 시대의 연구는 그것이 마치 서로 다른 대상인 듯이 별개의 영역에서 다루어진 감이 없지 않았고, 연구 자체도 당시의 역사를 올바르게 복원한다는 차원에서 실증적 자료정리와 발굴에 만족하는 정도였다. 그런데 '논쟁', 특히 먼저 글을 발표한 김재용의 문제의식은 카프와 해방 직후 문학운동의 변모 과정을 문학사의 연속적 발전이라는 관점에서 연결시켜 주고, 게다가 한국 근대문학사에서 진보적 문학운동의 흐름을 역사주의적인 안목에서 해석할 가능성을 1930년대 후반의 문학사, 특히 비평사에서 엿보게 만들었다.

이런 문제적인 비평사의 구도는 그 진위 여부를 떠나 한국 근대문학사를 새로운 시각으로 이해하려는 연구자들에게 1930년대 후반이라는 새로운 연구 대상을 발견하고, 그 대상에 대한 나름의 분석과 미학적 가치평가를 시도할 계기로 작용하였던 것이다. 그리하여 '논쟁'의 직·간접적인 영향으로 1990년대 들어 1930년대 후반을 중심으로 한 다양한 연구 성과가 쏟아져 나오고 있다. 이런 연구물들은 모두 1930년대 후반의 비평과 비평가들에 대한 일관된 해석과 가치평가를 동반하고 있나는 점에서 '논쟁' 이선의 비평사 연구에서 보이는 실증적 작업과는 궤를 달리하고 있다.[1]

그리하여 이 글은 그런 과정에 주목하여 '논쟁'을 중심으로 1930년대 후반의 비평사 연구 동향을 정리하고, 그럼으로써 각 연구물들이 이 시기를 어떻게 평가·해석하고 있는지 살피는 것을 목적으로 한다. 연구사 검토의 일차적 의미는 기존 연구에서 제기된 쟁점과 과제를 정리하여, 앞으로의 연구 방향을 가늠하기 위한 데에 있으므로 이런 작업 역시 필요하다고 생각하기 때문이다. 그런데 이와 더불어 우리는 이 시기의 한국 근대문학비평사 연구가 대개 리얼리즘 이론에 연구 방법의 토대를 두고 있고, 그것이 1930년대 후반 비평사 연구에서 뚜렷한 모습을 드러낸다는 점에도 주목해야 한다. 더구나 '논쟁'을 전후로 한 연구 성과들에서 채택하고 있는 연구방법론으로서의 리얼리즘론이 변화·발전·분화되는 양상인 점을 감안한다면 이 글은 그런 방법론의 변화 과

---

1) 물론 반드시 '논쟁' 이전 시기의 비평사 연구가 가치중립적인 실증주의에 빠져 있었다는 의미는 아니다. 오히려 1980년대 들어와 양적으로 증가된 비평사 연구들은 문학운동의 전통에 대한 역사적 복원을 위한 자료발굴과 정리에 목적이 있었다. 따라서 이 글에서 말하는 실증적 작업이란 문학운동과 비평 이론의 발전에 대한 일관된 이론 체계를 기반으로 한 해석과 평가에는 다다르지 못했다는 의미로 사용한 것이다.

정까지도 아울러 정리해 봄으로써 연구사 검토의 의미를 보다 분명히 하는 자리가 될 것이다.

이런 의도에서 본론에서는 '논쟁'을 전후로 한 비평사의 연구 성과를 시기적으로, 또한 그 연구방법론을 고려하여 다룰 것이다. 우선 여기에서 우리가 대상으로 하고 있는 연구들과 그것이 발표된 시기를 보이면 다음과 같다.

① 김재용, 「카프 해소·비해소파의 대립과 해방후의 문학운동」, 『역사비평』, 1988.8.

② 임규찬, 「카프 해소·비해소파를 분리하는 김재용에 반박한다」, 『역사비평』, 1988.11.

③ 조정환, 「1930년대 현실주의논쟁과 프롤레타리아문학의 독자성문제」, 『민주주의민족문학론과 자기비판』, 1989.3.[2]

④ 민경희, 「임화의 소설론 연구」, 서울대 석사논문, 1990.

⑤ 이현식, 「1930년대 후반 사실주의문학론 연구」, 연세대 석사논문, 1990.8.

⑥ 연세대 대학원 국문과, 「사회주의 리얼리즘의 수용과 과학적 문예학으로의 전환」, 공동학술심포지움 자료집, 1990.9.

⑦ _____, 「1930년대 후반 반파시즘 인민전선과 사회주의 리얼리즘의 변천과정」, 위의 자료집, 1990.9.

⑧ 김재용, 「안함광론」, 『회강이선영교수화갑기념논총-1930년대 민족문학의 인식』, 1990.9.

⑨ 하정일, 「30년대 후반 휴머니즘논쟁과 민족문학의 구도」, 위의 책, 1990.9.

⑩ 이상경, 「임화의 수설사론에 대한 비판적 검토」, 『창작과비평』, 1990.9.

⑪ 임규찬, 「최근 리얼리즘논의의 성격과 재인식」, 『실천문학』, 1990.12.

⑫ 신두원, 「임화의 현실주의론 연구」, 서울대 석사논문, 1990.12.

⑬ 류보선, 「안함광 문학론의 변모과정과 리얼리즘에 대한 인식」, 『관악어문연구』, 1990.12.

⑭ 오현주, 「임화의 문학사서술에 대한 고찰」, 『현상과인식』, 1991.5.

---

2) 이 글은 원래 1988년 4월에 발표된 것으로 되어 있으나 당시는 외부에 공개적으로 발표된 것이 아니기 때문에 단행본이 출간된 시기를 발표시기로 삼았다.

이러한 연구 성과를 놓고 이 글은 특히 몇 부분을 주목하여 보려 하는데, 그것은 첫째, 당대 평론들에서 보이는 리얼리즘의 이론적 면모, 둘째, 리얼리즘 이론의 구체적 성과였던 소설론, 셋째, 각 평론가들이 이런 이론적 기반을 토대로 하여 바라보았던 문예전선의 구도, 넷째, 소설사를 정리하는 방식 등이다. 즉 이런 몇몇 항목에 대해 기존의 연구들은 이를 어떻게 정리·해석·평가하고 있는가가 글의 주요 내용이 될 것이다.

2. 논쟁 당사자들의 입장

김재용은 「카프 해소·비해소파의 대립과 해방후의 문학운동」을 통해 과거 비평사의 구도를 카프와 1930년대 후반 그리고 해방 직후에 이르기까지 나름의 일관된 관점에서 새롭게 제시함으로써 한국 근대비평사 연구의 방향성과 대안을 모색하게 된다. 그에 따르면 카프와 해방기를 연속적 관점에서 연구함으로써 각 시기의 문학운동을 더 잘 밝힐 수 있을 뿐 아니라 분단 현실에서 남북의 미학적 입장분화까지 밝힐 수 있을 것이라고 한다. 이런 방향성을 구체적으로 가능케 할 대안으로 내놓은 것이 바로 카프 해소·비해소파의 대립구도였던 것이다. 그는 이 대립의 의미가 기존 카프문학운동이 종말을 고한 구체적 귀결점에서 나타나는 대립이고 1930년대 말이라는 위기상황에 대하여 당대를 극복하고자 하는 출발점이었다고 전제한 뒤, 해소파로 카프의 도식성을 극복하면서 비평 활동을 했던 임화와 김남천을, 비해소파로 도식성을 극복하되 프로문학의 연장선상에서 대안을 모색했던 안함광·이기영·한설야 등을 들고 있다. 또한 대립의 구체적 실례로 김재용은 과거 카프문학운동을 평가하는 임화와 안함광의 입장 차이 그리고 동시대 소설을 평가하면서 소설의 인물과 환경의 관계를 놓고 안함광·한설야 그리고 임화가 대립했던 사실을 들고 있다. 결론적으로 그는 해소파가, 카프의 도식성을 조선의 미숙한 사회발전단계와 프로문학에의 모험에서 비롯된 것이라 여기고, 그를 극복할 대안으로 시민문학을 상정하였다고 평가하였으며, 비해소파는 카프의 도식성을 프로문학을 이어받은 자리에서 인정하고 문학의 계급성 고수와 파시즘에 대한 문학적 대응을 감행하였다고 평가하였다. 그의 문제의식은 이런 대립이 해방 직후에도 그대로 이어져 문학운동의 분화 과정과 미학상의 분단까지 초래되었다는 데로 나아간다. 도식화시켜 정리하자면 임화 등은 시민문학으로, 안함광 등은 프로문학으로 나아갔고 이것이 카프는 물론 일제 말과 해방 직후의 비평사와 문학운동사에 그대로 반영되고 있다는 주장인 것이다.

김재용의 이런 주장의 배면에는 문학운동의 흐름을 카프로부터 해방 직후에 이르기까지 일관된 입장을 가지고 역동적 인과관계로 해명해야 한다는 문제의식이 자리 잡고 있는 것으로 보인다. 그런데 김재용의 이런 구도는 결국 1930년대 후반을 어떻게 바라볼 것이며, 당시 활동했던 평론가, 구체적으로는 임화와 안함광의 평론을 어떻게 해석할 것이냐에 문제의 핵심이 닿아 있는 것이었다. 그런데 바로 이런 점이야말로 상당한 쟁점을 안고 있는 것인데 이로써 비평사의 뚜렷한 대립각이 생겨났기 때문이다. 하지만 그는 이를 해소파와 비해소파라는 준(準)조직적 대립인 것처럼 설명하고 있어서 1930년대 후반의 비평적 차이가 마치 카프 내부에 어떤 또 다른 그룹이 있는 듯한 느낌을 줄만큼 내립만을 강조하고 있다. 더구나 그들의 대립점의 핵심을 프로문학의 고수 여부로 설정함으로써 반영론에 토대를 둔 리얼리즘의 관점은 부차적인 문제로 축소되고 있다. 이런 문제는 카프 해소·비해소파의 대립을 보다 분명히 하려는 연구자의 의도가 앞선 결과라고 이해할 수도 있겠지만 문제가 없다고 보기는 힘들 것 같다. 이외에도 해방 직후 문학운동의 대립을 남북한의 미학적 분단으로까지 확대 해석하는 논리의 비약을 보이기도 한다. 물론 김재용의 그런 주장을 분단 고착화 이전의 남로당과 북로당의 대립으로 한정해서만 생각한다면 이해할 수 없는 바는 아니다.

한편 임규찬은 「카프 해소·비해소파를 분리하는 김재용에 반박한다」는 직설적인 제목의 글을 통해 김재용 논지의 문제점을 지적하고 있다. 1930년대 후반에 국한한 그의 반론은 크게 해소·비해소파가 역사적으로 존재하는가, 안함광·한설야와 임화·김남천 사이의 대립이 김재용이 평가한 만큼의 입장 차이로 드러나는가에 집중된다. 그는 김재용의 해소·비해소파 구분은 카프 해산계 제출현상으로만 역사적 사실을 평가하려는 형식수의적 자세라고 주장하고, 또 각 논자간의 대립도 실증적 차원에서 옳지 않음을 따지고 있다. 그의 입장은, 카프 해산 이후의 문학운동의 침체는 좌표를 잃어버린 카프의 필연적 결과였고 더구나 1930년대 후반은 어떤 논자이고 간에 그들의 이론적 모색이 현실과 연계되지 못한 채 퇴색되고 있다는 것이었다. 그리하여 그는 해방 직후의 대립도 갑작스레 맞이한 혁명적 정세 앞에 새로이 주체를 형성하지 못한 부산함의 소산일 따름이지 어떤 예고된 혹은 내재된 원인이 있는 것은 아니라고 보고 있다.

임규찬의 이런 논의는 김재용이 간과한 몇몇 실증적 오류 지적해 주는 꼼꼼함을 담고 있는 것이기는 하지만, 비판의 핵심이 김재용의 문제의식이 보여 주는 문제점을 지적하기 보다는 주로 실증적 차원에 걸쳐 있는 것이었다. 게다가 임규찬 자신의 대안이 일제강점기로부터 해방 직후까지 민족문학운동의 구도를 체계적으로 정리하고 평가해서 제시하는 데에까지 이르지 못함으로써 생산적인 논쟁으로 발전하지는 못했다. 하지만 이들의 논쟁으로 말미암아 1930년대 후반의 비평이 갖는 역사적 의미와 중요성, 당대 논자들의 비평에 대한 세밀한 분석과 평가의 문제가 문학사 연구자들에게 새로운 문제의식으로 대두된 것은 의미 있는 일이었다. 이 논쟁의 영향으로 이후의 연구에서는 한국 근대비평사에 대한 연구의 밀도가 보다 깊어지고 문학의 흐름을 '역사'로서 바라보려는 시각이 더욱 분명해졌던 것이다.

이 논쟁과는 다르게 1930년대 후반의 비평에 대해 나름대로의 대안적 해석을 시도한 연구로 조정환의 「1930년대 현실주의논쟁과 프롤레타리아문학의 독자성 문제」가 있다. 그는 이 글에서 식민지 조선의 진보적 문학운동에서 프로문학의 독자성을 추구하려는 노력이 미학적 차원에서 어떻게 이루어지고 있는가를 미적 주체성 개념을 중심으로 살펴보고 있다. 그리하여 박영희·김남천·임화·안함광을 중심으로 이들이 미적 주체를 이해함에 있어 당파성의 문제에 대하여 어떤 태도를 취하며 그것을 어떠한 내용으로 이해하고 있는가 검토한다. 조정환에 따르면 카프 해체를 전후로 한 시기에 각 평론가들에 따라 입장의 분화가 일어난다는 것인데, 박영희는 당파성에 반대하면서 주관적인 심미주의의 기초 위에 미적 주체를 풀어보려 하며, 김남천은 작가의 실천경험을 중심으로 경험주의적 기초 위에 미적 주체를 정립하려 한다고 평가한다. 한편, 임화와 안함광은 이런 양 경향에 비판적 태도를 취하면서 미적 주체 문제를 당파성과의 결부 속에서 이해하려는 태도를 보인다고 주장한다. 결국 임화와 안함광이 한국 근대비평의 주류라고 평가하는 것이다.

그런데 조금 더 자세히 살펴보면 조정환의 문제의식은 김재용의 그것과 유사하다. 임화와 안함광에 대한 분석과 평가가 그렇기 때문이다. 조정환은 임화가 미적 주체를 당파성과의 관련하에 이해하려고 노력했지만 종국에 가서는 당파성을 작가의 생활적 실천이란 개념으로 희석화시켜 리얼리즘과 자연주의 사이의 구별마저 흐리게 하였고 그 결과 객관주의 미학으로 떨어졌다고 평가한다. 이에 반해, 안함광은 끝까지 프로문학의 독자적 질의 확보와 옹호를 위해 싸웠고 그것은 의식의 능동성론에서 확인된다고 평가하고 있는 것이다. 물론 김재용의 문제의식이 1930년대 후반의 비평을 그 이전과 이후와 연결시키려는 문제의식이 더 강했다면 조정환의 그것은 특정 미학적 주제의 탐구에 더 가까이 다가선 것이라고 할 수 있다. 조정환의 이 글은 그 출발은 달랐으나 결과적으로는 위의 김재용과 임규찬의 논문에서처럼 1930년대 후반 비평의 미학적 의의와 그에 대한 해석과 평가의 중요성을 다시 한 번 환기시킨 것이었다. 게다가 당파성과 관련한 미적 주체의 문제라는 분석틀을 구체적으로 적용하여 비평사 연구의 새로운 가능성을 보여 준 것이기도 했다. 물론 1930년대 후반기의 대표적인 평론가가 임화와 안함광이라는 것을 이 연구를 통해 재차 확인했다는 것도 주목할 사실이었다.

그러나 조정환이 미학적 평가기준으로 삼고 있는 당파성 개념은 1930년대 후반이라는 역사적 상황을 충분히 감안하지 못한 감이 있다. 그는 임화와 안함광의 실천관을 문학적 당파성 차원에서 모두 함께 비판하고 있는데, 파시즘 치하의 식민지에서 당파성은 어떤 수준에서 현실적 가능성을 얻을 수 있을 것인지 그리고 그 상황 아래에서 당파성이 리얼리즘 이론과 어떻게 연계될 수 있을지에 대해서는 배려하지 않고 있는 것이다. 조정환의 논지를 따라가다 보면 당파성이라는 개념은 마치 현실의 구체성과는 관계없이 이상적인 원칙으로만 존재하는 듯하며 그가 힘주어 강조하는 문학적 당파성도 문학의 특수성과 구체성 속에서 자연스럽게 구현되는 것이라기보다는 단지 인식론이나 계급적 실천의 차원에서만 기능하는 것으로 여겨져서 아쉽다. 그러나 이제 이들의 문제제기적 성과는 이후의 연구자들에게서 보다 구체화되고 분화된 연구논문의 형태로 발표되기에 이른다.

3. 카프 해소 · 비해소파 논쟁의 문제의식을 반영한 연구 성과들

민경희의 「임화의 소설론 연구」는 앞에서 언급한 문제의식을 이어받으면서 1930년대 후반의 비평을 구체적으로 다룬 첫 논문이다. 임화 개인의 소설론에만 국한된 연구이기는 하지만 그의 소설론을 해석 · 평가하는 방식에는 다분히 이 시대 비평사를 염두에 두면서 임화의 위치를 규정하려는 의도가 담겨 있다. 그는 임화의 소설론을 그의 리얼리즘론과의 관계 속에서 검토하고 있는데, 그 대체적인 논지는 다음과 같다.

임화는 작가들이 '고차의 리얼리즘'을 획득하는 방법으로 세계관과 창작 방법 사이에 예술적 실천이라는 매개항을 설정하여 창작 방법이 작가의 세계관에 미치는 적극적 역할을 밝히고 있는데 이것은 진정한 리얼리즘에 한층 더 접근한 것이다. 이에 대한 예술적 실천 방식으로 임화는 본격소설을 상정하고 있다. 그의 소설론은 크게 성격과 환경과의 관계, 성격의 운명과 작가가 지니고 있는 사상의 관계로 나누어 살펴볼 수 있다. 연구 결과 임화가 생각하는 인물과 환경은 모두 전형을 의미하는 것이었으며, 본격소설은 전형으로서의 주인공의 운명을 통해 작가의 사상을 표현하는 것을 지칭하는 것이고, 이 과정에서 그가 생각하고 있었던 것은 사회주의리얼리즘이었다.

민경희의 이와 같은 논지는 임화 소설론에 대해 구체적인 실증적 분석을 전제하고 이루어진 것이고 나름대로 논리의 일관성을 지니고 있다. 더구나 임화의 실천론을 그의 리얼리즘 체계 안에서 설명하고 이를 소설론과 연관하여 해명한 것은 주목할 바가 있다. 또한 김재용이 임화를 평가했던 기준과 결과가 다른 점도 문제적이다. 즉 김재용이 임화를 시민문학의 주창자로 평가했던 근거가 되는 평론인 「본격소설론」을 놓고 민경희는 임화가 사회주의리얼리즘을 고수했다고 보는 것이다.

우선 민경희는 임화의 소설론을 프로문학의 고수 여부에서가 아니라

리얼리즘이라는 관점에서 해석하고 있다. 일단 비평사 연구에서 리얼리즘의 이론적 측면에 착목했다는 것에 이 논문의 의의가 있다. 그런데 문제는 그 리얼리즘을 이해하는 방식이다. 보편적인 문예 이론사적 측면에 있어 리얼리즘 이론은 리얼리즘문학의 발전과 더불어 분화되면서, 오늘날 우리가 흔히 이해하는 비판적 리얼리즘과 사회주의리얼리즘으로 정착했다는 것은 주지의 사실이다. 한때는 그것이 양식으로 이해되기도 했지만 오히려 특정한 예술 방법으로서 리얼리즘을 이해하는 경향이 지배적이다. 그 어느 편이든, 민경희의 논문에서 리얼리즘의 이해 방식은 이 두 경향의 리얼리즘의 관계에 대해 분명한 인식을 전제로 하고 있지 못한 듯하다. 예컨대 임화의 인물과 환경과의 관계를 전형으로 평가하면서 그것이 과연 비판적 리얼리즘에서의 전형인지, 사회주의리얼리즘에서의 전형인지에 대한 분명한 평가보다는 리얼리즘 일반 원리에서 말하는 전형 개념에 기대어 평가를 하고 있거나,[3] 임화가 「본격소설론」에서 서로 다른 두 개의 리얼리즘이 우리 소설사에서 있어 왔다는 것을 알고 있었다고 하여 곧바로 그가 사회주의리얼리즘을 고수했다고 평가하는 것은[4] 바로 그런 이론적 미비함을 말해 주는 부분이다. 비판적 리얼리즘이건, 사회주의리얼리즘이건 그것이 리얼리즘인 한에서는 전형을 전제로 하지만 각각의 리얼리즘에서 전형이 구현되는 방식은 질을 달리하는 것이므로, 이 논문의 논지가 보다 과학화되려면 임화가 이해한 전형이 과연 어떤 경향의 리얼리즘을 전제한 것이었는가가 분명히 분석되었어야 할 것이고, 그래야 임화가 사회주의리얼리즘을 고수했다는 해석도 정당한 근거를 얻게 된다.

이현식의 「1930년대 후반 사실주의문학론 연구」는 논쟁 이후 주목받았던 임화와 안함광을 본격적으로 비교 분석하였다는 데에 일단 의의가 있다. 이 논문은 1934년 무렵부터 1930년대 말까지의 임화와 안함광

---

3) 민경희, 「임화의 소설론 연구」, 서울대 석사논문, 1990, 49면.
4) 위의 글, 54면.

의 리얼리즘 이론과 소설론을 정리하고 이를 리얼리즘의 관점에서 평가하려는 의도를 갖고 있다. 그 결과, 이 글에 따르면 임화는 문학에 있어 주관과 객관의 변증법적 교호관계를 사상한 채 주관주의로부터 객관주의로 나아가고 있는데 그것은 각기 낭만주의에 대한 강조와 사실주의에 대한 인식에서 확인된다고 주장한다. 이에 비해 안함광은 조선사회의 특수성에 착목하여 세계관의 강조와 의식의 능동성을 주장하여 사회주의리얼리즘으로 나아간다는 점을 높이 평가한다. 그런데 이들의 이런 입론은 파시즘 치하의 식민지 조선이라는 현실적 여건에서 임화는 현실 수용과 절망으로, 안함광은 현실 극복을 향한 전망을 확보하는 방향으로 나아가는 기반이 되었다고 연결시킨다.

이현식의 논문은 '논쟁'에서 제기된 문제의식을 리얼리즘 이론과 1930년대 후반의 객관 현실과의 관련 속에서 구체화하고는 있으나 임화가 말하고 있는 실천론의 의미를 제대로 파악해내지 못한 점이라거나 안함광의 의식의 능동성론을 리얼리즘 이론과의 관계 속에서 천착하지 못한 점은 한계이다. 그리하여 양자를 평가하는 기준도 다소 자의적이라는 비판을 면치 못하는데, 하나의 예만 들자면 임화의 혁명적 낭만주의와 안함광의 조선의 특수성론을 평가하는 데 있어 그 기준이 논자에 따라 달리 적용되어 객관성을 잃고 있다. 즉 안함광이 조선의 특수성을 강조했다는 그의 문제의식만 높이 산채 그가 이해한 리얼리즘에 대한 인식에 대한 분석은 치밀하지 못했고 임화의 낭만주의론에 대해서는 임화의 문제의식을 간과한 채 그 이론이 지닌 문제섬만을 부각시킨 혐의가 짙다. '논쟁'을 통한 문제의식으로부터 촉발된 논문임에는 틀림없으나 그 문제의식을 충분히 소화해내지는 못한 성과였다.

1930년대 후반 비평사 연구를 한 단계 높은 차원으로 끌어 올린 것은 연세대 대학원의 공동 학술 심포지움에서 발표된 「사회주의 리얼리즘의 수용과 과학적 문예학으로의 전환」과 「1930년대 후반 반파시즘 인민전선과 사회주의 리얼리즘의 변천과정」이다. 이 연구의 의의는 1930

년대 비평의 발전을 속류사회학주의로부터 반영론에 토대를 둔 과학적 문예학으로 규정함으로써 조선의 비평 발전을 리얼리즘 이론사의 발전으로 이해한 점, 사회주의리얼리즘 수용 찬반 논쟁을 역사적 단계에 부응하는 구체적 창작 방법을 모색하기 위한 논쟁으로 평가함으로써 현상적인 수용 찬반 이면에 숨어 있는 비평사적 의의를 새롭게 정리한 점 그리고 특히 1930년대 후반의 비평을 반파시즘 인민전선과 연결지어 해석함으로써 리얼리즘 이론이 역사적 현실과 어떻게 긴장감을 갖고 대응하는가를 명확히 보여 주었다는 점에서 찾을 수 있다. 이 글을 통해 사회주의리얼리즘 논쟁의 비평사적 의의와 1930년대 후반 비평사를 평가하는 주요한 틀(거기에 동의하거나 그렇지 않거나 관계없이)이 제시되있다. 반파시즘 인민전선이라는 구도에서 1930년대 후반 비평사의 주요 지점과 부차적인 지점이 드러날 수 있었기 때문이다.

이 논문에 의하면 1933년 무렵부터 임화와 안함광은 문학을 반영론의 관점에서 이해하기 시작하여 사회주의리얼리즘 논쟁기에서는 당시 사회 정세에 걸맞은 창작 방법의 대안으로 낭만주의론과 유물변증법적 리얼리즘론을 제기하는 것으로 정리한다. 나아가 1930년대 후반의 상황에서 임화는 사회주의리얼리즘을 리얼리즘 일반론으로 해소시켜 버리는 데 반해 안함광만이 의식의 능동성론과 픽션론을 통해 사회주의리얼리즘을 고수한다고 평가한다. 여기에서 한걸음 더 나아가 이 논문은 이런 그들의 리얼리즘 이론이 파시즘 국면에서 인민전선적 전망을 갖고 중간파 획득을 위한 논의로 나가게 된다고 주장한다. 즉, 중간파 획득의 문제와 관련하여 임화는 리얼리즘 일반의 차원에서 중간파 작가와 프로작가의 차이를 본질적인 것으로 생각하지 않았던 데 비해, 안함광은 이들의 차이를 인정하는 자리에서 중간파 작가가 지니는 독자성과 의의를 중요하게 생각하면서도 이들과 프로작가 모두를 통괄할 수 있는 미학적 지도 원리로서의 리얼리즘론은 전개시키지 못했다고 평가한다.

이 논문이 1930년대 후반의 비평을 평가하는 새로운 관점을 보여 준 것은 사실이라고 하더라도 역시 문제가 없는 건 아니다. 먼저 안함광이 임화와 더불어 반영론을 이해하고 있다는 평가는 무리이다. 이 시기에 안함광이 반영론을 이해했던 증거로 이들은 사회학주의의 오류를 지적하는 안함광의 글을 들고 있는데 그것이 곧바로 사회학주의와는 다른 문학적 반영론의 핵심을 이해하고 있다는 평가로 연결될 수는 없는 일이다. 더구나 같은 무렵에 안함광은 세계관과 방법을 분리·통합하는 수준의 유물변증법적 리얼리즘을 주장하고 있어서 더욱 신빙성이 떨어진다. 반영론을 제대로 이해했다면 그런 주장이 나올리는 없는 것이다. 아울러 1930년대 후반에 안함광이 당파성을 옹호했다는 것도 그 평가 이유가 안함광의 몇몇 단편적인 언표에만 의존하고 있다. 요컨대 안함광의 리얼리즘 이론 체계로부터 그의 당파성론이 설명되지 못하고 있는 것이다. 이것은 김재용의 「안함광론」도 크게 다르지 않다. 김재용의 「안함광론」은 위 공동 연구의 문제의식을 개별 비평가 속에서 구체화시킨 것이다. 그런 점에서 이 글들은 의도적으로 안함광을 임화에 맞서는 대타적 존재로 세우려는 의도가 강하게 개입된 것처럼 보인다. 그러나 이런 몇 가지 무리한 해석에도 불구하고 공동 연구논문과 김재용의 논의는 해석과 평가의 준거 틀을 인민전선과 리얼리즘 이론과의 관련에서 세우고 있는 만큼 1930년대 후반의 비평사 연구에서 새로운 해석의 시도를 한 것으로 평가할 수 있다.

앞의 공동 연구 그리고 김재용의 「안함광론」과 입장을 같이하는 글이 이상경의 「임화의 소설사론에 대한 비판적 검토」이다. 이 논문은 1930년대 후반의 비평사 연구를 당시 평론가들의 문학사 서술을 위한 노력에까지 대상을 확대시켰다는 의의 외에도 문학사를 리얼리즘 이론과 관련시켜 연구하기 시작했다는 의의도 있다. 이상경은 임화의 소설사구도를 그의 비평 이론과 관련지어 살펴보면서 그의 소설사 이해 방식이 기본적으로 '이상형의 결여형태에 대한 확인과 그 이상형에 대한 추구'로 요약된다고 본다. 이런 전제에서 그는 임화의 「조선신문학사론 서설」 (1935)과 「소설문학의 20년」(1940)을 분석하고 그 미학적 근거를 비판하고 있다. 이상경의 논지는 임화의 신경향파 해석을 평가하는 부분에서 분명히 드러난다. 그에 따르면 임화가 신경향파소설들을 사실정신이 우세한 최서해적 경향과 진보적 정신이 우세한 박영희적 경향으로 나눈 것은 사실성과 진보성을 통일적으로 이해하기보다는 신경향파 안에서의 산술적 종합으로밖에 이해하지 못한 것이라고 주장한다. 임화가 '혁명적 낭만주의론'을 주장할 때 주관과 객관을 상호 대립적으로 이해하는 것 역시도 이와 연결된다는 것이 이상경의 판단이다. 또 그는 사실성과 진보성이 「소설문학의 20년」에 가면 '묘사'와 '표현'으로 대치되어 나타나는데 이 같은 상이한 경향을 신경향파라는 하나의 양식명칭으로 묶을 수 있는 근거를 밝히지 못함으로써 논리의 허약함을 드러냈다고 비판한다. 결국 임화는 이들이 종합된 것을 본격소설(이것이 이상형이다)로 상정하고 조선의 소설사는 거기에 가까웠다 멀어졌다 하는 반복의 과정을 거치면서 전체적으로는 완미한 형태의 본격소설을 지향하는 것으로 이해한다는 분석이다.

이상경은 본격소설에 대한 임화의 이런 이해가 소설의 내용과 방향을 따지고 고민하기보다는 다분히 형태론적인 공통점을 발견하여 그것을 논리화시킨 것으로 본다. 예컨대 본격소설 안에서도 갈라지는 질적 차별성(비판적 리얼리즘소설과 사회주의리얼리즘소설 같은)을 간과하고 19세기 서구의 고전소설만을 본격소설로 상정한 것이 그런 사례라는 것이다. 이상경은 임화의 소설사론을 세밀하게 검토해서 그의 이론이 갖고 있는 문제점을 적실하게 지적한다. 그러나 임화가 조선의 근대소설을 분석하면서 '최서해적 경향'과 '박영희적 경향'으로 그 경향을 구분하려는 문제의식은 지나치게 과소평가된 것으로 보인다.

어쨌거나 연세대 대학원의 공동 연구논문이나 김재용·이상경의 글은 그동안 비평사에서 평가가 제대로 이뤄지지 못했던 안함광을 집중적으로 재조명하고 임화 이론의 공과를 다시 점검했다는 데에서 그 의의를 찾아볼 수 있다. 그 과정에서 안함광에 대한 지나친 과대평가 역시 없었던 것은 아니나 이는 카프와 1930년대 후반 그리고 해방 직후를 어떤 일관된 체계로 평가하려는 문제의식의 발로에서 비롯된 것이다. 특히 1930년대 후반의 비평사를 반영론의 도입과 인민전선과의 연관 속에서 새롭게 읽어내려 한 것은 이 시기를 단순히 전형기(轉形期)로 이해하던 과거의 틀을 깨고 일관된 틀로 문학사를 읽어내려 한 것이라는 점에서 연구의 의의를 평가할 수 있다.

4. 임화와 안함광에 대한 다양한 후속 연구들

방법론적으로는 앞의 입장과 유사하면서도 상반된 견해를 보이는 것은 하정일의 논문이다. 그는 「30년대 후반 휴머니즘논쟁과 민족문학의 구도」, 「1930년대 후반 사회주의리얼리즘론의 발전과 반파시즘 인민전선」에서 반파시즘 인민전선과 리얼리즘론의 연관 아래에서 1930년대 후반의 임화와 안함광을 중심으로 비평사를 정리하고 있다. 이 두 논문에서 그가 주장하는 논지를 요약해 보면 다음과 같다.

1930년내 후반 안함광의 비평 이론은 기본적으로 혁명적 낭만주의론에 기대고 있다. 그는 의식의 능동성을 혁명적 낭만주의의 본질적 특성으로 여기고 있는데 그의 논지에 따르면 결국 리얼리즘은 의식의 수동성에 대한 미학적 반영이다. 그러나 리얼리즘은 의식의 수동적 측면뿐만 아니라 능동적 측면이 통일된 창작 방법이다. 안함광이 이해한 식대로라면 혁명적 낭만주의는 리얼리즘의 지배적 원리로 흐르게 된다. 이것이 소설론에서는 픽션론과 성격론으로 대두되는데, 픽션론 또한 의식의 능동성을 구현하기 위한 혁명적 낭만주의의 영향이며, 성격론에서 성격 발전을 사상한 채, 성격창조를 강조하는 것도 같은 논리이다. 이렇게 안함광이 혁명적 낭만주의를 강조한 것은 프로문학의 독자성을 견지하려는 의도에서 나온 것이기 때문에 원칙적으로 정당하나, 리얼리즘 일반 원리를 경시한 것은 중요한 오류이며 더구나 파시즘 치하에서 인민전선의 전망을 간과한 채 프로문학의 독자성을 고수하여 프로 대(對)반(反)프로의 구도로 문예전선을 바라본 것은 그의 결정적 한계이다.

이에 반해 임화가 프로문학의 독자성에서 벗어나 맹아적 수준이지만 프로문학이 지도하는 민족문학의 수립을 당면과제로 본 것은 인민전선의 미학적 반영으로 볼 수 있다. 그리하여 그는 사회주의리얼리즘을 주장하기에 이르는데, 그는 사회주의리얼리즘에서의 당파성을 경향성·주체성으로 표현하고 있다. 물론 여기에는 당파성의 계급적 성격이 불분명해지는 한계가 있기는 하지만 그것은 민족문학적 전망에 입각한 사회주의리얼리즘이 조선 사회에서 구체화된 것으로 이해할 수 있다. 이것이 「본격소설론」에 가면 리얼리즘 일반론으로 경사되는데, 그것은 '본격소설' 자체의 회복이 문제되는 시점에서 민족문학 전체를 통괄할 미학적 지도 원리에 대한 모색의 결과였다. 이렇게 본다면 임화의 리얼리즘론은 반파시즘 인민전선의 이념에 조응하여 민중연대성을 공통분모로 한 비판적 리얼리즘과 사회주의리얼리즘의 전략적 연대 가능성을 상정한 것이었고, 이는 반파시즘이라는 정치적 전선에 대응한 미학적 전선의 기준이 되는 것으로 평가할 수 있다.

이들의 입론은 중간파 획득을 위한 휴머니즘 논쟁에서도 차이가 드러나게 된다. 안함광은 휴머니즘론의 독자성과 의의를 인정하지만 그것은 어디까지나 휴머니즘 내부에서의 인정이었고 프로문학과의 연관성에서 나온 것은 아니었다. 따라서 프로문학과 중간파문학을 지도할 통일적 미학 원리를 수립하지는 못하고 있다. 이에 반해 임화는 민족문학 전체의 지도 원리에 치중한 나머지 휴머니즘론에서 드러나는 중간파문학의 독자성과 의의를 제대로 인식하지 못하는 오류를 발생한다.

하정일의 이런 입론은 1930년대 후반의 비평사를 민족문학과 인민전선으로 접근한다는 점에서는 김재용과 동일하지만 인민전선의 문학적 구현 방식을 놓고서는 반대의 입장을 보인다. 리얼리즘에 대한 임화의 지속적인 탐구를 오히려 인민전선의 모범적인 사례로 보고 있으며 안함광은 차라리 혁명적 낭만주의자의 모습을 보인다고 평가함으로써 반파시즘을 매개로 한 민중연대와 계급연대에 대해서는 올바른 노선이 아니라고 주장한다.

그런데 이런 주장에도 몇 가지 중요한 문제점이 있다. 임화가 민족문학적 전망에 의거하여 사회주의리얼리즘을 구상했다는 주장이 그것인데 과연 그랬는가는 의문이다. 오히려 해방 직후 임화라면 모를까 과연 그가 이 시기에 그런 생각을 하고 있었을지는 여전히 의문스럽다. 구체적으로 보자면 임화가 구상한 사회주의리얼리즘이 프로작가 뿐만 아니라 사실주의 노선을 걷는 양심적인 중간파 작가까지 지도하는 창작 방법이라고 언급한 부분이다. 이러한 사회주의리얼리즘이라면 굳이 비판적 리얼리즘과 사회주의리얼리즘의 연대를 이야기할 필요가 있을까? 소시민 계급과의 연대는 최소한 문학의 영역에서는 비판적 리얼리즘과의 적극적 연대로 구현되는 것일 텐데 그 둘을 모두 아우르는 사회주의리얼리즘은 얼른 이해가 가지 않는다. 오히려 문제의 핵심은 임화가 사회주의리얼리즘과 비판적 리얼리즘을 차별적으로 인식하고 있는가, 만약 그랬다면 이들이 어떤 틀로 연대할 수 있다고 생각했는가를 확인하는 작업으로부터 시작해야 할 것이다.

오현주의 「임화의 문학사 서술에 대한 고찰」도 하정일과 같은 구도에서 임화의 문학사 서술을 살펴보고 있는 글인데, 문학사 서술에서 드러난 임화의 민족문학적 전망을 읽어내면서 그의 리얼리즘론의 변화와 문학사 서술내용의 변화를 추적하고, 나아가 임화문학사의 이식적 성격을 당시 사회경제사 영역의 연구 성과와 연계시켜 검토하고 있다. 이 글은 하정일의 글과 마찬가지의 문제점을 공유하고 있기는 하지만 이 식문학사가 임화 개인적 차원의 문제라기보다는 당시 사회경제사가들의 연구에 기댄 '자본주의 이식론'의 반영이라는 점을 지적한 것은 주목해 볼 바가 있다.

한편, 새로운 이론적 입지점에서 임화의 평론을 본격적으로 다룬 논문이 신두원의 「임화의 현실주의론 연구」이다. 그는 임화의 평론을 문예 이론적 성과에 초점을 맞추어 역사적으로 고찰하고 있다. 신두원의 논문에서는 비평을 평가하는 기준을 새롭게 이해된 리얼리즘론, 즉 미적 가치론의 입장에서 이해된 리얼리즘론에서 찾고 있으며 그에 따라 지금까지의 연구에서 이해된 임화의 리얼리즘론과는 평가 방식을 달리하고 있다.[5] 그의 중요한 논지를 살펴보기로 하자.

임화는 1933년 무렵부터 문학에 대한 반영론적 사고의 단초를 보이다가 낭만주의를 주장하던 시기부터 문예 이론에 주객 변증법을 도입함으로써 창작 과정에 개입하는 주관의 역할을 강조하게 된다. 이것이 문학사 서술에 있어서는 세계관이 어떻게 구체적 창작에 영향을 미치는가에 대한 해명으로 모아지게 된다. 그러나 임화의 낭만주의론과 문학사 서술은 창작 과정의 주관적 계기를 관념에서 찾고 있는 오류와 리얼리즘을 양식적으로 이해하는 편향을 드러내고 있다. 그런데 임화는 「사실주의의 재인식」에 가면 주—객관의 상호작용의 기초가 객관에 있음을 분명히 하는데 이것이 기존의 일부 평가처럼 객관주의적 편향으로 흐르는 것은 아니다. 왜냐하면 리얼리즘 내부에 주관적 계기로서의 경향성이 작용하는 것을 깨닫고 있기 때문이다. 이것은 세계관 형성의 매개역할을 하는 그의 예술적 실천론의 의미를 이해하면 더욱 분명해진다. 결국

---

5) 이는 M. S. 까간의 『미학강의』(벼리, 1989)로부터 영향 받은 미학 이론이다. 이 책은, 역자인 진중권에 따르면 "옵스야니코프가 감수한 『마르크스—레닌주의 미학』과 더불어 몇 안 되는 마르크스—레닌주의 미학체계론의 대표적 저서로서, 1956~66년 소비에트에서 진행된 소위 '에스테티 체스꼬에'(미학)논쟁에 대한 평가를 토대로 그 성과를 흡수하면서 자라나온 하나의 주요한 흐름을 대표한다"고 한다.

임화의 리얼리즘론은 현실 속에서의 행위(실천)를 통해 과학적 세계관과 현실을 결합시켜 현실의 본질을 반영하고, 이를 통해 와해된 주체를 재건하는 예술적 실천의 방법론인 것이다. 이런 방법론은 다시 세계관을 주체화시키는 방향으로 작동하게 됨으로써 당파성을 그 내부에 담지하고 있는 것으로 평가되어야 한다. 결국 이 같은 임화의 입론은 당파성을 획득해 가는 주체재건의 방법으로 이해되어야 한다. 이렇게 본다면 임화가 세계관, 창작 방법, 작품 경향과의 연관을 포괄적 창작 방법이라 규정한 것은 그가 비교적 정신적・이념적 조종중심으로서의 방법 개념에 가까이 다가선 것으로 이해되며 미학상의 인식론주의를 넘어서 미적 가치론의 수준에 접근한 것이라 볼 수 있다.

신두원의 이와 같은 분석은 우선 미적 가치론을 처음으로 우리 비평사 연구에 적용시키려 했다는 점에서 일차적 의의가 있다고 볼 수 있다. 하지만 문제는 연구 대상과 연구자가 택하고 있는 방법론 사이의 간극을 어떻게 이해할 것이냐에 있다. 즉 미적 가치론의 틀로 임화를 이해하고 그 결과 임화가 가치론적 사고를 보이고 있다는 평가가 과연 무슨 의미가 있을 것인가 하는 점이다. 임화는 문학을 반영론적 입장에서 이해하고, 문학 작품을 분석할 때 인식론적인 미학관을 보여주고 있는 것은 사실인데, 그런 임화를 두고 미적 가치론의 지향을 뽑아내는 것이 과연 어떤 의미가 있는지 이해하기 힘든 것이다. 신두원과 같은 평가를 확장하자면 인식론주의자의 대명사로까지 여겨지는 루카치의 리얼리즘론에서도 가치론적 사고와 싸이나, 방법 개념은 분명히 찾아볼 수 있는 것이다. 물론 그는 가치론적인 문학 이해를 통해 임화의 평론에서 당파성의 함의를 풍부하게 읽어 내는 성과를 거두는 것은 사실이지만, 당시 평론에서 단지 가치론의 싹과 경향을 확인하고 평가하는 차원의 연구 방식이 어떤 의미가 있을지는 여전히 의문이다.

이런 평가 방식의 문제점은 류보선이 안함광을 평가하는 글인 「안함광 문학론의 변모 과정과 리얼리즘에 대한 인식」에서 더 극단적으로 드러난다. 그는 안함광의 유물변증법적 리얼리즘을 세계관 우위의 방법이라고 분석한 후 안함광이 생각하고 있는 창작 방법에 인식 방법과 가치평가 방법의 변증법적 통일을 포괄하는 원리들의 체계를 찾을 수 없다고 비판한다. 그러나 인식 방법과 가치평가의 방법이 통일된 원리들의 체계란 지금의 우리로서도 그렇게 쉽게 말하기는 어렵다는 생각이다. 현재 연구를 진행하고 있는 연구자의 문제의식과 연구 대상이 발표된 당시의 역사적 한계 사이의 적절한 관계가 무엇일지는 다함께 고민해야 할 내용이다.

여하튼 새로운 연구방법론에 대한 진지한 모색과 한국 근대비평사에 대한 깊이 있는 연구는 서로 다른 일이 아니고 우리가 흰새 살아가는 오늘의 문제의식을 그런 고민과 모색 속에 적절하게 담아내는 일은 우리 모두의 과제일 것이다.

제 **2** 장

1930년대 후반의 비평사 연구 동향 2

근대성 논의를 중심으로

1. 얼굴 감추기와 얼굴 드러내기

연구사(研究史)에 대한 글쓰기처럼 난감한 것도 없다. 자기를 드러내기도, 그렇다고 자기를 철저히 숨기기도 어렵기 때문이다. 자신의 맨 얼굴을 섣불리 드러냈다가는 그 다양한 연구 결과들을 쉽사리 재단해 버리는 결과를 낳기 십상이며, 그렇다고 ㄱ 결과들 뒤편으로 꼭꼭 숨어서는 온전한 의미의 '연구사' 검토는 불가능하게 될 것이다. 평론이라는 것 자체가 작품을 앞에 내세우고 자신은 정작 그 작품 뒤에서 슬쩍 얼굴을 내밀어 보이는 것일 텐데, 나는 이곳에서 평론도 아니고 그 평론에 대한 연구를 다시 검토하려 하고 있다. 과연 나는 내 얼굴을 그 많은 얼굴의 겹을 뚫고 어떻게 드러낼 것인가, 어떻게 그 얼굴의 강렬한 인상들을 놓치지 않고 섬세하게 드러낼 수 있을 것인가.

이 글은 1930년대 후반의 비평사에 대한 연구물들을 주로 근대성이라는 코드에서 읽어 낸 결과이다. 대략 1990년대 이후의 연구물들이 여기에 해당한다.[1] 따라서 여기에서는 근대성 일반에 대한 문제와 같은 원론적인 논의를 다루지는 않는다. 연구물들을 검토하면서 글쓴이 나름대로 중요하다고 생각되는 문제들을 묶어 몇 가지 경향으로 정리하도록 하겠다. 그러나 단순히 정리를 하자는 것이 목적은 아니며 나름의 해석적 개입을 시도할 작정이다. 그렇게 해서 이 글이 끝날 무렵, 1930년대 후반의 비평사 서술과 관련하여 내 나름대로 고민하고 있는 몇 가지 문제들을 드러내 보이도록 하겠다.

2. 1930년대 후반의 문제성

1930년대 후반이라는 시기는 흔히 전형기(轉形期)라는 이름으로 불리기도 한다. 형태가 전환되는 기간이라는 뜻일 텐데, 그만큼 한마디로 규정하기 어려운 시기가 이 무렵이다. 이 시기를 정확히 어느 때로 잡느냐부터 1930년대 후반을 바라보는 시각이 다를 수 있다. 즉 카프가 해산되

---

1) 1990년대 이후 1930년대 후반의 비평사 연구를 검토한 글로는 이현식의 「1930년대 후반의 비평사연구동향에 대한 검토」(『문학과 논리』, 창간호, 태학사, 1991), 송희복의 「근대성─우리 비평사의 한 쟁점」(『동악어문논집』 31, 동국대학교 국어국문학과, 1996), 하정일의 「90년대 근대문학비평사 연구의 몇 가지 문제점」(『현대문학이론연구』 8집, 현대문학이론학회, 1997), 채호석의 『한국 근대문학과 계몽의 서사』(소명출판, 1999), 서준섭의 「한국근대문학비평 연구의 새로운 지평」(『한국학보』 99집, 일지사, 2000), 신재기의 「한국 근대문학비평의 근대성 및 주체문제」(『어문학』 69, 한국어문학회, 2000) 등의 논문이 있다. 송희복·서준섭·신재기의 글이 연구사를 전반적으로 다룬 것이라면 (특히 송희복과 서준섭은 1930년대 후반에 그치지 않고 근대성 문제 혹은 비평사 연구와 관련된 연구 성과를 개괄적으로 다뤄 놓았다), 하정일·채호석의 글은 몇몇 논문에 대해 깊이 있는 분석을 한 것이다.

는 1935년부터 중일전쟁이 발발하는 1937년까지를 1930년대 후반으로
보느냐, 아니면 중일전쟁 이후부터 1940년 여름까지를 그렇게 보느냐,
그도 저도 아니라면 1935년부터 1940년 무렵까지를 1930년대 후반으로
보느냐에 따라 이 시기를 평가하는, 나아가 개별 비평가들의 평론을 평
가하는 시각이 달라질 수 있는 것이다. 즉, 문제를 단순화시켜서 1935년
부터 1937년까지를 1930년대 후반으로 보게 되면 이 시기의 비평을 진
보적 관점에서 평가하는 것이 실제적 의미를 갖지만, 중일전쟁 이후부
터 1940년대까지를 1930년대 후반으로 이해한다면 오히려 진보성의 퇴
각으로 비평사를 읽는 것도 가능하게 되는 것이다. 그만큼 이 시대의 비
평이 변화와 굴곡이 심했다고 할 수 있는 것이다. 개인적으로는 그 모두
를 아울러서 전체를 보되 변화 양상을 주목해야 한다는 입장이다.

　아울러 이 시기가 또 문제적인 것은, 특히 비평사적인 시각에서, 그
앞에 붙어 있는 시대와 그 뒤를 잇따르는 시대가 너무도 커다란 낙차를
보이고 있기 때문이기도 하다. 카프의 왕성한 활동이 1930년대 후반의
앞에 자리 잡고 있다면, 비평의 사멸(死滅)이라고까지 말할 수 있는 일제
말기가 그 뒤를 잇따르고 있는 것이다. 요컨대 이 시기를 제대로 해명하
지 않는다면 카프 시대와, 전향 및 친일시대, 나아가 해방 직후의 민족
문학운동기에서 보이는 연속과 단절의 논리를 역사적으로 설명할 수 없
게 된다. 설명을 하지 않을 작정이라면 모르지만, 이 시기에 대한 해명
없이는 '근대비평사' 혹은 '근대문학사'를 온전히 서술하는 일은 매우
힘들 것이나. 물론 한국의 근대문학사를 구성하는 시대치고 문제적이
아닌 때가 없지만, 특히 비평사의 관점에서 이 시대만큼 연구사의 해석
과 평가가 엇갈리고, 비평이 변화무쌍한 시대도 없었던 것이다. 1980년
대 말부터 1990년대 초까지 전개된 '카프 해소·비해소파 논쟁'과 '반파
시즘인민전선론'은 그런 논란의 결과물일 것이다.

　그런데 최근의 연구 경향을 보면 이 시대가 또 다시 문제적인 시기로
떠오르고 있음을 느끼게 된다. 그것은 바로 한국 근대문학사를 근대성

(modernity)의 관점에서 재해석해 보려는 일련의 노력들과 무관하지 않다. 이런 노력들 역시 위에서 말한 1930년대 후반의 문제성과 잇닿아 있는 것이기도 하다. 이들은 1930년대 후반의 비평사를 근대성의 구도로 인식하면서 몇 가지 중요한 문제들을 제기하고 있는데, 그것은 비평사 연구의 방법론과 얽혀 간단치 않은 과제를 우리에게 던져주고 있다.

3. 근대와 반근대

1930년대 후반의 비평사를 근대성의 구도로 해석할 때 가장 문제적으로 떠오르는 것이 바로 근대와 반근대(反近代)라는 인식론적 틀이다. 이런 문제 설정은 한형구[2])로부터 비롯되어 김윤식[3])에게 오면 그 윤곽을 드러낸다. 황종연[4])의 연구도 거론하는 대상은 다르지만 커다란 범위에서 이런 인식론적 틀에 포함된다고 할 것이다. 이게 문제적인 이유는 근대와 반근대의 인식론적 구도로 문학사와 비평사를 해석함으로 해서 그 이전까지 상대적으로 유의미하게 거론되지 않았던 신세대 문학가와 문장파의 문인들이 이 시기 문학사의 또 다른 주류로 부상하게 되기 때문이다. 특히 김동리 · 조연현 등 신세대 문인들의 문학사적 위치를 재조명한 한형구와 김윤식의 연구는, 참으로 문제적이게도 1930년대 후반에 그치지 않고 일제 말기와 해방 직후, 나아가 분단 이후의 남한문학사에 이르는 중요한 흐름을 역사적으로 해명할 단서를 열었다. 근대와 반근대의 인식론적 구도로 인해 신세대 문인들과 구(舊)카프 및 친(親)카

2) 한형구, 「일제 말기 세대의 미의식에 대한 연구」, 서울대 박사논문, 1992.
3) 김윤식, 『한국문학의 근대성 비판』, 문예출판사, 1993.
4) 황종연, 「한국 문학의 근대와 반근대」, 동국대 박사논문, 1992.

프 계열의 문인들이 처한 위치와 그들의 문학적 지향이 명확히 대척적으로 드러나게 되었다는 점에서 이 시기 문학사 서술에 있어 주요한 문젯거리를 던진 것이다.

한편, 이런 연구물들을 통해 1930년대 후반의 다양한 문학적 지향이 풍성하게 드러났다는 점 또한 간과할 수 없다. 예컨대 황종연의 연구는 꼭 근대와 반근대의 구도로 문학사적 흐름을 읽어내려 했다기보다는 이 시대 문인들의 정신세계의 한 단면을 복원시켜냈다는 의미를 갖는다. 사실, 황종연 연구의 초점은 이병기·정지용·이태준으로 대표되는 이른바 '『문장』파'의 내면과 세계관을 착실하게 드러내는 데에 있는 것으로 보인다. 그렇지만, 그럼에도 불구하고 황종연 연구의 아쉬운 점은 문장파가 고전을 지향하고 동양적 선비정신을 동경했다는 것을 설명하면서 그것을 반근대에 대한 지향으로 연결시켜 설명하고 있는데, 그보다는 고전이라는 것 그리고 동양이라는 것을 사유하는 계기와 그것을 가치 평가하게 되는 인식론적 바탕, 푸코 식으로 말해 에피스테메를 드러냄으로써 조금 더 근본적인 문제제기에 이를 수 있었지 않았겠는가 하는 데에 있다.

그런데 근대와 반근대의 문학사적 구도를 보다 더 첨예한 문제의식으로 부각시킨 것은 한형구와 김윤식의 연구이다. 하지만 이런 식의 구도는 여전히 풀리지 않는 문제들을 내포하고 있는 것도 사실이다. 우선, 1930년대 후반으로부터 일제 말, 해방 및 분단 이후의 문학사를 반근대적 흐름으로 설성하는 것이 정녕 '한국'의 '근대'문학사를 온전하게 설명할 수 있겠느냐는 것이다. 오히려 이런 반근대적 지향도 넓게 보았을 때, 근대성의 역투영으로, 혹은 비서구 식민지(혹은 주변부) 근대의 특수성으로 해석될 여지는 없겠는가 하는 것이다. 예컨대 김동리가 지향했던 '생의 구경적 형식'이란 것도 반근대적 지향으로 읽을 수 있겠지만, 그의 문학에 대한 인식과 사유의 바탕이 근대적인 그것을 벗어난 것은 아니었다는 점에서 근대성의 큰 틀 속에서 설명될 여지는 충분히 있다고 할 수 있는 것이다.

물론 이런 근대와 반근대라는 문학사에 대한 인식론적 구도가 1930년대 후반과 일제 말기의 문학사적 연관성을 고려해 보았을 때 전혀 이해되지 않는 것은 아니다. 왜냐하면 이런 구도를 통해 적어도 일제 말기 문인들의 전향과 친일이라는, 근대문학사의 사상사적 문제가 해명될 수 있기 때문이다. 김동리나 이병기·이태준·정지용 등이 일제 말기의 사상 전향기에 상대적으로 스스로의 주체를 유지하면서 쉽게 흔들리지 않았던 것도 사실인 것이다. 그렇긴 하나 친일의 문제 역시 생각해 보면 그렇게 단순하지만은 않다. 친일이라는 가치평가의 이면에는 '저항'이라는 대타항이 놓여 있을 수밖에 없는 것인데, 그것은 한국이 근대문학사를 여전히 '탄압과 저항'이라는 이원론적 구도로 읽어내고자 하는 욕망이 암암리에 작용한 결과로 보이기 때문이다. 탄압과 저항의 이원론적 구도 아래에서 한국의 근대문학사는 저항과 친일이라는 윤리적 선악의 가치가 선명하게 개입될 수밖에 없으며, 그렇게 되면 거기에는 선 아니면 악이라는 선택 이외에는 어느 것도 허용하지 않는 폭력적 가치 체계가 작동하게 되는 것이다. 물론 여기에는 한국의 근대문학사, 나아가 한국의 근대사, 특히 일제강점기의 역사를 어떻게 바라볼 것인가 하는 보다 근본적인 문제가 가로놓여 있어서 단순하게 답할 성질은 아니다.

4. 비평의 근대적 존재 조건

비평은 근대사회에서 어떻게 존재하는 것일까? 이런 질문은 비평의 근대적 성립 조건과 직결되는 문제여서 비평의 본질 문제와 밀접하게 연결되어 있다. 그것은 우리에게 근대비평이란 무엇인가 하는 원론적인 질문을 던진다. 근대사회에서 비평이 자립적일 수 있겠는가에 대해서도 마찬가지이다. 김윤식의 「1930년대 비평의 자립적 근거에 대하여」[5]는 바로 그런 문제들을 포함하고 있다. 그는 이 글에서 이 무렵 활발하게 활동했던 비평가들을 몇 개의 범주로 묶으면서 그들의 자의식, 비평가로서 그들의 실존적 조건을 규명하고 있다. 김윤식은 그들이 이 시기에 비평가로서 자기 정체성을 세워가는 방식을 실존적·사상사적 문제로 접근하고 있다. 그에 따르면 그 방식이란 지식인적인 삶일 수도 있고, 구경적 생의 형식일 수도 있으며, 내면의 심리를 문제 삼는 행위일 수도 있다. 때로는 토대환원주의의 심화와 변주로서의 비평이기도 하며, 과학으로서의 비평일 수도 있다. 김윤식의 이런 접근은 한국 사회에서 비평가가 존재하는 방식을 근원적으로 물었다는 점에서 의의가 있다. 그리고 그것이 근대사회에서 비평의 존재 방식일 수 있음을, 명시적으로 지적한 것은 아니지만, 어느 정도 암시하고 있다.

게다가 우리가 또 하나 간과하지 말아야 할 것은 그의 이런 접근이 비로소 1930년대 후반의 비평사를 검토하면서 가능할 수 있었다는 점이다. 그것은, 우리가 그의 논문에 해석적으로 개입해서 보완하자면, 1930년대 후반의 비평사가 단지 비평가 개인 차원에서만 자립적일 수 있었던 것이 아니라, '한국'의 '근대비평'으로서 자립적일 수 있음을 아울러 드러내는 점이기도 하다는 것이다.

누구 아는 바와 같이 한국의 근대비평은 계몽기 신문 및 잡지의 논설로부터 시작해서 문학비평으로서 자율적 기반을 갖춰가는 데 수많은 질곡과 장애를 겪어 왔다. 심지어 카프시대만 하더라도 그것이 정녕 자율적인 문학 평론이었는가 역시 의심스러운 실정이다. 평론의 내용에 대해서 카프가 일본 나프(NAPF)의 경성지부라는 자조적인 평가가 나오

---

5) 김윤식, 『한국현대문학비평사론』, 서울대 출판부, 2000.

는 정도이고, 비평의 존재 조건 자체도 그것이 과연 엄정한 의미의 자율성 있는 문학 평론인가는 재고(再考)의 여지가 있다고 할 것이다. 기실 카프의 평론이란 자율성 있는 문학 평론이기 이전에 운동론에 의해 촉발되었던 한국적 특수 상황을 감안하고 이해되어야 한다. 그런 점에서 김윤식의 이런 연구결과는 한국의 근대문학사에서 근대문학비평이 자율적으로 성립되는 시기를 1930년대 후반으로 잡을 수 있다는 가설을 제기하는 데 중요한 시사점을 준다.

물론 우리는 여기에서 한 걸음 더 나아가 한국의 근대비평이 존립할 수 있는 제도적이고 물질적인 조건을 연구해야 한다는 과제를 안고 있기도 하다. 비평가로서의 자의식을 갖는 것은 그만큼 문학을 둘러싼 제도적 조건이 비평가를 필요로 할 만큼 성숙했다는 것인데, 정작 우리는 이에 대해서 아무런 실증적 자료 연구도 갖고 있지 못한 형편인 것이다. 종합 저널리즘의 발전과, 문학 분야의 전문 저널리즘의 정착, 신인 등단 제도, 문학 교양서적과 문학 작품의 대중적 보급 등, 비평이 조선이라는 비서구 식민지사회에서 근대문학의 한 장르로서 성립하게 되는 과정과 여건에 대한 검토가 이제는 필요한 시기인 것이다.

5. 근대성과 주체

1930년대 후반의 비평사를 언급할 때 주체의 문제는 항상 핵심적인 논란거리로 등장한다. 그도 그럴 것이, 이 시대는 카프가 해체되고 난 이후이며 문학인으로서 문학을 해야 하는 이유를 어디에서 찾아야 하는지 알 수 없었던 막막한 시기였던 것이다. 세계적인 공황과 일제의 대륙 침략, 근대의 초극과 대동아공영권 논리의 등장 등, 문인들이 갈피

를 잡고 살아가기가 매우 난처하고 어려운 시대였다. 앞에서 살펴본 김
윤식의 글도 이런 시대 조건을 버텨낼 수밖에 없었던 당대 비평가들의
실존적 근거를 다룬 것으로 이해할 수 있을 것이다.

어쨌거나, 그렇기 때문인지 이 시대의 비평사를 다룬 글들에서 주체
의 문제를 거론한 논문은 상대적으로 적지 않다. 권성우[6] · 김외곤[7] ·
류보선[8] · 소영현[9] · 채호석[10] 등의 논문들이 그것인데, 특히 권성우와
김외곤의 그것은 그 전까지의 비평사 연구와는 다르게 색다른 방법론
의 탐색을 시도했다는 점에서 주목할 만하다. 그러나 이 두 논문은 주
체와 타자에 대한 이해, 1차 자료에 대한 해석의 문제 등의 측면에서 의
욕에 비해 만족할 만한 결과를 얻은 것 같지는 않다.[11]

오히려 주목해 볼 만한 것은 류보선과 채호석 · 소영현의 글이다. 우
선 류보선은 이 시대의 주요 비평가 4인, 임화 · 김기림 · 안함광 · 최재
서를 비교 분석하면서 자기의식을 갖는 주체를 인식한 임화와 김기림
이 한국적 근대의 특수성을 인식하게 되고, 그럼으로써 일제의 신체제
논리에 감염되는 것으로부터 벗어날 수 있었다고 설명한다. 아울러 그
런 결과가 해방 직후의 문학사에도 지속적으로 이어져 1930년대 후반
과 해방 직후의 연속성을 해명하는 근거가 될 수 있다고 본다. 한편, 채
호석은 김남천의 문학 활동을 집중적으로 조명한 경우인데, 그는 김남
천이 계급적 주체에서 개인으로서의 주체로 전환하는 과정을 설명하면
서 고립된 '개인'으로서의 의식이 해방 전 그가 도달한 주체의 모습이
었음을 밝혀낸다. 게다가 그는 고립된 '개인'으로서의 주체가 근대적 체

---

  6) 권성우, 「한국 근대 비평에 있어서 타자성 연구」, 서울대 박사논문, 1994.
  7) 김외곤, 「일제 시대 김남천 문학 연구」, 서울대 박사논문, 1995.
  8) 류보선, 「1930년대 후반기 한국문학비평 연구」, 서울대 박사논문, 1996.
  9) 소영현, 「1940년 전후 동양담론 분석」, 『1930년대 후반문학의 근대성과 자기성찰』
     (상허문학회), 깊은샘, 1998.
  10) 채호석, 앞의 책.
  11) 이에 대해서는 서경석의 『한국근대리얼리즘문학사 연구』(태학사, 1998)와 채호석의
     위의 책을 참조할 것.

험을 거친 개인이기에 근대문학 초기의 개인과는 다르다는 점에 대한 설명도 덧붙인다. 소영현의 경우는 동양 담론 속에 나타난 식민지 지식인 주체의 모습을 조명한 논문으로, 식민지 지식인들의 서구적 근대에 대한 자기 동일시의 역투영이 동양 담론으로의 귀환이라는 결과를 빚은 것으로 설명한다.

이들 논문에서 특기할 만한 점은 1930년대 후반의 비평을 반근대 혹은 탈근대가 아니라 여전히 근대성의 관철이라는 관점에서 다루고 있다는 것이다. 다시 말해 주체의 해체나 주체의 초월이 아니라 근대적 주체를 어떻게 완성시켜 나가는가가 여전히 시대적 문제임을 이들의 논문은 확인시켜 주고 있다. 즉 비평가들이 근대적 주체를 어떻게 수립하는가가 1930년대 후반의 주요 문학사적 과제이며 그에 따라 이 시대를 제대로 버티고 넘어설 수 있는가가 좌우된다고 본 것이다.

일단 이들의 논의는 근대성과 주체의 문제에 대해 깊이 있는 분석과 해석을 동반하고 있어서 상당한 설득력을 얻고 있다. 게다가 이들은 1980년대 연구 성과와 문제의식을 어떤 방식으로든 극복하고 있는 것으로 보인다. 그러나 여기에도 문제는 없지 않다. 근대적 주체라 했음에도 그것이 문학사적 가치평가를 내재할 만큼 이론적이고 역사적인 계기를 갖는 것인지 여전히 의문스럽다. 자기의식을 갖는다거나 특수성을 인식했다는 것, 혹은 근대적 개인으로서 주체의 모습은 한국의 근대비평가들이 지향한 주체의 모습일 수는 있되, 비평사적 평가를 모두 대체할 만큼의 문학사론의 구도가 될 수 있는가는 얼른 이해되지 않는다.

예컨대 주체의 문제를 통해 리얼리즘, 혹은 모더니즘의 문제를 그렇게 간단히 넘어설 수 있는가, 고립된 근대적 개인의 자각이(혹은 근대 체험이) 1930년대 후반의 문학사 구도에서 어떤 의미를 갖는가는 조금 더 설명이 필요한 대목이라고 할 것이다. 즉, 최근 이 시기의 비평사 연구에서 드러난 연구자들의 주체에 대한 인식은 매우 심화된 것이기는 하나, 근대적 주체를 일반화시켜서, 그것도 지나치게 소극적으로 평가하고 있는 것은 아닌가 하는 의구심을 떨쳐버릴 수 없는 것이다. 이들의 주체관은, 요약하자면, 반성적 자기의식을 갖고 있는 개인이라 할 터인데, 그것이 한국 근대문학비평으로 성립해 가는 과정에서 빼놓을 수 없는 문제이기는 하나, 거시적인 차원에서 보자면 주체를 지나치게 보편적으로 해석한 것이어서 정작 1930년대라는 시기를 대입해 생각해 보면 새로운 해석의 지평을 제공하지는 못하고 있는 것으로 보인다.

6. 문학사 서술 방법의 문제—분할과 배척인가, 위계의 설정과 중심의 구축인가

역사를 제대로 서술하고자 하는 사람이라면 누구든 역사의 중심 줄기를 제시하고 그것의 발전과 변화를 이론적으로, 혹은 구조적으로 제시하려고 한다. 물론 그것은 자기가 탐구하는 대상에 대해 이론적이면서도 역사적인, 역사적이면서도 이론적인 인식의 구도를 배경에 깔고 있을 때 가능하다. 그러나 최근의 탈구조주의의 이론가의 시각을 빌어서 보면 그런 역사 서술은 분할과 배척의 역사, 혹은 또 다른 형이상학이 아닐 수 없다.

역사 서술 과정에서 선택을 통해 대상을 분할하고 차별하며 동시에 배척하는 역사 서술은 문학사 서술에서도 예외가 아니다. 연구자 주관에 의해 의도된 선택과 분할은 대상에 대해 왜곡된 시각을 조장하고, 역사의 상을 잘못 그리도록 만들 수도 있다는 점에서(특정한 부면의 과장과 과소평가로 인해) 경계해야 할 문제인 점은 분명하다. 그런 역사가 형이상학이라는 비판을 받는 것도 이해가 가는 면이 있다. 예컨대 한국의 근대사를 지배와 저항이라는 이분법적 시각으로만 인식하려는 태도 같은 경우도 그렇다. 지배와 저항이라는 패러다임에서 한국의 근대사를 바라보면 모든 역사적 행위는 지배 아니면 저항이라는 단순 논리로 귀결된다. 모든 사물과 사건, 인물들은 그런 두 코드에서만 의미를 획득한다. 일제와 그들에게 협력한 모든 사람들의 행위는 지배, 침탈의 행위이고, 그렇지 않은 사람들은 피해자이거나 거기에 항거한 사람들이다. 그런데 이런 지배와 저항의 패러다임이 갖고 있는 문제점은 사실을 규명함에 있어 윤리적인 선, 악의 가치판단이 덧씌워져 있다는 데에 있다. 지배는 악이며, 저항은 선이라는 구도는 학문적인 정당한 가치 평가를 방해한다. 즉, 지배에 편승한 친일은 악이고, 그렇지 않은 자는 저항, 곧 선이라는 생각을 무의식적으로 전제하고, 현실을 그 두 가지 축으로만 단순화시키게 되는 것이다.

그렇지만 그 반대의 경우 역시 생각해 볼 문제는 많다. 수탈론적 역사 서술에 문제가 있다고 해서 민족이라는 코드를 무시하거나 역사의 중심 줄기를 해체하려는 일부 연구 경향에는 동의할 수 없다. 문제는 일방적 수탈이나 저항, 탈민족과 근대화론, 혹은 담론 권력의 해체에 있는 것이 아니라 현재 우리가 살고 있는 오늘의 관점에서 무엇이 유의미한 것인지를 가려서 판단하고 설명해내는 일이다. 1930년대 후반의 문학사가 문제적인 것도 바로 이런 데에 있다. 1980년대 이후 우리는 이 시기를 바라보는 틀에 대한 좌표를 상실해버린 데다가, 궁극적으로 역사를 바라보는 관점에 심각한 혼란을 겪고 있다. 혼란을 혼란 그 자체로 인정하고 일단은 관조하는 자세로 응해야 한다는 주장도 있지만, 중요한 것은 혼란을 혼란으로 보더라도 그것을 그대로 인정하는 자세와, 중심의 구축과 위계의 설정을 고민하면서 바라보는 문제는 다른 것이다.

나는 그것이 근대성에 대한 발본적 고민으로부터 시작해야 한다고 생각한다. 근대성에 대한 발본적 고민이란 무엇인가? 먼저 필요한 것은 근대의 일상적 삶에 대한 이해이다. 특히 근대문학사, 혹은 1930년대 후반의 비평사와 문학사를 이해하기 위해서는 당대적 삶에 대한 '실감' 있는 인식이 필요하다. 비서구 식민지사회에서 근대의 일상을 실감 있게 이해하지 않고서는 동시대의 문학 작품에 대한 이해의 질은 낮아질 수밖에 없다. 그들이 무엇을 먹고 무엇을 듣고 무엇을 보았으며 무엇을 읽고 사람들을 만나 무엇을 이야기하고 무엇을 생각하면서 살아갔는가 가 기실 근대를 구성하는 가장 기본적인 단위이다. 이를 무시하고서 근대성 논의는 자칫 추상적이고 공소한 이론 논의로 떨어질 가능성을 배제할 수 없다. 그런 바탕이 있어야 근대성의 인식론적 구도는 자신의 육체를 얻을 수 있다. 요컨대 비서구 식민지사회에서 일상적 근대의 모습을 복원시켜야 하는 것이다.[12] 그렇게 되었을 때에라야 그 시기를 살아갔던 문인들이 지향했던 인식론적 실체가 명확히 규명될 수 있을 것이며 조선 사회의 특수성 또한 편견 없이 이해할 수 있을 것이다. 물론 근대사에 대한 단순한 이분법적 시각(지배와 저항이라는)도 벗어날 수 있을 것이다.

그런데 그렇다면 근대의 일상은 어떻게 드러나는 것일까? 근대의 일상이란 근대성과 다르지 않다. 그럼에도 불구하고 일상을 강조하다 보면 연구마저 그 일상의 늪에 빠질 수 있다. 연구 대상이 일상이라는 가치중립의 세계에서 빠져나오지 못하면 연구는 불가능하다. 그렇다면 다시, 근대성에 대한 제대로 된 이해가 중요하다는 점이 드러난다. 그렇다면 근대성이란 무엇인가? 그러나 유감스럽게도 이에 대한 명쾌한 대답을 나는 갖고 있지 못하다. 다만, 근대성을 객관적으로 존재하는 역사의 한 단위로서의 근대와 가치 지향으로서의 근대를 모두 내포한 개념으로 막연하게 생각하고 있을 뿐이다. 역사의 한 단위로서의 근대란, 일단 모든 문제를 근대성의 틀로, 그 다양한 변주로 읽어 보자는 것을 뜻한다. 그렇게 되면 특히 1930년대 후반 비평사에서 근대와 반근대의 인식

---

12) 이와 관련하여 최근 붐처럼 일어나는 풍속사 연구 역시 그 가치야 충분히 인정되지만 이 시기 문학사 연구의 본령으로 보기는 힘들다는 생각이다. 일제강점기 근대의 모습을 미시적 차원에서 해명함으로써 연구의 지평을 넓히긴 했지만 아무래도 본말이 전도되었다는 느낌을 지울 수 없다. 왜 풍속을 연구하는가를 곰곰이 되새길 필요가 있는 것이다.

론적 구도는 의미를 상실한다. 모든 것이 근대의 사유 구조 안에 있는 것이기 때문이다. 즉 반근대 역시 근대의 산물로 이해하자는 의도가 거기에는 내재되어 있다. 또, 가치 지향으로서의 근대는 이 시기의 문학사를 조금 더 적극적으로 해석해 보자는 의도를 담는다. 이 시기를 살아갔던 문인들의 문학을 근대의 완성을 향한 노력이라는 관점에서 재평가해 보자는 것이다. 이를 통틀어 말하자면 근대의 극복을 내포하면서 근대의 과제를 완수하는 시각으로 근대성 개념을 이해하자는 것인데, 백낙청 교수의 기왕의 주장도 있어서 새로운 발상은 아니지만 그 같은 문제인식은 여전히 중요한 시사점을 우리에게 제기한다는 점에서 고민해 볼 것이 많다.

주지하는 비와 같이 현실로서의 근대는 다면적이다. 변화무쌍한 자본의 운동과 이데올로기적 장치들, 그 안에서 무의식적으로 살아가는 사람들 그리고 그것을 해석하고 설명하고 적응하고 극복하려는 인간들의 치열한 지적 노력의 장이 근대적 삶이다. 거시적 현실로서의 근대를 이해하지 못한다면 가치 지향으로서의 근대 역시 의미는 없다. 그곳으로부터 비롯되는 근대적 삶의 극복을 위한 지적 투쟁들, 더구나 비서구 식민지사회에서 지식인들의 대응이란 가치 지향적일 수밖에 없다. 그런 가치 지향들을 근대성이라는 관점에서 재구축해 보아야 할 것이다. 물론 그것을 읽어 내는 방식은 매우 섬세해야 할 터이며, 식민지 조선의 특수성으로서의 근대를 이해하는 밑받침이 있어야 할 것이다.[13]

그러나 남는 문제는 거시적인 현실로서의 근대와 가치 지향으로서의 근대가 어떻게 공존할 수 있겠는가이다. 게다가 거시적 현실로서의 근대관은 자칫 가치의 상대주의적 함정에 빠질 수도 있다. 모든 것이 근대성의 틀 안에서 설명되어 버리기 때문이다. 또 한편 그것이 어떻게 근대의 완성이라는 가치 개념과 이어질 수 있겠는가 하는 문제는 여전히 해

---

13) 이에 대한 의미 있는 시사점으로는 하정일, 「민족문학론의 역사와 탈식민성」, 비평이론학회, 『비평』 3호(생각의나무, 2000년 하반기)를 참조할 것.

결되지 않는 채로 남는다. 이 문제에 대해서는 나로서도 아직 어떤 대답을 할 수 있는 처지가 아니다. 앞으로 더 많은 고민과 연구를 통해 스스로의 생각을 가다듬어야 할 것이라는 말밖에 할 수 없을 것 같다.14)

---

14) 비평사 연구와 관련된 서지사항은 이외에도 이현식의 「1930년대 후반 한국문예비평 이론연구」(연세대 박사논문, 1996), 하정일의 「'사실'논쟁과 1930년대 후반 문학의 성격」(『작가연구』 6집, 새미, 1998), 김재용의 「임화의 이식문학론과 조선적 특수성 인식의 명암」(『문예연구』, 문예연구사, 1999년 가을), 임명섭의 「김기림 비평에 나타난 근대의 추구와 초극의 문제」(『한국근대문학연구』 창간호, 태학사, 2000) 등이 있다.

2부

제3장 카프의 비평사적 위치

제4장 한국 근대비평사를 바라보는 하나의 관점
　　　　: 리얼리즘론과 관련하여

제5장 '1930년대 후반'의 의미와 「물」 논쟁

제3장
카프의 비평사적 위치

1. 한국 근대비평사에서 바라보는 카프비평

이 글은 한국 근대비평사에서 카프(KAPF)의 비평이 차지하는 위치를 검토하기 위한 기초 작업으로 작성되었다. 카프비평은 1980년대와 1990년대 초까지 활발하게 연구되다가 최근에는 그다지 주목을 받지 못하고 있다. 카프는 지금으로서는 연구자들의 관심 밖으로 밀려난 것으로 보인다. 한국문학연구자들의 학문적 관심이 최근에는 더욱 깊어지고 넓어져서 연구는 전문화되고 다양해졌다. 게다가 카프가 왕성하게 연구되던 1980년대 말, 1990년대 초의 문제의식 역시 퇴색되어 버렸다. 또한 카프 연구를 총괄 결산하는 연구 성과가 나와 있는 상태이기도 하다.[1]

---

1) 그런 대표적인 연구 성과로는 권영민, 『한국계급문학운동사』(문예출판사, 1998)와 김영민, 『한국근대문학비평사』(소명출판, 1999)가 있다.

따라서 이제 카프 연구를 다시 시작하려면 과거의 연구 성과나 문제의식과는 다른 각도의 접근이 필요할 때이다. 그러나 이 논문의 목적은 카프비평을 본격적으로 새로운 각도로 접근하려는 데에 있지는 않다. 물론 궁극적으로는 카프를 오늘날 어떻게 다시 바라보아야 할 것인가를 고민하지 않을 수는 없다. 그렇지만 그보다 먼저 과거의 카프 연구를 바탕으로 카프의 비평적 성과와 문제점을 거시적인 관점, 즉 한국의 근대문학비평사(近代文學批評史) 전체 차원에서 정리해 보는 일이 필요할 듯하다. 그동안의 연구에서 축적한 성과를 바탕으로 카프의 비평을 정리하는 과정을 통해 새로운 문제의식의 실마리를 찾을 수 있지 않을까 하는 것이다. 요컨대 이 논문은 기존의 연구 성과를 바탕으로 카프의 비평적 공과를 한국 근대비평사라는 관점에서 정리하려는 데에 목적이 있다. 그러므로 이 논문은 새로운 가설과 논증을 펼치기보다는 그간의 카프에 대한 상식적인 견해들만 정리한 것처럼 보일 수도 있다. 그러나 이 글에서 중요하게 생각한 것은 상식적인 견해를 더욱 심화시켜 생각하자는 것이고 한국의 근대비평사라는 거시적 차원에서 카프의 비평적 성과를 정리하자는 것이다. 그리고 그런 정리 과정을 통해 이후 카프 연구의 새로운 가능성을 타진해 보려는 것이다.

　이 같은 의도에서 준비된 본 논문은 다음과 같은 관점과 방법으로 연구되었다. 우선 카프를 한국 근대문학비평사라는 전체의 틀 속에서 접근하였다. 개별적인 비평이나 논쟁을 점검하여 그 쟁점을 드러내기보다는 그로부터 거리를 두고 한국 근대문학비평사 전체를 조망하는 가운데 카프의 비평사적 위상을 정리해 보려고 했다. 물론 어떤 연구치고 전체를 염두에 두지 않으면서 부분에 집착하는 논문은 없다. 그러나 이 글이 다루는 대상은 1925년 결성되어 1935년 해소된 카프라는 문학운동 조직의 비평 행위 전체를 문제 삼는 것이므로 이런 접근법은 조금 더 강조될 필요가 있다. 즉 카프를 한국 근대문학비평사 전체라는 차원에서 접근한다는 말은 카프비평이 대두되기 이전과 이후를 함께 고려하면서 대상에 접근하겠다는 뜻이다. 그렇게 본다면 카프는, 그 문제점 역시 간과할 수 없지만 한국문학이 근대민족문학으로서 발전해 가는데 결코 작지 않은 영향을 끼쳤다. 1930년대 후반 임화나 김남천·안함광의 비평적 성과는 카프를 제쳐 두고 생각하기 어렵다. 아니, 카프에 소속되지 않았던 김기림이나 최재서 역시 마찬가지이다. 그들 역시 카프 소속의 평론가들과 소통하면서 자신들의 문제의식을 발전시켜 갔기 때문이다. 한편, 카프 이전의 비평을 카프 이후와 비교해 보더라도 마찬가지이다. 한국의 근대비평은 카프 이전과 이후가 크게 달라지는 모습을 보이는 것이다. 그런 점에서 이 글은 한국 근대문학비평이 여러 가지 굴절과 격변 속에서도 일관되게 발전해 왔다는 가설을 전제하고 있다.

그 다음, 카프비평의 공과를 효과적으로 드러내기 위해 몇 가지 중요한 문제를 추출하여 거기에 논의를 집중하는 방식으로 연구를 진행하였다. 지금 와서 새삼스럽게 카프비평을 통시적으로 정리하는 것은 연구사적으로 더 이상 의미 없는 일일 것이다. 그렇지만 사실, 몇몇 문제를 중심으로 카프비평을 조망하는 것도 여러 논란거리를 제공할 가능성이 많다. 연구자가 중요하다고 판단하여 추출한 문제들이 자의적일 수 있겠기 때문이다. 그런 까닭으로 여기에서 뽑은 문제들은 가장 폭넓게 상식적으로 거론되거나 이해할 수 있는 문제들에 국한하였다. 애초부터 새로운 문제제기보다 기존의 것을 확인하고 정리하자는 데에 글의 목적이 있었으므로 우리가 다룰 문제도 상식적인 것들에 국한하였다.

그렇게 해서 본 논문에서는 카프비평의 특징들 가운데 크게 세 가지 문제를 추출하였는데 그것은 ① 관념적 급진성, ② 문학의 현실 연관성에 대한 사고, ③ 문학에 대한 자기의식(意識)의 문제이다. 카프비평을 이런 세 가지 틀에서 접근해서 사적(史的)으로 드러낼 때 카프의 공과와 비평사적 위치가 보다 명료하게 드러날 수 있다고 판단했다. 우선 관념적 급진성 문제는 당대 논자들이 1930년대 후반에 스스로 카프의 공과를 말하면서 카프의 공식성·도식성·관념성에 대해 언급하고 있고[2] 이는 이후 연구자들도 마찬가지로 지적하고 있으므로[3] 카프비평의 문제에서 빼놓을 수 없는 화두이다. ②와 ③의 문제는 굳이 카프와 연관시킬 문제가 아닐 정도로 문학에 대한 원론적인 차원의 문제들이므로 카프비평이 어떻게 그런 문제에 대해 인식을 변화시키고 있었는가를 살펴보는 데에 의미 있는 논의를 제공할 수 있다고 판단하였다. 보편적이고 상식적인 문제를 거론함으로써 오히려 한국 근대비평사의 문제를 다루는 데에 많은 참고점을 제공할 수 있지 않을까 기대한다.

결국 본 논문은 앞에서 말한 두 가지 관점과 방법으로 카프의 비평적 성과를 조망하고 정리한 결과이다. 이런 식의 접근법을 통해 오늘 우리가 다시 카프에 접근하는 문제의식을 점검하고 나아가 한국 근대비평사 서술의 방법론을 고민할 수 있는 기초를 탐색할 수 있을 것으로 기대한다.

2. 카프비평으로 가는 첫 번째 통로—관념적 급진성

카프 계열의 비평에는 그 이전의 비평에서는 발견하기 힘들었던 생

---

2) 김남천이나 임화·안함광을 비롯한 많은 평론가들이 여러 글에서 이런 문제에 대해 지적하고 있음은 재론의 여지가 없다.

3) 앞의 권영민과 김영민은 위의 책 여러 곳에서 그런 문제들에 대해 지적하고 있다. 또한 역사문제연구소 문학사연구모임의 『카프문학운동연구』(역사비평사, 1989)에서도 카프의 문제점으로 "계급의식 일변도의 이념성이 노출되는 현상에 대한 가차없는 비판이 있어야 할 것이다"(249면)라고 지적하고 있으며, 북한의 연구 성과인 김학렬의 『조선 프롤레타리아 문학운동연구』(김일성종합대학출판사, 1996)에서도 "창작과 평론에서 계급성을 지나치게 강조하는 나머지 민족성을 경시 배척하는 경향, 진보적 작가대오의 분열과 대립을 조장하는 경향"에 대해 비판하고 있다. 이런 문제에 대해 이 논문에서는 포괄적으로 '관념적 급진성'으로 표현한 것이다.

경한 이념적 언어나 철학적인 용어들이 자주 등장한다. 외국 이론, 특히 마르크스주의의 용어와 경구들, 일본 마르크스주의 이론가들의 주장이 여과 없이 비평 전면에 드러나 있는 경우가 자주 발견된다. 신경향파 시기로부터 내용형식 논쟁을 거쳐 방향전환론·창작방법론 등에 이르기까지 이런 현상은 카프비평이 갖고 있는 공통적 특질들이다. 그래서 카프비평을 두고 관념적이라거나 공식성과 도식성에 빠졌다는 비판이 있었던 것도 사실이다. 여러 개념어들이 충분히 체화되지 못한 채 현실을 규정하고 평가하는 기제로 작동되곤 한다. 게다가 당위적인 경구들이 구체적인 논증 없이 추상적으로 반복되기도 한다. 예컨대 다음의 인용은 가프비평을 읽다 보면 어렵지 않게 만날 수 있는 문구들이다.

① 그러나 그들의 문예가 자본주의사회의 모든 현상을 승인하고 그것을 해설하는 이상 그들의 문예는 벌써 부르주아적 — 즉 자본주의사회의 어용이 된 것이다. 그러나 그들은 그렇지 않다고 하기까지 우둔한 허위를 소유하고 있는 것이다. 그러므로 누구든지 만일 상론한 것을 가리켜 '비예술적'이라 하면 그는 확실히 부르주아적 평론가라고 아니할 수 없는 것이다.[4]
② 형식은 내용이 규범하고 내용은 형식이 규범한다. 이 변증법적 교호작용에 있어서 제2기 작품에는 제2기적 형식이 있을 것이다. 어떠한 것이라고 여기서 지적하기는 어려우나 자연주의 수법으로 도저히 목적의식적 작품을 담을 수 없는 것과 같이 「낙동강」은 자연생장적 수법으로 표현에 성공했다 할 것이다. 전편을 통틀어 말하면 자연생장기의 작품으로는 성공했는지 모르겠으나 제2기 목적의식이의 작품이라고는 아무래도 할 수 없을 것 같다.[5]

① 은 박영희가 내용형식 논쟁에서 김기진을 향해 한 말이고 ②는 조중곤이 조명희의 「낙동강」을 평하면서 언급한 내용이다. 이 글들 안에

---

4) 박영희, 「투쟁기에 있는 문예비평가의 태도—동무 김기진 군의 평론을 읽고」, 『조선지광』, 1927.1. 이 책에 인용된 원문의 맞춤법과 띄어쓰기, 단락나누기는 모두 인용자가 현대어법에 맞게 조정한 것이다.
5) 조중곤, 「「낙동강」과 제2기 작품」, 『조선지광』, 1927.10.

는 대상에 대한 깊이 있는 분석을 결여한 채 상대를 부르주아 평론가로 몰아붙이는 것이나 '내용과 형식의 변증법적 교호작용'이라는 문학론의 상식으로 문학 작품을 간단히 평가하는 식의 논리가 지배하고 있다. 과정에 대한 분석은 없이 몇 개의 경구로 작품을 평가해 버리고 만다. 그래도 이것은 나은 경우에 속하는데, 심하게는 당시 소비에트나 일본 좌파 이론가의 글 일부를 통째로 번역하여 자기 논리를 옹호하는 근거로 삼는 경우도 있다.

또 하나, 카프비평에서 보이는 특징 가운데 하나가 현실성을 결여한 상황 인식과 시대에 대한 규정이다. 카프의 논자들은 어느 누구 하나 특별히 예외랄 것 없이 식민지 조선을 자본주의적 계급관계가 이미 상당한 정도로 관철되고 있는 사회로 규정하고 있다. 저개발 식민지 국가로서 조선의 현실을 탐색하는 대신 이들은 마치 조선이 난숙한 자본주의 국가인 것처럼 여기고 있다. 그런 까닭으로 이들은 부르주아문학과 프롤레타리아문학에 명확한 대립선을 긋고, 타도해야 할 대상으로 부르주아문학을 대립항으로 세운다.6) 요컨대 이들은 식민지 조선 사회를 난숙한 자본주의 사회로 규정내리고 있는 것이다. 그런 류의 시대인식은 그들의 비평 여러 곳에서 어렵지 않게 발견된다. 식민지 조선이 일본이나 소련의 그것과 하등 구별되지 않는다고 생각하고 있는 것이다.

소비에트 동맹 내의 예술운동의 신방향은 동시에 전세계 프롤레타리아 예술운동의 신방향이 아니어서는 안 될 것이다. 일본에 있어서도 금년 4월에 열리었던 '일본프롤레타리아작가동맹' 제2회 대회에 있어서 이 이데올로기의 방향전환을, 즉 '예술운동의 볼셰비키화'를 결의하였으며 거기에 따라 극장동맹, 미술동맹, 음악동맹에서도 이 일반적 정세에 응하여 새로운 걸음을 내놓은 것이다. 따라서 조선에 있어서의 프롤레타리아 예술운동도 일반적인 객관적 정

---

6) 해방 직후 문학가동맹의 민족문학론과 비교해 보라. 문학가동맹은 당시 해방 조선의 변혁단계를 부르주아민주주의 혁명단계로 설정하고 양심적 문학인들을 광범위하게 하나의 전선으로 묶는 일에 노력을 경주하였다.

세에서 예외될 수는 절대로 없는 것이다.[7]

볼셰비키적 방향 전환이 소련이나 일본에서처럼 식민지 조선에서도 시급한 당면과제라고 그들은 추호의 의심도 없이 강변하고 있다. 물론 당시 카프가 프로문학의 독자성을 뚜렷하게 내세우려는 목적의식에 강하게 집착하고 있었고 일본을 비롯한 소련 등의 좌파문학론 전체가 그런 경향이 강했다는 당시의 시대적 조류를 고려해야 하겠지만 그럼에도 불구하고 문제를 다른 각도에서 고민하려는 노력은 많지 않았다. 카프의 비평에서 쉽게 발견되는 이런 문제점들을 두고 통틀어 관념적 급진성이라고 규정한다고 해도 크게 무리는 없다. 앞에서도 여러 번 언급한 바이지만, 카프비평이 관념적 급진성과 도식성에 빠졌다는 비판은 그리 새삼스러울 것이 없다. 이들은 식민지 조선의 현실을 냉정하게 통찰하고 그에 합당한 문학을 만들어 가려는 노력을 했다기보다 문학을 성급하게 이념과 혁명을 위한 도구로 전락시켰다는 비판에서 자유롭지 못하다. 외국 이론에 깊이 침윤되어 정작 식민지 조선이 처한 현실의 본 모습에 깊이 있는 천착을 보이지 못했으며 몇 개의 공식으로 문학을 재단하려 했다. 그러므로 카프비평이 관념적이고 도식적이며 공식성(公式性)에 함몰되었다는 비판은 전혀 근거 없는 말이 아니다.[8]

게다가 이 같은 관념성과 공식성은 프롤레타리아 계급 독자성에 배타적으로 집착하도록 만들면서 다른 문인들과의 연대에는 눈을 돌리지 못하도록 만들었다. 동반자작가나 농민문학만을 지칭하는 것이 아니다. 이들의 비평적 논리는 기본적으로 차별과 배척의 논리였고 그렇기에

---

7) 안막, 「조선프로예술가의 당면의 긴급한 임무」, 『중외일보』, 1930.8.16.
8) 그러나 이런 언급은 카프의 전체적인 논조가 그러했다는 일반적인 의미에만 국한된다. 카프 논자들의 현실인식이나 민족 인식은 평론가와 시기에 따라 구별되는 면이 없지 않다. 예컨대 김기진이나 박영희와 카프 소장파가 구별되고 한설야와 이기영 그리고 안함광이 또한 이들과 구별된다. 카프비평 연구는 앞으로 이런 점에서도 조금 더 심화될 필요성이 있다.

일제강점기하에서 오히려 절실하게 연대가 필요한 지점에서 폭넓은 저항의 전선을 형성하는데 실패할 수밖에 없었다. 이들의 사고 속에는 일제하 식민지 문단의 특수성보다는 노동자 계급의 독자성, 혁명하의 소비에트 연방만이 따라가야 할 전범으로 자리 잡고 있었다.

그러나 카프의 이런 관념성에 대해서는 일면적으로 생각할 것은 아니다. 카프비평이 관념적이라는 사실, 문학을 도구화시켰다는 사실, 계급독자성에 대한 배타적인 집착에 대해 부인할 수는 없지만 카프비평이 왜 그럴 수밖에 없었는지, 또 그것이 카프만의 특징이었는지는 냉정하게 따져보아야 하는 것이다. 또 관념성과 도식성이 카프의 본원적인 문제점인지도 가려서 생각할 필요가 있다.

바로 이런 지점에서 카프에 대한 역사주의적 접근법이 설득력을 얻는다. 카프비평의 공과를 발전의 관점에서 바라본다는 것은 그것이 변화하고 움직이며 운동하는 대상으로 생각한다는 것을 뜻한다. 아울러 그것은 발전의 과정에 다양하게 영향을 끼친 요인들을 분석하고 평가한다는 의미를 내포하고 있기도 하다. 과연 카프는 태생적으로 관념적일 수밖에 없었던 것인지, 문학에 대한 이들의 주장이 스스로 반성되고 변화되었는지 아니면 정체되고 고착된 것이었는지, 역사주의적 시각에서 접근하려는 노력이 필요한 것이다. 카프비평의 특정한 측면을 확대하고 과장하거나 카프를 불변하는 고정된 이미지나 실체로 보는 것은 올바른 관점이라고 하기 어렵다.

그린 짐에서 이 시기에 활동했던 카프 소속 비평가들이 20대 초반의 젊은, 아니 어린 비평가들이었다는 점은 카프비평의 관념성을 생각할 때 감안해 보아야 할 요소이다. 그들은 대부분 일본을 통해 선진 지식을 학습하였고 일본 지식계의 동향에 상당한 영향을 받고 있었다. 제도적인 교육 기관에서 체계적인 문학 수업을 받은 경험 역시 일천하였고 자신들이 받아들여야 할 문학적 경험이나 전통조차 식민지 조선에는 형성되어 있지 못한 상태였다. 1910년대에 소년기를 보낸 이들이 문학

교육을 제대로 받을 수 있는 기회란 거의 없었으며 교육기관이 아닌 곳에서라도 문학을 만날 수 있는 곳은 극히 드물었다.[9] 이들이 일본 문단과 지식계에 쉽게 동화될 수밖에 없었을 것이란 추측은 그런 점에서 매우 설득력 있는 추론이다.

카프가 결성되던 1925년 김기진과 박영희는 각각 22세와 24세의 젊은 청년들이었다.[10] 오늘날과 세대감각이 같을 수야 없겠지만 이들이 자신의 사고를 충분히 성숙시키기에는 아직 젊었다. 이들은 막 동경 유학을 마치고 돌아온 신참 평론가였다. 아니 평론가라는 말조차 낯선 개념이었을 것이다. 그냥 평자(評者)였지 문인의 한 범주로서 '평론가'는 아니었다. 1908년생인 임화가 성아(星兒)라는 빌링으로 처음 글을 발표한 것도 1926년이니 그는 18세의 꽃다운 나이의 문학소년 때부터 글을 쓰기 시작한 것이다. 문단이란 것이 형성되기도 전에 이들은 젊은 열정 하나만을 갖고 식민지 조선 사회에서 글을 쓰기 시작한 것이다.

스스로 전통을 만들어가야 하는 이들에게 일본에서 배운 넓은 의미의 마르크스주의는 하나의 등불처럼 보였을 것이다.[11] 그것이 지닌 이

---

9) 이들이 문학을 처음 접한 시기는 사춘기의 감수성이 한창 예민하던 연령 때였다. 근대적인 교육을 받아 근대의 이성적 사고방식에 익숙하게 된 이들로서는 신소설이나 고소설이 눈에 들어올 리 없었다. 이미 감수성이 달라진 탓이다. 그런 까닭에 이들은 일본어를 통해 번역된 서구문학을 읽으면서 감수성의 충격을 받았고 그 과정에서 문학가로서의 길을 어떤 이상향처럼 여기게 되는 것이다. 김기진의 다음과 같은 회고는 그런 사실을 단적으로 입증해 준다.

예를 들면 『청춘』잡지에 실리던 육당·춘원 등 제씨의 것이 그것이니 그 중에서도 지금까지 기억하는 것은 춘원의 「어린 벗에게」와 「P는 남자더라」라 한 단편 등이다. 그러나 춘원의 이것들은 괴테의 『베르테르』만큼 나를 사로잡지 못했다. 이때에 내 책상머리에 꽂히었던 책은 『베르테르』 외에 기억에 있는 것이 와일드의 『살로메』, 바이론의 『해적』, 밀턴의 『실락원』, 뒤마의 『몽테크리스트 백작』, 『바그너 극작집』, 생전춘월(生田春月)의 『태서명작시선』과 『작시법』 등이었다.

김기진, 「나의 문학청년 시대」, 『김팔봉 문학전집』 2(홍정선 편), 문학과지성사, 1988, 420면.

10) 김기진은 1903년생이고 박영희는 1901년생이다.

11) 한국 근대문학사에서 마르크스주의를 무엇으로 규정하느냐는 매우 어려운 사상사적 과제일 것이다. 여기에서는 범박하게 마르크스주의에 영향 받은 다양한 사조를 '넓

론적인 의미를 깊이 탐색할 여유도 없이 마르크스주의가 지향하는 이 상적인 사회로의 강렬한 동경이 이들을 사로잡았을 법하다. 그것도 일본이라는 식민의 본국에서 한껏 근대의 문물을 호흡하다 조선으로 돌아왔거나 일본의 최신 서적들을 읽은 사람들에게 마르크스와 레닌을 말하는 것은 조선의 지식계에서 스스로의 목소리를 높이기 위한 전략일 수 있었던 것이다. 어떻게 보면 마르크스-레닌주의는 오늘날의 시각에서 볼 때 지식인의 문화적 트랜드이기도 했다. 더구나 3·1운동의 좌절 이후 식민지 상황을 고민하는 이들에게 마르크스주의는 충분히 그 대안으로 비춰졌을 것이다. 마르크스주의는 기존의 사상과 다르게 현실의 변화와 그 동력을 제시해 주는 혁명론이었으므로 식민지 상황을 변화시키고 타개해야 할 것으로 인식하는 젊은 지식인들에게 상당한 호소력을 지녔을 것은 충분히 예측할 수 있는 일이기도 하다.

다른 한편, 카프 소속 비평가들이 느끼고 있던 동시대에 대한 현실인식은 오늘의 그것과는 조건이 달랐다. 그들은 항상 두 개의 현실을 앞에 놓고 늘 혼돈을 겪을 수밖에 없는 위치에 있었다. 두 개의 현실이란 다름 아닌 식민지 조선의 현실과 식민 본국인 일본의 현실이다. 이들의 시대인식을 오늘 우리의 그것과 같이 생각하기 어려운 점이 여기에 있다. 이들은 근대국가의 경험도 갖고 있지 못했고 민주주의에 대한 경험 역시 일천하였다. 오늘 우리가 자연스럽게 경험하는 근대민족국가를 그들이 체험적으로 알고 있었을 것이라고 기대하기는 어렵다. 그들은 식민지 조선의 현실과 일본의 그것을 혼동하고 있었거나 혹은 그들의 생각 속에서 명확히 구별하기 힘들었을 수도 있다. 자본주의의 작동은 식민본국인 일본을 간과하고 말할 수 없는 것이고 식민본국인 일본의 정치 정세 역시 식민지 조선과 밀접하게 연결될 수밖에 없다. 요컨대 발전도상에 있는 일본의 자본주의가 이들에게는 분명 현실의 일부분이었

은 의미의 마르크스주의'로 규정하였다.

을 수 있었던 것이다. 이들은 그것을 면밀하게 구분해서 사고할 만큼 지식과 경험이 축적되어 있지 못했다. 카프비평에서 나타나는 관념적인 현실인식이란 실상 이들의 이런 혼돈상이 그대로 투영된 결과라고 보는 편이 온당하지 않을까 하는 것이다.[12]

결국 카프비평의 관념성은 초창기의 한국 근대문학이 발전하는 과정에서 겪을 수밖에 없었던 필연적인 현상이다. 주지하다시피 한국의 근대문학은 서구의 근대문학이 일본을 통해 유입되면서 본격적으로 발전하기 시작했듯이 카프 역시 마찬가지로 생각할 수 있다. 자생적인 이론이나 문제의식에서 카프비평이 시작된 것이 아니라 서구의 이론을 일본을 통해 적극적으로 받아들이는 과정으로부터 카프는 출발하였다.[13] 그리고 그 과정에서 발생할 수 있는 문제점 중 하나가 그런 관념적 급진성이었다.

그러나 중요한 것은 그런 수입된 이론이 그냥 수입된 것이 아니라 당대 지식인들이 선택적으로 받아들이는 주체적 과정이었다는 점을 이해하는 일이다. 즉 카프 소속 비평가들의 주체적 의지와 문제의식이 있었기에 그것을 적극적으로 수용할 수 있었다는 점이다. 이것은 그만큼 그것을 수용하는 주체의 입장이 중요하다는 것을 뜻한다. 그들은 분명, 이론을 수용하고 받아들이면서도, 비록 일면적이고 관념적이기는 했을망정 어떤 형태로건 조선의 현실에 대해 고민하고 깨닫는 과정을 겪었을 것이다. 따라서 카프비평의 관념성 역시 이론을 수용하는 비평가 주체들에 의해 고민하고 극복될 가능성은 얼마든지 있었던 것이다. 카프를 근대문학비평사라는 전체 차원에서 이해해야 할 필요성, 카프의 비평을 역사주의적으로 인식해야 할 필요성은 그런 데에서도 찾아 볼 수 있다.

---

12) 이 역시 앞으로 면밀하게 검토되어야 할 항목이다. 카프 논자들의 현실인식을 세부적으로 규명해야 할 필요성이 있다.

13) '프로문학'이라는 용어 자체도 사실은 일본의 'プロ文學'을 그대로 번역하여 사용한 것이다.

3. 카프비평으로 가는 두 번째 통로─문학의 현실 연관성에 대한 사고

그런 점에서 우리는 카프의 비평을 한국 근대문학비평사라는 틀에서 이해할 때에 외국 이론이 주체화되는 과정으로서 그것을 접근할 필요가 있다. 그랬을 때 카프가 활동했던 10년간의 비평사는 관념성을 점차 극복해 가면서 외국 이론을 주체적으로 수용해 가는 노력이 확대되는 과정으로 이해할 수 있다. 이것을 조금 다른 각도, 다른 방식으로 생각해 본다면 문학의 현실 연관성, 혹은 문학의 사회적 연관성을 구체적으로 이해하는 과정이라고도 말할 수 있다. 사실, 카프라는 조직체는 문학운동단체였고 그런 점에서 강한 현실 개입적 성격을 갖고 있었다. 카프비평의 정체성(正體性)이 문학의 현실 연관성에 대한 탐색에 있음은 어찌 보면 당연한 일이라고 할 것이다.

김기진이 일본에 유학하면서 문학에 대해 새로운 눈을 뜨게 된 것도 이 점을 깨달으면서부터였다. 문학이 현실을 변화시킬 수 있음을 그는 당시 일본의 『씨 뿌리는 사람들』이라는 잡지와 클라르테운동을 통해 발견했고 세계문예사조와 관련된 책을 찾아 읽으면서 자각하기 시작한다. 그는 그 충격으로 박영희에게 편지를 쓰고 『백조』의 낭만주의를 해체한 것이다. 그는 이 시기에 예술의 존재 조건, 미의 발생론적 근거로서 생활과 사회의 문제를 본격적으로 거론하고 있다. 김기진이 카프 결성을 전후하여 썼던 대개의 글들은 모두 이런 문제에 초점이 모여 있다.

참말로 생활을 떠나서 문예라는 것이 존재하지 못한다. 그러면 생활이라는 것은 무엇이냐. 그것은 침식(寢食)하고 의욕하고 활동하는 사람의 생명의 현재의 실재를 일컬음이요 이곳에서 말할 필요도 없는 것이다. 생활은 실재요 실재 이외의 아무것도 아니다. 그리하여 문예는 실로 이 실재인 생활을 그 기초로 하였다는 것이다.[14]

소박한 언급이지만 문학과 예술의 근거가 생활에 있다는 위와 같은 생각들은 1923년을 전후로 한 시기를 기점으로 본격적으로 전개되기 시작한다. 이런 생각을 토대로 역사 발전과 문학의 연관성을 탐색하거나 문학을 통해 생활의 조직을 언급하는 것이 가능해지게 되는 것이다. 요컨대 이는 문학에 대한 새로운 인식의 틀이 한국 근대비평사에서 본격적으로 제기되는 것이라는 의미를 갖는다. 문학에 대해 "자기의 심중을 독(讀)하는 듯하여 미추희애(美醜喜哀)의 감정을 반(伴)"한다거나15) "예술 있는 곳에 문명이 있고 문명 있는 곳에 행복 있"다는16) 투의 소박한 상시론을 넘어서는 것이었다.

이후의 카프비평 전체, 카프를 기반으로 이루어졌던 모든 논쟁은 문학의 현실 연관성을 다각도로 입증하고 그것을 구체화시키는 굴곡의 여정이라고도 볼 수 있는 것이다. 내용형식 논쟁은 소설이 소설다워야 하는 것을 우선시할 것인가 혹은 현실을 변화시키는 목적에 우선적으로 충실할 것인가를 둘러싸고 벌어진 논쟁이었으며, 목적의식적 방향전환론이나 볼셰비키적 방향전환론은 아예 문학을 통한 현실의 변화 자체가 주된 목적으로 제출된 이론이었다. 문학이 현실에 개입해서 현실을 변화시켜야 한다는 인식론적 구도가 이들 논쟁에는 모두 동일하게 깔려 있다.

그러나 이 무렵 카프는 문학의 현실 연관성을 '문학의 무기화', '문학의 도구화'라는 것으로 이해한다. 문학 자체를 정치투쟁에 복무하는 수단으로 생각하는 기능적인 사고방식이 오랜 시간 카프의 주류적 담론을 지배한다. 예컨대 김기진·박영희 사이에 논란이 일어났던 '내용형

---

14) 김기진, 「감각의 변혁」, 『생장』 2호, 1925.2; 홍정선 편, 『김팔봉 문학전집』 1, 문학과 지성사, 1988, 37면

15) 이광수, 「문학이란 하오」, 『매일신보』, 1916.11.10~11.23; 권영민 편, 『한국현대문학비평사 자료』 1, 단국대 출판부, 1981, 38면.

16) 김동인, 「소설에 대한 조선 사람의 사상을…」, 『학지광』, 1918.8; 권영민 편, 위의 책, 138면.

식 논쟁'이 그 대표적인 첫 사례일 것이다.

　　프롤레타리아의 작품은 군(君)의 말과 같이 독립된 건축물을 만들려는 것이
아니다. 상론(上論)[한] 말과 같이 큰 기계의 한 치륜(齒輪)인 것을 또 다시 말
한다. 프롤레타리아 전문화(全文化)가 한 건축물이라 하면 프롤레타리아 예술
은 그 구성물 중에 하나이니 서까래도 될 수 있으며 기둥도 될 수 있으며 기
와장도 될 수 있는 것이다. 군의 말과 같이 소설로서 완전한 건물을 만들 시
기는 아직은 프로문예에서는 시기가 상조한 공론(空論)이다. 따라서 프로 문
예가 예술적 소설의 건축물을 만들기에만 노력한다면, 그 작가는 프롤레타리
아 문예를 망각한 사람이니 그는 프로 작가는 아니다.17)

　　김기진을 비판하는 박영희의 위와 같은 주장에는 혁명이나 정치적인
투쟁을 위해 문학은 문학으로서의 요건을 일부 제한하더라도 그 목적
에 충실해야 한다는 생각이 깔려 있다. 그러나 이런 사고는 매우 이율
배반적이다. 이 인용에는 도구로서의 문학, 전체의 목적에 종속된 '나사
[齒輪]'로서의 문학과 문학다운 문학, 박영희의 표현을 그대로 옮겨오자
면 완전한 건축물로서의 문학을 구분하면서 도구로서의 문학을 상황론
적으로 이해하는 사고가 잠재되어 있는 것이다. 온전한 형태의 문학은
아직 시기상조라는 주장에 그런 생각의 편린이 은연중에 숨어 있다. 자
신이 주장하는 문학이 온전한 문학이 아님을 스스로도 인정하는 논리
인 셈이다.

　　어쨌거나 카프가 문학의 사회적 연관성이라는 새로운 문학 이해의
틀을 확장해 가면서도 문학을 혁명에 복무하는 도구로만 이해하는 경
향이 쉽게 극복되지 못한 것은 카프의 가장 치명적인 문제점이었다. 더
욱 철저한 무기, 더욱 목적의식적인 수단으로 복무할 것을 강조하는 카

---

17) 박영희, 「투쟁기에 있는 문예비평가의 태도」, 『조선지광』, 1927.1; 이동희・노상래
　　편, 『박영희 전집』 3, 영남대 출판부, 1997, 190면. [ ] 기호는 명확히 누락되었음이 분
　　명한 글자를 편자들이 추가한 것이다.

프의 주류 논자들은 배제와 분할의 논리로 카프의 정체성을 강화시켰을지는 몰라도 배타적이고 억압적인 담론 체계를 만들어 냈다는 비판에서 자유롭기 힘들다. 물론 카프는 이를 통해 노동계급 이념의 독자성을 명확히 구축한 성과를 거둔 측면은 있다고 하더라도[18] 특정한 담론이 지배하면서 자유로운 목소리를 허용하지 않은 것은 카프가 갖고 있었던 조직 차원의 결함이었다. 그들은 자신들과 다른 문학을, 인정하기보다 싸워서 부숴야 할 대상으로 생각하였다. 그것의 가장 심각한 극단이 문학이 표현하고 반영해야 할 현실을 소재화(素材化)시켜 목록처럼 만들어 버린 점이었다.

① ×××의 활동을 이해하게 하여 그것에 주목을 환기시키는 작품
② 사회민주주의, 민족주의 ×치운동의 본질을 ××하는 것
③ 대공장의 ××××제너럴××
④ 소작××
⑤ 공장, 농촌 내 조합의 조직, 어용조합의 ××, 쇄신동맹의 조직
⑥ 노동자와 농민의 관계를 이해케 하는 작품
⑦ ×××의 조선에 대한 ××××(예를 들면 민족적 ××, ×××× 확장, ××××조합 등의 역할)등 ××시키며 그것을 마르크스주의적으로 비판하여 프롤레타리아트의 ××을 결부한 작품
⑧ 조선 토착 부르주아지 및 그들의 주구가 ×××××와 야합하여 부끄럼없이 자행하는 적대적 행동, 반동적 행동을 폭로하여 또 그것을 마르크스주의적으로 비판하여 프롤레타리아트의 ××을 결부한 작품
⑨ 반 ×××××의 ××을 내용으로 하는 것
⑩ 조선프롤레타리아트와 일본프롤레타리아트의 연대적 관계를 명확하게 하는 작품, 프롤레타리아트의 국제적 연대심을 환기하는 작품[19]

---

18) 카프가 노동계급의 이념적 독자성을 명확히 했다는 점을 성과로 보아야 할 것인가 아닌가 역시 앞으로 더욱 치밀하게 고민되어야 할 문제이다. 노동 계급의 이념적 독자성을 뚜렷하게 세운 것은 인정한다고 하더라도 그것이 이 시기 한국 근대비평사에서 성과로 평가될 수 있을 것인지는 쉽게 속단하기 어렵다.
19) 권환, 「조선예술운동의 당면한 구체적 과정」, 『중외일보』, 1930.9.4.

당면한 정치 정세에 복무하기 위해 표현해야 할 세목들을 이와 같이 나열하고 작가들로 하여금 이를 작품 창작에 반영시킬 것을 강제하는 것은 창작의 자유를 억압하고 작가의 상상력을 통제하는 결과만 초래할 뿐이었다. 이런 류의 비평은 카프가 곧 붕괴할 자본주의에 대해 문학적으로 싸워나가겠다는 의지 표현의 한 방식이라고는 해도 문학을 철저하게 선전선동으로밖에 생각하지 못한 좌편향적인 오류일 뿐만 아니라 도구이성 만능주의의 한 극단으로밖에 보이지 않는다.

그러나 이런 문제에도 불구하고 카프는 창작 방법 논쟁을 통해 문학이 어떻게 현실과 연관될 수 있는지를 이론적으로 모색하면서 스스로의 문제점을 극복해 간다. 그런 점에서 카프비평사에서 창작 방법 논의는 매우 각별한 의미를 지닌다. 그것은 문학의 본령인 작품으로 논의의 초점이 모여지는 계기를 마련했을 뿐만 아니라 창작 방법을 통해 문학이 어떻게 현실을 반영할 것인가를 보다 체계화된 이론으로 이해하고 인식하는 단초를 마련할 수 있게 되었기 때문이다. 그리고 아울러 이를 계기로 그동안 억압되었던 작가들의 목소리가 터져 나오면서 카프는 일대 전환을 맞게 되는 것이다.

물론 이 역시 프롤레타리아리얼리즘으로부터 유물변증법적 창작방법론, 사회주의리얼리즘론 등으로 논의의 초점이 옮겨가면서 굴곡을 겪지만 그런 논쟁 과정을 통해 문학 작품을 어떻게 창작해야 현실의 변화를 유도할 수 있을 것인가, 더 나아가 현실을 어떻게 해야 문학이 제내로 담아낼 수 있을 것인가, 마침내 현실이 어떤 과정을 통해 문학에 반영되는가를 차례로 발견해 가게 되는 것이다. 그런데 창작 방법 논쟁도 엄밀하게 따지자면 일본의 논의를 그대로 들여온 번안(飜案)에 불과하다고 평가할 수 있다. 그러나 수입된 이론의 번안이라고 하더라도 문학이 어떻게 현실과 관계 맺을 것인가를 학습하고 논의함으로써 자체적인 논리를 발전시킬 계기가 되었다는 점에 주목해야 한다. 카프가 문학의 현실 연관성을 어떻게 발견해 가는지 시기적으로 달리 발표된 평론 가운데 몇 대목을 뽑아 살펴보기로 한다.

① 프롤레타리아리얼리즘이란 이러한 프롤레타리아트의 세계관이 변증법적 유물론에 입각하여 사회현상을 유물적으로 발전성에 있어 전체성에서 파악하고 그것을 프롤레타리아트의 결국의 ××라는 계급적 입장에서 형상을 빌리어 묘출(描出)하는 예술적 태도인 것이다.[20]

② 객관주의가 아니고 주관주의가 아니고 — 모든 관념주의가 아닌 유물변증법의 ×파성의 위에 우리들의 문학은 서지 않으면 안 된다. 다만 관념론과 유물론의 분수령(유물론도 아직 변증법적 유물론은 아니다)만이 아니고 불가지론과 가지론(可知論)의 분수령, 변증법적 유물론의 본질로서의 반영론 — 즉 우리들은 인식의 발전에 있어서 객관적 합칙성을 더욱 심도로 천명하여 간다는 유일한 최고의 사상에 우리들의 문학은 서지 않으면 안 된다.[21]

③ '정치와 예술에 대하여 직선적 해석을 가지는 과거의 편견을 버려라!' 라고 외치는 말은 물론 천만번 정당하다. 뉘라서 아직도 이러한 극좌적 편향에 미련을 가진 자 있을 것이랴! 그러나 문제를 정당히 해결하기 위하여는 우리는 한걸음 더 나아가서 그러한 극좌적 편향에 대한 추출적(抽出的) 근원체로서의 사회적 조건에 대한 구명과 분석이 있었어야 할 것이었고 이리하여 지금 새로운 양자(樣姿)로서 등장된 예술의 특수성이란 것은 어떠한 방법에 의거하여서만 정당히 섭취될 것이냐 하는 문제에 있어서 그는 필연으로 조선이 처해 있는 현재의 사회적 제조건과 그가 일(一)단위로서 구성되어 있는 세계적 현상세(現狀勢)에 대한 과학적 '격투'가 있었어야 할 것이 아니었던가?[22]

처음부터 각각 프롤레타리아리얼리즘, 유물변증법적 창작방법론, 사회주의리얼리즘론 등이 논의되던 시기의 비평을 가려 뽑은 것이다. 위의 인용을 보면 구체적으로 문학 작품이 어떻게 현실과 연관되는가에 대한 논의의 발전 과정을 짐작할 수 있다. 논의의 세부적인 과정이나

---

20) 안막, 「프로예술의 형식문제」, 『조선지광』, 1930.6.
21) 신석초, 「예술적 방법의 정당한 이해를 위하여」, 『신계단』(창간호), 1932.10.
22) 안함광, 「조선 프로문학의 현단계적 위기와 그의 전망」, 『예술』, 1935.4; 김재용·이현식 편, 『인간과 문학』(『안함광 평론선집』 1), 박이정, 1998, 30~31면.

카프 입론의 구체적인 지점에 대해서는 이 글의 주된 관심사가 아니므로 생략하지만 박영희나 김기진 등이 문학의 존재 조건으로 생활과 사회를 말하던 초창기의 상식론을 넘어서고 있다는 점은 쉽게 알 수 있다. 특히 ②와 ③의 글에는 세계관과 창작 방법의 문제, 조선의 특수성과 예술의 특수성에 대한 인식이 문학과 현실, 문학과 사회의 연관성 속에서 모색되고 있음을 알 수 있다. 문학이 사회 현실을 반영하는 과정에서 작가의 세계관이나 창작 방법이 어떻게 개입하고 관여하는지에 대한 이론적 관심, 문학예술이 과학이나 철학의 진리와는 다른 특수성을 갖고 있다는 점에 대한 고민, 조선 사회가 처해있는 특수한 상황과 세계사적 위치 등에 대한 탐구 등이 위의 인용에는 조금씩 그 편린을 드러내고 있다. 특히 ③에는 문학과 사회 현실에 대한 앞으로의 이론적 과제들이 열거되어 있다. 이런 과제들은 카프 해체 이후 한국 평론이 어떤 방향을 그리면서 나아가게 될 것인지를 예상하게 만든다.

그런데 또 하나 주목해야 할 것은 1933년 무렵부터 카프의 비평가들이 대거 나서 사회주의리얼리즘을 놓고 수용찬반론을 벌였다는 점이다. 이 수용 찬반 논쟁은 카프비평가들이 사회주의리얼리즘의 실체와 내용을 파악하면서 조선의 현실과 연관하여 그것을 어떻게 이해해야 할 것인가를 주체적으로 사고하기 시작했다는 데에서 의의를 찾을 수 있다. 요컨대 외국의 이론을 받아들이는 것에 대한 자기의식(意識)이 생겨난 것이다. 물론 사회주의리얼리즘론은 외국 이론의 단순한 수용이냐 아니냐를 넘어서는 의미를 지니기도 한다. 이 논쟁을 통해 식민지 조선 사회에 대한 깊이 있는 문제의식이 형성되었고 세계관과 이론의 통합체로서 리얼리즘론의 체화가 가능해졌기 때문에 그렇다.

지금까지 살펴본 것처럼 카프가 마침내 다다른 이 같은 인식은 한국 근대비평사 전체의 국면에서 생각해 볼 때 매우 중요한 성과임에 틀림없다. 일찍이 이광수가 1916년 『매일신보』에 「문학이란 하(何)오」라는 글을 발표하면서 문학을 "특정한 형식 하에 인(人)의 사상과 감정을 발표한 자를 위(謂)함이"라고 말하고,23) 김동인이 1921년 『창조』 9호에서 비평을 가리켜 "감상력이 부족한 민중에게 감상법을 가르치는 것", '선입주견을 배제한 공평한 비평'을 강조한 점을 떠올려 보면24) 카프가 도달한 성과는 결코 적다고 할 수 없다. 카프비평의 관념적인 도식성이나 도구적인 문학관 또한 비판하는 사람들이 많지만 더욱 관심을 가져야 할 것은 그런 문제들이 어떻게 극복 지양되어 가는가에 있다. 실로 한국의 근대문학비평은 카프에 와서 평범한 상식론을 넘어서 독자적으로 문학론의 구축이 가능한 단계로 나아간 것이라고 해도 과언이 아닌 것이다.

4. 카프비평으로 가는 세 번째 통로―문학에 대한 자기의식

카프는 한국 근대문학사 최초의 본격적인 문인들의 문학운동 조직으로서의 의미를 지닌다. 같은 사상과 미적 이념을 공유하고 그것을 실천하기 위한 조직체라는 점에서 카프는 문예지를 중심으로 한 동인(同人) 활동이나 친목모임과는 구별된다. 조직체이다 보니 조직으로서의 정체성(正體性)을 지속적으로 유지하기 위해 조직노선에 대한 끊임없는 확인, 미적 이념에 대한 공유, 문학적 실천론 등이 여러 가지 방식으로 제기되게 되고 그것이 신문·잡지·기관지 등을 통해 표현되었다. 조직론과 실천론이라는 관점에서 대중화론이나 농민문학론, 동반자작가론 등도 카프의 주된 아젠다(agenda) 가운데 하나였다.

---

23) 이광수, 앞의 글, 앞의 책.
24) 김동인, 「비평에 대하여」, 『창조』, 1921.5; 김치홍 편, 『김동인 평론전집』, 삼영사, 1984, 17면 참조.

사상의 자유가 극도로 억압되었던 식민지 치하에서 기관지 발간은 지속될 수 없었지만 3·1운동 이후 확보된 정치 공간을 카프는 십분 이용하였다. 많은 잡지와 신문 학예면(學藝面)을 통해 카프는 자신의 미적 이념을 전파하였고 작품을 발표하였으며 이른바 이론투쟁이라는 이름으로 다양한 논쟁을 전개하였다. 이는 자연스럽게 카프 소속의 많은 논객들이 여러 지면을 통해 새롭게 등장하는 기회가 되었다. 평론 한 두 편을 발표하고 사라지는 사람도 있었지만 많은 사람들이 카프를 통해 문단의 평론가로 인식되었다. 당시 비평가로 문단에 나오는 절차나 제도가 따로 있었던 것이 아니고[25] 동인지나 신문·문예지 등에 글을 발표하면서 자연스럽게 문인으로서의 길을 걷게 되는 것이었는데, 카프 소속의 논자들이 신문과 잡지에 글을 발표하면서 평론가들이 한꺼번에 배출되게 되었다.

다 아는 상식을 이렇게 말하는 이유는 한국 근대문학사에서 비평이라는 장르가 독립적으로 자리 잡는데 카프가 미친 영향력을 설명하기 위해서이다. 카프 이전에도 비평이 없었던 것은 아니지만 엄밀하게 말해 독립 장르로서 비평이나 자기 정체성을 갖는 독립적 문인으로서 비평가는 카프 이전에 뚜렷하게 그 실체를 갖고 있지 못했다. 카프 이전의 비평적 상황과 카프 해소 이후 문단의 비평에 대한 인식을 생각해 보라.

대부분 계몽기의 논설류와 비슷하게 비평을 인식하고 있거나 시인·소설가들의 부수적인 글쓰기로서 문학적 논설을 쓴 것이 카프 이전의 비평이었다. 이광수나 현상윤·김동인·염상섭·박종화 등이 작품평을 쓰거나 문학 교과서 수준의 논설을 쓰는 것이 비평의 대부분이었다. 비평을 둘러싸고 논쟁이 벌어지거나 어떤 주제가 형성되거나 하지 못한 것이 카프 이전의 비평의 실체였다.[26] 요컨대 비평적 글쓰기가 하나의

---

25) 신춘문예 제도가 만들어진 것은 『동아일보』가 1925년, 『조선일보』가 1928년이었다. 그러나 이때에도 시와 소설을 대상으로 한 것이었지 비평가는 제외되었다. 비평가를 신춘문예로 뽑은 것은 해방 이후부터이다.

문학적 제도로 자리 잡지 못하고 있었고 그런 만큼 비평이 하나의 전문 장르로 인식되지 못했다.

그러나 카프가 존재했던 10년이라는 기간을 거치면서 비평가라는 존재가 카프의 활발한 논쟁 과정을 통해 자연스럽게 인식되게 되었던 것이다. 논쟁이란 것은 어쩔 수 없이 상호간의 논리와 가치 판단의 차이점 때문에 벌어지는 것이다. 그러다 보면 상대방의 논리를 분석하고 가치 판단의 기준점을 문제 삼게 된다. 자연스럽게 그런 논쟁 과정을 통해 비평이란 무엇인가를 되묻게 되고 비평의 역할과 기능에 대한 생각도 형성되게 된다. 비평이 하나의 문학 장르로서 기능할 수 있다는 인식늘이 그런 과성을 동해 형성되있을 것이다. 게다가 임화와 김남친 시이에 단편 「물」과 「서화」를 놓고 오간 논쟁은 비평가의 역할, 비평의 기준 등에 대해 문제의식을 본격적으로 촉발시키는 계기도 되었다.

물론 시인이나 소설가를 겸업하는 경우가 여전히 없지 않았지만 임화 · 김남천 · 안함광 등이 카프 소속으로 한국 근대비평사에 뚜렷한 족적을 남겼고 비록 카프 소속은 아니었지만 최재서나 김기림이 전문적인 비평가로서 1930년대 들어와 자기 존재를 문단에 드러내었다. 카프 소속의 평론가가 아니라고 하더라도 카프를 통해 비평가라는 존재와 그 역할이 문단에서 인식됨으로써 비평가로서의 존립 근거가 생겨날 수 있었던 것이다.

어쨌거나 문학운동단체로서 카프는 조직의 운동 노선을 비평을 통해 고민했고 작품에 대한 지도력을 비평을 통해 구현하려 했다. 방향전환론이나 대중화론, 농민문학론과 동반자 작가론은 모두 그런 운동 과정에서 제기된 문제들이었다. 카프를 통해 한국비평은 문학이 가야 할 길

---

26) 카프 이전에 논쟁이 전혀 없었던 것은 아니다. 김동인과 염상섭 사이에 몇 차례의 논전이 오갔지만 그것을 두고 한국비평사에서 지속적인 문제의식을 촉발시킨, 본격적인 논쟁으로 평가하기는 힘들다. 초창기 비평의 실체와 논쟁에 대해서는 이선영 외, 『한국 근대문학비평사연구』(세계사, 1989)와 김영민의 앞의 책을 참조할 것.

에 대해 고민하면서 문학에 대한 논리적 사고를 본격적으로 시작할 수 있었고 문학에 대한 자기 인식적(認識的) 사유를 하기 시작했다. 카프는 소설과 시에 종속되었던 그 이전의 비평을 독립적인 하나의 장르로서 문학이라는 제도 안에서 기능할 수 있도록 그 영역을 확보하였다.

아울러 카프는 여러 논쟁을 통해 문학과 사회의 현실 연관성에 대한 이해를 확대하는 것과 더불어 지식 담론체로서 비평이 기능하는 장(場)을 확대해 나갔다. 비평이 월평(月評)이나 문예시평(文藝時評) 정도, 혹은 작품 평을 하는 문학의 종속 장르가 아니라 문학에 대한 자기의식과 관련한 이론적인 탐구들, 작품과 작가에 대한 연구, 문학사에 대한 연구 그리고 문학과 관련된 다양한 사회 현상과 사상에 대한 점검 등, 한 사회의 지식 담론체로서 그리고 지성계의 바로미터로서 존재할 수 있게 된 것은 카프의 활동을 통해 얻게 된 과실(果實)이었다. 그것은 다른 말로 하면 비평을 통해 우리 사회와 문학이 나아가야 할 방향을 지적(知的)으로 점검하고 탐색하는 기능을 한국의 근대문학이 얻게 되었음을 뜻한다. 1930년대 후반 다양한 비평적 업적과 문학적 방향을 탐색하기 위한 여러 논의들이 비평이라는 공간을 통해 가능할 수 있었던 것의 근원도 따지고 보면 카프의 비평적 성과물에 빚지고 있다는 것이다.

결국 카프 소속의 비평가들은 카프 해체 이후에도 사회운동론, 식민지 조선 사회에 대한 지적 관심 등을 멈추지 않고 스스로의 비평을 통해 실천해 나갔다. 이런 비평적 글쓰기는 문학비평으로서만이 아니라 사회비평이자 진정한 의미의 에세이로서 한국문학비평의 자기 전통을 만드는 데에 기여하였다.[27]

---

27) 에세이의 의미에 대해서는 게오르그 루카치, 반성완·심희섭 역, 「에세이의 본질과 형식」(『영혼과 형식』, 심설당, 1988)을 참조할 것.

5. 카프와 1930년대 후반의 비평

  지금까지 카프가 한국 근대문학비평사에서 차지하는 위치를 정리해 보았다. 이 글은 카프의 비평사적 위치를 조망하기 위해 한국 근대문학 비평사를 염두에 두면서 거시적으로 카프비평의 공과를 정리하는 것을 목적으로 삼았다. 특히 키프의 비평을 한국 근대문학비평의 발전 과정이라는 관점에서 접근하였다. 논의 결과를 간략히 간추리면 다음과 같다.

  카프비평의 문제섬으로 사주 서론되는 것이 관념성과 도식성이다. 그런데 카프비평의 관념성은 초창기의 한국 근대문학이 발전하는 과정에서 겪을 수밖에 없었던 현상이다. 카프는 그 출발점이 서구와 일본을 통해 수용된 넓은 의미의 마르크시즘이었다. 독자적인 문학적 전통과 경험이 일천한 상황에서 아직 이를 수용할 수 있는 지적 기반이 취약한 식민지 조선의 젊은 비평가들은 초기에 그것을 관념적으로밖에 이해하지 못하였다. 더구나 이들이 이해한 현실도 식민지 조선의 그것과 식민 본국인 일본의 그것이 뒤엉킨 것이었다. 그런 점에서 카프의 관념성은 자생성이 결핍된 수입된 이론과 밀접하게 연결된다. 물론 노동자 계급 독자성에 대한 배타적인 집착으로 제국주의 지배 아래 문학적 연대의 틀을 모색하는 데에도 실패할 수밖에 없었다. 그러나 그것이 그냥 수입된 것이 아니라 당대 지식인들의 주체적 의지가 개입된 선택의 과정이었음을 간과해서는 안 된다. 따라서 카프비평의 관념성 역시 이론의 주체화 과정을 통해 극복되고 넘어서야 할 과제로서 이해되어야 하는 것이고 그것은 한국 근대문학비평사 전반을 탐구하는데 우리가 고려해야 할 중요한 요소이기도 하다.

  다른 한편 카프비평은 넓게 보았을 때 문학의 사회적 연관성을 이론적으로 탐색하는 것을 과제로 삼았다. 그 결과 문학을 도구적으로 이해하는 기능주의적 편향도 있었지만 전체적으로는 창작 방법 논쟁을 통해 문학의 현실 연관성에 대한 구체화된 이론을 정립할 수 있었다. 아울러 문학운동조직체로서 활발한 논쟁을 통해 비평이 하나의 문학제도로 성립하는데 기여하였다.

그 결과 카프는 1930년대 후반에 접어들어 한국의 근대문학비평이 난숙하게 발전해 가는 데에 밑거름 역할을 한 것으로 평가할 수 있다. 카프의 성과와 한계를 토대로 한국의 근대문학비평은 1930년대 후반에 이르러 괄목할 만한 성장을 하게 된다. 1930년대 후반의 비평은 카프의 성과를 무시하고서는 이해할 수 없다. 카프가 거둔 성과와 한계를 어떻게 평가하느냐에 따라 그리고 카프가 도달한 이론적인 수준을 어떻게 받아들이느냐에 따라 1930년대 후반을 살아가는 비평가들의 문학적 지향도 조금씩 서로 다르게 나타나게 된다. 심지어 카프에 소속되어 있지 않은 평론가조차 그 영향으로부터 자유롭지 않을 만큼 카프의 자장은 막강했다고 할 수 있다. 게다가 임화나 김남천·안함광의 비평론들은 카프의 공과를 바탕으로 1930년대 후반이라는 시기에 들어와 하나의 진경(珍景)을 이룰 정도로 성과를 거둔다. 그런 성과는 마침내 해방 직후 민족문학론이나 문학가동맹이라는 범 문단적 조직체로까지 지양되어 나타나게 되는 것이다. 그리고 그것은 카프가 도달했던 수준을 딛고 넘어섬으로써 가능한 일이었다.

제4장

한국 근대비평사를 바라보는 하나의 관점

리얼리즘론과 관련하여

1. '비평사'라는 문제의식

이 글은 넓게 보아 일제하 한국의 근대문학사, 좁히면 한국 근대비평사의 문제를 다룬 것이다. 즉 문학사 혹은 비평사의 문제가 연구자의 문제의식을 이루는 중요한 축이다. 그동안 논의되어 온 내용을 나름대로 종합해 보려는 속셈이 앞서는 까닭에 특별하게 새로운 주장을 내세우려는 의도에서 비롯된 글은 아니다. 비평사를 바라보는 시각도 한 발 떨어져 거리 감각을 갖으려 노력했다. 한참 길을 걷다 보면 도대체 우리가 얼마나 온 것인지, 가야 할 길이 어디인지 도무지 종잡지 못할 때가 온다. 그럴 때 땀도 식히면서 온 길을 되짚어 보고 갈 길을 가늠해 보는 일이 필요하듯 이 글은 다시 길을 떠나기 위한 숨고르기의 성격이 짙다.

그러나 우리가 거쳐 온 길을 되짚으면 거기에서 뭔가 확인하고 정리할 것을 새삼스럽게 발견하는 일도 생긴다. 온갖 범람하는 서구 이론들의 생경한 쟁투의 마당이 되어 버린 근대문학 연구 풍토에서, 어쩌면 우리가 잊은 것들, 평범한 상식이지만 그냥 흘려보냈던 의미를 되새겨보는 일은 이 시점에서 한 번쯤 필요한 일이라 여겨진다. 거기에서 논의의 실마리를 찾아나갈 수도 있고 다시 시작할 지점을 분명히 깨닫는 계기도 될 것이다. 그런 점에서 이 글은 왜 우리가 다시 카프와 프로문학을 고민하고 재구축하여야 하는지에 대한 우회적 답변의 성격을 갖고 있음을 부인하지 않는다.

다시, 이 글은 한국의 근대비평사에 대한 문제의식 속에서 준비되었다. 구체적으로 말해서 카프 시대의 프로비평과 그 이후의 비평사가 탐구의 대상이다. 그런데 그 중에서도 특히 비평사의 구도가 문제의식의 핵심을 이룬다는 점을 미리 밝혀 두고자 한다. 즉, 이 글은 비평사의 세부적인 근소한 차이들, 평론가들 사이의 작은 차이들에 착목하기보다는 그 시기 비평사의 큰 흐름을 조망해 보는 것을 목적으로 삼는다. 물론 큰 흐름이란 것 역시 낱낱의 비평들이 모여 형성되는 것이며 큰 흐름 속에서 낱낱의 의미가 드러나는 것이긴 하다. 따라서 시대적 의미가 있다고 판단되는 대표적인 몇몇 평론을 선택해서 분석하는 과정은 필요할 것이다.

이 글은 다음과 같은 순서로 서술된다. 우선 서론 격으로 1930년대의 비평사를 리얼리즘의 관점에서 조망한다. 이를 통해 거시적인 차원에서 한국의 근대비평사 속에서 1930년대 비평사가 차지하는 위치를 드러낸다. 다음으로 그 시기의 몇몇 의미 있는 지점들을 선택해서 주요 평론을 분석한다. 1931년의 한설야의 글 그리고 1937~1938년의 임화의 글이 그 대상이다. 물론 이때 한설야와 임화라는 개인은 그렇게 중요한 것은 아니다. 중요한 것은 각 시기마다의 차이점이다. 그 차이점의 의미가 이 시기 비평사를 설명해 주는 핵심이라고 생각한다. 따라서 각 시기마다의 차이점이 어디에서 연유하는가 그리고 그 의미는 무엇인가도 조금 언급될 것이다. 그렇긴 하나 각 시기마다의 차이점이나 구체적 변화 양상이 명확한 대립점으로 드러나지는 못한다. 이것은 이 글이 안고 있는 한계점이다. 이 시기 비평사 전체를 바라보는 틀, 혹은 구도가 마련되어 있지 못한 까닭일 터인데, 앞에서도 밝혔듯이 그건 일단 다음 과제로 넘기기로 한다.

2. 1930년대 비평사의 구도

비평사는 문학사의 한 하위 체계이므로 당연히 한국의 근대문학사가 안고 있는 문제들과 무관할 수 없다. 예컨대 근대문학사의 서술방법론이나 시기 구분의 문제, 혹은 한국 근대문학이 존재하는 조건의 문제들과 무관할 수 없는 것이다. 식민지, 그것도 역사의 단절을 겪으며 근대화에 간신히 성공했던 일본에 의해 식민지 지배를 받았다는 특별난 근대의 경험, 자본주의 변방으로서 동아시아가 겪어야 했던 역사적 경험들이 한국의 근대문학사를 논하는 과정에서 예외일 수 없는 것이다. 즉 한국의 근대문학비평사를 논하는 과정에서도 여전히 근대성의 문제는 핵심적 쟁점이 될 수밖에 없다.

그러면서 동시에 비평사는 소설사나, 시사 혹은 희곡사 같은 작품들의 역사와는 다른 성격을 갖는다. 다소 도식적으로 따져보았을 때 계몽주의로부터 낭만주의·자연주의와 리얼리즘 그리고 리얼리즘과 모더니즘의 정립으로 이어지는 작품들의 역사는 비평사와 밀접한 연관을 갖기는 하지만, 그것이 꼭 비평사와 일대일로 대응하는 것이라고 볼 수는 없다. 그것은 비평이라는 장르가 갖는 특성에서 연유할 터인데, 우리 문학사 연구에서 아직 일관된 관점과 방법론에 의거해서 기술된 비평사가 없다는 것은 그런 점에서 여러 모로 시사적이다.[1) 비평이란 범박하게 말해서 문학에 대한 논리화된 자기의식이라고 한다면 한국 근대비평사는 문학에 대한 자기의식들의 역사일 수도 있을 것이다.

그런 점에서 한국의 근대비평사를 어떻게 구성할 것인지는 우리 모두의 관심이 아닐 수 없다. 거기에는 풀어야 할 숱한 숙제들이 쌓여 있다. 문학이라는 관념이 어떻게 근대적으로 형성되는가부터 근대비평의 탄생과 발전에 이르기까지, 간단하게 생각하기 어려운 문제들이 우리 앞에 버티고 있는 것이다. 그럼에도 불구하고, 즉 많은 문제와 숙제들을 고려한다는 점을 전제하면서도, 한국 근대비평사의 주된 흐름은 이론들의 역사, 한국문학 이론의 역사로 이해되고 접근되어야 하지 않을까 한다. 비평사를 한국문학 이론의 역사로 이해할 때에, 근대 개항기와 일제강점기를 거쳐 분단시대인 오늘에 이르기까지, 한국의 문학비평이 어떻게 한국문학이 놓여 있는 상황을 이해하고 대처해 왔는가, 일본 혹은 서구라는 프리즘을 거친 근대의 문학 이론들이 어떻게 한국에 뿌리내리고 부침을 겪어 왔는가를 역사적 감각으로 이해할 수 있으리라 생각한다.

매우 상식적인 것이지만 그렇게 보았을 때에 리얼리즘론과 민족문학론이야말로 한국 근대비평사의 주류임이 선명하게 드러나게 된다. 식민지와 분단으로 점철된 한국 근대사에서 왜 리얼리즘과 민족문학론이 주류에 서게 되었는지는 긴 설명이 필요치 않을 것이다. 즉 한국의 근대비평사는 리얼리즘론의 역사이자 민족문학론의 역사라는 큰 줄기를 중심으로 쓰여야 하는 것이다.

그렇다면 1930년대 비평사는 그런 시각에서 어떻게 이해할 수 있을

---

1) 김윤식 교수의 『한국 근대비평사연구』(한얼문고, 1972), 김영민 교수의 『한국문학비평논쟁사』(한길사, 1992) 등은 모두 훌륭한 연구업적임은 분명하다. 이 분들의 연구는 한국 근대비평사의 전 시기를 담아내고 있다. 그러나 그것이 제목처럼 '비평사연구'이거나 '비평논쟁사'인 것도 부인할 수 없는 사실이다.

것인가. 바로 1930년대 비평이야말로 한국의 근대비평사에서 리얼리즘 이론이 획기적으로 정립·발전하는 시기로 볼 수 있지 않을까. 1930년 대라는 시기가 세계사적으로도 격변과 위기의 시대였음에는 틀림없으나, 그래서 식민지 조선의 문학인들이 감내해야 했던 고통도 남달랐으나 1930년대 비평사 전체는 리얼리즘론의 발전기이자 민족문학론의 전사(前史)로서 이해될 수 있다.[2] 특히 1930년대 후반 일제 파시즘 치하에서 한국문학은 암흑과 혼돈, 절망과 좌절이라는 시대적 분위기에 신음한 것은 사실이나 그것이 오히려 평론가들의 깊은 고뇌와 이론적 대결의 긴장을 불러내 일제강점기 최고의 문학론을 가능케 만들었다는 것은 부인할 수 없다.[3]

두루 아는 바와 같이 카프가 존재했던 것은 1925년부터 1935년까지이다. 박영희와 김기진의 내용형식 논쟁을 거쳐 계급문학운동을 둘러싼 각종 전략적 전술적 논쟁을 거치며 활동했던 것이 카프였다. 그러던 카프가 1930년대 프롤레타리아리얼리즘, 유물변증법적 창작방법론, 사회주의리얼리즘 논쟁 등의 창작 방법 논쟁을 거치며 발견했던 것이 바로 리얼리즘론이다.

흥미로운 것은 카프의 초기 비평, 그러니까 1920년대 중반 무렵의 평론들에서 리얼리즘이나 사실주의라는 용어가 거의 발견되지 않는다는 점이다. '프로문예'·'무산문예', 아니면 종종 '마르크스주의문학', '신흥문예' 등의 용어가 훨씬 더 많이 사용되고 있다. 내용적으로는 리얼리즘이지만 그것을 표현할 적절한 용어를 발견하지 못한 듯하고, 그러다

---

2) 물론 1930년대라는 시기는 모더니즘문학이 본격화되는 시기이기도 하다. 그러나 그렇다고 해서 1930년대 비평사의 주류가 리얼리즘이었다는 평가는 달라지지 않는다. 리얼리즘과 모더니즘에 대해서는 기회 있는 대로 언급하도록 하겠다.
3) 이 시기 임화나 김남천·안함광의 문학론은 그들의 지적 고투(苦鬪) 과정의 응결체였다. 신소설로부터 치더라도 불과 30년 남짓밖에 되지 않는 근대문학의 역사, 그것도 자본주의의 변방인 동아시아의 식민지 국가에서 리얼리즘론의 독자적인 이론 체계를 구축했다는 사실에 주목해야 한다.

보니 역으로 리얼리즘을 구성하는 요소들을 일일이 열거하는 방식으로밖에 논리를 전개시키지 못하는 경우도 많다. '사실주의' · '리얼리즘'은 김기진과 임화의 대중화 논쟁 때 본격적으로 사용되는 것으로 보이고 프롤레타리아리얼리즘론이 화제가 되면서 '리얼리즘'이라는 용어가 보편적으로 사용되는 것으로 보인다. '리얼리즘'은 용어로서만 보더라도 오늘날 우리가 생각하듯 일반적으로 통용된 말은 아니었다.4)

어쨌거나 리얼리즘을 창작의 지도노선으로 택함으로써, 리얼리즘의 문학론적 의의를 자각함으로써 카프는 기존의 문학과 소매를 나누게 되는 것이며, 그것으로 한국 근대문학은 한 단계 도약하게 되는 것이다.

특히 1930년대 초반, 사회주의리얼리즘론이 소개되기 이전까지의 리얼리즘론이 이른바 학습기 · 초창기의 경험축적이라는 성격이 크다면, 1933년 이후부터 대략 1937년 전후까지 진행된 사회주의리얼리즘의 수용기는 리얼리즘론이 한국의 평론가들의 사유 구조 내부로 침투되어 내면화 · 주체화되는 과정이라고 할 수 있을 것이다.5) 이 무렵의 비평부터 번역 문장투의 생경한 언어는 점차 사라지고, 평론가 개인의 언어와 문장이 살아 숨쉬기 시작한다. 그들의 숨결과 고민, 이론적 모색 과정이 온전한 한글 문장으로 표현되면서 비로소 읽을 만한 평론들을 만들어 내게 된다.6) 이제 한국의 비평은 그런 의미에서 '우리의 인생 문제와

---

4) '리얼리즘' · '사실주의' 등과 같은 문학용어의 역사(꼭 리얼리즘과 사실주의만이 아니라고 하더라도), 즉 용어의 수용사와 번역사 등은 그 자체로 탐구되어야 할 대상이다. '리얼리즘'과 '사실주의'라는 용어가 어떻게 수용되고 정착되었는지, 그것이 당대 문인들에게 어떻게 받아들여졌는지에 대해서는 별도의 연구가 뒤따라야 할 것이다.
5) 사회주의리얼리즘이 소련에서 최초로 거론된 것은 1932년 RAPP가 해체되면서부터였다. 이때부터 아베르 바하의 유물변증법적 창작방법론이 파기되고 사회주의리얼리즘이 본격적으로 논의되어 1934년 제1차 소비에트 작가동맹대회에서 당의 공식적 창작노선으로 결의되었다. 이철, 「소비에트작가동맹과 사회주의 리얼리즘」, 『중소연구』(한양대 아태지역연구센타, 1983) 참조.
6) 1933년 4월 1일 동아 · 중앙 · 조선 3개의 민간 신문이 한글맞춤법통일안에 의한 철자법으로 발간되기 시작한다. 조선어학회에서 한글반포 487회 기념식을 개최하고 한글맞춤법 통일안을 발표한 것은 1933년 11월 4일이었다. 맞춤법 통일안이 제정 · 공포되고 그것을 유력한 민간신문들이 따르기 시작했다는 것은 우리 문자 생활에서 중요

직접관계를 가지는 살아 있는 현대의 문학'이 되는 것이다.

아울러 이 시기는, 논자마다 그 양상이 조금씩 다르기는 하지만, 사회주의리얼리즘에 내포된 반영론과 리얼리즘이 이론적 체계를 갖추기 시작하고 다른 한편 '사회주의'라는 관형어를 놓고 수용 찬반의 문제가 논의됨으로써 식민지 조선의 특수성에 대해 눈 떠가는 때이기도 하다. 자기화(自己化)된 이론 체계, 내면화된 방법론으로 세상을 바라보고 현실을 객관화·상대화시켜 이해할 수 있게 되는 시기가 이때이다. 그리하여 이 무렵 한국의 리얼리즘론은 지금까지의 비평사에서 한 분기점에 이르게 될 정도의 수준을 확보한다.

한편 1937년 이후의 시기는 일제의 파쇼적 탄압으로 한국문학 전체가 존립의 위기를 맞는 때이다. 점차 전시체제로 들어서면서 일제의 탄압은 일상적인 것이 되어 간다. 많은 사람들이 사상통제와 전향의 위협 앞에 노출되는 것도 이 시기이다.[7] 이 시기의 비평론이 의미를 갖는 것은 자신들이 체득한 리얼리즘 이론을 통해 이런 상황을 극복해 가려는 노력이 구체화되기 때문이다. 물론 그 결말이 때때로 타협을 위한 자기합리화로 전락되는 경우도 없지 않았으나, 인류사적으로 유례없는 세계적 규모의 야만적 폭력 앞에 현실을 어떻게든 버티려고 한 노력으로 읽는 것이 타당하다. 그러나 더욱 중요한 것은 일제의 탄압에 의해 그리고 파시즘이 세계적으로 주류를 형성하는 시대적 분위기에서 리얼리즘의 외연을 더욱 확장해 가려는 당시 평론가들의 의도에 주목해 보는 일이다.

한 의미를 갖는다. 이 시기 평론들의 문장이 다듬어지는 것은 이런 사실과도 무관하지 않다.

7) 일제 말기 사상범 수형자의 전향 현황을 보면 전향과 준전향을 포함해서 3,663명에 이른다. 전향의 추세는 일제 말기로 갈수록 점차 증가한다. 전향의 동기는 1938년 3월을 기준으로 가정애(家庭愛)·기타 가정관계가 34.1%, 구금에 의한 후회가 32.6%, 訓諭, 敎誨의 결과가 22.9%, 국민적 자각이 3.7%, 주의·이론의 청산이 3.7% 등이다. 김경일, 「헤게모니와 민족정체성－일제하의 사상전향」(전기사회학대회, 1997) 참조.

파시즘체제 아래에서 당시 비평가들은 문학이 어떻게 그런 현실 속에서 자기 역할을 할 수 있는지에 대한 고민을 심화시켜 갔다. 그런 고민들은 자연스럽게 한국 근대비평사의 빛나는 성과로 기록될 만한 것들이었다. 리얼리즘의 경우는 사회주의리얼리즘론의 합리적 핵심인 반영론과 리얼리즘의 승리론을 자기 이론으로 받아들이면서 가능했다. 세계 문학적 보편성 속에서 한국문학이 갖는 특수성이란 바로 다름 아닌 '민족문학'일 터인데, 그런 점에서 민족문학은 리얼리즘과 태생적 친연성을 보일 수밖에 없다. 이렇게 리얼리즘의 외연적 확대가 민족문학으로 가는 한 계기였음은 새삼스럽지만 오늘날 우리가 다시금 주목해 보아야 할 사실이다. 물론 '민족문학'이 본격적으로 체계화되고 이론적인 완결태를 갖추는 것은 해방 이후였지만, 1930년대 리얼리즘 이론의 성숙이 없었다면 그것은 기대하기 어려운 일이었다.

그렇게 본다면, 즉 리얼리즘론의 발전사로 1930년대 후반의 비평을 이해한다면, 이 시기를 둘러싸고 그동안의 쟁점에 내포되어 있던 의미를 재평가할 수 있는 가능성도 열리게 된다. 즉, 카프 해소·비해소파의 논쟁이나 인민전선 논쟁, 김동리 등을 중심으로 한 문협 정통파의 반근대성 논의 등이 놓여 있는 지점은 어느 정도 그 위계가 드러날 수 있다고 본다. 카프 해소, 비해소파 논쟁과 인민전선 논쟁은 사실, 돌이켜 보면 근본적인 문제라기보다는 노선의 문제였으며 지나친 구별짓기의 하나는 아니었던가, 문협 정통파를 중심으로 한 반근대(反近代) 논의는 과잉 의미부여, 혹은 가치중립을 표방한 보수적 문학사로의 회귀 전략이 아니었던가 의심을 품게 만든다. 1930년대 후반을 혼돈과 절망으로만 보는 시각도 마찬가지이다. 혼돈과 절망이 이 시기 문학사의 한 현상이었음에는 분명하지만 그 혼돈 속에서 뭔가 대안을 만들려는 노력을 찾아보는 일이 중요한 것이다.

3. 1930년대 비평사의 주요 국면들

이 절에서는 1930년대 비평사의 주요한 국면들의 평론들을 간략하게
나마 검토해 보면서 지금까지의 논의를 조금 더 구체화시켜 보기로 한
다. 여기에서 분석의 대상으로 삼는 글들은 한설야의 「사실주의 비판」
(『동아일보』, 1931.5.17~7.19), 임화의 「사실주의의 재인식」(『동아일보』, 1937.10.8
~10.14)과 「본격소설론」(『조선일보』, 1938.5.24~5.28)이다.[8] 이들의 평론을 선
택한 것은 전적으로 연구자의 의지이지만 나름대로 그 시기의 문제성
을 가장 압축적으로 보여줄 수 있는 최량의 글을 신뢰한다고 선택한 것
이다. 그를 통해 시대별 차이에 주목하자는 것이 이 글의 주요한 관심
사이다.

1) 한설야의 「사실주의 비판」(1931)

「사실주의 비판」이 발표된 것은 당시 전개되던 대중화 논쟁과 프롤
레타리아 창작 방법 논쟁과 무관하지 않다. 이 논쟁의 와중에서 나름대
로의 해결책을 모색하려고 쓴 것이 「사실주의 비판」이라는 글이다. 이
글에서 한설야는 사실주의에 대한 역사적 전개 과정을 개괄적으로 정
리하고 그 속에서 프롤레타리아리얼리즘의 위치를 언급한다.

그에 따르면 사실주의 · 리얼리즘은 현실을 있는 그대로, 보이는 그대
로 참된 것을 재현하려는 예술 사조이다. 그것이 근대사회 이후, 프롤레
타리아의 등장과 더불어 질적인 차이를 보이는데 그 이유는 프롤레타

---

8) 「본격소설론」의 원제는 「최근 조선소설계의 전망」이다. 임화는 이 글을 자신의 평
론집 『문학의 논리』(학예사, 1940)에 실으면서 「본격소설론」으로 제목을 고쳤다. 본고
에서도 이 글을 「본격소설론」이라는 이름으로 거론하도록 하겠다.

리아 계급이야말로 계급적 관점에서(개인이 아니라) 역사적 · 변증적 인식을 가졌기 때문이다. 그리하여 그는 프롤레타리아리얼리즘을 "모순을 지양하면서 정 · 반 · 합으로 나아가는 변증적 · 역사적 사실을 인식하고 이 인식에 의거하여 현실을 해석 · 규명하고 작품을 또한 제작하는 것"으로 정의하였다.

즉, 그는 프롤레타리아리얼리즘의 핵심을 "세계를 모순 — 유물변증적 모순"이 얽혀 있는 곳으로 보고 있는 것인데, 그런 세계를 인식하기 위해서는 어떻게 해야 하는지 그 스스로 몇 개의 항목을 정식화시킨다. 그것은 '첫째, 대상을 매개성에 있어서 관찰할 수 있어야 한다. 둘째, 대상을 생성에 있어서, 또 운동에 있어서 관찰하여야 한다. 셋째, 대상을 전체성에 있어서 또는 구체적 특수성에 있어서 관찰하여야 한다. 넷째, 대상을 모순의 지양으로 관찰하여야 한다'로 요약된다. 한설야는 이런 방법으로 세계와 현실을 파악해서 그 파악된 내용을 대중들이 쉽게 이해할 수 있도록 평범하고 통속적으로, 묘사도 심리 묘사보다는 행동적으로 할 것을 강조한다. 그렇게 하려면 그는 작가들이 직접 대중 속으로 들어가 그들의 생활을 작가의 시야에 넣어야 할 것이라고 주문한다.

이상이 대략 「사실주의 비판」의 핵심 내용이다. 여기에서 프롤레타리아리얼리즘이 갖고 있는 한계점, 리얼리즘 인식 수준의 문제들을 일일이 거론할 필요는 없을 것이다. 기존 연구들에서 이런 논의는 이미 한 고비를 넘겼다고 보아도 될 것이다.[9] 그러나 이런 정도의 지적은 하고 넘어가야 할 것 같다. 즉, 「사실주의 비판」에서 보이는 리얼리즘 인식의 수준이 변증법적 철학의 명제를 핵심 내용으로 하고, 거기에 쉬운 형식으로 써야 한다는 주장을 덧붙인 양상이라는 점이다. 변증법의 명제 따로, 문학적 형식 따로로 리얼리즘을 이해하고 있는 것이다. 물론 프롤레타리아리얼리즘의 단계에 이르게 되면, 작가들이 세계를 어떻게 바라보

---

9) 카프의 문학적 성과와 한계에 대해서는 역사문제연구소 문학사연구모임, 『카프문학 운동연구』(역사비평사, 1989)가 대표적이다.

고 재현할 것인가, 작가는 그를 위해 무엇을 해야 하는가에 대해 비교적 체계화된 인식을 보여 주고 있는 것도 사실이다.

그런데 오히려 문제는 이론이 얼마나, 어느 정도 내면화되고 주체화되어 있는가, 그래서 평론가 자신의 문제의식과 사유로 육화(肉化)되어 있는가를 확인하는 일이다. 평론이라는 존재는 이론적이고 논리적인 사유에 의해 현실을 재창조해내는 지적인 작업이라는 특성을 감안해야 하기 때문에 그렇다.

현실에 대한 과학적 인식은 개별적 사물들에 토대를 두는 것이기는 하나 보편성과 추상도가 높은 영역이다. 따라서 보편성의 영역, 추상화된 논리의 영역으로 들어가 보면, 정작 그것의 구체적인 현실 연관성의 통로는 그렇게 쉽게 확보될 수 있는 것이 아님을 발견하게 된다. 예컨대 세계를 유물변증법적 모순으로 보라는 명제와 그것을 현실 속에서 깨닫고 인식하는 일은 다른 것이다. 이론을 학습한다는 일과, 그 이론에 의거해서 현실을 파악하고 그렇게 해서 자기 문제의식으로 현실을 고민하고 그것에 대한 자기만의 창조적 생각을 내놓는 일은 서로 영역이 다른 것이다.

요컨대 한설야처럼 현실을 모순으로, 운동하는 것으로 인식해야 한다고 아무리 주장하더라도 그것이 조선의 현실 속에 녹아들어가 구체화된 자기의 언어로 표현되지 않는다면 이론은 당위로 그치거나 형식화되어 버린다. 그것은 그만큼 그의 사유와 이론이 현실 속으로 침투해 들어가지 못하고 있다는 반증이다. 「사실주의 비판」의 말미에서 「한길」과 「답싸리」를 분석하면서 「답싸리」의 결말이 막연한 데 비해, 「한길」의 결말은 미래를 암시한다는 점에서 현실을 모순의 발전으로 인식한 결과라고 언급하는 대목이 특히 그렇다.[10] 몇몇 상투적인 다짐이 있다고 해서 그

---

10) 그렇지만 한설야의 「한길」의 결말도 예정된 도식이라는 느낌이 강하다. 「한길」은 '콩트'라는 부제가 달려 있듯이 원고지 15매 정도의 소품이다. 참고로 「답싸리」는 이북명의 것이 아니라 柳池生이라는 사람의 1929년 작품이다. 이북명의 「답싸리」는

게 곧바로 현실의 운동 과정에 대한 인식은 아닌 것이다. 당위적인 명제들의 나열은 그 말 자체가 잘못된 것은 아니나 그것의 의미와 그것이 도출되는 과정들, 자기 설득력을 지닌 주체화된 사유 구조로 내면화된 것이 아닌 이상, 현실에 대한 설명력을 확보했다고 보기 힘들다. 1930년대 초반의 리얼리즘 이론들은 이런 자장 안에 머물러 있던 셈이다.

한편 이 무렵의 리얼리즘론이 운동으로서의 문학 노선과 무관하지 않다는 사실에도 주목해야 한다. 운동이란 주체가 지향하는 가치나 이념을 실현시키기 위해 조직적이고 지속적으로 신념화된 행동을 전개해 가는 경우를 가리킨다. 그랬을 때 주체는 자신이 걷는 길에 추호의 의심도 품지 않는다. 그것은 마치 운명처럼 생득적이어서 주어진 것을 받아들일 뿐이다. 더구나 식민지라는 조건에서, 이입된 지식으로서의 리얼리즘론이 조선의 현실에 어떻게 녹아 들어가야 할 것인가 까지를 생각할 여유는 없었다. 급한 것은 이론을 이론 자체로 습득하고 조직적으로 현실에 구현시키는 일이었다. 이론의 주체화라는 중요하고도 결정적인 과정이 여기에 결락되어 있었던 셈이다. 그것은 초기의 프롤레타리아문학운동이 겪을 수밖에 없었던 문제점이었다. 「사실주의 비판」은 한설야가 조선의 현실을 고민하는 소설가, 그것도 「과도기」라는 탁월한 소설을 발표한 소설가였음에도 불구하고 주어진 명제를 파라프레이즈(paraphrase)하는 수준 이상으로 나아간 것은 아니었다.

2) 임화의 「사실주의의 재인식」(1937)

「사실주의의 재인식」은 1933년 사회주의리얼리즘이 수용된 이래 이 글이 발표된 1937년까지 리얼리즘 이론의 정점을 보여 주는 글이라고

1937년에 발표되었다.

할 수 있다. "수년(數年)에 긍(亘)하는 문학적 혼돈의 과정을 지나 최근의 논책(論策)들이 재출발의 방향을 탐색하기 비롯하였다는 것은 의의 깊은 일이다"라고 시작되는 이 글은 사회주의리얼리즘의 다양한 갈래와 논란을 나름대로 정리하면서 우리나라 리얼리즘의 나아갈 길을 정리한 것이다.

그는 김남천·백철·김우철·김용제·한설야와 이기영 등의 소설과 비평 그리고 자신의 낭만주의론을 직접 거론하면서 당시 문학계가 리얼리즘을 이해하는 방식을 정리·비판한다. 그는 객관세계의 포말(泡沫)에 집착하면서 그것으로 리얼리즘이 모두 성취되었다고 착각하는 '포복(匍匐)적 리얼리즘'과 문학 창작에서 주관성에 과도하게 집착하여 주체성을 낭만주의적으로밖에 사고하지 못한 '주관주의적 경향'을 가려내어 비판한다. 요컨대 그가 이해하는 당시 리얼리즘의 인식적 흐름은, 다소 도식화시킨다면 객관주의적 편향과 주관주의적 편향으로 정리된다. 이런 편향을 극복하자는 논지 끝에 그가 도달한 리얼리즘론은 다음의 인용문에 함축되어 있다.

> 그러므로 리얼리즘이란 결코 주관주의자의 무고(誣告)처럼 사화(死化)한 객관주의가 아니라 객관적 인식에서 비롯하여 실천에 있어 자기를 증명하고 다시 객관적 현실 그것을 개변(改變)해가는 주체화의 대규모적 방법을 완성하는 문학적 경향이다.
> 그러나 이런 리얼리즘은 결코 리얼리즘 일반이 아니다. 마치 19세기에 시민적 리얼리즘이 당시의 구체적 리얼리즘이었던 것처럼 쏘시얼리즘적 리얼리즘 그것이 금일의 유일의 리얼리즘이다.[11]

임화가 이 글에서 강조하는 것은 주지하는 바와 같이 주객 변증법에 입각한 사회주의리얼리즘이다. 그렇지만 일단 임화 개인이 이해하고 있는 사회주의리얼리즘의 구체적 내용이나 그것의 의의, 문제점, 다른 논

---

11) 임화, 『문학의 논리』, 학예사, 1940, 94면.

자와의 차별성 등은 논외로 치자. 우리가 관심을 갖는 것은 그가 리얼리즘을 이해하는 방식에 있다. 그렇게 보았을 때 사회주의리얼리즘의 중요성은 과거 프롤레타리아리얼리즘이나 유물변증법적 창작방법론과는 다르게 전술적 차원의 창작방법론이나 유물변증법적 철학을 문예학적으로 번안한 수준을 뛰어넘는다는 점에 있다. 그것은 일정한 방향의 세계관에 토대를 두면서도 하나의 미학적 관점과 방법을 전일적으로 갖춘 방법론이라는 데에 의미가 있다. 방법론을 자기 것으로 함으로써 비평가들은 현실을 자기의 눈으로 바라보고 자기의 언어로 표현할 수 있게 되는 것이다.

한설야의 「사실주의 비판」과 임화의 이 글을 비교해 보면 격세지감이 느껴질 만큼의 차이가 존재하는데 그건 그런 이유가 크다. 이 같은 현상은 대략 1933년 이후부터 나타나기 시작한다. 임화를 필두로 시작해서 김남천의 '고발문학론'이나 안함광의 '의식의 능동성론'이 나오는 것은 대략 1930년대 중반을 경계로 한 때이다. 이들은 저마다의 문제의식을 가지면서 조선의 현실과 문학을 비로소 주체적으로 자기의 언어와 사유로 고민하고 대안을 내놓기 시작하는 것인데, 그 결정적 계기가 사회주의리얼리즘을 방법론으로 육화시키는 것이었다. 한국의 근대비평사에서 1933년부터 1937년에 이르는 시기는 바로 그런 의미를 갖는 때이며 근대비평이 존재할 자립적 이론의 주요한 축으로서 리얼리즘론이 본격적으로 구축되는 시기인 것이다.

그렇다면 과연 무엇이 이런 변화와 발전을 가져 오도록 만들었는가를 고민해 볼 필요가 있다. 초창기의 프롤레타리아리얼리즘으로부터 유물변증법적 창작방법론 그리고 사회주의리얼리즘 수용찬반론으로부터 리얼리즘의 이론적 심화에 이르기까지의 과정은 그렇게 단순하게 생각할 수만은 없다. 하나의 이유와 원인으로 환원되는 것도 아니며 그렇게 설명될 수도 없는 문제이다. 외부의 이론이 이입된다고 하더라도 그것을 내면화·주체화시키는 것은 당대의 평론가들이므로 평론가마다 이론을 재구축해 가는 과정은 일률적이지 않을 것이다. 앞으로 리얼리즘론에 대한 깊이 있는 연구는 그 과정을 꼼꼼하게 추적하고 드러내는 일에 있을 것인데, 그중에서도 주요한 몇 개의 문제에 대해 이 자리에서 생각해 보는 것은 가능할 것이다.

우선 꼽아야 할 것이 사회주의리얼리즘 이론의 수용이다. 한국비평계가 사회주의리얼리즘과 반영론 미학 체계를 수용하는 것이 1933년을 넘어서면서부터인데 반영론 미학에 대한 인식의 심화가 이론의 발전을 가능케 했으리라는 짐작은 충분히 가능한 일이다.[12] 그런데 사회주의리얼리즘 이론을 내면화시키는 과정에서 일제의 탄압이라는 요소도 무시할 수 없다. 이론을 자기의 문제의식에서 이해하고 받아들인다고 할 때 이들의 문제의식의 한 축은 분명 일제에 대한 탄압에 어떻게 저항할 것인가도 작용했을 것이기 때문이다. 그러나 1930년대 후반의 리얼리즘을 일제의 탄압에 대한 저항의 의미로 해석하는 것은 상식적인 일이겠지만, 그렇다고 탄압에 맞서는 저항이라는 이원화된 단순 논리로 현실이 모두 다 설명되지는 않는다. 여기에서 이 시기 비평가들의 내면을 추체험할 필요성도 제기된다.

신건설사(新建設社)사건으로 인한 문인들의 대거 투옥은 투옥된 사람이건 밖에 남은 사람이건 심각한 정신적 충격을 준 한편으로 자기 성찰의 계기도 제공하였을 것이다. 탄압을 온전하게 감내해야 하는 것은 개인들이었기에 저마다의 이념적 신념이 시험대에 올랐을 것이며 이념과 이론을 놓고 내면의 고뇌와 자기비판의 시간 또한 겪었을 것이다. 아울러 이것은 일본제국주의 당국이라는 강고하고 위압적인 경찰기구로서의 타자를 실감하는 계기이기도 했다. 지배기구로서 일본제국주의라는

---

12) 예컨대 당시 카프비평가들이 많이 읽었다는 아마카츠 세키츠케(甘粕石介)가 唯物論 叢書 시리즈로 미카사(三笠) 서방에서 『藝術論』을 출간한 것이 1935년이었다. 아마카츠는 교토대 철학과 출신으로 토사카 준(戸坂潤)이 창립한 唯物論硏究會에서 활동하였다. 久松潛一 外編, 『現代日本文學大事典』(明治書院, 1968) 참조.

타자를 실감함으로써 문인들 개개인은 그 내면에서 자신이 살아온 과정과 앞으로 살아가야 할 전망을 깊이 고민하게 되고 동시에 그 타자와 구별되는 주체의 정체성(identity)에 대한 심각한 고민의 과정을 걷는다. 1930년대 후반 리얼리즘의 주체화는 이런 과정과 무관하지 않다. 이 같은 극단적 상황 아래에서 평론가들이 절실하게 매달린 것이 바로 리얼리즘론이었기에 그것이 담지하고 있는 진실성의 무게는 아이러니컬하게도 그 이전의 리얼리즘론이나 전술적 운동론에 비해 훨씬 무겁고 진중하다. 비로소 이들은 세계가 어떤 모습인지 체험한 뒤였기 때문에 그렇다.

아울러 근대문학의 연원이 그만큼 축적되고 한국 사회의 자본주의적 재편과 도시화가 전개되고 있었던 사실도 배제할 수는 없다. 이제 한국문학은 이광수의 『무정』으로부터 쳐서 근 20년에 가까운 시간을 축적하고 있었으며 그 시간적 축적 속에 근대문학에 대한 체험의 깊이 역시 그 이전과 달리 깊어졌다고 말해야 할 것이다. 동시대적으로는 이상(李箱)이나 박태원 같은 문인들에 의해 전혀 별종의 문학 작품들이 탄생하고 있었고 경성은 근대 도시로 재탄생하고 있었다. 그들은 한국의 근대문학을 사유하면서 20년이라는 시간적 축적 속에 역사적 거리감을 확보할 수 있었으며 동시대 문학으로부터는 리얼리즘의 위기와 리얼리즘을 옹호하려는 강한 의욕을 느꼈을 것이다. 그런 과정들이 복잡하게 얽혀 있는 국면이 바로 1930년대 중반 사회주의리얼리즘이 수용되던 때였다.

그런 점에서 이 시기 창작과 비평의 관계에 대해 간과할 수 없는 부분이 있다. 즉, 임화가 「사실주의의 재인식」을 쓸 때의 문제의식을 동시대 창작계에 비추어 다시 생각해 보는 일이다. 비평과 작품은 나란히 가는 것이라는 점을 염두에 둘 때, 임화가 「사실주의의 재인식」에서 주장했던 내용이 당대 문단에 얼마다 설득력과 지도력을 확보할 수 있었을까를 묻는 일은 그의 리얼리즘론을 이론으로 평가하는 차원과는 조금 다른 것이다.

그렇게 보았을 때 임화가 이 글을 쓰던 무렵인 1937년 전후의 소설들을 살펴볼 필요가 있다. 한설야의 『황혼』과 「후미끼리」, 최명익의 「비오는 길」, 김동리의 「무녀도」, 이상의 「날개」와 박태원의 「천변풍경」이 발표된 것이 1936년이었고 1937년 상반기에 이태준이 「복덕방」을, 채만식은 「명일」을, 김남천은 「처를 때리고」를 발표하고 있다. 『황혼』을 예외로 치면 김남천이나 채만식의 작품들도 사회주의리얼리즘을 논의하기에는 너무 멀리 가버린 작품들이다. 게다가 이상이나 박태원·김동리 등은 전혀 다른 세계를 탐구하고 이를 세련된 형식으로 발표하여 주목을 받고 있있다. 요컨대 임화의 "쏘시알리즘的 레알이즘 그것이 今日의 唯一의 레알이즘"이라는 주장은 이런 현실과 너무 동떨어져 있었넌 셈이다. 그렇다고 이런 작품들을 일거에 무시할 수도 없는 형편인 것이 「사실주의의 재인식」이 맞닥뜨리고 있는 딜레마였다.

3) 임화의 「본격소설론」(1938)

임화는 「사실주의의 재인식」을 쓰고 난 뒤 얼마 지나지 않아 「본격소설론」을 『조선일보』 지상에 발표한다. 「본격소설론」은 임화의 소설론 삼부작 「세태소설론」, 「통속소설론」과 짝을 이루는 글이라고 할 수 있다. 이 글은 동시대의 문학이 당면하고 있는 문제를 주로 소설을 중심으로 임화 나름의 리얼리즘의 관점에서 분석하고 대안을 제출한 것이다. 그러니까 이것은 「사실주의의 재인식」이 거둔 이론적 성취를 바탕으로 해서 나온 글이라고 할 수 있다. 임화가 리얼리즘론을 조선의 문학적 상황에 구체적으로 적응할 수 있었던 것은 그 스스로의 눈으로, 자신이 쌓아놓은 리얼리즘의 관점에서 조선의 문학을 바라보면서부터였다.

임화는 「본격소설론」에서 예의 세태(世態)와 내성(內省)의 분열이라는 구도로 당시 소설계의 문제점을 진단하고 조선문학이 다다라야 할 전범인 고전적 소설(그가 말하는 고전적 소설은 바로 본격소설의 다른 이름이다)을 이렇게 설명한다.

> 발자크, 졸라, 혹은 톨스토이, 디킨스 어느 사람을 물론하고 고전적 의미의 소설은 고전적인 의미의 드라마와 같이 성격과 환경과 그 사이에 얽어지는 생활과 생활의 부단한 연속이 만들어내는 성격의 운명이란 것을 소설 구조의 기축(基軸)을 삼었고, 그 구조를 통하여 작가는 제 사상을 표현해 온 것이다.
> 소설을(물론 장편을 의미하나 단편도 이 권외에 나서진 않는다) 시민사회의 서사시라 하는 것은 이런 의미에서 극히 자연스러운 것이었다.
> 그러므로 작가로선 환경을 충분히 묘사하면서 제 사상을 또한 부족 없이 표현할 것을 고전적인 소설의 구조는 보장했다고 생각할 수 있다. 요컨대 구조 내부에 조화가 있었다.[13]

임화는 이 같은 본격소설이 카프 이전까지는 불충분(그것이 불충분한 것은 '근대적 전통의 결여' 때문이라고 설명한다)하나마 조선소설의 전통이었다는 점을 지적한다. 적어도 성질은 다르나 형태상의 공통성이 바로 본격소설에 있었다는 점에 주목하는 것인데, 그것이 공교롭게도 오늘날에 와서는 세태와 내성으로 분열되고 있음을 날카롭게 지적하고 있는 것이다. 왜 분열되었는가, 그것은 현실이 달라졌기 때문이고 '내셔널리즘'도 '소셜리즘'도 사라져 버린 뒤 퇴영과 소극성과 절망의 의식만 남은 때문이다.

그런데 여기에서 한 가지 확인할 것은 세태와 내성의 분열에 대한 그의 설명이다. 그는 이를 '20세기적인 의미'와 견주어 설명하고 있다. 임화는 세태소설이 애초부터 20세기적 현상일 수 없으며 내성 또한 20세기적인 서구문학정신의 조선적 제약으로 이해해야 하지 않을까라고 주장한다. 즉 세태와 내성의 분열도 '조선적 제약'으로밖에 나타나지 못한

---

13) 임화, 앞의 책, 367~368면.

다고 보는 것이다. 임화가 보기에 세태소설이란 19세기 리얼리즘소설의 자연주의적 퇴영의 결과물이며 내성소설 또한 20세기 불안정신의 결과로서 제임스 조이스, 마르셀 푸르스트 등에서 전형적으로 드러나는 것인데, 19세기 리얼리즘소설의 전통도 난숙하게 거치지 못한 우리로서는 세태와 내성 또한 불완전하게 나타날 수밖에 없다고 보는 것이다. 그렇게 조선의 소설을 이해한다면 그로서는 현재 창작계가 보여 주는 현상은 매우 난감한 처지에 놓이게 될 수밖에 없다. 홍명희의 『임꺽정』도 채만식의 『탁류』도, 이상의 「날개」나 박태원의 「소설가 구보 씨의 1일」도 설자리는 없는 것이다. 그의 눈에 이런 소설들은 모두 '불완전한' '세태소설'들이거나 '내성소설'을 넘지 못하게 된다. 그가 동시내 직품에 대해 인색한 평가를 내리는 일, 그래서 과거의 문학으로 눈을 돌리게 되는 것도 그런 까닭이 크다.

결국 임화는 지나치게 서구소설의 발전모델과 단계에 도식적으로 얽매여 있는 셈이다.[14] 그는 서구적 전범이 근대문학의 이상태이고 조선의 문학은 그런 전범이 걸어온 길을 충실히 되밟아야 하는 것처럼 사고한다. 그러다 보니 그가 내놓을 수 있는 현실적 대안이라는 것도 1930년대 후반이라는 상황에서는 많지 않을 수밖에 없었다. 서구문학이 기형적으로 제약되어 세태와 내성으로 분열된 것이 오늘의 조선문학이라면 근본적인 계기를 찾지 않는 이상, 대안은 없었다. 조선은 정상적 자본주의를 거친 것도 아닐뿐더러 식민지라는 질곡에 놓여 있었기 때문이다.[15] 그런 임화로서 조선소설의 과제가 여전히 본격소설의 완성에

_____

14) 임화는 이 글에 앞서 발표한 「휴머니즘 논쟁의 총결산」이라는 글에서 직접 루카치를 거론하고 있다. 문학사가로서 임화는 루카치, 혹은 프리체가 설정해 놓은 서구문학의 구도에 얽매여 진화론적 사고의 틀을 벗어나지 못하고 있다는 인상이 강하다. 「소설문학의 20년」(1940)이 그 대표적 사례일 것이다. 임화의 소설론에 미친 루카치의 영향에 대해서는 조현일, 「임화의 소설론 연구」, 『한국의 현대문학』 3호(한양출판, 1994)와 김미영, 「1930년대 후반기 리얼리즘론에 미친 루카치 문예이론의 영향 연구」, 『관악어문연구』 22집을 참조.
15) 그러나 동아시아의 식민지 자본주의하에서 성장할 수밖에 없었던 한국의 근대문학

있다고 주장하는 것은 이상하지 않다.

그러나 다른 한편, 「본격소설론」에서 우리가 주목해 볼 것은 그가 바로 얼마 전까지도 강력하게 주장하던 사회주의리얼리즘을 일정부분 포기하고 있다는 점이다.16) 그러면서 동시에 형태상의 공통성이라는 이름 아래 본격소설에의 지향을 보인 과거 소설들의 역사적 의의를 인정하고 있는 것이다. 어떻게 보면 그는 이런 구도를 통해 양심적 문인들의 연대를 모색하려 했던 것이다. 그런데 그가 현실 문제에 대해 고민하면서부터 그리고 그 대안으로 과거의 소설들을 재평가하면서부터 그는 조선의 현실, 조선의 특수성에 대해 보다 더 현실적으로 사고하게 된다. 본격소설론은 앞에서 언급한 대로 현실의 작가들에게 당장 구원의 불빛을 던져주는 것은 아니었고 비판의 소지도 있지만 조선의 문학이 나아가야 할 역사적 방향을 현실적으로 제시하려는 노력의 결과였다. 임화는 조선이라는 사회가 놓여 있는 역사적 특수성, 그것의 지극히 모순적인 상황에 눈을 떠가기 시작한 것이다.17)

은 그 나름의 독자적인 근대문학의 전통을 형성해 온 것이라고 생각할 여지는 얼마든지 있다. 즉, 기형적인 근대나 이식된 근대가 아니라(여기에는 모두 근대를 전범화시키려는 사고가 내재되어 있다) 동아시아 식민지 근대사회의 특수성으로 조선의 근대문학을 이해할 수는 없었던 것인가를 고려해 보자는 것이다.

16) 이 시기 세계관, 혹은 이념의 문제를 포기하는 대신 생활, 현실을 강조하는 것은 임화만이 아니라 많은 평론가들의 일반적인 흐름이었다. 그 결과 신체제와 서둘러 타협하는 경우(최재서)도 없지 않았다. 특히 임화의 경우는 리얼리즘의 승리론에 대해 재평가하면서 그런 태도가 가능해졌다. 「사실주의의 재인식」에서만 하더라도 그는 이에 대해 회의적이었다.

17) 이런 현상은 비단 임화에만 국한되는 것은 아니었다. 조선의 특수성에 대한 논의는 1930년대 후반 경제사학계에서도 논의된 바가 있었고 이 영향으로 평론가·문인들은 조선의 현실을 보다 면밀하게 사고하기 시작한다. 더욱 흥미로운 것은 그게 리얼리즘 논자들에게만 해당되는 일이 아니었다는 데에 있다. 김기림의 「모더니즘의 역사적 위치」(1938), 「조선 문학에의 반성」(1940) 역시 조선의 현실에 눈을 돌린 모더니즘론이라는 점에서 의의를 찾아 볼 수 있다. 그런데 중요한 것은 「모더니즘의 역사적 위치」가 나올 수 있었던 것도 리얼리스트 논자들의 현실 설명력이 설득력을 지니면서 가능했다는 일이다. 「모더니즘의 역사적 위치」나 「조선 문학에의 반성」에는 어설프긴 하나 당대 리얼리스트들의 현실인식과 통하는 구석들이 많다. 김기림으로서는 리얼리스트들의 현실 진단을 받아들일 수밖에 없었던 것이라고 할 터인데, 해방 직후 많은 문인

그의 리얼리즘론은 이 시기에 이르면 조선 사회를 아우르면서 문학사와 현장비평이 행복하게 결합하는(분화 이전의 상태라는 것이 더 사실에 부합할 것이지만) 수준으로까지 상승한다. 비록 사회주의리얼리즘에 대한 신념을 일정부분 철회함으로써 얻은 결과이기는 하나 현 단계 조선이 요구하는 리얼리즘이 무엇인가를 새롭게 깨닫는 계기가 되는 것이다. 사실, 그가 이념을 양보하고 리얼리즘론에서 세계관이 차지하는 위치를 포기하면서 발견한, 양식적 성향이 강한 리얼리즘 이해 방식은 동전의 양면 역할을 하는 것이기도 하다. 일제의 탄압에 대응해 작가들의 광범위한 연대를 고민한 측면이 하나라면, 조선의 근대화 과정에 대한 새로운 인식이 다른 하나일 것이다. 정세 자체가 사회주의리얼리즘을 드러내놓고 주장할 때가 아니라는 점을 그도 느끼고 있었을 터이고 더구나 조선의 근대문학적 전통에서 사회주의리얼리즘은 아직 아니라고 이미 그 스스로 자각한 상태였다. 이런 그의 입장은 일제의 파시즘적 지배체제 강화에 맞서 양심적인 문인들의 연대를 가능케 할 논리적 근거로 작용하였으며 해방이 된 상황에서는 곧바로 행동으로 나아갈 원동력으로도 작용할 수 있었다.

그러나 아직 이 시기 임화의 글에서는 민족문학에 대한 자각이 명확하게 드러나는 것은 아니다. 그렇지만 해방이 된 상황에서 새로운 역사적 변화의 가능성(부르주아 민주주의 혁명의 가능성)을 확인했을 때 그가 민족문학론을 들고 나올 수 있었던 것은 이런 과정이 없었다면 불가능한 일이었을 것이다. 리얼리즘의 외연적 확장과 조선 현실의 특수성에 대한 인식은 1930년대 후반부터 싹트고 있었던 것이다.

들이 문학가동맹을 중심으로 모일 수 있었던 것도 마찬가지로 생각해 볼 수 있을 것 같다.

4. 1930년대 후반의 비평사적 과제

지금까지 우리가 논한 것 중 그 결과와 과제를 간략히 정리해 보면 다음과 같다.

첫째, 한국의 근대비평사는 문학 이론의 발전사로 이해되어야 하며 그랬을 때 리얼리즘론의 발전사가 한국 근대비평사의 주류를 형성한다.

둘째, 리얼리즘론의 발전사 가운데 1930년대는 리얼리즘론의 확립과 발전에 있어 획기적 시기이며 민족문학론 태동의 전사(前史)이다.

셋째, 그런 점에서 1930년대 비평사는 1933년과 1937년을 전후한 시기로 구별되며 첫째 시기(1931~1933)가 리얼리즘론의 도입기, 리얼리즘의 학습기라면 사회주의리얼리즘과 반영론 미학을 받아들이는 둘째 시기(1933~1937)는 리얼리즘 이론을 체화하고 내면화하는 시기, 마지막 시기(1937~1940)는 조선 사회의 특수성을 자각하고 리얼리즘론을 역사 인식과 현실 대응의 유력한 방식으로 적용해 나가는 시기이다. 이 시기에 이르면 민족문학론의 가능성도 감지되기 시작한다.

이상이 지금까지 논의된 결과를 정리한 것이다. 그러나 이런 결과들은 다음과 같은 몇몇 문제들과 밀접하게 연결되어 있다. 이 글에서는 간략하게 넘어가거나 채 언급하지 못했지만 앞으로의 과제라고 생각해 함께 제시해 본다.

첫째, 리얼리슴의 도입기로부터 리얼리즘을 체화하고 내면화하는 시기로 넘어가는 과정에 대한 세밀한 추적이다. 과연 어떤 계기가 비평가들로 하여금 리얼리즘에 대한 새로운 눈뜸을 가능케 만들었는가를 살펴야 한다.

둘째, 1930년대 중반 비평계와 소설계의 낙차를 어떻게 해명하고 이해할 것인가의 문제이다. 사실 1935년을 전후로 해서 1937년 무렵까지 우리 소설은 상당한 변화의 국면을 맞는 것처럼 보인다. 이에 비해 비평은 사회주의리얼리즘 논의나 그와 관련된 주제들 그리고 휴머니즘 논쟁 등을 펼치는데 이는 작가들이 안고 있는 문제와 다소 거리가 있는 것처럼 보이기도 한다.

셋째, 1930년대 후반 각 평론가들의 이론적 지향을 냉정하게 평가하는 일이다. 그것이 '본격소설'이건 '픽션의 논리(안함광)', 혹은 '관찰문학론(김남천)'이건 당시 조선의 현실에 대한 문학적 대응 논리였음을 감안한다면 이들에 대한 평가는 일제하 비평사의 결정판이라고도 할 수 있을 것이다. 그리고 그것은 앞에서 「본격소설론」을 거론하는 가운데에서도 잠깐 언급된 바와 같이 궁극적으로 일제강점기 한국문학의 근대적 성격을 해명하는 일과도 밀접히 연결된다.

넷째, 1930년대 비평사를 모더니즘과의 관련 속에서 생각해 보는 일이다. 리얼리즘이 주류를 형성했으나 모더니즘론은 리얼리즘과 어떤 긴장관계를 형성하면서 자기 발전의 길을 걸어갔는가를 해명해야 이 시기 비평사의 온전한 모습을 살펴볼 수 있으리라 생각한다.

마지막으로, 조금 맥락은 다르지만 1930년대라는 시대와 문단을 당대의 생활 감각으로 이해하는 일이다. 당대를 살아갔던 문인들의 동시대적 시대감각을 온전하게 파악하는 일이 전제되어야 현재의 분석과 평가도 설득력을 얻을 수 있을 것이다.

그러나 정말 중요한 것은 위에서 정리한 문제들을 모두 아우르면서 일제강점기 한국 프로문학에 대한 총체적 평가가 뒤따라야 한다는 점이다. 이는 결국 한국의 근대문학사를 재정립하는 문제와 연결되고 나아가서는 오늘의 우리 문학이 가야 할 길에 대한 고민과 직접적으로 맞닿아 있는 문제가 될 터이다. 세부적인 문제들에 대한 분석과 평가 역시 그런 틀 속에서 의미를 획득하게 마련이다.

제 5 장

'1930년대 후반'의 의미와 '「물」 논쟁'

1. 왜 '「물」 논쟁'을 다시 거론하는가

　　김남천과 임화 사이에 「물」이란 단편을 놓고 오간 논쟁은 '논쟁'이
라고 부르기에도 주저될 만큼 비평사에서는 아주 사소한 사건에 불과
하다. 김남천이 1933년 6월 『대중』이라는 잡지에 「물」을 발표한 것에
내해 임화가 한 신문 월평에서 이 작품을 비판적으로 거론하면서 논쟁
이 시작되었다. 논쟁은 두 사람 간의 반론과 재반론의 글이 몇 번 발표
되고는 유야무야 끝나버렸다. 현상적으로는, 사회주의리얼리즘 논쟁이
본격화되면서 두 사람 사이의 논전도 그 속으로 섞여 들어간 것처럼
보인다.

　　그래서 그런지 「물」 논쟁에 대해 주목한 연구 성과도 그렇게 많지는
않다. 카프에 대한 연구가 활발하던 시기인 1980년대에 논쟁을 단편적

으로 거론한 글들을 제외하고는 김윤식과 김외곤, 연세대 대학원 심포지움에서 비평사적 조망을 한 것이 전부이다.[1] 김윤식은 이 논쟁을 통해 주로 작가론적인 관점에서 임화와 김남천이라는 두 문인들의 정신세계를 조망했다면, 연세대 대학원 심포지움과 김외곤은 주로 미적 반영론을 수용하는 임화의 관점에서 논쟁을 다뤘다. 여기에서 말하는 임화의 관점이란, 그가 예의 월평에서 김남천의 「물」을 비판한 반면 이기영의 「서화」에 대해서는 고평을 한 것을 말하는 것으로, 임화가 그런 식으로 작품을 분석하고 평가할 수 있었던 것이 미적 반영론을 받아들였기 때문이라고 해석한 것을 가리킨다. 이외에는 「물」 논쟁 자체에 주목하기보다는 수도 김남천이나 임화에 대한 관심으로 이 무렵이 글들을 검토한 것이 대부분이다.

이 글은 이제 와서 새삼스럽게 논쟁을 구구절절 소개하거나 누가 옳았는지 시시콜콜 따지자는 것은 아니다. 그럼에도 불구하고 작품 「물」과, 그를 둘러싼 논쟁에 대해 다시금 주목하고자 하는 것은 이 논쟁이, 한국 근대문학사가 1930년대 들어와 변화를 맞이하는 국면을 가장 최초로 보여 주는 것이 아닌가 하는 느낌이 들었기 때문이다. 게다가 그 변화라는 것이 단지 1930년대라는 연대기적인 시기의 문제가 아니라 한국 근대문학사의 주요한 결절점을 이루는 '1930년대 후반'이라는 문학사·비평사의 특징적 면모와 무관하지 않다는 판단이기에 더욱 큰 의미를 갖는다.

두루 아는 바와 같이, 한국 근대문학사는 1920년대 중반부터 1930년대 중반에 이르는 10년 가까운 세월동안 질풍노도와 같은 시절을 보냈다. 카프로 상징되는 이 시기의 문학사는 초창기 이광수와 최남선 류의 낭만적인 계몽주의 시대를 거쳐 염상섭·현진건·나도향의 사실주의

---

1) 김윤식, 『임화 연구』, 문학사상사, 1989; 김외곤, 「'물'논쟁의 미학적 연구」, 『외국문학』, 1990년 가을; 연세대대학원 국·중·독문과리얼리즘연구모임, 「1930년대 통일전선과 리얼리즘의 제문제」, 미간행자료, 1990.

시대에 이르는 기간과는 질적으로 다른 자기 성격을 갖고 있다. 범박하게 말해서 그것은 문학의 사회 참여와 그 방법론에 대한 분분한 논의 그리고 그 방법론을 직접 현실 속에 실천해 본 경험이라고도 말할 수 있을 것이다. 카프는 바로 그 점에서 한국의 근대문학이 성장해 가는 중요한 자양분으로 작용하였다. 그런데 카프의 비평적 성과는 또 한편으로 그만큼 문학의 자기 역할에 대한 의식이 과잉된 것들이었고 여전히 수입된 이론에 지나치게 관념적으로 의탁한 것들이기에 지양되어야 할 대상인 것도 사실이다.

1930년대 후반이라는 시기가 문학사적으로도 중요하게 대두되는 것은 그래서이다. 카프가 이룬 성과를 자기의 자양분으로 삼으면서도 그것의 한계를 극복해 간 것이 1930년대 후반의 문학사, 비평사적 의의라고 생각해 볼 수 있는 것이다. 그렇다면 결국, 1930년대 후반이라는 비평사적 시대의 첫머리에 놓인 '「물」 논쟁' 또한 중요해지지 않을 수 없다. '「물」 논쟁'을 새삼 거론하는 이유는 이 논쟁이 바로 1930년대 후반이라는 시기의 가장 앞자리에 놓일 가능성을 읽었기 때문이다.

그런데 한편 '「물」 논쟁'을 통해 1930년대 후반이라는 시기를 다시 한 번 생각해 보는 계기가 된다는 점 역시 간과할 수 없다. '「물」 논쟁'을 어떻게 보느냐에 따라 1930년대 후반의 비평사적 의미랄까 특성이 드러날 수 있기 때문이다. 요컨대 '「물」 논쟁'은 1930년대 후반이라는 시기의 비평사를 해석하는 관건인 것이다. 그러나 강조하건대 1930년대 후반이라는 시기는 어느 하나의 모습으로 결코 환원되지 않는다. 다양한 계기와 요인들이 얽혀 있다. 물론 그렇다고 해서 비평사, 혹은 문학사로서의 일반화가 불가능하다거나 존재했던 모든 개별적 작품에 주목하자는 말은 아니다. 중요한 몇몇 요인들을 끄집어내고 그것들의 관계를 역사 속에서 생각해 보자는 것이다. 그런 점에서 이 글은 그런 중요한 몇몇 요인들 중의 하나를 드러내는 작업으로 이해되었으면 한다.

본론에서는 먼저 소설 「물」을 다시 읽는 작업부터 시작할 것이다. 가급적이면 꼼꼼하게 작품을 읽고 그것이 놓여 있는 지형을 드러내는 데 주력할 생각이다. 그런 연후에 임화와 김남천의 논쟁을 검토하고, 마지막으로 이 논쟁이 내포하고 있는 문학사적 의미를 시론적(試論的)으로 검토해 보도록 하겠다. 그렇게 본다면 이 글은 엄밀히 말해 '「물」 논쟁'만을 순수하게 다룬 것은 아니다. 차라리, 논쟁 자체는 부수적이며 그 논쟁을 둘러싼 여러 징표들, 가능성들을 읽어 낸 결과물이라고 보는 편이 옳을 것이다.

2. 「물」 분석―대상에 대한 정적(靜的) 응시

「물」은 원고지 50매도 채 되지 않는 소품이다. 「물」이 거둔 소설적 성취라는 것도 그리 대단한 것은 못된다. 이 작품은 화씨 90도와 100도를 오르내리는 한 여름철, 두 평 칠 합의 방에 13명의 죄수가 들어앉아 목말라하다가 간신히 물 얻는 교섭이 성공해서 냉수를 받아 마시고는 그만 설사병을 얻는다는 아이러니컬한 결말로 끝을 맺는다.[2] 임화의 지적처럼 「물」은 인간이란 존재를 생물학적이고 경험적으로 그린 것에 불과할 지도 모른다. 혹은 김윤식이 말했듯이 감옥생활을 한 김남천의 자부심이 배어난 결과일지도 모른다. 즉, 자신만이 이런 고통을 당했다는 자부심, 너희들은 이런 고통을 모를 것이라는 자기 과시가 무의식적으로 배어난 작품이라는 해석도 가능할 것이다.

어쨌거나, 작품의 초점 화자이자 주인공은 '나'다. 그러므로 소설 안

---

2) 2평 7합은 미터법으로 환산하면 8.94m², 즉 가로와 세로의 길이가 약 2.99m 정도 되는 방이다. 화씨 90도와 100도는 섭씨로 환산하면 각각 대략 32.2℃와 37.8℃ 정도가 되는 기온이다.

의 모든 상황은 '나'의 의식을 통해 걸러지고 투영되어서 독자들에게 다가온다. 따라서 이 작품에는 '나'라는 사람의 존재와 의식이 짙게 배어 있다. 소설의 앞머리를 보자.

> 두 평 칠합이 얼마나한 넓은 면적을 가지고 있는지 나는 똑똑히 알지 못하였었다. (…중략…) 그러나 나는 지금 길이와 넓이를 한 치도 틀리지 않게 두 평 칠합을 전신에 느낄 수가 있었다. (…중략…) 나는 두 평 칠 합의 네모난 면적 위에 벌써 날수로 일곱 달이나 살아온 것이다.[3]

'나'라는 존재가 감옥 안에서 살아가는 생활의 조건이 매우 실감 있게 전달되고 있다. 그런데 이 경우 생활의 조건은 그대로 인정하더라도 우리의 관심은 자연스럽게 '내'가 무엇을 느끼고 생각하는가, 무엇을 지향하는가로 옮겨가게 된다. 독자들은 '나'라는 사람의 눈을 통해서만 소설 안의 세계로 들어가게 되는 것이므로, 그 '나'의 생활과 고민이 결국은 소설을 이끌어 갈 것이기 때문이다. 아무리 사소한 일상의 일이나 상식적인 일들이라고 하더라도 '나'라는 존재가 그것을 어떻게 느끼느냐에 따라 그것은 소설적 사건으로 구성되기도 하는 것이다. 그렇게 보았을 때 이 소설에서 우리는 '나'를 둘러싼 조건이나 '나'의 의식과 지향에 관심이 갈 수밖에 없는데, 「물」에서 그것은 바로 더위와 목마름에 지쳐 있는 '나'의 육체적 고통이다. 육체적 고통과 동반되는 것이 또한 물에 대한 절실한 갈망이다

> 모든 정신을 책에다 집중하자! 더움과 안타까움 그리고 물을 그리워하는 마음—— 이 모든 것으로부터 나의 전신을 꽉 갈라서 책에다 정신을 넣어보자!
> 그러나 십 분도 못 계속하여 나는 내가 글을 읽고 있는 것이 아니라 활자를 읽고 있는 것을 깨닫는다. (…중략…) 정신은 다시 풀어지는 태엽같이 꽉 늘어

---

3) 「물」, 『대중』(1933.6), 55면. 이후부터 이 소설에서의 인용은 별도의 주석 없이 면수만 밝히기로 한다.

지고 만다. 눈가죽이 무거워진다. 그리고 다시금 내 옷이 땀에 젖어 있는 것을 느낀다. 그리고 갑자기 머리털 밑이 따끔따끔 쏜다. 그리하여 내가 두 평 칠 합 방에 살고 있다는 것, 기온이 백도라는 것, 물이 한 모금도 없다는 것 등등 을 깨닫는다. (56면)

이 소설의 어느 대목을 보더라도 대개 이런 고통과 갈망들이 소설의 기본 줄기를 형성하고 있다. 물에 대한 실존적 갈망을 이 소설은 매우 인상 깊게 그려 낸다. 갇혀 있는 사람이라는 존재가 얼마나 나약해질 수 있는지를 김남천은 자신의 경험을 기반으로 적나라하게 묘사하고 있다. 그렇기에 '나'는 갈증과 더위에 지쳐 오직 물에 대한 강렬한 욕구만으로 의식이 똘똘 뭉친 존재처럼 보인다. 위의 인용처럼 "나의 전신을 꽉 갈라서" 정신만을 떼어내어 책 속에 집어넣으려 하지만 그것이 생각처럼 되지 않는다. 더위와 갈증이 나의 정신과 몸을 한없이 고통스럽게 만들고 있다. 그렇게 해서 이 소설 속의 '나'는 물 한 모금에 삶의 목표를 다 던진 사람으로 표현된다.

물론 그토록 물에 대한 갈망이 절실할 수밖에 없는 상황과 고통은 충분히 미루어 짐작할 만하다. 30도가 훨씬 넘는 한 여름에 가로세로 3m 의 방에 열세명이 빼곡히 들어차 있는 상황 자체가 소설을 읽는 독자들도 숨 막히도록 만드는 것이다. 소설이 설정한 상황이 그렇고 그 안에 있는 '나'의 관심도 그렇다 보니 오로지 이 소설에서 갈등의 핵심은 어떻게 물을 얻느냐 마느냐에 집중되게 된다. 그렇기 때문에 임화는 「물」에 그려진 인간이 생물학적 존재를 벗어나지 못했다고 비판한 것이며, 고통스런 상황을 유난스럽게 드러낸 것을 두고 김윤식은 감옥생활에 대한 자부심의 우회적 표현이라고 지적한 것일지도 모른다.

그렇다면 소설 「물」은 임화의 지적이나 김윤식의 지적처럼 비판받을 소지가 많다고 할 수밖에 없다. 소설의 주인공 '나'의 의식이란 것이 참으로 단순해서 물을 마시고 싶은 욕심을 제외하고는 별다른 의미를 부여하기 힘든 것이다. 염상섭의 「표본실의 청개구리」나 이상의 「날개」를 생각해 보라. 이들 소설에서 비록 주인공들이 겪는 정신적 강박증은 '나'의 물에 대한 집착에 못지않으나 그들이 보여 주는 세계는 풍성하고도 의미심장하다. 식민지 근대의 삶과 정신의 국면들을 그들은 날카롭게 포착하고 있는 것이다. 이런 작품들과 비교해 보았을 때 「물」은 소설사적 성취에서 큰 의미를 갖는 작품이라고 보기는 어렵다.

그러나 「물」이 갖고 있는 중요성은 그렇게 작품이 거둔 예술적 성취 여부로부터 오는 것은 아니다. 여기에서 주목해 볼 만한 것이 이 작품을 쓴 작가가 바로 다름 아닌 「공장신문」과 「공우회」를 썼던 사람, 즉 카프의 볼셰비키적 방향 전환의 노선에 가장 충실한 작품을 쓴 작가였다는 사실과, 「물」이 기존의 카프소설과는 그 문법이 다르게 전개되고 있다는 사실이다. 가장 전위적인 작품을 썼고 조직이 요구하는 과제에 충실했던 작품을 쓴 작가가 「물」과 같은 작품을 썼다는 것은 충격적인 변모라고 할 수 있겠다.[4] 물론 그 사이에 이 작가가 조선공산당 재건 운동의 일환인 공산주의자 협의회사건에 연루되어 옥살이를 하고 나왔다는 시간적 간극을 염두에 둘 필요는 있다.

한편, 소설의 문법이 달라졌다는 것, 이것이 정작 중요한 것인데, 그것은 소설이 현실을 포착하는 방식으로부터 발견된다. 「물」이 대상을 포착하는 방식은 작중 인물의 내부, 그의 내면의 의식에 초점이 맞춰지고 있다는 데에 문제성이 있다. 이 말은 「물」의 작중 화자가 꼭 '나'라고 해서 그렇다는 의미는 아니다. 물론 초점화자가 '나'이므로 '나'의 내면과 의식이 작품에 전면에 드러나는 것은 어쩔 수 없는 일이지만, '나'를 초점화자로 삼는 소설이 모두 그런 것은 아니다. 예컨대 송영의 「교대시간」 역시 초점화자로 '나'가 등장하지만 소설의 양상은 「물」과

---

4) 그런데 이 무렵 발표한 또 다른 소설 「남편 그의 동지」 역시 「물」과 먼 거리에 있지 않다. 이 작품은 남편을 감옥에 둔 아내의 시선에서 겉만 '주의자'인 체하는 남편의 옛 동지들을 비판적으로 바라본 소설이다.

사뭇 다르다. 송영의 「교대시간」에서 '나'는 의식 내부로 시선을 돌리지 않는다. '나'에게 여전히 중요한 것은 어떻게 투쟁을 전개할 것이냐에 있다. 그런데 「물」은, 그것이 긍정적이건 부정적이건, '나'의 의식과 내부에 시선을 둠으로써 삶의 이면(裏面)들, 즉 기존의 카프가 주창한 창작 방법과는 어울리지 않는 모습들이 전면화되고 있다는 점이 특징적이다.

이렇게 김남천의 「물」이 기존의 카프소설과 달라진 것은 대상에 대한 정적(靜的)인 응시에 기반을 둔 소설의 분위기와 기존 소실과는 다른 창작 방법 때문이다. 여기에서 정적인 응시의 대상은 '나'와 '나'를 둘러싼 감옥의 상황이다. 화자인 '나'는 스스로와 감옥의 상황에 대해 관조적인 응시로 일관한다. 뭔가 문제를 해결하려는 행동도 없다. 과거 김남천이라면 과연 이런 식의 소설적 문법을 구사했을까가 싶을 정도로 의심이 간다.

물론 작품 「물」이 성공한 소설인가에 대해서는 회의적이다. 작가가 지나치게 '나'를 한 방향으로만 옭아맸기 때문이다. 그것은 이미 우리가 앞에서 확인한 바다. 다시 한 번 말하지만 우리는 과거 카프 계열의 소설들과 달라진 지점들을 「물」로부터 확인하고자 하는 것이지 「물」의 소설적 성취를 거론하는 것은 아니다. 「물」에서 대상에 대한 정적 응시, 소설의 문법, 소설을 전개하는 상상력이나 언어가 기존의 다른 카프소설과는 다르다는 것이고 이런 점을 기존의 카프소설들이 갖지 못했다는 것이다.[5] 1930년대 초반까지의 카프소설들은 대개 대상에 대한 뚜렷한 자기 입장, 발 빠른 서사적 전개를 특징으로 하고 있어서 소설의 대상(인물일 수도 있고 사물일 수도 있다)을 찬찬히 응시하는 데에는 익숙하지 않았던 것이다. 그러나 김남천의 「물」은 그런 카프소설과는 다른 경향을 보이고 있는 것이다.

---

5) 하지만 여기서 유의할 것은 대상에 대한 정적인 응시, 그 자체가 어떤 가치 평가를 동반한 틀은 아니라는 점이다. 다시 말해 그것이 소설 미학적으로 방법적 우위에 있다는 의미는 아니다.

그런데 대상에 대한 정적인 응시 그리고 그를 기반으로 한 사색은 삶과 세계의 다양한 측면과 이면들을 통찰할 수 있는 가능성을 연다. 그것은 삶의 미세한 결과 풍부함을 소설에 불러들일 통로로 작용하기도 한다. 그리고 대상에 대한 참된 공감을 독자들로 하여금 갖도록 유도한다. 「물」이 그런 작품은 아니지만, 「물」이 보여 준 세계는 「공장신문」이나 「공우회」가 보여 주지 못했던 세계를 보여줄 수 있는, 아니면 「공장신문」의 세계를 보완해 줄 수 있는 새로운 가능성을 시사하고 있다는 점이다.6)

3. 「물」 논쟁의 이전과 이후

이미 본 것처럼 「물」이란 작품이 비판받을 소지는 애초부터 컸다. 김남천과 임화가 이 작품을 놓고 논쟁한 것도 작품이 잘됐다 못됐다 차원은 아니었다. 김남천은 논쟁 초기부터 「물」에 대해 자기비판을 하고 들어간 터였다. 그런 점에서 논쟁의 핵심은 작품 내부에 있는 것이 아니라 비판의 방식에 있었다. 특히 김남천이 작가의 실천 문제를 들고 나옴으로써 쟁점이 형성되고 있다. 물론 여기에는 비평에서 확보할 수 있는 객관적 진실의 문제나, 작가의 세계관, 인간을 이해하는 방식들이 얽혀 있기도 하다.

---

6) 「남편 그의 동지」는 훨씬 더 그 결과가 뚜렷하게 드러난 작품이다. 이 소설은 산후에 성치 않은 몸을 이끌고 남편 옥바라지를 하는 아내의 고통을 세심하게 포착하고 있다. 「물」, 「남편 그의 동지」, 「어린 두 딸에게」 등 이 무렵 김남천이 발표한 일련의 작품들에서는 사실, 일본의 사소설적 경향이 강하게 드러나고 있다. 이 작품들에는 김남천 개인의 경험과 일상적인 일들 그리고 작가 자신의 심경이 강하게 투영되어 있는데, 그런 점에서도 이 시기의 소설들은 과거 카프의 소설들과는 맥을 달리 하고 있다.

논쟁 과정을 세부적으로 소개하는 것이 목적이 아닌 만큼, 두 사람 간에 견해를 달리하는 핵심적인 지점만을 간단히 언급하고 넘어가기로 한다. 김남천은 임화의 자신에 대한 비판이 정작 중요한 작가의 실천 문제, 즉 김남천 개인의 실천적인 문제까지 파고들지 못한 채 당위론을 반복한 것에 지나지 않는다고 반박했으며, 임화는 작가의 실천이란 작가의 세계관과 계급적 조건과 무관할 수 없는 것인데 김남천은 실천을 개인적인 측면에서 경험론적으로만 접근하고 있다는 반론을 펼쳤다.[7] 박승극이나 안함광 같은 평론가들도 두 사람 사이에 끼어들어 일부 논평을 하긴 했으나 큰 의미를 갖는 정도는 아니었다. 「물」 논쟁은 창작 방법 논쟁의 와중에서 싱겁게 끝나버린 것처럼 보인다.

그러나 임화와 김남천 사이에 오간 논의의 초점을 살펴보면 이 논쟁은 그 이전의 논쟁들과 비교해서 중요한 차이를 보이고 있다. 먼저 현상적으로 작가와 비평가 사이에서 실제 문학 작품을 놓고 논쟁을 했다는 점이다. 그렇기 때문에 이전의 방향 전환 논쟁이나 창작 방법 논쟁처럼 운동론, 조직론, 문예 이론적 측면이 불러올 수 있는 추상성을 어느 정도 벗어날 수 있었다. 게다가 외국, 특히 일본 NAPF의 이론을 빌려와 논쟁을 벌이는, 논쟁을 위한 논쟁, 즉 당대의 현실과 구체적으로 결합되지 못했던 논쟁은 아니었다.

물론 논쟁은 논쟁의 상대방인 타자와 자기에 대한 인식, 차이에 대한 확인, 거론되는 문제가 내포하고 있는 이면들 그리고 그에 대한 해석과 판단을 심화시킴으로써 인간의 인식과 사유의 지평을 확대하는 긍정적 역할을 한다. 그런데 이전까지 카프의 논쟁을 살펴보면 주장과 반박의 근거가 동시대의 현실을 숙고한 결과라기보다는 오히려 외국의 이론을 날 것 그대로 가져 온 경우가 더 많았다. 특히 목적의식적 방향 전환 이후의 논쟁은 외국의 이론을 수용하는 것에 따라 논쟁이 달라질 정도였

---

7) 논쟁의 자세한 과정에 대해서는 앞의 김외곤의 논문이 비교적 상세하게 다뤄놓았다.

다. 요컨대 논쟁의 기반이 되는 주체적 조건을 무시하고 외국 이론의 집합장으로만 기능한 때도 있었던 것이다.

그러나 「물」 논쟁의 경우 적어도 김남천은 자신의 창작 경험과 나름의 원칙을 기반으로 임화를 비판한 것이고, 임화 또한 「물」을 분석한 논리적 근거를 갖고 논쟁에 임한 것이므로 이전 논쟁과는 궤를 달리한다. 즉 외국 이론이나 그에 기반한 노선투쟁의 문제가 핵심이 아니었던 것이다. 그렇기 때문에 논쟁의 외부적 조건(새로운 이론의 수용이나 조직 노선의 변화 등)에 의해 논리적 근거가 유지되는 방식으로 진행되지 않았다. 다시 말해 김남천이건 임화건 문제의식이 자신의 내부로부터 촉발되고 있다는 점이 과거 논쟁과 다른 '「물」 논쟁'의 주요한 측면이라는 것이다. 김남천이 이 논쟁의 문제의식을 발전시켜 고발문학론으로 나아간 점 역시 「물」 논쟁을 주체적 문제의식에 토대를 둔 것으로 볼 수 있는 근거이다.[8]

한편, 이 논쟁은 또한 비평의 기능이나 작품 평가의 기준(평가의 객관성과 주관성의 문제), 비평가의 역할 및 위치에 대한 문제를 조선의 문단 내부로부터 제기함으로써 비평의 정체성, 문학 장르로서 비평에 대한 자각적 인식을 촉발하는 계기로도 작용하였다. 김남천이 작가로서 임화의 작품 평을 놓고 평가의 기준에 대해 문제를 제기하고 임화 또한 작품 평가의 객관성에 대해 응답하였는바, 이는 문학의 독자적 장르로서 비평과 비평가의 존재를 본격적으로 거론한 첫 경우에 들 것이다. 예컨대 다음과 같은 인용은 그런 한 사례이다.

> 우리가 지금 이 위에서 이야기해온 비평의 단초적 인식과정에 대한 비천한 상식에서 보는 바와 같이 비평이라는 것이 비평적 대상으로 선택된 작품으로부터 완전히 객관적일 수가 없으며 항상 일정한 한도의 인식주관이 작용한다

---

8) 김남천은 1935년 『조선일보』에 「창작과정에 관한 감상」이란 글을 발표하는데, 이 글에서 「물」 논쟁 이후의 자기의 심경과 문제의식을 허심탄회하게 밝히고 있다. 이 글의 말미에는 이후 고발문학론에서 제기하는 문제들이 단편적으로 제시되어 있다.

는 것이다. 다시 말하면 소여(所與)의 작품에 대하여 비평한다는 것 — 비평적
으로 사유한다는 것은 그 작품의 가진 바의 제 조건에 대하여 인간은 전혀 화
석과 같이 관조적일 수도 없다는 것이다. 그러므로 비평한다는 것은 항상 그
작품에 대하여 비평가가 일정한 사상을 표시하는 것, 즉 비평가가 자기 자신
의 어떤 기준에 서서 작품에 선, 악에 대하여 평가하는 행위가 된다.[9]

임화의 위와 같은 언급은 사실, 비평의 기본적인 문제를 제기한 것에
지나지 않지만, 본질적인 문제를 거론했다는 점에서 주목할 만하다. 수
입된 이론에 직접적으로 의존하기보다 논쟁을 통해 비평가로서 자기의
문제를 뚜렷하게 내세우고 있는 점이 인상적이다. 「물」에 대한 스스로
의 비평적 자세를 다시 한 번 가다듬어 그로부터 제기된 문제를 자신의
언어로 정리하고 있는 것이다. 이 논쟁을 시작으로 임화는 비단 비평과
관련된 문제 이외에도 문학사나 문학적 반영의 문제, 문학적 형상의 미
학적 측면 등, 문학 전반에 걸쳐 상당히 중요한 문제들을 거론하고 있
는데, 비평가로서 한 정점에 올랐다는 평가가 가능할 만큼 고른 수준과
일관된 입장을 보여 주고 있다. 게다가 이런 그의 노력들이 주체화된
자기의 문제의식과 연구를 통해 나온 결과라는 점이 중요하다.

그런데 이는 이 무렵 임화가 미적 반영론을 수용하고 있다는 사실과
무관하지 않다. 꼭 「물」 논쟁에만 해당되는 것은 아니겠으나, 미적 반영
론의 도입은 그 이전의 외국 이론의 수용과는 질적으로 대비된다는 점
에서 주목할 만하다. 그 이전의 창작방법론이나 각종 운동론은 마르크
스주의에 기반을 둔 것이긴 해도 단편적인 주장과 노선이라고 말해도
될 정도로 이론적 체계를 갖춘 것은 아니었다. 그러나 미적 반영론은
체계적인 이론 구조와 방법적 사유 체계를 갖고 있는 미학적 사상이자
이념이라 할 수 있다. 따라서 미적 반영론이라는 사유 체계를 자기 것
으로 했을 때, 이론의 주체적인 자기 재생산이 가능한 국면에 들어서게

---

9) 임화, 「비평의 객관성 문제」, 『동아일보』, 1933.11.9.

된다. 이론의 주체적인 자기 재생산이란 미적 반영론에 입각해서 한국적 현실과 상황을 재인식하는 것, 그럼으로써 문제를 진단하고 나름의 창조적 분석과 대안을 주체적으로 내놓을 수 있음을 가리킨다. 이 무렵 임화의 입론들은 아직 완숙한 것은 아니지만 바로 그런 미적 반영론에 입각해서 이루어진 것들이다.[10] 「물」 논쟁은 그 첫 번째에 놓인 사건이었다.

4. 「물」 논쟁—근대문학으로의 도정(道程)

지금까지 나름대로 「물」 논쟁이 갖고 있는 문학사적 의의를 거칠게나마 드러내었다. 그 결과를 요약하자면 먼저, 작품 「물」은 대상에 대한 정적 응시를 주조로 한다는 것, 논쟁은 그 이전과는 다르게 조선의 문학 현실 안에서 나름의 문제제기와 논리 전개의 자립적 기반을 갖고 전개되었다는 것, 마지막으로 미적 반영론이라는 이론적 체계의 주체적 수용과 밀접한 연관을 갖는다는 것으로 정리될 수 있다.

이런 점들은 대부분 '「물」 논쟁' 이전까지 카프의 작품들이나 논쟁 형태와는 구별되는 점이다. 핵심은 반영론이라는 이론 체계를 받아들이고 있다는 점, 김남천이나 임화 모두 현실 속에서 문제의식을 내면화하고 주체화해 가는 가능성을 갖고 있다는 점에 있다. 그런 까닭으로 '「물」 논쟁'은 1930년대 후반의 문학사를 이해하고 해석하는 단서로 작용할 수 있다고 생각한다. 1930년대 후반은 지금까지 전형기(轉形期)라는 이름

---

10) 아마도 그 대표적인 경우가 문학사론일 것이다. 임화는 1935년 『조선중앙일보』에 「조선신문학사론 서설」을 발표하는데, 이것이 후일 유명한 「개설 신문학사」의 기초가 된다.

으로도 불려왔는데, 카프 해산 이후와 일제 말기의 암흑기 사이에 걸쳐 있는 시기, 흔히 이념의 퇴조기로, 혹은 모더니즘의 발흥기로 평가되기도 했으나 그렇게만 정리될 수는 없을 것 같다.

우리가 '근대문학의 발전'이라는 관점에서 이 시기를 바라보면 이념의 퇴조나 방향의 혼돈 자체가 무슨 그리 큰 의미를 갖는 것인가가 의문스럽게 된다. 중요한 것은 이념의 퇴조나 방향의 혼돈이 아니라 그것이 한국의 근대문학에 작용한 양상과 영향일 것이다. 이념은 퇴조하기도 하고 진전되기도 하는 것이며, 방향 역시 뚜렷해 보일 때도 있고 그렇지 않을 때도 있다. 다만 그것을 어떻게 거쳐 지나가고 또다시 새로운 변화를 어떻게 잘 맞이하느냐일 것이다.

「물」 논쟁은 그런 점에서 중요한 시사점을 우리에게 제시한다. 한국의 근대문학이 모처럼 본격적으로 자신의 현실을 주체적으로 탐색해 들어가는 단계에 도달했다는 점이다. 앞에서 지적한 여러 징표들, 즉 논쟁의 양상이 그 전과 달라졌다는 것, 김남천이라는 작가가 대상에 대해 정적 응시를 하고 있다는 것이 그 조짐이라고 할 것이다.11)

「물」 논쟁이 그 모든 가능성을 내포한 것은 아니지만, 이제 1930년대 들어와 카프의 경험을 거치고 난 후 한국문학은 조선의 특수성에 대해 자각하면서 다양한 가능성을 이론과 창작의 면에서 모색하기 시작한다. 1919년 이후 한국의 사실주의와 자연주의문학이 민족 현실을 발견했다면, 1930년대 한국문학은 근대문학에 대해 조금 더 자기의식적이면서 조선 현실의 특수성을 다양하고 풍부하게 드러내고 진단하기 시작하는 것이다.

---

11) 오해를 불식시킨다는 의도로 다시 한 번 언급하거니와 대상에 대한 정적인 응시 자체가 중요한 것은 아니다. 중요한 것은 「공장신문」의 작가 김남천에게서 발견되는 변화이다. 그는 과거와 다른 눈으로 대상을 바라보기 시작하고 있다.

제6장

분열된 주체의 지양을 향한 열망과 절망

김남천(金南天)

1. 김남천과 1930년대 후반

　김남천(본명 金孝植, 1911~?)은 매력적인 작가이자 비평가이다. 아마도 한국 근대문학사에서 김남천처럼 문제적인 평론과 소설을 발표하고 한국 근대문학사의 한복판에 자기의 운명을 내던진 작가도 드물 것 같다. 그는 한때 조선공산당에 연루되어 옥살이를 하기도 했으며 카프의 열렬한 맹원으로 「공장신문」과 같은 소설을 발표하기도 했다. 그러나 1930년대 후반에 들어서는 고발문학론·풍속론·관찰문학론 같은 그만의 독특한 창작방법론을 주장하며 이를 실제 소설 창작에 적용하기도 했다. 게다가 해방 직후에는 임화와 함께 조선문학가동맹 결성에 주도적으로 참여한 이후 남쪽의 정세가 뜻한 바대로 이루어지지 않자 월북했다. 월북 이후 남로당 일파 숙청 때 함께 희생된 것으로 추측되지만 그것의 정확한 사실과 내막은 여전히 알려지지 않고 있다.

이 글은 그런 김남천의 1930년대 후반의 비평적 면모를 살펴보는 것을 목적으로 한다. 우선은 그가 이 시기에 갖고 있었던 비평적인 문제의식을 추출하고 그것이 어떻게 그만의 독특한 문학론으로 구성되어 갔는가를 추적하는 것에 초점을 맞출 생각이다. 1930년대 후반의 비평사를 이해하는 데 있어서 중요한 측면은, 특히 카프의 자장 안에서 활동했던 평론가들의 경우에는 사회주의리얼리즘의 수용을 고려하지 않을 수 없다. 여기에서 사회주의리얼리즘의 수용이란 사회주의리얼리즘을 둘러싸고 당시 평론계가 벌였던 '수용 찬반 논쟁'을 지칭하는 것이 아니라 사회주의리얼리즘의 핵심 내용인 미적 반영론의 인식을 뜻한다.

카프의 문학운동이 종말을 맞을 무렵 일부을 통해 수용된 사회주의리얼리즘, 즉 미적 반영론은 하나의 문학 이론이자 문학사상으로 당시 카프에 소속되어 있었던 평론가들에게는 거의 절대적인 영향력을 미쳤다. 적어도 임화나 김남천·안함광 등에게 사회주의리얼리즘으로 표상되는 미적 반영론은 1930년대 후반에 이들의 문학론이 형성되는 데에 이론적 밑받침으로 작용하고 있었다. 왜냐하면 이들이 내놓은 문학론이란 것이 미적 반영론을 토대로 저마다 자기 나름의 문제의식을 응축한 문학적 입장과 실천론이었기 때문이다. 미적 반영론의 핵심인 작가의 세계관과 리얼리즘적 실천의 문제, 리얼리즘의 승리론, 전형과 당파성론 등이 이들의 입론에 결정적인 기여를 하고 있다. 따라서 미적 반영론은 하나의 사조(思潮)이거나 유파(流波)가 아니라 문학을 이해하고 사유하는 미학사상(思想)으로 이해해야 한다. 이런 사상을 기반으로 비로소 이들 평론가는 독자적인 자기의 사유 체계와 문학론을 구성해 갈 수 있었다. 김남천도 거기에서 예외는 아니다.

또 하나 중요한 것은 이들이 자기 나름의 문학론을 고민해 갔던 그 시기가, 어떤 진공상태로 놓여 있었던 것이 아니라 일제의 파시즘적 지배체제가 더욱 강고해져 가는 1930년대 후반이라는 점을 충실하게 고려해야 된다는 것이다. 이 시대는 일제가 본국은 물론 식민지 조선에 대해서도 아시아 내에서 자민족의 패권을 관철하기 위해 파시즘적 지배 시스템을 강화시켜 나가던 때였다. 전쟁 준비와 수행을 위한 전 국민적 동원 체제를 구축하고 사상과 언론·출판의 자유를 탄압하던 때가 바로 1930년대 후반이다. 이미 1940년대로 넘어가면 이들의 동원체제가 식민지 조선 안에서도 전일적으로 관철될 만큼 강고해지는데 1930년대 후반은 바로 그런 시기로 이행해 가는 때였다. 카프, 즉 문학을 통해 혁명을 꿈꾸고 실천했던 이들이 이런 시기를 버텨가고 대응하면서 내놓은 문학론은 어떻게 보면 그런 시대적 고민의 결과물늘이나.[1]

이 글은 김남천의 비평을 바로 이 같은 두 가지 문제, 즉 미적 반영론의 인식 과정과 동시대 파시즘적 지배체제에 대한 문학적인 대응이라는 측면에서 살펴본 결과이다. 본론에서는 이 시기 김남천의 비평을 몇 개의 단계로 나누어 고찰할 예정인데 이는 김남천 비평이 변화하는 계기와 당대의 시대적 상황을 고려하여 그렇게 구분하였다. 본론에서 그 과정은 자연스럽게 서술될 것이다.

---

1) 김남천 평론에 대한 대표적 연구만을 들자면 김윤식의 『한국 근대문학사상사』(한길사, 1984), 최유찬의 「1930년대 한국 리얼리즘 연구」(연세대 박사논문, 1986), 채호석의 「김남천 창작방법론 연구」(서울대 석사논문, 1987), 정호웅의 「주체의 정립과 리얼리즘」(김윤식·정호웅 편, 『한국 근대리얼리즘작가연구』, 문학과지성사, 1988), 이덕화의 「김남천 연구」(연세대 박사논문, 1991), 김외곤의 「김남천 문학에 나타난 주체 개념의 변모과정 연구」(서울대 박사논문, 1995), 채호석의 『한국 근대문학과 계몽의 서사』(소명출판, 1999), 곽승미의 『1930년대 후반 한국 문학과 근대성』(푸른사상, 2003) 등이 있다. 참고로 김외곤의 논문에는 부록으로 1995년 이전까지 김남천에 대한 연구 논저가 정리되어 있다.

2. 문제의식의 출발―'「물」 논쟁'과 실천의 문제

1930년대 후반 김남천은 평론가로서 그리고 소설가로서 일관된 문제의식을 발전시켜 가는데 그것의 기원, 혹은 출발은 임화와 벌인 '물 논쟁'부터였다. 논쟁은 임화가 김남천의 소설 「물」을 놓고, 인간을 생물학적 욕망 밑에서 추상화시켰다고 비판한 데서 발단된다. 두루 아는 바와 같이 김남천이 발표한 「물」은 2평 7홉이라는 좁은 방에 13명의 죄수가 갇혀 지내는 더운 여름날을 그린 소품이다. 뜨거운 무더위에 좁은 감방 안에서 물 때문에 괴로워하는 죄수의 내면을 그린 이 작품을 놓고 임화는 인간을 생물학적 욕망만을 지닌 존재로 묘사하였다고 비판했다. 임화에 따르면 「물」에서는 인간이 사회적 존재인 계급으로 다뤄지기보다는 생물학적 존재로만 그려짐으로써 추상화되었다는 것이다.[2]

그런데 임화의 이런 비판에 대해 김남천은 전반적으로 동의하면서도 비판의 근거와 이유에 대해서는 이론(異論)을 제기하고 나선다. 즉, 임화가 비판한 내용이 잘못되지는 않았다고 하더라도, 그런 지적은 정작 작가의 실제 창작에는 별 도움을 주지 못하는 당위론에 그친 것이라는 게 김남천의 주장이었다. 지도적 비평이라 함은 마땅히 작가를 올바른 창작에의 길로 이끌 수 있어야 하고 또 그런 방향으로 작품 분석과 평가가 행해져야 하는데, 임화의 비평은 틀린 소리는 아니지만 도식에 맞춰신 것일 뿐만 아니라 당위론에 그쳐 정작 작가에게 아무런 도움도 주지 못했다는 것이다. 결국 임화가 작품 「물」을 놓고 인물이 추상화되었다고 평가한 것은 설사 옳은 말이라고는 하더라도, 그것만으로는 비평가로서의 임무를 다했다고 말하기 힘들다는 게 김남천의 지적이었다.[3]

이런 김남천의 주장을 보면 그가 생각했던 비평의 바람직한 역할도

---

2) 임화, 「6월중의 창작」, 『조선일보』, 1933.7.18.
3) 김남천, 「임화적 창작평과 자기비판」, 『조선일보』, 1933.7.29~8.4.

어느 정도 짐작된다. 즉 그가 생각한 비평이란 작가가 당면하고 있는 창작상의 문제를 실질적으로 지도할 수 있는 곳에 초점을 맞춘 것이었다. 그는 이것을 작가의 실천 문제로 제기한다. 김남천은 비평이 작품을 문제 삼을 때 그것을 작가 개인의 문제까지 연결시킬 수 있어야만 작가에 대한 비평의 지도적 역할을 수행할 수 있다고 여긴 것이고 그는 그것을 작가의 실천 문제를 거론함으로써 이루어낼 수 있다고 생각한 것이다. 그는 공식과 당위적인 주장으로는 더 이상 문제가 구체적으로 해결될 수 없다고 생각한다. 비평이 작가의 개인적 실천 문제까지 파고들 때에라야 비로소 작가를 올바른 창작 방향으로 지도할 수 있다는 생각을 그는 강하게 갖고 있었다. 여기에는 작가의 올바른 실천이 올바른 창작으로 이어진다는 생각이 깔려 있다. 김남천이 임화의 비판을 모두 수긍하면서도 반박에 나설 수 있었던 것은 이런 자기 나름의 문제의식이 있었기 때문이다.

> 작품을 결정하는 것은 작가이며 작가를 결정하는 것은 어떤 혹자의 이론보다도 그 당자의 실천이다. 그러므로 작품을 무이해한 비평가는 그가 변증법적 유물론을 백만 번 운운하여도 진실한 마르크스주의 비평가는 될 수 없는 일이다.[4]

요컨대 김남천은 비평이 작가 개인이 당면하고 있는 문제를 구체적으로 해명하는 데에까지 이르러야 비평으로서의 제 구실을 할 수 있는 것이고 그것은 바로 작가의 실천을 문제 삼을 때에 가능하다고 본 것이다. 이런 관점에서 김남천은 임화의 비평이 자신의 작가적 실천 문제를 거론하지 못한 채 그저 계급으로서의 인간을 그리지 못했다고 당위적으로 비판한 것은 이론적으로는 옳을지 몰라도 비평의 참된 역할로서는 부족함이 있다고 생각했던 것이다.

---

4) 위의 글.

이렇게 본다면 김남천은 이 무렵부터 작가, 혹은 문인들 개개인의 창작의 문제를 해결할 방안으로서 실천의 문제를 고민하고 있던 것으로 보이며, 그것이 단지 작가의 문제만이 아니라 비평의 준거점으로도 매우 중요하다고 생각하고 있었다고 추측할 수 있다. 이것은 더 나아가면 카프의 노선 자체에 대해서도 비판적인 생각을 갖고 있다는 것을 의미하기도 한다. 이 무렵 카프의 비평이란 대개 공식화된 명제를 통해 작가를 비판하고 지도하는 방식이었기 때문이다. 물론 이 무렵 김남천의 생각이 충분히 구체화된 것은 아니어서 섣불리 판단할 수는 없다. 그런데 흥미로운 것은 비록 같은 글에서이기는 하지만 동반자 작가의 문제 역시 작가의 실천과 결부지어 판단하지 않으면 안 된다고 주장하고 있다는 점이다. 예컨대 다음의 인용을 보자.

　동반자 작가를 지도함에는 작품 속에 나타난 동반자적 세계관을 지적한다든가 철학적으로 설교한다든가 하는 것으로는 불충분한 것이다. 동반자 작가의 '일반'에 관하여서, 첩첩(喋喋)하다든가 '개성무시'에 의하여 비판하는 것이 아니라 동반자 작가의 개개인을 그의 실천과 결부시켜 논평하는 창작평이 나오지 않으면 안 될 것이다.5)

김남천은 이렇게 논의의 초점을 작가의 실천, 그것도 작가 개인의 실천 문제와 결부시켜 접근하고 있다. 비평이 개인의 문제를 방기하고 일반론과 당위론에 빠지는 것은 더 이상 구체적인 해결책이 될 수 없다는 이 같은 생각은 분명 카프의 그간의 노선과는 대비되는 모습이다. 원칙도 중요하지만 개인이 당면하고 있는 문제에 대해 구체적으로 이해할 것을 강조함으로써 그동안 카프가 결여하고 있었던 점을 정면으로 문제제기하는 것이나 마찬가지인 셈이다. 그는 비평이나 문학 이론이 개인의 가장 구체적인 실천 문제에까지 다가가야 함을 스스로 강하

---

5) 위의 글.

게 느끼고 있었던 듯하다. 이렇게 그가 문제의 초점을 개인에게 돌렸을 때 그것은 김남천이 더 이상 세계관이나 당파성을 당위적인 차원에서만 거론하는 데서 벗어나게 되었다는 사실을 의미한다. 개인의 실천 문제를 비평과 이론이 해결해야 한다고 느끼는 순간, 그는 작가라는 존재를 발견하게 되고, 작가 개인의 실천 문제로 고민의 축을 옮기게 되는 것이다.

김남천이 이렇게 사고의 전환을 보이는 것은 카프가 볼셰비키화로 방향 전환한 이후 창작부분에서(이론분야도 마찬가지이긴 하다) 이렇다 할 문학적 성취를 이루지 못한 채, 몇몇 공식으로 작품을 재단하는 비평의 관행에 대해 반발한 것으로 볼 수 있다. 물론 그 스스로도 볼셰비키 대중화론의 주인공으로서 책임이 없는 것은 아니었지만, 임화와의 논쟁에서 작가의 실천 문제를 제기했다는 것은 그가 지금까지의 카프 노선에 대해 뭔가 다른 생각을 갖기 시작했음을 드러내는 징표라 할 것이다.

그런데 이런 김남천의 문제의식은 이후 그의 문학론이 발전하는 과정에서 매우 눈여겨보아야 할 대목이다. 문인 개개인이 당면하고 있는 문제를 실천의 관점에서 문제를 제기하고 그것의 해결책을 제시하는 것이 매우 중요한 과제라고 그 자신 생각하고 있었을 뿐만 아니라, 그 출발이 임화와 논쟁을 통해서 문제를 스스로 발견한 것이기 때문에 그렇다. 즉, 이런 문제의식이야말로 외부에서 주어진 것이 아닌 김남천 스스로가 발명한 문제틀이었던 것이기에 그가 이것을 앞으로 어떻게 문학론적으로 풀어 가느냐가 관심사로 대두되는 것이다.

그렇지만 실천의 문제를 지나치게 작가 개인의 측면에서만 이해하려는 경향 역시 그의 주장 속에는 담겨 있어서 주의를 요한다. 정작 실천 문제가 작가 개인의 실존적 문제로 환원되어 버리는, 실천에 대한 실존적 이해, 혹은 실천만이 모든 것을 해결한다는 실천만능주의로 빠져버릴 가능성도 배제할 수 없기 때문이다. 물론 「물」 논쟁'만 놓고서 그가 개인주의나 경험주의로 기울어졌다고 평가하는 것은 성급한 일일 것이다. 오히려 그가 어떻게 자신의 문제의식을 발전시키고 그것을 자신만의 문학론으로 만들어 가는가를 지켜보는 일이 중요하다. 어쨌거나 여기에서는 김남천이 '「물」 논쟁'을 통해 작가 개개인의 실천을 창작과 비평의 구체적 과정 속에서 해명하려는 자기 나름의 문제의식을 발견하였고, 또 그런 문제의식이 작가적 실천의 문제와 밀접한 관련을 맺고 있다는 점을 확인하고 넘어가기로 한다.

3. 소시민성의 지양과 실천적 창작방법론─고발문학론

김남천이 '「물」 논쟁' 이후 자기 문제의식을 체계화된 형태로 처음 내놓은 것은 바로 고발문학론(告發文學論)을 통해서였다. 그가 고발문학론을 내놓은 것은 작가들이 현실 속에서 겪는 문제를 적발해, 그것을 창작이라는 실천 과정을 통해 구체적으로 해결해 보려는 문제의식이 강하게 작용한 때문이었다. 그는 지속적으로 실천이라는 통로를 통해 문제를 해결하려는 생각을 강하게 갖고 있었고 더구나 그 문제라는 것도 추상적인 것이 아니라 작가 개개인과 직결된 구체적인 것이어야 된다고 생각하고 있었다. 문제가 되는 것이 실천의 문제라면 올바른 실천 방법을 제시함으로써 문제를 해결할 방도를 찾을 수 있지 않겠는가 하고 생각한 것이다. 요컨대 문제는 실천이었다.

그렇게 해서 김남천이 이 시기에 작가가 어떻게 리얼리즘을 고수·발전시킬 수 있겠는가를 연구해 내놓은 실천적인 방법론이 바로 고발문학론이다.6) 그가 고발문학론을 주장한 배경에는 어떻게 해서든 리얼

---

6) 고발문학론이 체계화된 것이 1937년이므로 '「물」 논쟁'과 고발문학론 사이에는 약 3~4년의 시간적 거리가 있다. 그 사이에 카프가 해소되었고(1935), 일본에서는 일단의

리즘을 고수해 보려는 그 나름의 고투(苦鬪)가 자리 잡고 있다. 김남천은 고발문학론을 통해 리얼리즘도 살리고 작가 개인의 실천 문제도 해결할 수 있다고 믿었다. 고발문학론은 그의 야심찬 기획이었다.

그런데 그가 고발문학론을 주장하면서 제기한 문제의식의 첫 출발지점이 작가 개개인의 소시민성에 있었다는 점은 주목할 만하다. 이것은 '「물」 논쟁'에서 문제를 제기한 방식과 크게 다르지 않은데, 문학은 작가 개개인의 문제에 착목하지 않으면 추상적인 도식이나 관념론에 떨어진다는 그의 생각이 고발문학론에서도 여전히 일관되게 유지되고 있음을 확인할 수 있다. 여하튼, 김남천이 보기에는 한낱 소시민에 지나지 않았던 작가들이 카프로 대표되는 프롤레타리아문학운동에 몸담았다는 것이 문제였다. 그것이 도식과 관념을 만들어 낸 핵심적인 원인이라고 김남천은 생각했다. 이 시기에 와서 김남천은 시민 계급이 노동 계급의 문학을 하려고 했다는 것 자체가, 사실은 정상적인 상황이 아니었다고 생각하게 된다.

그런데 이것은 물론 조선이 처한 특수한 상황과도 무관하지 않다. 조선은 아직 자본주의가 난숙하게 발달하지 못해, 노동자 계급이 자기의 독자적 문학을 가질 만큼 성장하지 못했으므로 양심적인 소시민 지식인들이 노동계급의 문학 건설에 나설 수밖에 없었던 것이다. 김남천은 이제 이렇게 조선 근대문학이 처한 특수한 사정에 대해 새롭게 인식하면서 카프의 관념성과 도식성에 대해서도 다시 주목한다. 소시민 지식인이 노동계급을 대신해 그들의 문학을 주장하고 실천했을 때 나타난 문제가 바로 문학의 도식성과 관념성이라고 이해하게 되는 것이다. 김남천의 말투를 빌려오자면 시민계급의 '불효자식'인 소시민 지식인들의

청년장교들에 의해 쿠데타사건(2·26사건)이 일어났으며 조선 총독이 우가키(宇垣一成)에서 미나미(南次郎)로 바뀌었다. 1933년부터 1937년에 이르는 시기는 식민지 조선 사회가 더욱 파시즘적 지배 체제로 길들여지던 때였다. 이에 대해서는 이 책의 '한국 근대문학비평사 연표(1930~1940)'를 참조할 것.

태생적 한계로 세계관은 '혈육화'될 수 없었고, 그러다 보니 작가들은 지식과 관념으로만 파악된 세계관으로 현실을 마구잡이로 재단하는 과오를 저지르게 되었다는 것이다. 그러나 프로문학운동을 하던 지난날에는 그래도 나았던 것이, 프롤레타리아 계급의 이념을 지향하는 카프라는 조직에 작가들이 자기의 소시민적 주관을 종속시키고 억제함으로써, 소시민성 자체가 직접적으로 전면에 표출되지는 않았었지만, 카프가 해산된 현재에는 작가들의 소시민성을 제어할 그 어떤 외적 장치도 사라지게 되어 문제는 한층 복잡하게 되었다는 판단이다. 이제 소시민 지식인 작가들은 과거 카프가 존재했던 때처럼 통일된 방향이나 조직의 노선을 충실히 구현하는 존재가 아니라 자기의 소시민성에 충실한 개인으로 남게 되었던 것이다.

김남천은 작가들이 평범하고 일상적인 윤리관에 빠지거나 아니면 그 반대로 '신판 공식주의'에 자신을 의탁하는 현재 문단의 형국이, 결국 그 같은 원인에서 출발한 것이라고 판단한다.[7] 즉, 작가들의 소시민성은 무작정 과거의 공식만을 신봉하는 편향으로 나타나거나 그도 아니면 개인주의적 윤리관에 자신을 의탁해 버림으로써 스스로의 긴장도 잃어버리는 방향으로 표출되고 있는 것이 당대 문단의 형국이라는 생각이었다.

그렇다면 이런 문제를 어떻게 해결할 것인가. 즉 작가들의 소시민성의 문제를 극복하면서 리얼리즘을 유지시켜 갈 수 있는 방법은 없는 것인가. 김남천은 바로 여기에서 작가 개개인의 문제를 해결할 실천적 방법론으로 고발문학론을 제기한다. 도식적이거나 추상적인 이론이 아니라 작가들의 문제를 그 개인의 문제로부터 착목하면서 실천을 통해 주

---

7) 김남천, 「고발의 정신과 작가─신창작이론의 구체화를 위하여」, 『조선일보』, 1937.6. 1~5. 논의의 편의를 위해 여기에서는 1937년의 글 「고발의 정신과 작가」에 나타난 문제제기를 먼저 지적했지만, 사실 그가 소시민의 문제를 지적한 것은 이보다 앞선 1935년부터였다.

체를 변화시킬 방법으로 그는 고발문학론을 완성시켜 가게 된다. 이렇게 보면 김남천의 고민은 '「물」 논쟁'에서의 문제의식이 심화된 것이기도 하다. 작가 개개인의 실천 문제에 주목하면서 바로 그 개인이 소시민 계급이라는 인식에 이르고, 소시민성을 극복하기 위한 방법으로 실천적 대안을 고민하는 과정에서 '고발문학론'이라는 대안을 고안한 것이다.

그렇다면 고발문학론의 핵심 내용은 무엇인가? '고발'이라는 말에서도 암시받을 수 있듯이 그것은 작가의 소시민성을 낱낱이 파헤쳐 드러내자는 것으로 요약된다. 작가 스스로 소시민성을 적나라하게 드러냄으로써, 소시민성을 공격, 고발하고 새로운 주체 건설의 발판으로 삼자는 것이 주요 내용이다. 그리고 김남천은 바로 이런 태도야말로 현실을 추상화된 공식으로 단순화시키는 태도로부터도 벗어날 수 있고, 소시민성에 함몰되어 현실을 주관화시키는 태도로부터도 탈출할 수 있는 방법이라고 주장한다. 그렇게 할 때만이 현실을 주관적으로 거부하거나 아니면 거기에 탐닉하는 자세로부터 벗어날 수 있다는 것이다. 그는 이를 '소시민 지식인의 가면박탈(假面剝奪)'이란 말로 표현한다. 가면을 벗어버리고 소시민의 맨얼굴을 드러내자는 것이 김남천의 주장이다.

> 가면박탈, 그렇다. 조금도 용서 없는 가면박탈의 칼만이 가히 나파륜(나폴레옹─인용자)의 칼이 될 수 있으며 이것만이 지식층의 출신 작가로 하여금 적극적인 인텔리겐트 주인공을 정당히 운전하게 할 수 있으며 주인공에게 부여되는 일체의 생활감정도 익애(溺愛)의 긍정에서가 아니라 가장 준열한 비판적 태도에서 그려나갈 수가 있을 것이다.[8]

그는 가면박탈의 성공적인 예를 『고향』의 주인공, 김희준에게서 찾는다. 김희준이 소설 속에서 전형에 이를 수 있었던 것, 다시 말해 추상화

---

8) 김남천, 「지식계급 전형의 창조와 『고향』 주인공에 대한 감상」, 『조선중앙일보』, 1935. 6.30(원래 연재는 6.28~7.4).

된 공식으로 일탈하지도 않고, 소시민적 정서로만 일관하지도 않았던 것은 바로 그런 자기 고발, 지식인의 소시민성을 솔직히 드러내고 비판받으려는 노력이 있었기에 가능했다고 설명한다.[9]

이렇게 보면 김남천의 고발문학론은 1930년대 후반 점차 강화되어가고 있던 파시즘체제 아래에서 작가 개인들이 취해야 할 자세로 소시민성에 대한 비판의식을 강조한 점에서는 충분한 의의가 있다고 보인다. 전망을 상실한 시대에 작가들의 실존 문제에 눈을 돌려 최소한 스스로의 진보성을 유지해 갈 수 있는 방법으로 보이기 때문이다. 물론 고발문학론이 큰 틀에서 조선문학의 위기를 타개할 방법인가에 대해서는 얼른 수긍되기 힘든 점이 많다. 소시민성만 극복되면 과연 조선문학의 미래가 확보되는 것인가가 확실치 않은 것이다. 더 나아가 과연 고발의 거점을 어떻게 확보할 것인가가 그의 이론 체계 안에서 충분히 해결되었다고 보기 힘들다. 과연 자기 고발이 어떤 방법으로 가능할 수 있는가를 반문해 보자. 그의 설명에 따르자면 고발의 대상과 주체는 모두 소시민으로서의 작가이다. 고발이란 그것의 부정성을 인식하는 주체가 설정되어 있어야 하는데 주체와 대상이 모두 소시민인 한에서 고발의 거점을 확보하지 못한다면 고발의 방법은 다시 막연해질 수 있는 것이다. 고발의 거점은 자동적으로 확보되는 것이 아닐 터인데 그에 대해 김남천은 아무런 설명이 없다. 유감스럽게도 이렇게 되면 문제의 궁극적인 해결은 막다른 골목에 봉착할 가능성이 크다.

그가 시야를 작가 외부로 돌린 것도 나름대로 그런 문제점에 대해 고민한 결과로 읽힌다. 그는 이제 작가 내면으로부터 빠져나와 일체의 모든 것을 무자비하게 고발하라는 사회고발문학(社會告發文學)으로 자기주

---

9) 위의 글. 김남천이 특히 평가하는 것은 김희준이 아내와 갈등을 겪는 부분이다. 투박한 아내에게 염증을 느끼고 그 대신 동네 처녀 음전이에게 연모를 느끼는 김희준의 모습은 그의 소시민성을 솔직하게 드러난 부분이고, 여기에서 김희준은 전형으로 상승한다는 것이다.

장을 수정한다. 시대의 흐름에 휩쓸리지 않으면서 작가가 진보성을 유지해 갈 수 있는 방법을 개인의 내면만이 아닌 바깥에서도 찾으려는 의도였다. 그가 시야를 작가 개개인만의 문제가 아니라 당대 사회 현실로 돌림으로써 폭넓은 관점을 확보하려 한 것은 일견 타당해 보이지만 그 역시 고발과 비판의 거점이 어떻게 확보될 수 있을지가 해명되지 않으면 고발 자체가 무의미해질 가능성이 있다. 그런데 김남천은 이 방법을, 주관을 객관에 종속시킴으로써 그런 거점 확보가 가능할지 모른다는 생각을 했던 것 같다. 아래의 인용은 그런 그의 고민이 분명히 읽혀지는 대목이다.

> 추상적 주관을 가지고 객관적 현실을 재단하는 것이 아니라 끝까지 객관적 현실에 작가의 주관을 종속시키라고 고발의 문학은 주장한다. (…중략…) 모든 것을 그러므로 객관적 현실에서 출발하여 작가의 주관을 이것에 종속시키려고 하는 것이다. 이러한 모든 인물과 정황의 전형의 창조, 그것은 현재 우리가 살고 있는 이 기형적인 아세아적 형태 위에 기거하는 일체의 상황을 반영할 것이며, 이 시대적 세태의 묘사반영을 통하여 그의 준엄한 고발에 도달할 것이다.[10]

이렇게 김남천이 주관을 객관에 종속시키라고 주장한 데에는, 오히려 미덥지 못한 주관에 얽매일 것이 아니라 보다 분명한 객관 현실에 의존하라는 뜻일 것이다. 그리고 거기에서 고발의 거점도 확보될 수 있을 것이라고 생각한 것으로 해석된다. 마르크스주의를 공부했던 김남천으로서는 객관 현실의 중요성을 고발문학론을 통해 이렇게 적용한 것이다. 게다가 이 주장을 보면 아무래도 엥겔스의 발자크론을 읽은 흔적도 역력하다. 작가 주관에도 불구하고 관철되는 객관 현실의 힘, 요컨대 '리얼리즘의 승리론'을 그 나름대로 이해한 방식이 엿보이는 것이다. 이렇게 소시민성을 비판하는 자기 고발로부터 객관 현실로 비판의 거점

---

10) 김남천, 「창작방법의 신국면―고발의 문학에 대한 재론」, 『조선일보』, 1937.7.10~15.

을 옮긴 것은 그가 작가 개개인의 실존적 문제를 '실존'이 아닌 사회적 관계의 틀에서 다시 생각하기 시작했다는 점에서 의미 있는 진전으로 읽힌다.

그런데 이 무렵부터 김남천은 물론이고 임화 역시, 중요한 것은 세계 관이 아니라 리얼리즘적 실천이라고 주장함으로써 '리얼리즘의 승리'에 대해 주목하기 시작한다는 점을 알 필요가 있다. 중일전쟁이 발발해 북 경(北京)마저 함락되는 현실을 목도하면서 카프 계열의 평론가들은 세계 관을 주장하기보다 리얼리즘적 실천의 중요성을 강조하게 되는데, 이는 비평사적으로 생각해 볼 문제를 제기한다. 왜냐하면 이는 분명 리얼리 즘론의 진전인 동시에 당시 현실에 대해 많은 양심적 작가들이 연대할 수 있는 틀을 제시한 것으로도 이해될 수 있기 때문이다. 아울러 세계 관만으로 이해되기 힘든 현실에 직면하여 오히려 리얼리즘이라는 실천 에 의탁하는 것으로도 생각할 수 있다.

어쨌거나 그런데, 김남천의 주장처럼 주관은 정말 객관 현실에 종속 시킨다고 종속되는 그런 물건으로 보이지는 않는다. 자기의 일체의 경 험과 의식은 덮어 두고 현실 속으로 침잠한다는 것이 과연 유물론자로 서 객관 현실의 중대성을 인식하는 태도는 아니다. 주관과 객관이란 그 렇게 어디가 어디로 종속되는 그런 대립적 관계는 아니기 때문이다. 주 관이 일방적으로 객관에 지배당하거나, 객관을 지배한다는 것은 또 다 른 관념론일 따름이다. 김남천처럼 소시민성으로서의 주체를 신뢰할 수 없다고 해서 주관을 일방적으로 객관에 종속시키라는 주장은 그 개인 에게도 동시대 다른 문인들에게도 적절한 실천적 방법론이었다고 보기 는 어렵다. 대체 주관을 객관에 종속시키라는 것이 실제로 어떻게 하면 되는 것인지 구체적 실감으로 다가오지 않는 것이다. 이는 김남천이 리 얼리즘의 승리론을 자기 방식대로 이해한 것이기는 하지만 그는 주− 객 관계를 마치 이항 대립처럼 이해하고 그 사이의 변증법적 관계는 간 과함으로써 발생한 문제로 판단된다. 김남천처럼 생각해서는 현실이란 알 수 없이 전개되는 혼란스런 일상의 더미로만 생각될 수 있다. 더구나 이 글이 발표될 무렵에는 일제에 의한 중일전쟁이 시작된 때(1937.7)이기도 하다. 제국주의 일본이 중국을 침략한 것, 파시즘 세력이 득세하고 있다는 세계사적 흐름이야말로 흔들리지 않는 눈앞의 사실이었다. 이럴 때 오히려 사실 밑으로 흐르는 역사의 물줄기를 조망해 보는 일이 필요한 것이 아니었는지, 오히려 더욱 철저한 리얼리스트로서의 눈이 필요했던 것은 아니었는지 반문해 보게 되는 것이다.

결국 작가가 현실 속에서 어떻게 존재하고, 작가의 인식주관은 현실의 객관적 상을 어떻게 파악할 수 있는가, 리얼리즘의 구체적인 방법론의 문제를 고민하지 않고서는 대안은 쉽게 만들어지지 않는다. 근본적으로 김남천은 동시대 작가, 아니 스스로에 대해 소시민이라는 회의적인 시각을 거두지 않는다. 그런 의식은 끊임없이 비판적인 탐색을 촉구하는 기제이기는 했지만 명확한 출구가 열리지 않으면 스스로를 불신하는 절망론에 빠져들게 할 가능성도 있었다. 소시민 주체가 그 지양의 방향을 상실하고 고립되었을 때, 결국 택할 수 있는 것은 자기의 내면이거나, 아니면 끊임없이 유동하는, 어디에서 와서 어디로 흘러가는지 모를 일상 세태일 뿐이었다. 그가 모럴을 통해 주체정립의 방법론을 다시 모색하게 되는 것도 어쩌면 이런 문제에 대한 고민에서였는지도 모른다.

4. 주체 재건의 논리, 모럴론

김남천이 작가 주체의 문제를 객관 현실과의 관계 속에서 조금 더 논리적으로 접근하기 시작한 것은 모럴론을 제기하면서부터였다. 사회고발문학론을 통해 작가 주체의 문제와 더불어 객관 현실의 문제를 자각한 그가, 이제 이 둘의 관계를 자기 문제의식 속에서 고민하기 시작한 것이다. 김남천에게 모럴은 그 둘을 매개시켜 주는 개념이었다.

그는 「유다적인 것과 문학」에서 "작가는 항상 문제를 주체성에 있어서 제출한다는 사실"[11]에 착목하면서 모럴의 문제에 눈을 뜨기 시작해, 「자기분열의 초극—문학에 있어서의 주체와 객체」에 와서 주체와 객관 현실의 문제를 이론적으로 정립한다. 그가 여기에서 설정하는 작가 주체 역시 소시민 지식인이라는 점에서 기본적인 문제의식은 지속된다고 할 수 있겠지만, 과거처럼 주체를 마냥 부정되어야 할 것, 신뢰할 수 없는 존재로만 생각하지는 않는다. 이제 그에게 작가는 소시민 이전에, 문제를 주체성의 각도에서 사고하는 사람들이기 때문이다. 그렇다면 문제를 주체성의 각도에서 제기하고 사고하는 것이란 무엇을 뜻하는가?

그것은 작가가 사회의 문제들, 예컨대 민족·계급·역사·전쟁 등의 문제를 자기의 문제로, 다시 말해 자기 개인의 절박한 문제로 받아들이는 것을 의미한다.[12] 김남천은 작가란 사회의 보편적 문제를 과학자의 냉정하고 객관적인 시각으로, 그래서 대상화시키는 것이 아니라, 절실한 자기의 문제로 받아들이는 사람이라고 보고, 이것이 문제를 주체성의 각도에서 제출하는 이유라고 말한다. 그는 작가들이 도식성을 넘어서면서도 소시민적 개인주의로 일탈하지 않을 방법을 이렇게 사회 보편의 문제를 주체성의 각도로부터 사유하는 것에서 찾는다. 이런 입론에는, 그가 비로소 객관 현실의 문제를 주체, 혹은 주관과의 관련에서 바라보기 시작했다는 의미가 담겨 있다.

우리 문학에 있어서 객체란 구체적으로 무엇을 말함인가? 쉽게 말하여 그것은 묘사의 대상이라고 할 수 있다. 그러나 보다 정확하게 말하여 문학적으로

---

11) 김남천, 『조선일보』, 1937.12.14~18.
12) 김남천, 「자기분열의 초극」, 『조선일보』, 1938.1.26~2.2.

파악되고 인식될 객관세계다. (…중략…) 그러나 객관세계를 인식하기 위하여
는 과학으로서 충분하지 않았는가. 이곳에 세계관이 절대적인 연관성 밑에 지
도적 지위를 가지고 문학에 임하면서도 역시 문학의 주체는 세계관의 이론적
파악만으로는 건립되지 못한다는 이유가 있다. (…중략…) 그러므로 문학의 주
체로서의 작가에게 있어서는 역사, 계급, 민족, 사회, 국가, 인류의 높고 깊은
문제를 얼마나 절실하게 자기 자신의 절박한 문제로 하고 있는가가 중요하였
다. 문학에 있어서는 주체와 객체의 교섭과 통일이 이러한 국면으로서 제출되
는 때문이다.[13]

김남천의 이런 주장은 이제 객관세계는 문학적으로 인식될 세계이고,
주체와 객체의 교섭이란 주체가 객체의 문제를 얼마나 주체 자신의 문
제로 받아들이는가 하는 것 ─ 김남천은 이를 특히 주체화라고 부른다
─ 으로 정리된다. 그리고 세계의 주체화가 바로 소시민 작가가 가져야
할 모럴이라고 주장한다. 소시민 작가는 과학에 의해 파악된 객관세계
의 진리를 자기의 절실한 문제로 삼음으로써 현실을 주체화시킬 수 있
다. 김남천의 어법을 빌어 말하자면, 객관세계의 문제를 '일신상의 진
리'로 하는 것, '세계관을 혈육화'하는 것이 주체화인 것이다. 그러므로
김남천이 사용하고 있는 '주체와 객체의 교섭과 통일', '주체화', '모럴',
'일신상의 진리', '세계관의 혈육화'는 모두 같은 의미를 갖고 있는 말
들이다.
이렇게 모럴론은 그가 작가 주체 문제의 핵심에 한 걸음 더 다가서고
있음을 보여 준다. 지식인 작가의 소시민성에 대해 문제를 제기한 바
있는 그로서는, 소시민 작가들이 모럴을 통해 소시민성을 지양할 통로
를 발견한 셈이다. 파시즘이 횡행하는 계절에도 그는 작가들이 개인의
내성(內省)으로 침잠하지 말고, 사회 속에서 자기 주체를 세워나갈 것을
역설한 것이다. 모럴은 개인적인 차원의 주체가 사회와 만나는 공간이
다. 사회적인 문제를 작가들이 개인적인 차원으로 자기 문제화하는 것

---

13) 위의 글.

이 모럴이기 때문이다.

이렇게 본다면 김남천의 모럴론은 작가 개인의 문제를 외면하지 않으면서 그런 작가들이 동시대 현실을 어떻게 바라보아야 할 것인가를 매우 구체적으로 지적한 것이어서 주목된다. 이것은 고발문학론에서 주장한 것보다도 일층 진전된 것이다. 주체의 객관에 대한 종속이라거나 주체를 고발하라는 차원을 넘어서서 작가가 현실의 문제에 어떻게 대면해야 할 것인가를 모럴이라는 매개항을 설정함으로써 해결하려 한 것이기 때문이다. 물론 모럴을 갖느냐 아니냐는 절대적으로 작가가 선택할 문제이기는 하다. 따라서 모럴이 궁극적으로는 작가 개개인의 선택의 문제로 귀속될 가능성이 없는 것은 아니다. 요컨대 핵심은 주체의 자세와 의지에 전적으로 달려 있게 되는 것인데, 이런 김남천의 주체관은 마르크스가 말한 '실천하는 주체'의 모습과는 거리가 있다. 주체−객체가 통일될 수 있는 실천이라는 개념이 온전하게 모럴 개념 안에서 구현되지 못한 까닭이다.

지금까지의 모든 유물론(포이에르바하의 유물론을 포함하여)의 주요한 결함은 대상, 현실, 감성이 오직 객체의 혹은 관조의 형식 아래서만 파악되고 있다는 것, 그리고 감성적 인간 활동으로서, 실천으로서 파악되지 않고, 주체적으로 파악되지 않는다는 것이다.[14]

주−객 변증법을 정리한 마르크스의 견해에 비추어 보면 김남천이 설정한 객체란 관조의 대상으로서의 의미밖에 지니지 못한다. 그 자신도 주체의 실천을 언급하지 않는 바는 아니나 그 맥락이, 모럴론 안에 내재되어 작동되는 그런 실천 개념은 아니다. 물론 여기에서도 실천의 개념을 어떤 정치적인 투쟁의 일환으로 좁게 생각할 것은 아니다. 실천은 인식 활동의 계기로서 작품 창작 활동의 한 방법이자 과정으로 이해

---

14) 칼 마르크스, 「포이에르바하에 관한 테제들」, 『칼 마르크스, 프리드리히 엥겔스 저작선집』 1, 박종철출판사, 1991, 185면.

할 여지는 충분히 있다. 그럼에도 불구하고 유감스러운 것은 김남천의 모럴론 안에 이런 생각들은 체계화되어 있지 못하다.

이 같은 김남천의 모럴론이 갖는 문제점은 문학의 특수성을 설명하는 논리에도 그대로 이어진다. 그는 문학의 특수성을 대상에 대한 주체화에서 발견하고 있는데, 대상에 대한 인식 과정을 지나치게 단계적으로 사고하고 주체화에 대한 과도한 의미부여로 문학과 과학을 기능적으로 분리해 버리는 오류를 낳는다. 즉 대상에 대한 인식의 영역은 과학이, 인식된 진리를 주체화하는 것은 문학이 담당한다는 기능적 사고가 이런 문제점을 만들어내고 있는 것이다. 아래 인용을 보자.

> 즉 과학에 있어서의 공식의 기능과 문학에 있어서의 성격의 기능, 공식적 분석과 성격적 묘사 그리고 문학적 표상은 공식적 분석을 경과하여서만 정당한 성격적 묘사에 도달하나, 과학적 개념은 공식에 의한 법칙 이상에까지 그의 인식 목적을 연장할 때 그것은 벌써 과학의 성능은 아니라는 것이며, 이리하여 과학이 이 한계를 넘는 곳으로부터 인식목적은 문학의 권내(圈內)로 연장된다는 것이다. 실로 이 과정이 다름 아닌 주체화의 과정이었다. (…중략…) 이 주체화 과정, 쉽게 말하면 과학이 문학과 교섭하는 국면이면서 동시에 과학이 정리한 인식목적을 문학이 받아들여서 그것을 독자의 기능에 의하여 문학적 표상에까지 고양 심화시키는 기능의 최초의 단초, 과학적 진리가 작가의 주체를 통과하는 과정, 이곳에 설정된 것이 문학적으로 파악된 도덕 모럴이었다. 이것을 바꾸어 세계관과 창작방법의 관계에서 본다면 전자가 후자를 거쳐 문학적 표상에까지 구상화되는 중간개념으로써 모럴을 설정한다는 것이다.15)

내상을 인식하는 행위로서의 과학과16) 인식된 진리를 주체화하는 영역으로서의 모럴 그리고 그 모럴의 표상으로서 문학은 그의 입론에서

---

15) 김남천, 「도덕의 문학적 파악」, 『조선일보』, 1938.3.8~12.
16) 여기에서 김남천이 사용하는 과학이란 용어는 자연과학의 의미가 아니라, 현실 사회의 문제를 비판적으로 인식·탐구하는 포괄적인 인간의 지적 활동을 가리키며, 그 결과를 개념적으로 서술하는 행위를 가리킨다. 그러나 그 중에서도 그는 특히 마르크스주의에 입각한 지적 활동을 염두에 둔 듯하다.

명확히 구별된다. 물론 이런 구분이 추상의 세계에서 그들의 역할과 성격을 뚜렷하게 분별하기 위한 의도라고도 생각할 수 있다. 그렇지만 김남천의 이런 생각을 존중한다고는 하더라도 그의 이론 체계 안에서는 문학적 진리, 과학이 도달할 수 없는 영역으로서 문학적 진리의 문제는 다뤄지지 않는다. 조금 과장해서 말하자면 김남천의 모럴론은 문학과 과학 사이에, 주체와 객체 사이에 만리장성을 쌓는 일과 다르지 않다. 주체의 영역은 문학이, 객체의 영역은 과학의 몫이라는 생각이 은연중에 그의 생각에 전제되어 있다는 느낌을 지울 수 없다. 주지하는 바와 같이 문학은 과학과는 다른 방법으로 현실을 인식한다. 리얼리즘의 우수성은 그것을 통해 과학이 달성할 수 없었던 현실의 본질을 인식할 수 있다는 점에 있다. 리얼리즘의 승리란 이를 두고 하는 말이다. 물론 과학과 문학은 서로 구별되지만, 그것이 객체와 주체라는 기준으로, 인식과 구상화(具象化)라는 기준으로 구별되는 것은 아니다.

김남천처럼 주-객이 분리되고 인식 과정에서 과학과 문학의 역할을 분리해서는, 작가가 현실과 조우할 이론적 가능성은 사라지고 만다. 현실을 인식하는 것은 과학의 기능이기에, 작가는 그저 과학이 인식한 객관 현실의 진리를 열심히 학습하고 문학적 구상화에만 매달리기만 하면 되는 것처럼 보인다. 이것은 과거 볼셰비키 대중화론의 주창자들이 작가들에게 당파성을 주입시키려 했던 태도와 근본에서는 구별되지 않는다. 유물변증법적 창작방법론에서 세계관을 열심히 학습하라고 주장했던 것과도 오십보백보의 차이밖에 없다. 당파성과 세계관이 현실의 진리라는 말로 바뀌었을 뿐 문학을 대하는 태도는 유사하다. 단지 모럴이 그 중간단계로 설정되었다는 점이 특별하지만, 이 역시도 작가가 세계관을 철저히 학습해서 자기 것으로 혈육화하라는 의미일 따름이다.[17]

고발문학론을 거쳐 모럴론에 이르기까지 김남천은 작가들이 현실의

---

17) 이에 대해서는 하정일, 「30년대 후반 리얼리즘론과 민족문학의 구도」,(『민족문학의 이념과 방법』, 태학사, 1993)를 참조.

진리로 무장되기를 바랐으나 소시민 지식인인 작가의 실존적 한계가 걸림돌로 여겨졌고, 그래서 진리는 언제나 그런 작가 외부에 존재하는 것으로 여겼다. 주관을 객관에 종속하라는 주장은 그래서 나온 것이다. 그는 이런 문제의식에서 외부에 존재하는 진리를 작가 개인의 것으로 전유해내는 방법을 끈질기게 모색하였다. 모럴론은 바로 그런 문제의식의 결과였다. 그러나 지금껏 우리가 보아 왔듯이 그의 이론적 탐색은 진중한 것이기는 했지만 리얼리즘의 이론 체계에 대한 면밀한 이해를 기반으로 한 것은 아니었다.

5. 다시 창작실천론으로─풍속론과 로만개조론

모럴론은 주체가 객관 현실을 인식하는 과정에서 현실을 자기의 절실한 고민으로 받아들이는 실존적 결단의 문제로 전환됨으로써 한계를 드러낸다. 김남천이 문학적 주체화의 논리를 설명하기 위해 도입한 문학의 특수성 개념도 과학과 문학을 기능에 따라 나눈 것에 불과해 세계관 중심주의로 복귀하는 결과를 빚는다. 그가 말한 과학이란 것 역시 과거 마르크스주의의 교의(教義)와 비슷한 의미를 갖고 있을 뿐 그것을 창조적으로 재해석하는 방향으로 이끌어 가지 못한다. 그렇기에 작가들이 과학을 주체화시키라는 말은 과학의 진리를 열심히 공부해서 자기 것으로 하라는 의미 이상으로 해석되기 힘들다.

그러나 그는 이런 문제를 충분히 더 검토하기보다는, 모럴론을 기반으로 실천적인 창작방법론을 고민하여 '풍속론'과 '로만개조론'이라는 이름의 창작방법론을 내놓게 된다. 그에게 '모럴론'은 '「물」 논쟁'부터 줄곧 문제 삼아온 작가 주체의 문제를 해결할 득의의 방법으로 생각되

없을 법 하다. 그는 소시민 작가들이 모럴을 가짐으로써, 소시민 지식인으로서 유약한 주체를 강화하고, 현실과 당당히 대면해서 리얼리즘을 지켜나갈 수 있다고 여긴 것이다.

특히 로만개조론은 어쩌면 그만이 고민해서 내놓을 수 있었던 영역이었는지도 모른다. 비평가이자 작가로서 그는 구체적인 창작방법론에 관심을 갖고 있었고, 이에 대한 이론적 모색을 할 수 있는 여건을 갖추고 있었다. 그가 상대적으로 휴머니즘론과 같은 당대 평단의 관심사에 기울지 않고, 일관되게 자기 문제의식을 창작 방법으로 구체화시키는 작업에 몰두할 수 있었던 것도 이런 이유가 크다.18) 로만개조론은 김남천의 그 같은 문제의식이 결실을 본 것이었다. '「물」 논쟁'에서 작가 개인의 실천에 착목했던 그는 그 개인의 문제를 해결하기 위해 고발문학론에서 모럴론, 풍속론을 거치면서 로만개조론에 이르렀다. 이제 그것은 하나의 창작방법론으로서 완결된 체계를 갖추게 되는데, 임화나 안함광의 공격에 대해 그가 여유만만한 표정을 지을 수 있었던 것도 그런 데에서 이유를 찾아볼 수 있을 듯하다.19)

그러나 모럴론이 확장된 풍속론은 논리적 비약이라고 할 만큼 그의 이론적 체계 내에서 균열이 발견된다. 김남천은 모럴을 통해 풍속에 도달할 수 있다고 주장하는데 이것이 어떻게 가능한지 납득하기 힘들다. 다시 말해 모럴이 작가 주체의 입장에서 제기된 것이라면 풍속은 묘사의 대상인 객관 현실의 영역인데 모럴이 어떻게 풍속으로 선환될 수 있는 것인지에 대한 설명이 없는 것이다. 모럴과 풍속은 범주가 다름에도 불구하고, 그는 풍속을 모럴의 문학적 표상화로 곧바로 등치시켜 버리

---

18) 김남천이 휴머니즘론에 대해 독자적인 입장을 구축할 만큼, 구체적인 논의를 한 경우는 거의 발견되지 않는다. 고발문학론을 주장하면서 백철을 비판하거나, 백철의 복고주의를 상식적인 차원에서 비판한 것이 대부분이다. 김영민, 『한국문학비평논쟁사』, 한길사, 1992, 468~505면 참조.
19) 안함광에 대한 반론은 「일신상의 진리와 모럴」(『조선일보』, 1938.4.17~24), 임화에 대한 반론이 주가 된 글은 「세태와 풍속」(『동아일보』, 1938.10.14~25)이다.

는 비약을 감행하는 것이다.

> (…전략…) 모럴론의 입장은 과학적 개념이 갖는 합리적 핵심을 잃지 않고
> 과학의 기능이 달성한 진리를 일신상의 도덕으로 파악하여 그것을 풍속 가운
> 데서 완전히 문학적으로 표상화하려는 곳에 서 있기 때문이다.[20]

모럴이 과학에서 성취된 진리를 주체화한 것이라면, 풍속은 그 모럴
이 다시 문학적 표상으로 형상화되어 나타난 존재이다. 작가들이 묘사
해야 할 대상, 혹은 모럴을 갖고 대상을 묘사한 결과가 풍속이다. 풍속
은 모럴이 외화된 결과물이다. 김남천의 이론을 좇아가다 보면 작가들
이 모럴만 가지면 작품 속에서 풍속은 저절로 확보되는 것으로 이해된
다. 그의 설명에 따르면, 풍속이란 작가가 모럴을 가지고 객관 현실을
인식함으로써 얻어진 현실의 본질적 측면인 동시에 문학적 형상화를
할 수 있는 어떤 대상이다. 다시 말해 과학이 인식한 현실의 본질과 문
학적 표상화가 결합된 객체의 영역이 바로 풍속이라는 설명이다.

김남천의 주장만 따라가다 보면 작가들이 풍속을 그리는 것은 당연
히 리얼리즘에 이르는 확고한 방법이 된다. '풍속'이란 현실의 개념적
본질과 형상화가 결합된 '전형(典刑)'을 김남천식대로 이름 붙인 것에 다
름 아니기 때문이다. 작가들이 모럴을 갖고 객관 현실을 묘파해낸다면
거기에 자연히 풍속이 구현된다는 이런 생각은, 이론의 체계 안에서는
간단해 보이지만 실제로는 그렇지 못하다. 김남천은 이론이라는 추상
영역에서 현실의 복잡성을 지나치게 단순화시킨 것처럼 보이기도 한다.
주—객 변증법이 체화되지 못한 모럴론과 풍속론의 틀 속에서, 리얼리
즘은 한낱 모럴을 형상화시키는 기능을 담당하고 있을 뿐인 것이다. 그
는 과학적 개념이 문학적 표상으로 전화되는 방법을 풍속에서 발견했
다고 의기양양하지만, 이는 리얼리즘의 합리적 핵심을 이해하지 못했기

---

20) 김남천, 「조선 문학의 성격—모럴의 확립」, 『동아일보』, 1938.6.1.

때문에 그렇게 말할 수 있었던 것으로밖에 보이지 않는다.

　　도덕은 풍속에 이르러 완전히 구현된다고도 말할 수 있으며 과학적 개념이
　　문학적 표상으로 되어지는 길은 인식을 도덕의 파악에 의하여 일신화(一身化)
　　하는 길 이외의 다른 것이 아니었기 때문이다. 풍속이란 사회적 습성과 밀접
　　한 관계를 갖고 있다. 그리고 사회적 습성, 습속은 사회의 생산기구에 의한 인
　　간생활의 각종의 양식에 의하여 종국적으로 결정을 본다. 이리하여 이것은 일
　　방으로 제도를 말하는 동시에 타방으로 제도의 습득감을 의미한다.[21]

　작가가 개인적 정서에 흔들리지 말고 현실의 문제를 자기의 진실한
문제로 받아들여야 한다는 것은 그런대로 이해할 수 있지만, 그것이 어
떻게 일거에 사회제도와 제도의 습득감이라는 풍속으로 전화될 수 있
는지는 이해되기 힘들다. 작가가 지녀야 할 모럴을 인정한다고 해도 그
렇다. 게다가 그는 풍속을 세태와 구별되는 과학의 합리적 핵심을 담은
것이라고 주장하나, 풍속 묘사가 가능한 방법은 얼른 떠오르지 않는다.
그는 아마도 모럴로부터 풍속으로의 전화를 자동 과정으로 이해한 듯
하다. 작가들이 모럴만 가지면 현실 속에서 풍속은 자동적으로 발견·
인식될 수 있다고 본 것이다.[22] 그러나 이 시기 왜 많은 작가들이 작품
속에 김남천 식대로 풍속을 구현하지 못했을까 그리고 왜 작가들이 모
럴을 갖지 못하고 방황한 것일까. 김남천은 이런 문제를 조금 더 치밀
하게 구체적으로 고민하지 못했거나 아니면 주관적 확신에 차서 현실
을 섬세하게 읽어내지 못한 것으로 판단된다.
　어쨌거나 이런 점에서 풍속론은 다시 주체의 문제가 괄호로 묶일 가

---

21) 김남천, 「일신상의 진리와 모럴」, 『조선일보』, 1938.4.17~24.
22) 김남천의 전작 장편 『대하』를 이런 풍속론의 연장에서 생각해 볼 수 있다. 그러나
　『대하』에 묘사된 개항기의 세태 풍경을 김남천의 풍속론이 그대로 실천된 결과로 보
　기는 곤란하다. 오히려 『대하』는 작품 자체의 논리로 이해해야 한다. 작품에서 풍속의
　묘사를 중요시하는 것과 창작 과정에 풍속론이라는 방법론을 적용시키는 과정은 엄연
　히 다르다.

능성이 잠재되어 있는 입론(立論)이다. 작가가 모럴만 가지면 풍속묘사는 자동적으로 이루어진다는 것을 전제한다면, 문제는 이제 모럴이 아니라, 무엇이 풍속이냐라는 객관 현실의 영역으로 전화될 수 있겠기 때문이다. 그리고 나아가 이런 이론적 구도를 받아들였을 때, 무엇을 그릴 것이냐 하는 객체의 문제가 해결되면, 역으로 작가 주체의 문제도 자동적으로 해결될 것 같은 환상을 낳게 만들 가능성마저 안고 있다. 모럴만 가지면 풍속묘사가 가능한 것처럼, 풍속묘사만 하면 작가도 그를 통해 주체를 재건할 수 있지 않을까 하는 기대를 할 수 있게 되는 것이다. 모럴—풍속이라는 주—객 자동 전환 과정은 이론상으로는 그런 환상을 충분히 불러일으킬 만한 것이었다. 무엇을 묘사할 것이냐 하는 객체의 방법론에 의탁함으로써 주체의 문제가 자동 해결되리라는 전도된 믿음이 만들어지게 되는 것이다.

이런 문제들이 중첩되어 나타난 게 바로 로만개조론이다. 그래서 로만개조론에서는 더 이상 주체는 문제되지 않는다. 아니 오히려 로만개조라는 방법론에 의해 주체의 문제마저도 해결되는 것처럼 보인다. 물론 로만개조론은 김남천의 이론적 모색의 여정과 별도로 그것 자체로 소설론적 의미를 갖고 있는 것이기는 하지만 말이다.

로만개조론은 풍속론의 연장으로 가족사 연대기라는 양식을 통해 장편소설을 살리자는 것이 핵심논지이다. 그는 여기에서 풍속을 가족사와 연대기에 구현시킴으로써 전형적 정황묘사가 가능하고, 묘사의 핵심에 합리성과 과학적 정신이 보장될 수 있다고 설명한다. 한 시대의 전형을 구현하는 것이 가족사연대기 형식에 구현된 풍속을 통해 가능할 것이라고 여긴 것이다.

인물묘사 역시 마찬가지이다. 인물에 관념 — 이를 김남천은 '이데'라고 지칭한다 — 을 덧붙이지 말고 인물로 된 '이데'를 그리라고 한다. 인물에 '이데'가 누적된 경우로, 그는 채만식의 「치숙」과 「제향날」에 등장하는 지식인들 그리고 고발문학론을 주장하였을 때와는 정반대로 『고향』의 김희준을 든다. 우리 소설의 고질이, 세계관을 지껄이는 자를 전형으로 만들려고 한 사실에 있음을 질타하고 「서화」의 돌쇠 같은 인간형에서 전형을 찾아야 한다고 역설한다.

> 김희준은 사상을 말하고 고민도 하고 사회적으로 좋은 일도 한다. 그러나 이 인물 속에 구현된 작자의 사상이란 지극히 안가(安價)한 것이다. 그런 것은 대부분 배운 사상이고 얻어 들인 사상이고 입술만의 사상인 때문이다. 그러나 사상도 지껄이지 않고 도박만 하고 술만 먹고 다니는 돌쇠가 인물로서는 생채가 있고 살아있다. 이것은 인물로 된 이데이다. 당해 시대의 시대정신을 듬뿍이 몸과 행동에 지니고 있는 인물이다.[23]

그는 이렇게 인물과 환경에서 전형을 창조할 수 있는 방법을 제시하고, 가족사와 연대기라는 양식을 통해 이를 구현함으로써 장편소설의 개소가 가능하다고 역설한다. 그의 로만개조론은 구체적 방법론을 담고 있다는 점에 강점이 있으며 지금까지의 이론적 노력이 체계화된 결과물이라는 점에서 주목할 만하다. 김남천은 리얼리즘 이론을 공부해서 그것을 식민지 조선의 문학적 상황에 자기 나름대로 적용하고 실험하였다. 그 실험은 지금까지 우리가 살펴온 대로 문제가 많은 것이기는 하다. 그렇기는 하더라도 그런 노력은 충분히 존중될 만큼 나름의 문제의식은 매우 치열한 것이었다. 게다가 로만개조론은 가족사연대기라는 매우 구체적인 소설 창작의 방향을 설득력 있게 제시한 것이기도 했디. 실제로 그는 로만개조론에 입각해 전작 장편 『대하』를 발표하였고, 이기영이나 이태준, 한설야 등도 가족사 연대기 소설 창작에 나설 정도였다. 로만개조론은 침체에 빠진 문단에 어느 정도 활력을 불러일으킬 만큼의 현실성을 갖고 있었던 것이다.

그런데 여기에서 가족사 연대기 양식이 갖고 있는 의미와 김남천의

---

23) 김남천, 「현대조선소설의 이념」, 『조선일보』, 1938.9.10~18.

전형 창조 방법을 분리해서 이해할 필요가 있다. 가족사 연대기 양식이 방향을 상실한 작가들에게 하나의 기폭제 구실을 한 것은 사실이나, 전형에 대한 그의 이해는 문제를 안고 있다. 그의 이론을 엄밀하게 평가한다면 그는 전형을 '방법'으로 이해하기보다는 '양식'이나 '소재'로서 생각하는 경향이 강하다. '가족사 연대기'나 '인물로 된 이데'가 전형일 수 있음을 언급하는 데에서 그런 경향이 발견되는 것이다. 가족사 연대기라는 소설의 양식이 저절로 전형을 확보하도록 만드는 것은 아니며 소설 속의 등장인물이 자기의 사상적 입장을 논리적인 언어로 말한다고 해서 그것이 전형이 되지 말란 법은 없다. 다시 말해 전형이냐 아니냐의 평가는 장르의 형식이나 단편적인 요소에 의한 것이 아니라 작품 속의 여러 영역들과의 연관과 위계에 대한 분석을 통해 가능한 것이고 그것은 창작의 입장에서도 마찬가지이다. 모럴을 갖고 가족사 연대기를 소설 속에 구현한다는 방법으로 전형이 창조된다고 보기는 어렵다. 물론 그럴 가능성이 없는 건 아니겠지만 이는 영역이 다른 문제인 것이다. 결국 전형이란 전형화라는 방법의 문제였음에도 불구하고, 이에 대한 이론적 접근이 그에게는 부족했던 것이다.

작가 주체의 문제만 하더라도 가족사 연대기라는 양식으로 주체의 문제가 해결되는 것처럼 여겨지기도 한다.[24] 즉, 풍속만 묘사하고 가족사 연대기라는 양식에 의탁만 하게 되면, 리얼리즘에 입각한 장편소설이 창작될 수 있고, 위기에 처한 주체 문제도 자연스럽게 해결되리라는 환상이 가능해지게 되는 것이다. 그가 『고향』의 김희준과 「서화」의 돌쇠를 비교하면서 돌쇠가 인물로 된 '이데'라고 평가했을 때에도, 그것은 마치 돌쇠 같은 인물만 그리면 작가 주체와는 관계없이 전형 창조가 가능할 수 있다는 식의 해석을 불러일으킬 수도 있었다. 문제는 어떻게 돌쇠 같은 인물을 만들어 낼 수 있을 것인가에 있을 텐데 김남천에게

---

24) 하정일, 앞의 책, 218면을 참조.

그런 물음은 모럴을 갖고 현실에서 풍속을 구현해 보라는 답변만이 준비되어 있을 뿐이다. 작가가 모럴을 어떻게 가질 수 있을지, 풍속은 어떻게 소설 안에서 구현할지를 더 세부적으로 묻는다면 현실의 문제를 나의 고민으로 받아들이라는 답변, 즉 모럴을 가져야 한다는 답변이 돌아올 터이고 그 이상의 질문에 대해서는 그 역시도 더 이상 분명하게 말할 수 있는 것은 없을 것 같다.

6. 주체에 대한 불신과 현실로의 침잠 – 관찰문학론

김남천이 새로운 단계로의 전환을 시도하는 것은 1939년에 들어와, 관찰문학론을 제기하면서부터였다. 그는 이제 고발문학론으로부터 로만개조론에 이르는 동안의 문제의식과는 다른 차원에서 새로운 변화를 모색하는 것인데, 그 스스로 "필자는 관찰문학론을 상정하고 있는데, 이것은 대체에 있어서 고발문학이나 이와 동류의 문학이 일종의 체험적인 문학이었다는 것을 반성하여 그의 정립된, 내지는 앙양될 새로운 계단을 표시하기 위하여서다"라고 설명하고 있다.[25]

그가 자기 변화의 노력으로 내세운 관찰문학론은 "개인의 협착한 주관을 현실의 지배에 종속시키려는 노력의 일환"이라고 요약될 수 있다.[26] 이로 보면 그 자신도 모럴을 통해서 주체의 문제가 해결되지 못함을 느꼈던 것인지도 모른다. 자기 입론에 대한 주변의 비판에 대해서도 그는 몹시 피곤해 하고 있었다.[27] 파시즘이 횡행하는 현실에서 일군

---

25) 김남천, 「장편소설은 방황하는가」, 『조선일보』, 1939.6.23.
26) 김남천, 「관찰문학소론」, 『인문평론』, 1940.4.
27) 김남천, 「발자크적인 것에의 정열」(『동아일보』, 1939.4.29~5.7)에는 이런 피곤과 새로운 단계를 향한 강한 집착이 표출되어 있다. 한 대목을 직접 인용해 본다.

의 작가들이 사소설(私小說)과 세태묘사 그리고 통속소설로 전환하고 있을 때, 그는 이론적 타당성은 둘째 치고라도, 현실의 혼란에도 흔들리지 않을 주체의 건설을 강렬히 원하고 있었고, 그럼으로써 스스로는 리얼리즘을 고수한다고 믿고 있었다. 작가 주체의 문제를 작가 개개인의 차원으로부터 이해하고 해결하려고 노력하면서 지속적인 연구를 해 온 그의 자세는 사실 존경할 만큼 진중한 것이었다. 파시즘체제 아래에서 그는 좌고우면(左顧右眄)하지 않고 자기만의 문제의식을 뚝심 있게 밀어붙여 고발에서 모럴로, 다시 로만개조론과 가족사연대기, 나아가 관찰문학론으로 이론적 탐색을 지속해 갔다. 그의 이런 성실성은 그 누구도 대신할 수 없는 그만의 미덕이다. 김남천의 매력이랄까, 강점은 이렇게 출구가 막힌 폐쇄된 공간에서도 결코 이성적 사유의 끈을 놓지 않고 끊임없이 탈출을 시도한다는 점에 있다. 어찌 보면 이런 자기만의 문제의식을 지속적으로 이론화시키는 그의 학구적 태도야말로 파시즘체제를 버티도록 만드는 힘이었을지도 모를 일이다.

그러나 작가 주체를 객관 현실과의 실천적 관계에서 접근하지 못하고 낱낱이 흩어져 존재하는 하나의 실존적 개인으로만 이해하여 그를 부정하려 들거나 아니면 객관 현실의 힘을 과대평가함으로써 거기에 집착함으로써 논리가 좌충우돌하는 것은 어쩔 수 없는 그의 한계였다. 이제 국가 총동원법이 공포되고(1938) 중국에서 일본이 파죽지세로 승전보를 울려가는 시기, 임박한 세계전쟁을 앞두고 그는 다시 주체로서의

"이제사 고발정신은 이 이상 제씨(고발문학을 비판한 문인들—인용자)의 이야기에 귀를 기울일 필요는 없어졌다. 자기의 행동을 정지하고 답보할 필요는 없어졌다. 신경과민과 신체의 상처를 뱉어버리고 자신의 건강과 생기를 가지기 위하여 새로운 계단으로 올라가야할 시기에 당도하였다. 크건 적건 그것은 '모럴'을 거쳐 오늘에 이르렀고 단초일망정 그것은 리얼리즘을 고집하여 지금에 이르렀다. 빈약하나마 그것은 세태와 자기를 구별하고 고현학과 국경을 명백히 한 풍속을 획득하여 새로운 묘사정신을 잡으려 하고 있다. (…중략…) 그러면 새로운 계단을 향하여 문학정신을 풍부히 하고 신명나게 하는 바, 새로운 정열이란 무엇인가? 그것은 '발자크적인 것'으로 표현할 수 있는 강렬한 묘사의 정신이다."

개인을 부정하는 쪽으로 나가게 된다. 일체의 주관을 객관에 종속시켜 현실을 관조하라는 주장에는 주체에 대한 강한 회의가 자리 잡고 있는 것이다.

그러나 이때의 김남천의 생각은 고발문학 시기, 주관을 객관에 종속시키라는 주장과는 그 의미가 다르다. 과거 고발문학론에서 주관의 종속이 새로운 주체를 세워나가는 방편의 의미가 컸다면, 관찰문학론에서의 주관의 종속은 그 자체가 목적인 것이었다. 즉, 고발문학론에서 주체의 부정은 작가 주체를 재건하기 위한 방법의 일환이었다면, 관찰문학론에서 주체 부정은 주체 자체에 대한 회의가 저변에 깔려 있다는 느낌이 강하다. 그는 주체의 옹호로부터 주체를 소멸시키는 길로 나아가고 있었다. 일부 문인들이 일제에 대해 타협하고 파시즘을 강화하는 논리에 편승하고 있을 때 그로서는 어쩌면 차라리 주체를 지우는 편이 오히려 시대를 버텨가는 방법이라고 생각했을지도 모를 일이다.

물론 그렇다고 김남천이 주체와 객체를 바라보는 사유와 인식의 틀 자체가 변화된 것이라고 볼 수는 없다. 그는 여전히 주체와 객체를 대립적으로 설정해 놓고,[28] 다시 주체를 괄호로 묶는 것이기 때문이다. 그가 주관을 객관 현실에 종속시키는 것을 축으로 해서, 관찰과 체험, 지성과 정신, 세태=사실=생활과 주인공=성격=사상, 사실주의와 낭만주의 등을 마치 이항대립처럼 이해한 것도 그런 맥락이다.[29] 전자(관찰, 지

---

28) 최유찬은 "체험과 관찰이 대립된 개념이라기보다는 체험이 관찰로 지양된 것으로 상정하려 한다"고 평가한다(이선영 외, 『한국 근대문학비평사연구』, 세계사, 1989, 417면). 그러나 체험이 관찰로 지양되는 원리가 이론 체계에서 확보되지 못한다면 그것은 지양이라고 할 수 없다. 김남천 스스로도 체험과 관찰의 관계를 언급하지 않은 것은 아니지만, 그에게 체험과 관찰은 마치 단계적인 것처럼 이해되고 있다. 즉, 체험은 모두 했으니 이제 관찰이 필요하다는 식이다.

29) 예컨대 김남천의 다음 글을 보자.
    "전자(체험적인 것-인용자)에 있어서는 자기의 체험이 중요한 데 반하여, 후자(관찰적인 묘사-인용자)에 있어서는 묘사되는 대상만의 관찰에 정신을 잃어버린다. 전자는 자기를 보다 아름답게 살리기 위하여 자기 검토와 자기개조를 중심에 두고, 이러한 자기의 체험을 제1의적으로 간주하여 이곳에서 문학, 내지는 작가의 사회적 생존

성, 세태=사실=생활, 사실주의)가 현실의 중요성을 내세운 객체의 세계라면, 후자(체험, 정신, 주인공=성격=사상, 낭만주의)는 주관을 앞세운 주체의 영역이다. 그리고 이 두 범주의 개념들을 마치 선택의 문제인 양 처리하고 있는 것이다. 관찰이냐 체험이냐, 생활이냐 사상이냐가 그것인바, 이런 개념들은 사실 선택의 문제라기보다는 관계의 문제라고 보는 편이 타당하다.

하기야 김남천의 의도를 더 적극적으로 이해하려는 자세에서 이를 명확한 대립으로 놓기보다 상대적인 편향을 그렇게 구분한 것으로 생각할 수도 있는 일이다. 아울러 그가 관찰문학을 내건 데에는 현실을 주관적으로 이상화하는 낭만적 경향을 경계하고 리얼리즘을 옹호하려는 의도가 작용했던 것으로 생각할 수도 있다. 또 실제로 그렇기도 하다. 관찰이란 말도 객관 현실의 선차성과 규정성을 강조했다는 맥락으로 이해할 여지는 충분히 있다. 그러나 관찰문학론을 주의 깊게 읽어보면 그보다는 이들의 관계를 양자택일의 문제로 설정하고 있다는 것이 더 사실에 가깝다. 물론 김남천의 문제의식 한 구석에 작가들이 자기의 주체를 강고하게 세우기보다 어설프게 시대의 문제에 관심을 기울이려하다가는 파시즘체제에 협력하는 길로 들어설지 모른다는 우려가 내재되어 있을 가능성은 있다.

어쨌거나 그는 발자크의 소설 창작 방법을 연구하면서 객관 현실을 주체의 실천적 인식 대상이 아닌 관찰의 대상으로 제한한다. 현실을 주체로부터 분리시켜 관조해야 할 대상으로 이해하는 것이다. 오히려 그랬을 때 전형의 창조가 가능해진다고 생각한다. 왕당파이고 보수주의자인 발자크가 어떻게 리얼리즘의 대가가 될 수 있었는가. 그건 바로 자

을 주장하려 할 것이요, 후자는 자기를 허허히 가지고 대상에 몰입하여 투철한 통찰과 용서 없는 가혹한 관찰로서 사회의 전체를, 그 모순과 갈등과 길항과 기만의 상모를 티끌하나 놓치지 않고 묘사해 보이는 가운데서 자기의 사회적 생존의 이유를 발견하려 할 것이다."(「발자크적인 것에의 정열」)

기의 정치적 주관을 배제하고 현실을 바라보았기 때문에 가능했던 것이라고 판단한 것이다. 더구나 파시즘체제 아래에서 이 같은 '리얼리즘의 승리'론은 작가들에게 실낱같은 희망이었을지도 모른다. 왜냐하면 리얼리즘이라는 방법을 통해 자기의 주관과 관계없이 소설 속에서 현실의 진리가 구현될 수 있는 가능성을 리얼리즘의 승리론은 보여주고 있었기 때문이다.

그러나 그가 주장한 전형 창조의 방법은 여전히 소재적인 차원을 벗어나지 못하고 있다. 예컨대 성격의 전형성이란, 그 핵심이 무슨 인물이냐에 있는 것이 아니라 어떻게 형상화되었는가 하는 방법의 문제에 있는 것인데, 김남천에게 이르면 성격의 전형성은 어떤 인물이냐 하는 소재의 문제로 좁혀진다. 소설이 현실을 반영한다는 문제는 단순히 내용이나 소재의 문제가 아님에도 그는 로만개조론을 주장할 당시의 입장을 벗어나지 못한다. 각계각층의 대표자들의 성격 창조를 통해 역사 발전의 원리, 삶을 지배하는 원리를 드러낸다는 것은 틀린 말은 아니지만, 핵심은 성격의 다양한 창조가 아니라 다양한 성격의 전형적 창조이다.

> 다시 말하면 전형적 성격 내지 타입이란 것을 한사람의 피라미드의 상층으로 이해하지 말고 당해시대가 내포하는 각계 각층의 타입으로 파악할 필요가 있다고 생각한다. 지도자나 사상가나 돌격대원만을 시대정신의 구현자라 보지 말고, 그리고 이러한 한 사람의 주인공의 운명을 통하여서만 사상을 읽으려 하지 말고, 역사적 전환기가 산출하는 각층의 대표자의 개별적 성격 창조를 통하여 역사적 법칙의 폭로에 도달하는 문학의 방법을 배워야 할 것이다.30)

그가 로만개조론에서 이데로 된 인물을 배격하고 인물로 된 이데에서 전형을 찾았을 때에도, 이미 이런 가능성은 예견된 바였다. 김희준은 전형이 아니고 돌쇠가 전형이 될 수 있다는 주장의 근저에는 인물을 소

---

30) 김남천, 「성격의 피라미드설―전형창조의 이론과 실제」, 『조선일보』, 1940.6.13.

재적으로만 인식하는 그의 형식주의적 전형론이 깔려 있었다.

따라서 그가 임화의 주인공론을 주인공=성격=사상이라는 도식으로 규정하고 이를 소주관에서 유래된 것이라 몰아쳤던 것도 임화의 고민을 제대로 읽어내지 못한 데서 나온 결과였다.[31] 작품의 내포적 총체성이라는 시각에서 임화의 주인공론을 이해하기보다는, 사상과 세계관을 소설 속에서 직접적으로 드러내라는 주장으로만 이해함으로써 다시 한번 스스로의 한계를 드러낸 셈이 되었다.

결국 그는 관찰문학론을 통해 일체의 주관을 배격하고 객관 현실에 침잠함으로써 전형 창조가 가능하다고 보았지만, 정작 그의 이론 체계와 원리에서는 그것이 불가능하였다. 주체를 부정하고 객관 현실을 대상화시켜 놓고서는 리얼리즘의 가능성은 요원한 것이기 때문이다. 리얼리즘의 승리 역시 주관을 지우고 오로지 현실의 흐름만 관조하라는 논리는 아니었다.

그렇지만 여기에서 다시 강조하고 싶은 것은 그의 관찰문학론이 신체제론을 효과적으로 넘어서는 방법으로 나아간다는 사실이다. 주관을 배격하고 객관 현실에 자신을 내맡겼던 것이, 오히려 그로 하여금 신체제론에도 흔들리지 않게 만들었던 듯하다. 주체에 대한 미련을 버렸을 때, 그는 일체의 사상으로부터 훨씬 자유로울 수 있었다. 그에게 남은 것은 오로지 스스로를 지우고 현실을 관찰하는 일뿐이었다. 나찌즘도, 근대의 초극을 표방한 동양문화사론도 그에게는 회의적으로 보였다. 그건 이미 객관 현실에 뛰어들어야 할 작가 주체에게 또 다른 주관의 렌즈를 끼우는 행위였기 때문이다. 더구나 혈통을 중시한 나찌즘이나, 애초에 통일된 문화이념이 결여된 동양문화사론은 차안을 뛰어넘을 피안의 사상이 될 수는 없었다. 그 대신 그는 "피안에 대한 뚜렷한 구상을 가지고 있지 못한 우리가 무엇으로써 이것을 행할 수 있을 것인가. 작

---

31) 김남천, 「체험적인 것과 관찰적인 것—속 관찰문학소론」, 『인문평론』, 1940.5.

자의 사상이나 주관 여하에도 불구하고 나타날 수 있는 단 하나의 길. 리얼리즘을 배우는 데 의하여서만 그것은 가능하리라고 나는 대답한다"[32]라고 자신 있게 말할 수 있었다. 피안의 세계는 객관 현실의 흐름 속에서 자연스럽게 나타나리라 믿었던 것이다. 신체제론에 대한 이 같은 김남천의 입장이야말로 그만의 득의의 영역이라 할 것이다. 대다수 문인들이 파시즘의 득세와 군국주의의 위력 앞에서 절망하거나, 아니면 그들에게 야합했을 때, 그만큼은 여전히 리얼리즘을 부여잡고 당당할 수 있었던 것이다.[33] 그가 추구한 리얼리즘은 그 방향의 이론적 타당성 여부를 떠나 그가 파시즘체제와 타협하지 않고 스스로를 지켜 갈 수 있도록 만든 미학적 이념이자 방법이었다.

---

32) 김남천, 「소설의 운명」, 『인문평론』, 1940.11.
33) 「소설의 운명」도 이런 점에서 의미를 찾을 수 있으리라고 생각한다. 그는 「소설의 운명」에서 리얼리즘이 새로운 역사적 전망을 찾는 방법임을 암시하고 있다. 그러나 그 새로운 역사적 전망이 무엇인지는 분명치 못하다. 그동안 이 글은 루카치의 소설론을 수용했다는 점에서만 평가를 받아 왔다. 주로 초창기에 김남천을 연구한 논문에서 이런 경우가 많이 나타나는데, 이해할 만한 일이기는 하나 이제는 지양되어야 할 태도인 것도 사실이다. 더구나 정작 루카치의 소설론이 이론적 체계로 스며들어 있는 것은 임화의 소설론이다. 이에 대해서는 조현일, 「임화의 소설론 연구」(『한국의 현대문학』 3호, 한양출판, 1994)를 참조.

제7장

태도의 미학과 주체 통합에의 모색

최재서(崔載瑞)

1. 태도의 미학과 풍자의 문학

최재서(1908~1964)는 겉보기에 김남천·안함광·임화 같은 카프 계열 평론가와는 다른 성격의 평론가처럼 보인다.[1] 그는 카프 맹원도 아니었을 뿐더러, 경성제국대학에서 영문학을 정식으로 배우고 연구한 전문 연구자였다.[2] 따라서 평론 활동도 자연스럽게 아카데미즘의 기반에서

---

1) 최재서 연구로 대표적인 것을 들자면, 김흥규의 「최재서 연구」(서울대 석사논문, 1972), 신형기의 「최재서 연구」(연세대 석사논문, 1979), 김윤식의 『한국 근대문예비평사연구』(일지사, 1976)와 『한국 근대문학사상연구』 1(일지사, 1984), 김동식의 「최재서 문학비평 연구」(서울대 석사논문, 1993), 임환모의 『문학적 이념과 비평적 지성』(태학사, 1993), 이은애의 「최재서 문학론 연구」(서울대 박사논문, 1995)를 들 수 있다. 특히 김흥규의 논문은 『문학과 역사적 인간』(창작과비평사, 1980)에 수정되어 재수록되어 있다. 본고가 참고한 것 역시 이 논문이다.
2) 최재서 개인의 삶과 문학사상에 대해서는 김윤식, 『한국 근대문학사상연구』 1(일지

출발하였다.[3] 주지하는 바와 같이 그의 데뷔 논문이라 할 「현대 주지주의 문학이론의 건설」과 「비평과 과학」은[4] 당시 영·미비평 이론을 원본에 충실하게 소개한 것이었다. 그러나 그 역시 1930년대 중반에 등단, 파시즘 치하에서 문인들의 위기를 감지하고 이를 타개하기 위한 다양한 비평적 노력을 기울였다는 점을 생각해 보면 한국 근대비평사에서 간과할 수 없는 존재라고 할 수 있다. 물론 그 귀결이 친일 협력의 길이기는 했지만, 아니 그렇기 때문에 오히려 더욱 그의 문제의식과 비평론을 동시대 다른 비평가들과 함께 충분히 비교 검토할 가치가 있다.

그가 조선의 문학 현실에 대해 관심을 표명한 것은 1934년 11월 21일부터 29일까지 『조선일보』에 연재했던 「문학발견시대」에서부터라고 짐작된다. 그 이전의 글들이 대부분 영·미 계통의 문학 이론이나 문학 동향에 대한 소개와 번역이 주를 이뤘다면, 여기에서는 조선의 문난을 향해 나름대로의 발언을 시도하고 있다.

이 글에서 최재서는 조선의 문학 현실에서 바람직하다고 생각하는 문학을 사회와 민중을 발견하고 기록하는 '발견(發見)의 문학'에서 찾는다. 그는 과거 근대문명 아래에서 문학이 개성 위주의 창조적 문학이었다고 보고, 개성을 더 이상 신뢰할 수 없는 현대에 와서는 기록문학이 중심이 되는 시대가 되어야 한다고 생각했다. 그는 이를 "문학 발견시대"라고 지칭하는데, 발견의 문학을 통해 제2의 르네상스를 이룩할 수 있다고 본 것이다. 여기에는 데카당스의 유행, 1차 세계내선의 발발 등,

---

사, 1984)을 참조.

3) 그의 논저 목록을 확인해 보면, 문학 현장의 실천 비평 못지않게 영국 평단의 비평 이론을 전문적으로 연구한 본격 논문 또한 어렵지 않게 접할 수 있는데, 이런 점에 그를 아카데미즘에 뿌리를 둔 비평가로 보는 근거가 있다. 평론가들이 연구와 평론을 겸직하고 있는 요즈음의 시각에서 보자면 낯설지 않은 것이지만, 당시로서는 매우 드문 경우에 속했고, 아마도 최재서가 거의 최초라 할 수 있을 것이다. 물론 연구와 비평은 그에게 상호 보완적인 의미를 갖고 있는 것이기도 하였다. 이 점에 대해서는 김흥규의 「최재서 연구」(1972)가 비교문학적 관점에서 다룬 바가 있고, 김윤식(1972, 1984)도 최재서의 이런 면모를 지적한 바가 있다.

4) 각각 『조선일보』에 1934년 8월 6일~12일, 8월 31일~9월 5일에 걸쳐 연재되었다.

개성의 주체였던 인간성에 불신을 증폭시킨 일련의 사건이 판단의 배경을 이루고 있다.

이렇게 보면 당시 그는 문학의 중심에 개성이 아닌, 민중과 사회의 문제가 놓여야 한다고 생각했음을 짐작할 수 있다. 기록문학이란 것도 르뽀문학류를 가리킨다기보다는, 창조적 문학에 대한 대안으로 리얼리즘을 제시하려는 의도에서 나온 말이었다. 물론 이때의 리얼리즘이란 현실의 문제에 관심을 기울인다는 소박한 의미를 지닌 것이긴 하다. 그가 사회주의리얼리즘을 가리켜 이론에 현실을 끼워 맞추는 주관적 편견에 사로잡힌 문학이라고 배격하면서, 주관적 태도를 버리고 편견과 독단을 떠나서 민중을 보고 민중의 소리를 들어야 한다고 주상한 사실을 참작한다면,[5] 그가 지향하는 리얼리즘의 방향도 대략 암시 받을 수 있다. 예컨대 그것은 소박한 의미에서 사회적 실재(實在)와 현실에 대한 편견 없는 관심을 뜻한다고 할 것이다.

그러나 이 글을 놓고 정작 주목해야 할 것은, 그의 조선 현실에 대한 인식이다. 조선 문단에 대한 발언이라고 보기에는 의심스러울 정도로, 그는 서구의 문학적 · 지성적 상황을 조선의 문단에 여과 없이 끌어들이고 있다는 점이 예사롭지 않다. 문학발견시대(文學發見時代)의 도래를 주장하는 근거로 그가 들었던 개성문학의 폐해나, 근대적 인간성에의 불신도 따져보면 영 · 미를 중심으로 한 서구적 현실에 해당하는 문제였지, 조선의 상황에서 비롯된 것이라고 보기에는 무리가 따른다. 개성을 기반으로 한 창조적 문학이 당시 조선에서 만발했다고 보기는 여러 모로 어려울뿐더러, 그가 대안으로 제시한 '발견의 문학' 역시 조선 문학에 대한 충분한 검토를 기반으로 한 것이라기에는 석연치 않은 대

---

5) 최재서, 「문학발견시대」, 『조선일보』 1934.11.21~29. 본고에서는 『문학과 지성』(인문사, 1938)에 실린 글을 텍스트로 삼았다. 앞으로 이 책에 실린 글을 언급할 경우에는 최초 발표 지면과 시기를 병기하겠지만, 분석은 평론집의 글을 대상으로 한 것임을 밝혀 둔다.

목이 있는 것이다. 하기야 서구문학에 대한 교양을 지적 배경으로 하고 있는 최재서로서는 동시대 조선문학에 대해 아직 충분한 관심과 공부가 부족했던 탓이라고 이해해 볼 수는 있을 것이다.

그렇지만 이는 최재서가 의식적으로건, 무의식적으로건 비평가로서 스스로의 준거점을 조선보다는 서구적 현실에 두고 있었음을 드러내주는 대목임은 분명해 보인다. 따라서 글의 말미에서 민중을 발견하기 위해서는 고대(古代)의 이름 없는 민요작가에게서 표본을 삼아야 한다는 그의 주장 역시, 우리가 감안해서 생각해야 할 대목이다. 그가 말하는 고대가, 조선이 아닌 서구의 고대를 지칭할 가능성이 많기 때문이다. 1935년 『조선일보』 신년호에서 그가 현대 조선문학의 문제는 어떤 문학이 형성되는가가 아니라 문학의 탄생 자체에 있다고 언급한 것 역시 마찬가지이다.[6] 조선에는 문학다운 문학이 없다는 생각을 우회적으로 드러낸 것이어서, 그가 조선 근대문학에 대한 충분한 지식을 갖고 있지 못한 것이거나 아니면 조선의 근대문학을 '서구적 근대'의 잣대에서만 평가하고 있는 것이라는 의구심을 갖게 만드는 대목이다.

물론 영문학을 전공한 그로서는 조선문학에 대한 교양이 부족했을 수도 있다. 그리고 그것이 특별히 중요하게 비난받을 일은 아닐는지도 모른다. 그렇지만 우리가 굳이 이 점을 지적하려고 하는 것은, 이것이 그의 비평적 문제의식과 무관하지 않을 것이라는 우려 때문이다. 문제 상황을 어떻게 인식하는가, 어떻게 문제에 접근하는가는 문학 이론적 과제와 밀접히 맞닿아 있다. 그랬을 때, 최재서가 조선문학의 전통에 대해 그다지 주목하고 있지 않고 있다는 점, 서구적 현실에서 문제를 제기해 그것을 조선의 문단에 별 여과 없이 그대로 적용시키려 하는 태도 등은 앞으로 그의 이론적 작업을 살펴보는 데 하나의 시사점이 될 수 있을 것이다.[7]

---

6) 최재서, 「조선 문학과 비평의 임무」, 『조선일보』 1935.1.1.
7) 이런 관점에서 최재서의 문학론을 본격적으로 연구한 것이 김흥규의 『문학과 역사

그렇게 보았을 때 최재서가 본격적으로 조선문학의 현재에 대해 나름대로 체계적인 판단을 내리고 대안을 제시하는 것은 「풍자문학론」에서부터였다고 볼 수 있다.[8] 이전의 글이 본격 평론이라고 보기는 어려운 수상(隨想)의 성격이 강했다는 점을 감안한다면, 최재서 평론에서 이 글이 차지하는 위치는 적지 않다.

그는 현재 조선문학의 위기를 바라보는 기존의 시각에서부터 문제를 제기한다. 위기를 잘못 파악한다면, 해결 방안 역시 제대로일 수 없다는 생각에서였다. 그는 우선 문인들이 조선문학의 위기를 '이념적 교체'라는 관점으로만 이해하려 한다고 지적하고 이를 문제 삼는다. 대개의 평론가들은 지금까지 조선의 문학을, 국민주의문학의 대두와 사회주의문학으로의 대체 그리고 이후 사회 정세의 변화로 인한 사회주의문학의 침체로 파악해 왔는데, 최재서는 이 같은 이념적 구분에 의한 도식으로는 위기에 대한 올바른 파악이 힘들뿐더러 올바른 대안도 도출되기 어렵다고 설명한다. 그는 아마도 이념이라는 측면에서 위기와 대안을 모색하려는 노력을 달갑지 않게 여기고 있었던 듯하다. 그렇다면 최재서가 말하는 위기를 넘어설 대안은 무엇인가?

결론부터 말하자면 그것은 '풍자문학'이다. 그는 그 어떤 이념보다 현실을 비판하는 풍자문학과 그것을 가능케 하는 비평적 태도만이 현재와 같은 위기를 넘어설 수 있는 효과적인 방법이라고 주장한다. 그가 이렇게 풍자문학을 내세우게 된 데에는, 그 나름대로 문학을 이해하는 방식에 근거를 두고 있다. 즉, 그는 문학을 이념적인 측면에서보다는, 작가가 현실을 대하는 일반적 태도로 이해한다. 그 태도는 수용적 태도, 거부적 — 파괴적이라는 말도 사용한다 — 태도, 비평적 태도로 나누어지는데, 그가 여기에서 현 문단의 위기를 타개할 유력한 대안으로 드는

<hr />

적 인간』(1980)이다. 한편 이은애의 앞의 논문도 "서구적 지성에 대한 콤플렉스"를 최재서의 중요한 비평적 근원으로 이해한다.

8) 최재서, 『조선일보』, 1935.7.14~21.

것은 비평적 태도이다.

현대와 같은 과도기에 있어 예술적 작가가 가질 수 있는 최후의 태도는 비평적 태도가 아닐까? 이 태도는 인생과 사회를 도매금으로 거부한다는 모험을 하지 않는다. 그는 우선 입장을 현재에 둔다. 그리고 목전에 살아 있는 사람과 제도를 끌어다가 비판의 도마에 올린다. 그는 사회의 표면을 아는 동시에 이면을 안다. 그는 장래(將來)할 사회를 그리기보다는, 현실에서 우리가 목격하면서도 잘 인식하지 못하는 모든 결함과 악을 확대하고 혹은 적출하고 혹은 야유하고 혹은 매도한다. 따라서 비평적 태도는 수용적 태도와 파괴적 태도와의 중간에 게재함을 우리는 깨달을 수 있다.9)

최재서는 신념이 상실된 시대에, 어차피 작가가 현실을 받아들일 수도 없고, 그렇다고 무작정 거부만 할 수도 없는 이상, 소극적으로나마 비평적 태도를 견지하는 것이 생산적이라고 생각한다. 이런 비평적 태도는 자연스럽게 풍자문학을 요구하게 된다. 풍자란 현실을 비판하는 비평적 지성에 의해 가능한 것이기 때문이다. 특히 그는 자기 풍자문학에 의미를 부여하는바, 자기 풍자야말로 신념을 상실하고 자의식이 분열된 현대라는 시대의 산물이라고 이해했던 까닭이다. 최재서에게 자기 풍자란 현대성을 지닌 문학 양식으로 보였다. 그가 풍자라는 형식을 통해 현대사회에 대한 비판에 대해서도 거론하지 않은 것은 아니지만, 중점적으로 의미를 부여했던 것은 자기 풍자문학이었다.

현대인은 맹목적으로 행동하는 다음 순간 비자아(非自我)로 하여금 이를 관찰하고 비판하고 조소케 한다. 이것은 인생의 최대 비극이다. 그러나 그것은 현대인의 피치 못할 운명이다. 현대인이 자기 자신에 대한 성실성과 날카로운 지성의 두 모순을 포용하고 있는 동안, 이 분열의 비극은 성실하게 표현하는 외에 달리 처리할 도리가 없을 것이다. 이리하여 자기 풍자의 문학은 현대적 사명과 아울러 매력을 가지고 있다.10)

9) 최재서, 「풍자문학론」, 『최재서 평론집』, 청운출판사, 1961, 191~192면.

이렇게 최재서는 현대인의 분열된 주체를 치유하기 위해 풍자문학을 제기한 것인데, 그것이 위기에 처한 조선 문단에 활력을 불어넣는 길이 된다고 보았다. 이념이 상실되고 전망이 불투명한 시대에 그는 현실을 무조건 수용하거나 부정하는 것보다는 그렇게 된 현실을 비판하고, 지식인 스스로에 대해서도 비판의 메스를 들이대야 한다고 주장했다. 그것이야말로 위기에 빠진 조선문학이 현실적으로 택할 수 있는 가능한 방법이라고 생각했다. 이렇게 보면 그 역시도 카프가 해산되고 난 이후의 문학 현실을 위기로 받아들이고 있다는 점에서는 여느 카프 계열의 비평가와 다를 바가 없었다. 문학 자체가 위기를 맞고 있는 현실, 그렇다고 뚜렷하게 그에 대처할 방향과 방법이 정해진 것도 아니라는 현실을 그 또한 문제 상황으로 받아들였던 것이다. 「풍자문학론」은 그런 문제의식에서 출발한 글이다.11)

그런데 그가 위기를 타개하기 위한 방안으로 작가의 태도를 문제 삼았다는 것은 시사적이다. 일군의 카프 계열의 비평가들이 정세의 변화와 문학의 위기에 맞서, 주체의 위기를 자각하고 세계관을 옹호한 사실을 상기한다면, 최재서 역시 작가의 태도 문제를 제기함으로써 주체의 문제에 눈을 돌린 것으로 볼 수 있기 때문이다. 그렇다고 최재서가 프로 비평가와 입장을 같이한 것이라는 말은 아니다. 오히려 그는 그만의 독특한 방식으로 작가 주체 문제에 접근한다. 작가의 세계관이나 실천 대신 '태도'를 문제 삼은 것이 그것이다. 그는 세계관이나 이념이 주체의 위기를 구할 수 있다는 주장에 회의를 표시하고 작가의 태도에 주목함으로써, 주체에 대한 관심으로 나아간다.

그런데 한편, 태도라는 개념은 최재서와 여타의 카프 계열의 비평가,

---

10) 위의 책, 195면, 앞으로 『최재서 평론집』에서의 인용은 최초의 발표지면과 시기를 병기하되, 서지사항을 따로 밝히지 않고 책의 면수만 적기로 한다.
11) 하정일은 풍자문학론에 보다 적극적인 의미를 부여해서 이를 파시즘에 대한 비판의 한 전략이라는 평가를 내린다. 하정일, 「1930년대 후반 문학비평의 변모와 근대성」, 『민족문학과 근대성』(민족문학사연구소 편), 문학과지성사, 1995, 382면.

예를 들자면 임화나 안함광·김남천과 같은 평론가와 그를 구별시켜 주는 표지이기도 하다. 즉, '태도'라는 개념은 작가가 지향할 이념이나 세계관의 내용 대신 작가가 현실과 맺는 관계를 유형화시킨 것인데, 작가가 현실에 적극적이냐 소극적이냐, 현실을 부정하느냐 수용하느냐 등과 같은 유형화가 그것이다. 그러나 태도라는 개념에는 작가가 지향하는 이념 내용을 사상한 채, 현실을 대하는 작가의 형식적 입장만이 문제됨으로써, 내용이 결여된 형식적 개념으로 전화될 가능성이 잠재해 있다.

물론 '태도'란, 그것을 어떻게 규정하느냐에 따라서 주체의 문제를 해결할 중요한 이론적 요소가 될 수도 있다. 그러나 최재서에게 작가의 '태도'란 단순히 창작 기법 문제로 환원되거나, 아니면 이념적 지향을 대체하는 방편으로 사용된다. 대상에 대한 태도만이 핵심범주로 떠오름으로써, 주체가 지향하는 이념의 문제가 태도의 문제로 해소되고, 그에 따라 내용이 결여된 태도의 미학만이 전면에 두드러지게 된다. 그가 말했던 수용적 태도와 거부적 태도, 비판적 태도 역시 주체가 지향하는 이념적 문제를 해결하지 않고서는 형식적 개념으로 전락할 가능성은 얼마든지 있는 것이다. 그렇게 되면 그가 힘주어 강조한 비평적 태도와 풍자문학 역시 내용이 공소해질 수밖에 없다. 게다가 풍자란 루카치도 적절히 지적하고 있듯이 "해당 체제의 성격을 진정으로 나타내었는지, 진정으로 그 정곡을 찔렀는지, 그렇다면 그것은 어느 정도인지의 문제"에 달려 있는 것으로, "가치판단의 명증성과 정확성"을 그 생명으로 하는 것이다. 따라서 이는 내용의 문제, 세계관의 문제이지 태도의 문제는 아니다.12)

이렇게 본다면, 최재서가 말한 '비평적 태도'만 가지고는 조선의 문학적 위기를 타개할 대안으로 풍자문학의 가치나 의미는 설득력이 떨어진

---

12) 게오르그 루카치, 김혜원 편역, 『루카치 문학이론』, 세계사, 1990, 49~65면 참조.

다고 하겠다. 물론, 최재서가 말한 풍자문학이라는 것이 일종의 태도로서 현실과 거리를 유지하라는 것이지 풍자적인 내용을 지칭하는 것은 아니라고 하더라도 '거리를 유지하려는 태도'만 가지고 현실에 대해 어떤 생산적인 고민이 가능할지는 구체적인 내용이 떠오르지 않는다.

그렇다고 최재서의 문학론이 주체가 지향할 이념의 방향에 대해 근원적으로 문을 닫아 놓았다고 생각해서는 안 된다. 오히려 그는 「풍자문학론」 이후 가치판단의 기준 문제와, 이를 가능케 할 주체의 원리에 대해 고민하는 자세를 보이기도 한다. 아마도 명민한 최재서로서는 스스로의 이론적 결함을 자각하고 있었을 것이다. 「시대적 통제와 예지」에서 그는 지식인 주체가 지향해야 할 새로운 삶의 원리로 네오 휴머니즘, 신인문주의를 들고 있는가 하면,[13] 김기림의 「기상도」를 평가하면서는 이미지와 이미지를 연결시키는 통일된 원리의 결여를 주된 문제로 거론하고 있는 것이다.[14] 이미지를 통일시키는 원리란 다름 아닌 주체로부터 나온다고 할 때, 최재서의 지적은 정곡을 찌른 것이었다.

그러나 문제는 태도, 다시 말해 대상을 인식하고 평가하는 주체의 자세가 이념의 문제를 유보하면서 어떻게 통일된 삶의 원리로 연결될 수 있을 것인가를 설명해내는가에 있다. 요컨대 최재서 앞에는, 작가의 태도와 통일된 삶의 원리가 어떤 관계로 연결되는가가 중요한 이론적 과제로 등장한 셈이었다. 주체를 일관되게 지배하는 삶의 원리 문제 또는 이념과 일정하게 거리를 유지하는 태도의 문제는 1930년대 후반 최재서 문학 이론에 긴장을 불러일으키는 요소였고, 이 두 축 속에서 그의 이론은 발전과 변화, 침체와 퇴보의 길을 걷게 되는 것이다. 여기에 우리가 앞에서 지적한 그의 서구 지향적 의식 또한 중요한 계기로 작용하게 된다.

그런데 한편, 태도의 미학을 존중하는 최재서 비평의 원리는 「리얼리

---

13) 최재서, 『조선일보』, 1935.8.25.
14) 최재서, 「현대시의 생리와 성격」, 『조선일보』, 1936.8.21~27.

즘의 확대와 심화」에서 보다 구체화된 논리로 나타난다.[15] 이상의 「날
개」와 박태원의 『천변풍경』을 분석하는 이 글에서 그는 태도라는 기준
에서 이 두 작품 모두를 리얼리즘으로 이해하는데, 이는 태도의 미학이
불러 온 궤변이었다. 그가 말한 리얼리즘이란 객관적 태도의 다른 이름
에 지나지 않음이 이 글에서 명확히 드러난다.

> 이 두 작품은 그 취재에 있어 판이하다. 『천변풍경』은 도회의 일각에 움직
> 이고 있는 세태인정을 그렸고, 「날개」는 고도로 지식화한 소피스트의 주관세
> 계를 그렸다. 그러나 관찰의 태도와 및 묘사의 수법에 있어서 이 두 작품은
> 공통되는 특색을 가지고 있다. 즉 그들은 될 수 있는대로 주관을 떠나서 대상
> 을 보려고 하였다. 그 결과는 박 씨는 객관적 태도로써 객관을 보았고, 이 씨
> 는 객관적 태도로써 주관을 보았다.[16]

최재서의 설명에 따르면 대상을 대하는 객관적 태도라는 점에서 「날
개」와 『천변풍경』은 같은 자리에 놓이게 된다. 주관을 떠나 대상을 보
는 태도라는 관점에서 보면 타당한 유형화일는지는 모르나 그것을 리
얼리즘이라 보기 어려울 뿐만 아니라, 작품을 단순화시킨 논리라는 비
판을 피하기 어렵다. 「날개」와 『천변풍경』은 주체 내면을 드러내는 방
식, 대상을 선택하는 방식으로 작가 주체의 모습이 이미 투영되어 있어
서 주관의 개입 흔적이 분명한 것이다.

그렇지만 최재서 스스로도 이둘 모두 대상을 통일적 관점에서 바라
보는 의식의 결여, 모럴의 부족이라는 점에서 비판하는 것을 잊지 않아,
자기 논리 안에 갇히는 것을 피한다. 즉, 그는 객관적 태도를 높이 샀지
만, 그 객관적 태도에 통일적 원리를 부여하고 대상에 대한 가치를 판
단할 모럴을 중요하게 생각하고 있다. 이것은 그가 작가의 태도와 작품

---

15) 홍정선 교수 역시 최재서의 이런 관점을 "작가가 다루는 대상과는 무관하게 리얼리
즘은 소설 기술의 방법으로 되어 버린다"고 평가한다. 홍정선, 『역사적 삶과 비평』, 문
학과지성사, 1986, 116면.
16) 최재서, 『조선일보』, 1936.10.31~11.7; 『문학과 지성』, 98면.

의 형식적 측면을 강조하면서도, 문학적 가치판단을 가능케 하고, 삶에 질서를 부여할 통일적인 주체의 원리를 그 스스로 강렬히 원하고 있었다는 반증으로도 읽힌다. 이 점이 어쩌면 최재서 비평의 딜레마일는지도 모르고 그의 주체론의 향방을 가늠할 바로미터일지도 모른다.

2. 삶의 질서에 대한 희구(希求)와 주체 통합의 모색—모럴과 지성

1937년 들어 발표한 평론들을 보자면, 최재서가 부쩍 삶의 보편적 원리에 매달리고 있음을 눈치 챌 수 있다. 삶의 보편적 원리란 다름 아닌 주체의 원리로서, 혼돈스러운 삶에 질서를 부여해 주며, 작가에게는 창작의 중심축으로, 평론가에게는 작품 평가의 가치기준으로 기능하는 역할을 한다. 일찍이 현대인의 특성을 주체의 분열에서 찾아 자기 풍자문학을 주장했던 그가, 주체가 지향할 보편적 원리에 집착하게 된 것은 어찌 보면 당연한 일이었다. 그렇지만 이 무렵 그가 생각했던 주체 통합의 원리는 아직 막연해서, 당대 시류(時流)와 관련된 휴머니즘이나 지성(知性) 정도를 언급하고 있을 뿐이다. 그가 이 시기에 주장한 지성이나 휴머니즘은 상식적인 차원을 넘지 않는 개괄적인 수준이었으며, 최재서 개인의 문제의식이 녹아든 구체적 이론으로까지 발전하지는 않은 상태였다. 지성론이 구체화되는 것은 모럴과 결합되면서부터였다.

그러나 그는 이전과 달리 내용 없는 '태도의 미학'만을 강조한다거나, 리얼리즘을 소박한 실재론의 차원에서 이해한다거나 하는 자세를 서서히 벗어나고 있다. 예컨대 「빈곤과 문학」이란 글을 보면, 빈곤한 현실에서 재료를 취한다고 해서 무조건 리얼리즘이 될 수는 없다면서, 그 대신 작가의 창작정신을 강조하는 자세를 취한다. 그는 문제를 작가의 창작 태도가 아닌 정신, 이념에서 찾기 시작한 것이다. 게다가 현재 작가들의 안이한 창작정신과 비교해, "과거 좌익문학"이 빈곤을 해부하고 비판했던 정신을 높이 사기까지 한다. 휴머니즘에 대해서도, 그는 이것이 사상이나 이론적 체계가 아닌 인간적 태도라고 예의 태도론을 강조하면서도, 휴머니즘을 부당한 압박에 대해 인간 존엄성을 유지하려는 인생 태도라는 점에 주목한다.[17]

사회주의리얼리즘에 대한 입장 역시 과거와는 사뭇 달라진 모습을 보인다. 앞 절에서 보았듯이, 그는 이전에는 사회주의리얼리즘을 편견에 사로잡힌 문학이었다고 비판한 바가 있지만, 이제 사회주의리얼리즘의 원리에는 공감하는 자세를 보인다.

> 더욱이 역사적 필연성을 파악하여 가지고 현재를 비평하고 미래를 전망한다는 본래의 사명을 떠나 단순한 증오감에서, 혹은 사회적 제스추어로서 그것을 이용하려고 할 때 식자의 눈엔 그것이 센티멘탈하게 보인다.[18]

그가 사회주의리얼리즘을 센티멘탈리즘이라고 비판한 것은, 조선에 수용되면서 나타난 편향을 지적한 것이었지, 사회주의리얼리즘 자체에 대한 부정은 아니었다. "역사적 필연성을 파악하여 가지고 현재를 비평하고 미래를 전망한다는 본래의 사명"이라는 단서에 유의할 필요가 있는 것이다.

이런 변화는 실제 작품 평가에서도 드러난다. 이태준을 논하는 자리에서 그는, 이태준의 작품이 테크닉만 아니라 창작정신에서도 발전되고 있음을 지적하는데, 그 예를 시대에 뒤쳐진 인물들의 고독과 애수가, 의식적으로 인생과 사회에 연관되고 있다는 점에서 찾는다. 주목하는 작품은 특히 「삼월」과 「복덕방」인데, 이 작품들에서 그는 그런 긍정적인

---

17) 최재서, 『조선일보』, 1937.2.27~3.3.
18) 최재서, 「센티멘탈론」, 『조선일보』, 1937.10.3~8; 『최재서 평론집』, 184면.

면과 아울러, 사회의 정세를 변혁하겠다는 의지가 보이지 않는다는 점에서 씨니씨즘이라고 비판하기까지 하는 것이다.[19]

　최재서가 이처럼 창작정신을 적극적으로 제기하는 가운데, 인생과 사회의 관련성에 관심을 두었다는 것은, 주체가 위기를 맞는 상황에서 위기의 탈출구를 어디에서 찾으려 하는지 암시해 주는 징표라 할 것이다. 중일전쟁이 발발하고 개인의 자유가 위협받는 시대에, 서구 부르주아의 교양에 정신적 뿌리를 내리고 있던 그는 결코 개인의 내면으로 침잠하거나, 알 수 없는 형이상학적 관념에 주체를 건설하려고 하지 않았다. 그는 삶이 이루어지는 공간, 주체가 존재하는 공간을 현실사회로부터 찾아나가고 있었다.

　이런 최재서의 입장변화는 중일전쟁 이후 강화되는 파시즘체제에 맞서 양심적 문인들의 광범위한 연대의 한 방식으로 휴머니즘이나 지성, 모럴론 등이 논의되던 당시의 문단 분위기와 연결시켜 생각할 점이 있다. 안함광이나 임화도 이 시기에 들어오면 세계관 위주의 리얼리즘이 아닌 실천 방법으로서의 리얼리즘이나 현실을 극복할 수 있는 계기로서 지성의 중요성을 새롭게 조명하고 있는 것이다.

　그렇지만 이런 창작정신은 아직 이론화되지는 못한 상태여서, '건강한 정신'이라든가 '인간성', '지성의 정신' 같은 추상적 규정만이 단편적으로 언급될 뿐이다. 그런 점에서 1938년부터 본격적으로 제기된 모럴론은 그만의 독특한 목소리를 내면서 분열된 주체를 통합시키려는 이론적 노력으로 보아도 좋을 것이다. 태도의 미학에서 삶을 통합시킬 원리로 그의 관심사가 이동하고 있는 것이다. 그는 전망을 찾기 어려운 현재적 삶에 질서를 부여하려는 문제의식을 강하게 가지고 있었다. 그는, 이렇게 삶을 통합시키는 원리가 정립되어야 작품 창작에서도 일관된 모럴이 확립될 수 있으며, 비평에서도 가치평가의 정당성과 일관성

---

19) 최재서, 「최근의 문단 동향」, 『조광』, 1937.11. 『문학과 지성』에는 「단편작가로서의 이태준」이라는 제목으로 실려 있다.

을 확보할 수 있다고 믿었다.

따라서 최재서에게 모럴은 그가 평론가이건, 작가이건, 혹은 일상을 살아가는 보통 사람이건 간에, 인간 주체가 자기의 삶과 행동에 질서를 부여하는 정체성(正體性) 원리의 성격이 짙다. 파시즘이 횡행하고, 이전에는 진리라고 믿었던 가치가 훼손되어 삶이 알 수 없는 방향으로 흘러가는 시대에, 인간 주체로 하여금 삶의 원리를 재정립하려는 그의 이론적 노력은 매우 소중하다. 모럴은 바로 그런 질서의 원리이자 삶의 원리였고, 삶과 문학은 근본적으로 분리되지 않는다는 점에서, 문학의 원리이기도 했다. 그는 모럴을 통해 주체 옹호의 길로 들어선 것이다.[20]

최재서가 말하는 모럴이란 대상을 도덕적으로 가치 판단하고, 선악을 변별하는 가치 체계를 뜻한다. 현재라는 시대가 전통적 도덕률이 없어진 시대, 신념과 가치의식이 상실된 시대이므로 그 같은 모럴이 더욱 절실하게 되었다고 한다. 서구의 미래주의나 다다주의, 초현실주의 역시 부르주아의 도덕적 모럴이 몰락한 이후에 나타난 정신적 절망과 흥분의 문학적 소산으로 본다.

> 악마주의로부터 모더니즘에 이르기까지의 현대문학 가운데에서 우리는 모럴리티가 없는 모럴을 보았다. 그것은 말하자면 상대 없는 혼자 씨름이었다. 자아를 복종시킬 만한 원리는커녕, 반항할 대상도 없이, 다만, 원리와지지(支持)가 그립다는 마음―모럴의 지향 뿐만으로 겨우겨우 자기 자신의 붕괴를 부축하여 왔다.[21]

그가 모럴에 대한 강렬한 집착을 보이는 것은 이런 문제의식에서였다. 전통적 모럴이 몰락해서 부재한 시대에 그는 새로운 모럴, 새로운 주체를 건설하려고 했던 것이다.

---

20) 참고로 이은애(앞의 논문)는 최재서의 질서적 문학관이 해방 이후 『문학원론』에서 완결된다고 밝히고 있다.
21) 최재서, 「작가와 모럴의 문제」, 『삼천리문학』(창간호), 1938.1; 『문학과 지성』, 268면.

그러나 이런 그의 현실인식은 서구의 보편적 위기의식에는 맞아떨어
질지 몰라도, 봉건적 압박과 제국주의적 압제에서 신음하는 조선의 특
수한 현실, 리얼리즘에 대한 강한 지향을 보이는 조선문학의 특수한 전
통과는 거리가 있는 것으로 보인다. 모럴을 통해 새로운 주체를 세우려
는 그의 문제의식이 파시즘에 맞서기 위한 서구 지식인들의 문제의식
에 강하게 영향 받았던 탓인지는 몰라도,[22] 그가 지향하고 있는 이상적
인 인간의 주체가 서구적 보편성에 토대를 둔 개인이라는 점은 부인하
기 힘들 듯하다. 조선에서의 모더니즘적 전통이란 취약하기 이를 데 없
으며, 주체의 자기 분열 역시, 1차 세계대전 이후 서구의 문명사적 위기
의식의 소산에 가까운 것이었지 조선 현실의 절박한 문제는 아니었
다.[23] 이는 같은 무렵 임화나 안함광이 조선의 현실에 착목했던 것과
여러 모로 비교되는 바가 있다.

그럼에도 불구하고 그의 모럴론은 자기만의 독특한 체계를 이뤄가게
된다. 특히 지성론은 주목할 만하다. 그는 모럴을 획득하는 수단으로 지
성을 이해하는데, 이 점에서 지성은 단순한 이성과는 구별된다. 그가 생
각한 지성이란 지식 획득을 위한 수단의 의미만 가지는 것은 아니다.
그가 지성을 이성과 구별하여 직각적(直覺的) 이해력으로 설명하는 것도
나름의 근거를 가지고 있다. 즉, 그것은 모럴에 개재하는 개성의 역할에
주목한 결과이다.

최재서의 설명에 의하면 모럴은 단순한 정치 이론과 같은 학설이 아

---

22) 예컨대 그는 「이성적 인간에 대한 규정—지적협력국제담화회를 보고」(『조선일보』,
1937.8.23~27)를 집필하기도 하는데, 영문 해독능력이 남달랐던 그로서는 서구의 동향
을 다른 평론가보다 재빨리 접할 수가 있었다. 위의 글은 『최재서 평론집』에 「지성옹
호」라는 이름으로 실려 있다.
23) 이광주 교수는 「제1차 대전과 그 문명사적 의미」, 『정념으로서의 역사』(문학과지성
사, 1987)에서 다음과 같은 블라망크의 글을 인용하는데, 우리에게 서구 지성의 내면
을 단적으로 드러내 주는 바가 있다.
  "전쟁은 나에게 있어 큰 교훈이었다. 그것은 이미 내가 생각하고 있던 것을 증명하
였다. 문명과 과학, 진보와 사회주의에 대한 나의 신뢰는 무너졌다. 나는 이제 아무것
도 믿지 않는다. 나는 나 자신만을 믿는다."(같은 책, 131면).

니라 정치의 개성화이며, 개성 안에서 정치와 사회를 생각하는 데에서 나온 것이다. 따라서 모럴은 개성을 통해 파악되어야 하는 것일 뿐만 아니라, 이성이 아닌 지성 — 직각적 이해력 — 으로 파악될 수 있는 것이라는 설명이다. 이렇게 보면 이성이란 보편적 과학의 성격이 강한 데 비해, 지성은 개성화한 이성, 개개인에게 주체화된 이성의 성격이 강하다고 볼 수 있다.

> 리얼리즘이 일정한 방법으로써 사회기구를 관찰하고 묘사하는데 그치고 자기 개성의 인간적 변화와 인간상호의 인간적 관계를 통찰함에 이르지 못한다면 그것은 모럴의 세계와 배치되는 길이다. 모럴은 이성으로써 추론하여 도달되는 것은 아니다. 다만 지성(직각적 이해력)으로써 파악할 수 있을 뿐이다. 정치학자가 통계숫자를 다루는 것과 똑같은 정신과 방법을 가지고 개인과 인간관계를 취급한다면 그는 영원히 모럴을 파악치 못할 것이다.[24]

그가 말하는 모럴의 개념은 작가들이 자기의 문제의식 속에서 현실을 인식한 결과라 할 수 있다. 여기에서 개성이란 말도, 작가 개인을 지칭하는 의미이지, 개개인의 독특한 성격을 지칭하는 의미나 전형의 반대로서 개성을 뜻하는 것은 아니다. 이는 김남천이 '일신상의 진리'를 모럴이라고 파악한 것과 유사한 개념이다. 물론 김남천은 모럴을 통해 객관 현실의 본질과 진리를 주체화할 것을 내세운 반면, 그는 김남천과 같은 의미의 진리를 인정하지 않는다는 점에서 꼭 같다고 볼 수는 없다.

특히 최재서의 이론 구조 속에서는 지성의 성격이 취미의 문제와 연관된다는 점에서도 김남천과는 구별된다. 지성이란 개인의 개성적 직관력을 뜻하므로, 자연스럽게 작품에 대한 개인의 취향을 뜻하는 말인 취미와 연결된다.[25] 그러나 최재서가 취미라는 말을 들고 나온 데에는 단순히 작품 평가의 개성적 취향을 지적하기 위한 의도만 있었던 것은 아

---

24) 최재서, 「작가와 모럴의 문제」, 『문학과 지성』, 265~266면.
25) 최재서, 「취미론」, 『조선일보』, 1938.1.8~13; 『최재서 평론집』.

니다. 오히려 취미에 객관성을 부여하기 위해, 다시 말해 작품을 평가하는 객관적 기준을 이론화시키려는 의도가 크게 작용하고 있었다.

그는 취미론을 통해 작품 평가의 객관적·보편적 기준으로 전통을 제기하고 이를 교양이란 개념으로 이론화시킨다. 따라서 정작 그가 의도한 것은 취미 자체보다는, 개개인의 취미가 어떻게 보편적인 원리인 교양으로 발전하는가를 드러내는 것이다. 그의 설명대로라면 취미는 말 그대로 개인적 취향만을 강조한 경우이고, 취미가 일정한 질서를 갖춰 통일된 의식을 이룰 때 교양이 된다. 그리고 취미에 질서와 보편성을 부여하는 것, 취미를 교양이 되게끔 하는 것이 다름 아닌 전통이다.

그러면 취미에 질서를 주는 것은 무엇인가? 그것은 전통이다. 문학에 전통이 있다면 우리는 그것을 고전 가운데서 찾아볼밖에 없을 것이다. 동시대의 문학이 서로 다른 소질과 경향의 작품을 포함하고 있음에도 불구하고 눈이 있는 비평가가 본다면 그 안에서 어떤 지배적인 정신이나 요소를 찾아 낼 수 있을 것이다. (…중략…) 이리하여 전통이란 고전들의 모방과 비평과 종합의 모든 관계를 통하여 파악할 수 있는 통일적 정신이다. 이와 같이 한 문학을 지배하고 있는 통일적 정신을 점차로 체득하여 가는 과정이 즉 교양이고 또 취미의 양성(養成)이다.[26]

이렇게 해서 최재서와 김남천의 거리도 자연스럽게 드러나거니와, 최재서가 말한 지성의 요체도 드러난다. 지성이 발을 딛고 있는 곳은 교양이고, 다시 교양은 전통에 토대를 둔다. 전통을 쌓아감으로써, 교양이 갖춰지고, 그렇게 되면 지성이라는 직각적 이해력도 습득된다. 이런 과정을 통해 궁극적으로 새로운 모럴이 세워질 수 있으며, 분열된 삶도 통합된다는 것이다. 요컨대 주체 역시 전통으로 무장되었을 때, 지켜질 수 있다는 생각인 것이다.

최재서는 여기에서 한 걸음 더 나아가, 근대비평이 비평에 과학성을

---

26) 위의 글, 『최재서 평론집』, 137면.

부여한다는 명분으로 공소한 논쟁으로만 일관한 것도, 개인의 문학적 취미를 무시하고 고전적 교양을 체득하지 못한 데 있다고 지적한다. 그는 이제 화살을 구카프 평론가에게도 돌리는 것이다.

그러나 우리가 지금까지 줄곧 지적하여 왔듯이 그의 입론은 서구 지향적 성격을 강하게 띠고 있다. 그가 말하는 전통이나 교양·지성도 서구적인 의미의 전통이자 교양이고 지성이었다. 그는 서구적 전통의 인문학에 기초한 교양에 강하게 경사되어 있었다.[27] 정지용과 이태준의 문학세계를 조명하는 글에서도 그는 이들의 지성 빈곤을 통렬히 지적하고는, 서구적 의미의 교양을 쌓아야 할 것이라고 권고한다. 여기에 조선적 전통이 지성을 결여하고 있다는 전제가 깔려 있음은 당연한 일이다.

> 정지용 씨가 그 시에서 좀 더 현대의식을 가지고, 이태준 씨가 그 소설에 있어서 좀 더 현대적인 문제를 취급한다는 것은 결국 노력의 문제가 아닐까? 이런 점에 있어서 지적 노력 —서구적 의미에 있어서의 교양은 우리 작가들의 당면한 가장 중요한 문제가 아니 될 수 없다.[28]

물론 서구적인 것을 옹호하고, 지향했다고 해서 무조건 비난받을 일은 아니다. 문제는 우리 현실에서 그것을 어떻게 수용하느냐, 서구를 바라보는 주체의 시각은 무엇이냐의 문제일 터인데, 이 점에서 최재서는 서구의 현실과 교양이 사고의 중심이자 주체의 원리였지 조선이 그 중심은 아니었다. 다시 말해서 서구적 시각으로 조선 현실과 문학을 본 것이지, 조선 현실에서 서구적 근대를 바라본 것이 아니었다는 말이다.[29] 주체가 지향해야 할 원리로서 그가 주장하는 전통과 교양의 성격

---

27) 이에 대해서는 김홍규, 앞의 책을 참조
28) 최재서, 「문학, 작가, 지성」, 『동아일보』, 1938.8.20~23; 『최재서 평론집』, 311면.
29) 그는 일찍이 지방주의를 비판하고 메가로폴리타니즘(대도회주의)을 옹호한 바가 있는데, 이것을 선의로 해석하자면 세계의 흐름을 무시하지 말자는 뜻이겠으나, 최재서에게 문제는 세계의 흐름을 읽어 내는 주체의 자세나 원리 역시도 세계 속에만 존재하지, 조선 현실에 대해서는 특별한 관심이 없다는 점에 있다. 아니 오히려 그 주체가

은 지금까지 우리가 보아온 대로이다.

최재서가 개성을 파악하는 방식 역시 문제가 있다. 그가 생각한 개성은 고립자로서의 개인에만 머물러 있으며, 객관 현실에 대해 실천하고 행동하며 자기 발전하는 그런 주체는 결코 아니다. 따라서 모럴 역시 낱낱의 개인이 지성을 통해 교양을 쌓아서 이룩되는 개개인의 문제였을 따름이다. 그것이 개인이어서 잘못되었다는 것이 아니라, 총체적 관계 속에 '관여된' 개인이 아니라 고립된 개인이라고 하는 데에 문제가 있는 것으로 판단된다. 핵심적인 문제는 그것이 개인이냐, 집단이냐와 같은 형식 논리에 있는 것이 아니라, 대상을 어떻게 바라보느냐 하는 시각과 방법의 문제에 있다.

모럴 역시 마찬가지이다. 모럴은 이미 주체 외부에 존재하는 선험적이고 당위적인 규정처럼 되어 있다. 그것은 주체가 현실 속에서 실천함으로써 육화시키는 것이 아닌, 이미 존재하는 가치 체계를 지칭한다. 이 점에서 김남천과 최재서는 다시 주체에 접근하는 방식에서 유사성을 보이기도 하는데, 김남천에게는 모럴이 마르크스주의적 세계관이었다면, 최재서에게 그것은 부르주아적 교양이었다.

그러나 최재서는 모럴이 도그마로 합리화되어야 한다는 주장을 하면서부터 개개인의 모럴이 어떻게 사회적 신념(도그마)과 일치될 수 있을 것인가를 놓고 고심한다. 그가 원래 도그마를 내세운 데에는 작품 평가에 정확성과 명료성을 기하고자 한 것이었는데, 이는 모럴의 개성적 측면에 사회성을 부여하고 교양과 전통에 내용을 채우려는 그 나름대로

비속하고 보잘 것 없어 보이기 때문에, 그는 더욱더 세계주의에 집착한 것일는지도 모른다(「메가로폴리타니즘」, 『조선일보』, 1937.10.24; 『문학과 지성』, 283면 참조). 요컨대 그의 메가로폴리타니즘에의 집착은 스스로가 조선인이라는 열등의식의 발로이고, 미리 말한다면, 그의 군국주의에로의 강한 지향 역시 그가 다다를 수 없었던 서구적 근대에 대한 그의 보상심리에서 기인한 바도 없지 않다. 일본의 군국주의가 사상사적으로 서구적 근대의 초극에 기반하고 있음은 주지하는 사실이다. 그러나 역으로 일본 지식인들의 근대 초극 논리가 모두 군국주의 사상에 근거한 것이라고 볼 수는 없다.

의 이론적 노력이라고도 볼 수 있다. 그러나 그의 결론은 너무나 공소하고 무력하다. 방법론이 결여된 그의 주장은 다만 격언에 그치고 있을 뿐, 좋은 말은 다 끌어들였지만 격언이 이론이 될 수는 없는 일이었다.

> 작가나 비평가는 개인으로서 문학적 개성인 동시에 사회인으로서 사상적 성격이 되어야 하겠다. 그는 문학적 개성으로서 자주적 세계를 가지는 동시에 가능한 데까지 사회적으로 역할을 가져야 하겠다. 그는 내부 세계에 있어 문학적 취미를 발전시키는 동시에 그 취미를 늘 외부의 사상계와 접촉시켜 도그마로 합리화할 필요가 있다. 그와 동시에 도그마의 사용은 늘 취미와 조화하여 실시할 필요가 있다.30)

위의 인용을 보면 그는 개인과 사회의 조화를 역설하지만, 정작 조화의 원리는 발견되지 않는다. 그래서 모럴의 원리와 도그마는 하나의 이론으로 통합되는 데 실패한다. 이런 문제는 궁극적으로 모럴의 내용이 무엇이냐는 의문을 불러일으키게 된다. 그는 이제까지 모럴을 전통과 교양과 결부시켜 왔는데 정작 모럴의 내용이 무엇인지에 대해서는 명확한 언급을 하지 않았다. 모럴이 지향해야 할 가치는 무엇인가? 모럴이 개성에 토대를 둔 것이라면, 그 개성이 개인주의에 빠지지 않으면서 어떻게 객관성을 확보할 수 있는가? 이를 위해 그는 도그마를 들고 나온 것이었지만, 그것은 어정쩡한 절충과 타협일 뿐이었다.

그는 모럴의 내용에 대해서도 시대와 장소에 따라 달라질 수 있다든지, 모럴의 실질적 가치는 인간 외부에 놓여 진다든지, 그것을 구현하는 능인자(能因者)는 개성 내부에 있다든지 라는 설명을 시도하지만, 그건 그가 엘리어트(T. S. Eliot)를 두고 한 말처럼 비평의 재주넘기에 불과하다. 따라서 도그마의 내용에 대해서도 막연하기는 마찬가지이다.

> 도그마의 내용에 들어가면 현대의 비평은 아직도 혼돈하다. 배빗트 일파처

---

30) 최재서, 「취미론」, 『최재서 평론집』, 143면.

럼, 그것을 고전주의 속에 구하는 사람도 있고, 뉴컨트리의 일파처럼 좌익적 이데올로기 속에 구하는 사람들도 있다.

도그마에 대한 소망과 동시에 모럴에 대한 지향도 치열하다. 그러나 그것은 교훈주의의 경우처럼 편협한 것이 아니고, 모든 방면의 연구를 종합하여 가치와 본질을 구명하고 그 위에 모럴론을 세우려는 것이다.[31]

그는 모럴이든, 도그마이든 그 내용을 규정하는 대목에 들어와서는 스스로도 혼란스러워 한다. 최재서 문학 이론의 이런 취약성은 앞 절에서도 잠깐 지적한 바가 있다. 즉, 이념 내용에 대해서는 소홀히 하면서, 태도의 문제를 강조한 것이 그것인데, 태도 속에서 오히려 이념적 지향이 무화되듯이, 여기에서도 명확한 가치 지향이 없는 상황에서 다양한 문학적 이념이 모럴의 논리로 포섭될 가능성이 있는 것이다.

어쩌면 이런 이론 구조가 최재서로 하여금 열려진 체계로 비평에 임하게 했을 것이고, 김남천이나 임화와 같은 구카프 평론가들과도 어울릴 수 있도록 만들었는지도 모른다. 이런 점에서 다원주의자로서의 최재서의 모습이 여지없이 드러나기도 하는 것인데, 그렇다고 해서 최재서의 다원주의가 상찬할 것이 되지 못함 또한 분명하다. 왜냐하면 최재서의 다원주의란 다양한 이념의 공존을 지향한다는 점에서의 다원주의가 아닌 형식 논리 속에 이념적 지향을 무화시키는 사이비 다원주의이기 때문이다. 그 전형적인 예가 앞 절에서 본 「리얼리즘의 확대와 심화」이거니와, 이제 살펴볼 성격과 개성의 논리 또한 거기에서 벗어나지 않는다. 그리고 이는 본질적으로 주체의 이념적 지향이 결여된 형식적 다원론의 결과이기도 하다.

---

31) 최재서, 「현대비평의 성격」, 『조선일보』, 1938.11.2~5; 『최재서 평론집』, 11면.

3. 사실(事實)에의 경사와 사이비 보편성에의 지향—주체 변질의 징후

최재서는 지금까지 관심을 가져 온 문학적 개성과 더불어 '성격'의 문제에도 관심을 표명한다. 그가 '성격'의 문제를 다루게 되는 것은 소설론에 대한 관심 때문이다. 그러나 모럴론을 언급하는 가운데에도 '성격'에 대한 그의 생각들은 조금씩 나타난다. 1938년 4월 22일부터 24일까지 『조선일보』지에 연재했던 「현대 세계문학의 동향」이 바로 그런 글이다. 그는 이 글에서 개성의 문학을 개인과 심리·의식의 문제를 중요시하는 것으로 정리하고, 반면 '성격'의 문학은 집단과 행동·사건의 문제를 다루는 것이라고 구분한다. 이런 유형화를 통해 프랑스의 행동적 휴머니즘문학과 독일·이태리의 국민주의문학이 '성격'의 문학이라는 이름 아래 같은 유형으로 묶이게 된다.

> 이와 같은 힘의 문학에 대한 요망이 불란서에 있어서의 행동적 휴머니즘의 문학, 독일과 이태리에 있어서의 국민주의 문학, 그리고 어디라고 특칭할 것 없이 세계 전체에 팽배한 보고문학에 의하여 응답되었다고 볼 수 있다. (…중략…) 이리하여 심리주의 문학은 몰락하였다. 적어도 몰락의 과정에 들어갔다고 하여도 가(可)하다. 실상 오늘의 세계정세를 본다면 개인의 심리를 탐색하고 개인적 의식을 찬양한다는 것은 아무리 생각하여도 시대적인 것은 아닌 듯 싶다.32)

프랑스의 행동적 휴머니즘문학이 반파시즘의 깃발을 내세웠다는 점에서, 파시즘의 한 가운데에 서 있는 독일·이태리의 국민주의문학과 질적으로 다른 것임은 명약관화하다. 그럼에도 불구하고 최재서는, 집단과 개인이라는 유형화의 논리로 이 둘을 동일선상에 놓는다. 이런 궤변적인 유형화의 논리는, 바로 이념적 지향을 무화시킨 주체의 논리로

---

32) 최재서, 「현대 세계문학의 동향」, 『최재서 평론집』, 377~378면.

부터 파생된 것이다. 그는 집단과 개인이라는 형식 논리로 작가의 이념적 지향을 해소시키고, 역사와 사회 그리고 개인과의 관계에서 눈을 돌린다. 이 지점에서 그의 모럴론은 변질될 조짐을 보이기 시작하는 것이다. 게다가 그는 아마도 리얼리즘론자들이 말하는 전형을 이런 식으로 이해하고 있는 것 같은 느낌도 든다. 자기 나름대로 전형론을 변질시켜 그 합리적 핵심은 간과한 채 '성격'이라는 이름으로 재(再)개념화를 하고 있는 것이다.

물론 그는 이 글에서 '성격'의 문학을 설명하면서 사건과 행동 가운데에서 개인의 모럴이 살려지느냐, 못 살려지느냐가 관건이라는 말을 하고는 있다. 이는 '성격'과 '개성'의 논리를 절충하려는 노력이지만, '개성'에 대한 관심도 「현대비평의 성격」에 오면 별다른 의미를 갖지 못하게 된다. 원래 이 글은 최재서 나름대로, 모럴론에 있어서 가치판단의 근거를 마련하기 위한 고민의 일환으로 쓰인 것이다. 이에 대해서는 앞에서도 언급한 바가 있어 생략하거니와, 최재서는 이 글에서도 '성격'의 중요성을 강조한다. 현대비평이 시대적 요구를 대변하려고 하는 이상, 그것은 스스로 '성격'을 가져야한다고 설명한다. 그리고 '성격'에 대한 의욕은 도그마·모럴·가치의식·역사감에 대한 관심으로 나타난다고 한다. '개성'이 끼어들 공간은 너무나 작아 보인다. 게다가 시대적 요구를 대변한다고 해서 '개성'이 무시되고 '성격'이 강조되어야 한다는 것은 위험한 발상이다. '개성'과 '성격'은 그렇게 대립적인 개념도 아닐 뿐더러, '개성'이 없는 '성격'이란 존재할 수 없는 것이다. '성격'의 이름으로 '개성'의 가치를 폄하한다면 그것이야말로 전체주의적 발상과 상통한다.

그러나 이런 변화는 보는 시각에 따라서, 긍정적으로 평가될 수도 있다. 즉, 최재서가 보다 더 객관적인 가치기준을 찾고 있다고도 해석할 수 있겠기 때문이다. 더구나 그의 지금까지의 입장을 고려한다면, 개인의 모럴로부터 사회와 역사 같은 보편적이고 객관적인 가치 지향으로

기운다는 것은 발전된 면모로 보이기도 한다. 그러나 그가 말하는 사회와 역사가 무엇을 뜻하는지는 매우 애매하다. 앞에서도 개인과 집단에 대한 잘못된 유형화의 논리를 지적했듯이, 이런 변화를 마냥 긍정적으로 보기에는 무리가 따른다. 사회와 역사·집단이라는 이름으로 편협한 국수주의 파시즘과 사회 진보, 역사 발전의 문제가 동일시될 가능성이 있기 때문이다.

그렇다고 해서 우리가 이 글을 토대로 최재서가 전체주의로 빠져들었다고 단정 짓는 것은 아니다. 다만 우리는 그런 이론적 편향과 가능성을 그의 이론 안에서 해석하는 것일 따름이다. 오히려 그는 당시에 현실에서 일어나는 일련의 사건들에 대해 혼란스러워 했다고 보는 편이 정확할 듯하다. 그는 모럴과 도그마의 내용이 아직도 혼돈에 쌓여 있다고 말하기도 하고, 재차 인간적 가치를 옹호하는 교양의 정신을 내걸기도 한다. 그러면서도 최재서는 한편으로 질서를 깨뜨리는 사실(事實)의 힘과, 지성을 박차고 나서는 행동의 추세를 인정할 수밖에 없다고 말함으로써 당시 정세의 변화를 무력하게 받아들이기도 하는 것이다. 어쩌면 다음과 같은 언급이 당시 그의 솔직한 심정이었을는지도 모른다.

그는(지식인은—인용자) 혼란한 사실(事實)로부터 무리하게 너무도 조급하게 결론을 얻으려 하지 말고, 그렇다고 지성의 권위를 스스로 버림이 없이 내일을 생각하는 동시에, 더욱 더욱 역사를 회고하여 잠시라도 지성의 수련을 게으르지 않는데, 현세기 지식인이 취할 태도가 암시된다.[33]

지성을 옹호하고 삶의 질서를 염원하던 그는, 지성을 박차고 나오는 행동과, 질서를 깨뜨리는 사실(事實) 앞에서 당혹스러워 하고 있는 것이다. 그러면서도 그는 안간힘을 다해 지성의 힘에 의지하려 한다. "더욱 더욱"이라는 중첩된 부사어가 당시 그의 절박한 마음을 잘 보여주고

33) 최재서, 「사실의 세기와 지식인」, 『조선일보』, 1938.7.2.

있다.

그런데 사실, 이 글이 발표된 1938년은 한국 근대비평사에서 의심장한 해이기도 하다. 중일전쟁이 일본의 일방적인 승리로 진행되고 있었고 (1937년에 일본은 이미 상해와 남경을 점령한 상태였다) 중국 국민당 정부는 수도를 중경(重慶)으로 옮길 만큼 열세를 면치 못하고 있었다. 중국 공산당 역시 대장정을 감행하여 연안(延安)으로 피신한 상태였다. 이처럼 밖으로는 중일전쟁을 통해 일본의 군사력과 위력이 맹위를 떨치고 있었고 안으로는 일본 파시즘체제가 강화되어 내선일체를 위한 여러 조치들이 잇따르고 있었다. 예컨대 1938년 1월 조선에 지원병제도를 실시하겠다는 계획이 발표되는가 하면, 4월에는 국가총동원법이 공포되어 식민지 민중들을 국민이라는 이름으로 전일적으로 통제하고 동원하기 시작했다.

이런 상황에서 최재서는 시국의 문제를 어떻게 처리해야 할지 난감해 하고 있었다. 더구나 임화나 김남천·안함광 등 카프 계열의 비평가들은 '생활'이라는 개념을 내세워 정치 정세에 대해 의도적으로 관심을 두지 않으려는 행보를 보이고 있었다. 이런 상황에서 최재서는 평론가로서 지식인의 역할에 대해 고민하고 있었던 것이다.

4. '사실(事實)'에의 투항과 형식으로의 회귀─소설론

최재서가 소설의 문제에 관심을 집중시킨 것도 바로 이 무렵부터이다. 그렇지만 그는 줄곧 관심을 가져 온 모럴론을 소설의 문제와 생산적으로 연결시키지 못한다. 소설의 주제나 인물의 성격 문제는 작가의 모럴이나 주체 문제와 필연적으로 연결될 수밖에 없는 것임에도 불구하고, 그는 이를 소재의 문제로 격하시키거나, 아니면 스스로 말한바,

비평의 아르바이트 작업으로 국한시킴으로써 현실과 일정한 거리를 유지하려는 자세를 보이는 것이다. 물론 이런 활동 자체가 의미 없다는 것은 아니고 현실과 거리를 유지함으로써 당시 벌어지고 있었던 정치적 국면을 나름대로 넘어서기 위한 자세로 이해될 수도 있다면 관계없지만, 오히려 그것이 당대 사회와 문학의 본질적 문제를 비켜 가거나, 아니면 자의건 타의건 당시 시국에 어느 정도 부응하는 방향으로 작용하고 있어서 문제가 된다.

이것은 장편과 단편의 특질을 검토하는 자리에서부터 이미 예견되고 있다. 그는 단편과 구별되는 장편의 특징이 역사성을 획득하고, 실재성(實在性)을 전체적으로 완전하게 파악하는 데 있다고 정당하게 지적하면서도, 정작 문제를 작품 내의 시간과 공간 같은 형식적 방법으로 해결하려는 인상을 주고 있기 때문이다.

이러한 실재성을 정확하게 포착하려면 인물에게 충분한 시간을 주어서 역사적으로 그 자신을 전개시키게 하지 않으면 아니 된다. 이리하여 파악되는 역사성이 장편소설의 특징의 둘째 항목이다. 근래에 유럽에 가족사소설이 연속 발표되고 우리 문단에서도 그 첫 시험으로서 김남천의 『대하』를 갖게 된 것은 모두 이 역사적 관심의 표현이라고 볼 수 있다. 사실 한 가족의 전통이라든가 운명과 같은 중요한 문제는 사람의 한 대(代)만을 가지고는 불충분하고, 적어도 삼대 쯤은 걸려야 그 충분한 전개를 보일 수가 있다. 물론 이러한 작품들은 다만 시간적으로 역사성을 추구할 뿐 아니라 옆으로 벌어져서 그 사회성(社會性)을 확보하려고 한다. 그렇기에 그들 작품의 인물은 언제나 사회적 전형적 성격으로서 묘사되는 동시에 산 인간으로서 변화한다. 여기서 우리는 실재성을 비로소 그 완전한 상태에서 파악할 수 있다.[34]

장편소설에서 실재성을 파악하기 위한 방법을, 그는 시간과 공간의

---

34) 최재서, 「산문문학의 재검토—장편소설과 단편소설」, 『동아일보』, 1939.3.9~10. 『최재서 평론집』, 338~339면.

확대로 파악한다. 그렇지만 이런 설명은, 잘못된 것은 아니라고 하더라
도 문제의 본질을 정확히 꿰뚫은 것이라고는 할 수 없다. 인물에게 충
분한 시간을 준다고 해서, 혹은 공간적으로 확대한다고 해서, 실재의 전
체성이 확보될 수 있을까라는 물음에 우리는 회의적이다.[35] 그는 장편
과 단편의 문제를 형식 논리적으로만 접근하고 있는 것이며, 이런 형식
논리 속에는 창작 주체의 문제, 모럴의 문제가 해소될 가능성이 잠재해
있다. 다시 말해, 작가가 창작을 하면서 시―공간적 확대를 꾀한다고 할
때에, 주체와 상관없이 실재성을 파악할 수 있으리라는 추론이 가능하
게 되는 것이다. 이런 경향은 이후 논의에서 보다 구체적으로 나타난다.

한편, 당시 창작의 문제를 본격적으로 거론한 글에서 최재서는 문제
의 핵심을 주제의 빈곤에서 찾는다. 그가 특히 소설의 주제에 착목한
이유는 주제가 소설에서 차지하는 위치 때문이다. 그에 따르면 소설에
있어서 주제는 작품에 이야기의 줄거리와 관찰의 초점을 줄 뿐만 아니
라, 작가로 하여금 창작을 지속시키고 작가적 존재를 가능케 하는 근본
적 원리이다. 이는 말할 것도 없이 소설의 핵심적 문제일뿐더러 작가
주체와도 필연적으로 관계되는 문제이다. 따라서 그는 주제의 문제를
거론함으로써 문제의 핵심에 다가서고 있는 셈이다.

실제로 그가 당시 작품을 분석하면서 주제의 빈곤을 지적해 가는 과
정은 설득력이 있다. 최재서가 예로 든 작품들은 이기영의 「수석(燧石)」
과 「설」, 한설야의 「이녕」, 엄흥섭의 「아버지 소식」 등이다. 그는 이 소
설들이 모두 과거 사회주의자들을 소재로 취하는 후일담문학이라는 공
통점이 있다고 본다. 그러면서 또한 이 소설들이 소재와 수법 면에서
진전되거나 개척되고 있지 못한 공통점이 있다고 지적한다. 특별한 모

---

35) 루카치는 장편소설과 서사시가 "모두 개인의 운명을 드러냄에 있어서 개개의 인간
의 행위와 고통을 빌어서 일정한 사회의 본질적 특수성을 드러낼 것을 필요로 한다"
고 말하고, 특히 "자본주의 시대의 장편소설은 사회의 총체성을, 그것을 움직이는 모
순의 생생한 결합 속에서 그릴 수 있다"고 말한다. 게오르그 루카치, 신승엽 역, 「부르
주아 서사시로서의 장편소설」, 『소설의 본질과 역사』, 예문, 1988, 76~78면.

럴도, 주제도 없이, 다만 암담한 정세와 암담한 주인공의 심경만이 맞붙어서 빚어내는 긴장이 있을 뿐이라는 것이다.[36]

최재서의 이런 지적은 충분히 공감할 만하다. 실제로 당시 구카프 계열 작가들의 소설은 암담한 분위기만 보여줄 뿐, 변화된 현실에 대해 작가들이 어떻게 대응할 것인가에 대해서는 답답한 심정만을 토로하는 경우가 많았다. 과거처럼 현실과 유리된 구호와 공식만으로 소설이 되지는 못한다는 점을 그들 스스로도 깨닫고 있었지만, 그렇다고 현실 가운데에서 새로운 전망을 읽어내지도 못하는 형편이었다. 1930년대 후반, 구카프 작가들의 딜레마는 이런 데에 있었다. 최재서가 지적한 주제의 빈곤도 이런 사실을 염두에 둔 것으로 보인다.

그런데 그가 글의 말미에서 제시한 대안을 보면, 이런 분석과는 어딘가 맥락이 통하지 않는다는 느낌이다.

> 농촌이면 농촌, 도회면 도회, 생산이면 생산, 소비면 소비, 기타 어떤 면이나를 물론하고 한번 붙든 이상, 2,3년은 먹을 수 있는 그러고도 지속과 통일을 가진, 그러면서도 그 작품을 '그 시대의 정치적 생활과 도덕과 습속에 관련시킬 만한' 주제가 갖고 싶다.[37]

그의 말처럼 주제의 빈곤은 작가의 모럴 문제와 관계가 밀접한 것인데, 모럴 문제의 해결 없이 위와 같은 주제를 제안한 것은 납득하기 힘들다. 그리고 엄밀히 말해 최재서가 바라는 것이 "지속과 통일"을 가진 주제라면, 오히려 주제의 빈곤이라고 지적된 앞의 작품들이야말로 작가들이 지속적으로 하나의 문제에 매달리고 있다는 점에서 이해할 여지가 많은 것이었다. 이기영이나 한설야는 이미 일관되게 후일담문학에 매진해 온 터였기 때문이다. 그렇지만 그는 엉뚱한 곳에서 해결책을 제안하고 있는 것이다. 농촌·도회·생산·소비 등으로 주제를 바꾸라는

---

36) 최재서, 「현대소설과 주제」, 『문장』, 1939.7.
37) 위의 책, 159면.

말이 그것이다. 문제의 해결이 작가 주체에서 소설의 소재로 넘어간 인상이다. 정작 문제의 궁극적 원인은 작가 주체와 현실로부터 나오는 것임에도 불구하고, 그는 이 문제를 슬쩍 지나치고 있다. 모럴을 강조했던 그의 이론적 입장을 상기한다면, 이 점은 어딘가 석연치 않은 구석이 있다는 생각을 불러일으킨다.

이 같은 문제는 「소설과 민중」이란[38] 글에 오면 조금 분명한 형태로 나타난다. 현재 소설의 침체를 빚고 있는 문단의 현실을 민중과의 관련 속에서 해명하고, 나름대로 대안을 제시한 것이 글의 주된 내용이다. 그는 작가와 민중이 괴리되는 현실에 문제가 있다는 지적을 하고는, 그 이유를 작가들의 교양에서 발견한다. 작가가 지닌 교양을 일반 민중이 쫓아올 수 없다는 것이 그 이유였다. 요컨대 작가가 지닌 교양의 수준을 일반 민중들은 갖추고 있지 못하므로, 민중들이 작품을 이해할 수 없다는 것이다. 다소 의외의 설명인데, 그는 자꾸만 문제의 핵심으로부터 다른 방향으로 벗어나고 있다.

해결 방안 역시 마찬가지이다. 그는 작가들이 민중과 통합되기 위해서는 다시 민중 속으로 들어가던가, 역사소설로 나아가라고 주장하는데, 이때 민중 속으로 들어가라는 의미는 사실(事實)의 세기(世紀)를 인정하고 현실을 받아들이라는 뜻이어서 충격을 준다. 이는 후일담문학과 같은 심각한 주제에 더 이상 침잠하지 말고, 최근에 대두되는 화제로 관심을 옮기라는 말로 들린다.

새로운 시대의 탄생을 위하여 구질서가 파괴되면서 있다. 우선 사실(事實)이 나타나고 또 사실이 결정한다. 이 사실에 의미를 부여하고 가치를 발견하고 아울러 그를 질서화하는 것은 뒷일이다. 이리하여 작가가 사실의 세기를 솔직히 인정하였다는 것은 19세기적 지성의 헤게모니를 스스로 부인한 셈이 되었다. 모든 것은 역사의 힘이다.

---

38) 최재서, 「소설과 민중」, 『동아일보』, 1939.11.7~12; 『최재서 평론집』.

근래에 와서 산문정신이 크게 문제가 되는 것은 까닭 없는 일이 아니다. 산문정신이란 예술적 자아가 고갈에 빠지려 할 때에 언제나 민중 속으로 뛰어들어가서 거기서 새로운 활력을 찾아내려는 정신이다. 그것은 현실을 거부하지 않는 정신이요 민중을 숭배하는 정신이다. 현대에 있어 어느 모로 보나 위기에 서 있는 작가가 모든 지적 자긍을 버리고 민중 속에 용해한다는 것은 불가피한 일이다.[39)]

민중을 숭배하라는 것은 단지 수사(修辭)에 불과하다. 그가 민중 속으로 들어가라고 주장하는 것은, 변화하는 사실(事實)을 인정하자는 의미 이외에 아무것도 아니다.[40)] 그는 같은 글에서 사실이 역사의 힘이라고 강변하기까지 한다. 물론 현실의 논리를 주관적으로 거부하는 것 역시 올바른 태도일 수 없겠으나, 현실을 무작정 인정하자는 논리 역시 위험하다. 더구나 그 현실이 파시즘에 기초한 세계 지배질서를 의미하는 것일 때에는 더욱 그렇다. 이제 그는 사실을 받아들이자고 하면서 급기야 모럴마저 포기하는 것이다. "사실에 의미를 부여하고 가치를 발견하고 아울러 그를 질서화하는 것은 뒷일"이라는 말에서 우리는 힘없이 쓰러지는 주체의 논리를 발견한다.

사실에 투항하자마자 그의 주체는 몰락한다. 그는 서구의 지적 전통에 토대를 둔 부르주아적 합리주의와 개인주의에 더 이상 미련을 보이지 않는 것이다. 그가 이토록 쉽게 주체를 포기하는 것은 그의 주체에 대한 이론적 토대와 관련되어 있다. 지금껏 살펴 왔듯이 그에게 모럴은 분명한 이념적 내용을 갖춘 것이라기보다는 서구적 합리주의에 기반을 둔 고전적 교양의 수준이었고, 그가 모럴을 이해하는 방식 또한 고립된

---

39) 위의 글, 『최재서 평론집』, 387면.
40) 이 시기 '사실(事實)'의 의미는 일제 파시즘이 벌이고 있는 여러 국내외의 일들을 가리키는 정치적 수사(修辭) 개념의 성격이 짙은 용어라고 할 수 있다. 따라서 사실을 받아들이자는 것은 현실을 인정하자는, 다시 말해 일제 파시즘을 하나의 실체로 인정하고 받아들이자는 의미를 갖는다. 이에 대해서는 1938년 12월, 백철이 「시대적 우연(偶然)의 수리(受理)」라는 글을 통해 그런 용어법을 사용하고 있었다.

개인적 차원의 태도에 머문 수준이었다. 이 지점에서 그는 임화와도, 안함광과도, 김남천과도 그리고 김기림과도 길을 달리하게 되는 것이다.

주체의 논리를 포기했을 때, 남는 것은 관찰과 기록이다. 눈에 보이는 대로 적고 옮길 뿐이고, 현실이 흘러가는 대로 자기를 의탁하는 것이다. 그가 보고문학을 유력한 대안으로 제시한 것은 이런 배경을 깔고 있다.[41]

대안으로서의 역사소설도 얼핏 보면 이런 견해와 상충되는 것 같지만, 그렇지 않다. 그는 역사소설을 통해 어떻게 혼돈이 질서화되고 민중이 안정을 되찾는가를 가능성과 현실성의 관계에서 해득할 수 있다고 생각한다. 그러나 이는 주체가 사라진 자리에 들어선, 양식의 논리일 따름이다. 역사소설을 창작하는 주체의 원리는 제쳐 두고, 역사소설이라는 양식에서 모든 가능성을 찾으려고 하는 것이다. 앞에서 우리가 지적한, 장편소설에 대한 그의 형식 논리가 확대 재생산된 셈이다.

한편, 같은 무렵에 그가 '성격'에 대한 의욕을 보이는 것도 이 같은 이론적 지향과 정면으로 모순되는 것은 아닌 듯하다.[42] 물론 이제껏 강조해 왔던 '개성'을 포기하고 '성격'에 대해 비중을 두는 것이, 보편적 가치에 대한 새로운 탐색으로 평가될 여지가 없는 것은 아니다. 현실 정세의 급진전과 모럴론의 동요 그리고 당시 『인문평론』을 주재하면서 만났던 임화와 김남천과의 빈번한 교류 등으로, 사실 그의 성격론에는 다양한 이론들이 중첩되어 있다. 그러나 이것은 앞 절에서도 살펴보았듯이, 주체 건립에 대한 발전적 자기 모색이라기보다는 이론적 혼돈의 성격이 강하다. 그가 말로우의 소설을 분석하면서 한, 다음과 같은 말은 그의 애매한 입장을 잘 보여 준다.

---

41) 최재서, 「소설과 민중」, 『최재서 평론집』, 388면. 그렇다고 보고문학이 김남천의 관찰문학론과 같다고 볼 수는 없다. 최재서는 이미 눈에 보이는 현실을 받아들여야 한다는 식이었다면, 김남천은 그 같은 전제를 달고 있지 않았다. 그는 현실을 설명하는 일체의 논리도 회의하였고 오로지 리얼리즘만 부여잡고 현실에 침잠하였다.
42) 최재서, 「성격에의 의욕」, 『인문평론』, 1939.10; 『최재서 평론집』.

내가 여기에서 주목하려는 것은 성격을 창조하는 힘은 사회적 집단생활에 있다는 것, 그리고 인간이 인간된 소이(所以), 즉 완전한 성격이란 자기 자신을 '초극하고 창조하고 발명하고 이해하는' 인간이라는 두 가지 점이다. 여기서 성격의 내면성과 외면성, 그리고 성격구성에 있어서의 사회의 교섭이라는 문제가 일어난다.[43]

성격 창조의 힘으로 그는 사회적 집단생활을 들고 있다. 그렇지만 그가 말하는 사회적 집단의 함의가 무엇인지는 분명치 못하다. 때로는 계급의 의미로 이해될 수도 있지만, 해석하기에 따라서는 전체주의적 지향으로 읽힐 수도 있는 것이다. 그러나 그가 서구 부르주아의 교양에 기초한 모럴을 포기한 마당에서, 이를 대체할 어떤 주체를 모색하고 있는 것은 분명해 보인다.

그렇지만 그에게 남은 길은 그렇게 많지 않았다. 새로운 주체의 건설로 신체제와 야합하는 것이 그 중 하나라면, 다른 하나는 현실에서 퇴각해서 연구실에 들어앉아, 그의 말마따나 비평의 아르바이트회에 힘쓰는 일이었다. 이 두 갈래 길을 저울질 하다가 결과적으로 그가 택한 길은 신체제와의 야합이었는바, 이 시기 소설에 대한 그의 관심은 이런 저울질의 행위에 속한다고도 할 것이다.

5. 사이비 주체의 등장과 이론의 파멸

그런 점에서 「소설현상 타개의 길」은 그의 이 같은 도정을 집약시켜 보여 준 글이다.[44] 이 글에서 최재서는 심각한 이론적 퇴행을 보여 주

---

43) 위의 글, 『최재서 평론집』, 298면.
44) 최재서, 『조선일보』, 1940.5.8~10.

는데, 그 퇴행이 모럴로서의 주체를 포기하고 사이비 주체를 구성하는 시점과 일치하고 있다는 것은 의미심장하다. 이런 현상은, 부분적으로는 기존의 최재서 문학론이 갖고 있었던 문제점의 구체적 귀결이지만, 부분적으로는 그의 변화된 입장에서 초래된 것이라 볼 수 있을 것이다.

이 글을 지배하고 있는 것은 형식화된 사고와 기능주의이다. 그는 정체(停滯)된 소설의 현상을 타개하기 위해 작가들이 새로운 소재를 개척해야 한다고 주장한다. 문제의 핵심은 소재에 있는 것이므로, 소재가 바뀌면 작가들의 수법도 달라질 수 있을 것이라고 생각한다. 그래서 그가 내놓은 새로운 방안이란, 역사－전기물을 창작하는 것과 생산세계에 작가들이 참여하는 것이다. 작가들은 더 이상 자기 주변이나 내부에서 소재를 짜내려고 무리한 애를 쓸 것이 아니라, 외부에서 소재를 개척할 것을 권고하는 것이다. 그는 여기에서 한 걸음 더 나아가 작가들을 생산현장으로 파견하는 방안을 거론하기까지 한다. 대다수 양심적인 작가들의 시대에 대한 고민을 속화(俗化)시키고 있는 것이다.[45]

이런 형식 논리와 기능화된 사고 속에서는 더 이상 모럴과 주체가 진지하게 논의될 공간이 존재할 수 없다. 이제 그에게 진지한 자기 고민과 탐색의 기대를 거는 것은 어리석어 보인다. 비록 그가 다시 「서사시, 로만스, 소설」이란 글을[46] 통해 소설에서 성격 창조를 갈구하고, 서사시의 정신이 요망된다고 주장하더라도, 이는 사이비 주체에 의지한 것이거나, 의미 없는 공소한 주장에 그친 것에 불과하다.

소설의 로만스화는 세계를 통틀어 현대적인 병폐이지만, 그 중에서도 페이젠트와 멜로드라마로 전향할 지혜도 없이, 다만 소극적인 어떤 기분만을 가지

---

45) 임화의 생산문학론과 최재서의 생각은 그런 점에서 좋은 대비가 된다. 임화가 생산문학을 통해 오히려 일제 파시즘체제를 요령 있게 벗어나가고 있는 데 반해 최재서는 그렇지 못했던 것이다. 이에 대해서는 하정일, 「일제 말기 임화의 생산문학론과 근대극복론」(연세근대한국학연구소 심포지움 발제문, 2006)을 참조.
46) 최재서, 『인문평론』, 1940.8, 11~23면.

고 소설을 쓰려는 이곳 형편은 실로 답답한 일이다. 이때야 말로 서사시의 정신을 연구하고 체득할 일이 아닌가?[47)

1930년대 말, 한편으로는 문학의 통속화에 저항하면서, 다른 한편으로는 소극적으로나마 현실의 논리를 받아들이지 않고 현실과 힘겨운 대결을 보이던 작가들에게 멜로드라마로 전향할 지혜를 운운하거나, 서사시의 정신 체득을 운운하는 것은 이미 그 진실성이 의심되는 대목이었다. 그가 「신체제와 문학」이라는 제목으로 친일적 내용의 강연을 한 것은 이 글을 발표하고 난 지, 3개월 후였다.

최재서가 친일문학의 선봉 『국민문학』을 주재하고, 친일에 누구보다도 앞장섰음은 이미 잘 알려진 대로이다. 서구 부르주아적 교양과 전통에 침윤되었던 그가 서구적 근대의 초극으로 달려간 수 있었던 것은, 주체와 모럴에 대한 고민이 벽에 부딪치면서부터였다. 물론 근대 초극의 논리가 신체제의 논리와 곧바로 연결되는 것은 아니다. 친일의 문제를 쾌도난마식으로 접근하는 자세 역시 필자는 동의하지 않는다. 그러나 최재서의 경우에는 다음과 같은 가설은 가능하지 않을까?
서구에 대해 강한 정신적 지향을 보였던, 그러나 근본적으로 서구인이 될 수는 없었던 그가, 누구보다도 열렬히 서구적 근대를 극복하기 위한 전선에 앞장 선 것은, 그 길이야말로 자기의 근원적 한계를 넘어서는 구원의 힌 방식이리고 생각했다고 말이다.

---

47) 위의 글, 23면.

8

문학의 현실 반영과 의식의 능동성

안함광(安含光)[1]

1. 안함광의 문제성

문학평론가 안함광이 연구자들에게 처음 주목받기 시작한 것은 백

[1] 안함광(본명 安鍾彦)은 1910년 5월 18일 황해도 신천에서 태어나 해주에서 자랐다. 해주고보에 재학중 『조선일보』・『동아일보』의 학생문예란에 시를 여러 차례 발표하기도 하였고, 1930년 11월 『조선일보』에 평론을 발표하면서 정식 등단하였다. 카프 해주지부 일원으로 활동하는 한편으로, 연극운동 단체인 '연극공장'에 가담하였고, 1932년에는 해주청년동맹사건으로 일제 경찰에 의해 체포되기도 하였다(『동아일보』, 1932. 5.21 기사 참조). 그가 문단의 주목을 받게 된 것은 백철과 벌인 농민문학 논쟁부터인데, 이후 평단의 주요 논쟁에 주도적으로 참여하였다. 1939년 일본 와세다 대학에 유학하여 정치학・철학・문학 등을 공부하고, 1941년 귀국한다. 주한 일본대사관 廣報文化院이 1989년 발간한 『일본유학인사명부』에는 안종언이라는 이름으로, 유학기간은 1941년, 전공은 "專政"으로 기록되어 있다(224면). 해방 직후에는 북에서 황해도 예술연맹 위원장, 황해도 임시 인민위원회 총무부장을 맡은 바 있고, 1945년 11월 20일부터 22일까지 열린 전국인민위원회 대표자 대회에 황해도 대표로 서울을 방문하기도 한다(김남식, 『남로당연구』, 돌베개, 1984, 132・140면). 이후 북조선 문예총 제1서기장,

철과 벌인 농민문학 논쟁 때문이 아닌가 한다.2) 그러나 그때만 하더라
도 안함광은 그것 말고는 딱히 주목할 만한 비평적 세계를 갖지 못한,
이른바 군소비평가들 중의 한사람으로 여겨졌었다. 그러다가 그가 본격
적으로 연구자들의 관심을 끌게 된 계기는 진보적인 일부 학자를 중심
으로 전개된 카프 해소·비해소파 논쟁이었다. 1930년대 후반기의 비평
을 민족문학운동사의 전개 과정이라는 관점에서 재조명하기 시작한 이
논쟁을 통해, 논쟁의 한 당사자인 김재용은 그를 카프가 지향했던 문학
이념을 끝까지 고수한 사회주의 리얼리스트로 고평하여 연구자들의 관
심을 환기시켰던 것이다.3) 그리하여 안함광은 비로소 본격적인 관심의
대상으로 떠올랐고 연구자들의 상반된 해석과 평가를 받게도 되었던
것이다.

다시 말해 카프 해소·비해소파 논쟁이 1930년대 후반의 비평사를
조명하면서 임화(林和)와 더불어 안함광의 비평을 어떻게 해석·평가하
느냐를 두고 전개되었던 만큼, 그의 평론은 논쟁에 참여하고 있던 연구
자들에게 관심의 대상으로 떠오르게 되었다. 그리하여 연구자들이 그의
평론을 두고 내린 평가만 보더라도 혁명적 낭만주의4) 또는 가장 올바
른 의미에서의 사회주의리얼리즘5) 그리고 자연주의6) 등에 이르기까지

　　김일성종합대학 교수 등을 역임하면서, 북한의 초창기 문학 이론과 문예정책을 수립
　　하는 데 핵심적 역할을 하지만, 1960년대 들어 숙청된 것으로 보이며 1982년에 사망하
　　였다. 안함광이 지은 『최서해론』(조선작가동맹출판사, 1956)에 그의 약력이 개략적으
　　로 소개되어 있다.
　　2) 백철, 『신문학사조사』, 백양당, 1947; 김윤식, 『한국 근대문예비평사연구』, 일지사, 1976.
　　3) 김재용, 「카프 해소·비해소파의 대립과 해방후의 문학운동」, 『역사비평』, 1989년
　　가을.
　　4) 하정일, 「30년대후반 리얼리즘론과 민족문학의 구도」, 『민족문학의 이념과 방법』, 태
　　학사, 1993.
　　5) 연세대 대학원 국문과, 「1930년대 후반 반파시즘 인민전선과 사회주의리얼리즘의
　　변전과정」, 『1930년대 통일전선과 리얼리즘의 제 문제』, 연세대 대학원 심포지움자료
　　집, 1990; 김재용, 「안함광론」, 『1930년대 민족문학의 인식』(이선영 편), 한길사, 1990;
　　김재용, 「중일전쟁과 카프 해소·비해소파」, 『현대문학의 연구』 3집, 평민사, 1991.
　　6) 류보선, 「안함광 문학론의 변모과정과 리얼리즘에 대한 인식」, 『관악어문연구』 15집,

다양하면서도 상반된 양상을 드러내고 있다.

그러나 이런 평가와 해석들은 1930년대 후반 안함광의 문학론을 온전하게 해명하는 데에는 충분치 못하다는 생각이다. 물론 카프 해소·비해소파 논쟁이 안함광을 한국 근대비평사에서 학문적으로 당당히 '복권'시킨 공을 세우기도 했지만, 논쟁에 참여하는 논자들이 자기 견해만을 좇아 그의 문학론을 해석함으로써, 안함광의 전체적 면모를 파악하는 데에 지속적으로 이론(異論)을 제기하도록 만든 것이 아닌가 한다. 다시 말해 1930년대 후반 안함광의 고민과 이론적 모색을 전체적으로 조명하기보다는, 평가만이 급급하게 내려진 감이 있었다는 것이다. 결국 이들 논문에서는 자료를 해석하고 평가하는 연구자들의 견해만이 도드라짐으로써 정작 안함광의 모습보다는 연구자들의 입장이 전면에 나서게 되는 경우가 없지 않았다. 이런 현상은 논쟁이라는 형태로 연구가 진행되었다는 점을 감안한다면 이해할 수 있는 일일 터이나, 지양되어야 할 문제인 것도 사실이다.

따라서 필자는 이런 저간의 사정을 문제점으로 삼아 글의 일차적인 목적을 안함광의 문학론을 이해하고 설명하는 것으로 삼으려 한다. 과연 그가 1930년대 후반이라는 상황에서 당파성을 끝까지 고수했느냐, 아니면 과거 카프의 성과까지도 무화시키는 자연주의로 일탈했느냐, 아니면 유물론을 신앙의 차원으로 신봉했던 반근대주의자였느냐[7] 등으로 단정 짓기 전에 그의 문제의식을 이해하여 해석과 평가의 다양한 가능성을 가늠해 보려는 것이다. 이것은 안함광 문학론의 이론 구조를 그 내부로부터 재구성함으로써 가능할 것이다. 비평 원문을 그의 문제의식과 이론적 구도를 존중하면서 읽어 내고, 그런 과정에 분석과 해석이 유기적으로 조응할 때 안함광 문학론의 전모가 온전하게 복원될 수 있으리라 믿는다. 당연히 여기에는 그의 비평이 놓여 있던 1930년대라는

서울대 국문과, 1990; 구재진, 「1930년대 안함광문학론 연구」, 서울대 석사논문, 1992.
7) 김윤식, 『한국문학의 근대성 비판』, 문예출판사, 1993.

시대적 특징도 고려되어야 할 것이며 아울러 이 과정에서 그 시대가 품고 있는 비평사적 의미 또한 우회적으로 드러날 수 있을 것이다.

본론에서는 우선 1934년부터 1936년경에 이르는 창작 방법 논쟁 시기의 문학론에서부터 검토를 시작해서, 시기적으로 주체건립론과 리얼리즘론을 차례로 살펴보려 한다. 필자가 이렇게 창작 방법 논쟁부터 논의를 시작하는 까닭은 한국의 근대비평사가 이 지점에서 일종의 전환을 맞이한다는 판단 때문이다. 창작 방법 논쟁을 거치면서 비로소 우리 비평은 미적 반영론을 체득하게 되며, 거기에서 이룬 이론적 성과가 1930년대 후반 내내 자양분이 되는 것이다.[8] 따라서 창작 방법 논쟁 시기에 보여 준 안함광의 이론적 고민과 성과는 이후 그의 비평 행적을 살피는 데, 중요한 출발점이 된다.

2. 사회주의리얼리즘 논쟁과 반영론의 수용

안함광이 반영론을 받아들이는 것은 사회주의리얼리즘 논쟁을 거치면서 부터였다. 애초에 그는 사회주의리얼리즘에 별다른 의미를 부여하지 않다가, 그것이 내포한 반영론적 의미를 인식하고 태도를 바꾸게 된다. 1936년 5월 30일부터 6월 10일까지 『조선일보』에 연재되었던 「창작 방법 문제 논의의 발전과정과 그 전망」(이하 「전망」으로 약칭함)은 안함광의 이 같은 변화된 인식을 알 수 있는 글이다. 이 글에는 당시 안함광이 문학을 어떻게 이해했었는가가 잘 나타나 있을 뿐만 아니라, 미적 반영론에 대한 이해의 수준도 잘 드러나 있다. 안함광의 문학 이론을 재구성

---

8) 연세대 대학원 국문과, 앞의 글.

하려는 본 절에서는 이 글을 시작으로, 그가 어떤 각도에서 반영론을 이해하고 있었는가를 검토함으로써, 이후 전개될 그의 문학 이론의 방향을 가늠해 보고자 한다. 이런 작업은 그의 문제의식을 추적한다는 의미와 아울러, 안함광 리얼리즘론의 구조와 성격이 어디에서 연원하고 있는가를 알아본다는 의미를 갖기도 한다. 요컨대 안함광의 문제 설정과 문학 이론의 출발점을 재구(再構)하는 것이 본 절의 목적인 셈이다.

「전망」은 문학의 중심에 리얼리즘이 놓여야 할 필연성을 역설하고, 사회주의리얼리즘이 조선이라는 현실에서 어떻게 구체화될 수 있을 것인지를 서술한 글이다. 이것은 사회주의리얼리즘 논쟁에 참여하면서 안함광 나름대로 얻은 이론적 성과물이기도 하다.

안함광은 프랑스의 경우를 예로 들면서, 리얼리즘의 정당성을 역사적으로, 문학적으로 입증해 간다. 그의 설명 논리란 어떤 예술형태이든, 그것이 시대의 정치·경제적 조건—그는 이를 생활적 조건이라는 말로도 표현한다—에 결정적으로 의존한다는 것으로 요약된다. 이것은 시대의 생활적 조건의 변화가 일정한 원리에 따라 발전하듯이, 거기에 의존하고 있는 문학예술의 발전도 일관된 원리가 있다는 것을 의미한다. 안함광이 프랑스의 경우를 예로 들면서 역설하려고 한 것도 이 점이었다. 즉 자본주의 발흥에서 보는 것처럼 역사가 변증법적 발전 과정을 겪듯이, 사회의 산물인 문학도 그런 역사 발전에 의존한다는 설명이다. 실제로 그는 프랑스의 고전주의와 낭만주의 그리고 리얼리즘이 어떻게 역사 발전과 궤를 같이하는가를 비교적 상세히 설명한다. 그리고 궁극적으로 그는 이런 설명을 통해 리얼리즘이야말로 역사 발전의 산물이요, 지난 연대의 문학적 경향을 종합한 것이라는 점을 입증하려고 한다.

다시 말하면 현대 리얼리즘은 고전 자연주의(안함광은 고전 자연주의와 고전주의를 혼동해서 사용하나, 그가 말하는 것은 오늘날 우리가 말하는 고전주

의의 의미에 가깝다—인용자)에로의 복귀가 아니라 고전 자연주의와 근대 로
맨티시즘과의 통일 종합물로서 산출된 것이라는 데서 많은 교훈을 받지 않아
서는 아니 될 것이다.[9]

위의 인용에서 보듯이 안함광은 리얼리즘이 하늘에서 떨어진 것이
아니라 문학사 발전의 구체적 결과라는 점을 강조한다. 이런 설명은 궁
극적으로 조선문학에서 리얼리즘의 정당성을 옹호하기 위한 하나의 전
제이다. 그는 일부 평론가들이 과거 프로문학의 도식성만을 확대해서
마치 프로문학은 문학적으로 저열한 것처럼 생각하는 이른바 '속화(俗
化)된 리얼리즘' 이해를 바로 잡으려 한다. 그래서 프로문학의 도식주의
적 편향을 "당시의 미숙한 사회적 상세(狀勢)에서 비롯된 시발적(始發的)
단계의 현상"으로 이해해야 한다고 주장하게 되는 것이다. 프랑스의 경
우와 똑같은 것은 아니지만 프로문학의 도식성은 프로문학 자체의 결
함이나, 창작 방법이 지닌 근원적 오류이기보다는 노동자 계급이 아직
성숙하게 발달하지 못한 상황에서 빚어진 필연적 현상으로, 리얼리즘이
발달하면서 자연스럽게 지양될 하나의 낭만적 편향이라는 설명이다.

이런 설명을 통해 우리는, 안함광을 당대의 사회적 조건과의 관련 속
에서 문학의 변화와 발전을 설명하고, 이해·평가해야 한다고 생각했음
을 확인할 수 있다. 이것은 문학을 특정 계급의 이데올로기가 표현된
결과로밖에 생각하지 못했던 과거의 편향에서 안함광이 이미 벗어나
있다는 것을 의미한다. 게다가 계급관계의 표현 이전에 객관적 현실로
부터 문학의 발전을 설명하고 있는 사실로 미루어 볼 때, 그가 초보적
인 형태로나마 문학이 당대의 사회적 조건과 관계를 반영한다는 미적
반영론을 인식하기 시작했음도 짐작할 수 있다.

그러나 한편, 그는 문학을 사회적 조건으로만 환원시켜 설명함으로써
문학의 자율성에 대해서는 상대적으로 취약한 인식을 드러낸다. 이것은

---

9) 안함광, 「창작방법 문제 논의의 발전과 그 전망」, 『조선일보』, 1936.6.2.

같은 시기 임화가 형상론(形象論)을 통해 문학의 특수성에 착목한 것과 비교되는 바가 있다. 프랑스의 사례를 설명하면서도 그는 문학의 제 경향을 모두 정치·경제적 조건으로만 환원시켜서 설명하고 있거니와, 문학에 대한 이런 접근은 자칫, 문학이 전적으로 그 시대의 사회·경제적 조건에 의해 결정된다는 경제 결정론으로 떨어질 우려도 있음을 유의해야 한다. 따라서 그가 프랑스 리얼리즘의 한계를, 자본주의 체제가 낳은 모순과 연결시켜 근본적으로 극복될 수 없는 것으로 본 것도 의미심장한 대목이다. 물질적 조건이 바뀌지 않고서는 문학의 질적 변화도 불가능하다는 생각이 여기에는 깔려 있는 것이다.

그런데 다른 한편 생각해 보면 인함팡이 문학을 규정하는 요소로 사회적 조건만을 강조했던 것은 아니다. 주지하다시피 그는 일관되게 세계관을 옹호해 왔고, 발자크나 고골리의 예가 세계관 배격의 근거로 애용되는 것에 대해서도 비판적인 시선을 거두지 않고 있었다.10) 그에게 새로운 리얼리즘이란 "새로운 생활 체제를 위한 인간적 노력의 역사적 현현기(顯現期)에 있어서 그의 예술적 방법으로서" 선택된 것이었다. '새로운 생활 체제를 위한 인간적 노력'이라는 말은 인간의 능동적 역할에 대해서도 그가 비중을 두고 있음을 반증하는 것일 텐데, 사회주의리얼리즘을 이해할 때에도 그는 혁명적 낭만주의의 중요성을 '의식의 능동성'이라는 점에서 적극 평가한다.

사회주의 리얼리즘은 (…중략…) 사회적 발전의 행정에 있어서의 사회적 의식의 반작용을 인식하며 그가 사회발전의 객관적 법칙을 정당히 반영하면 할수록 사회적 의식의 역할은 증대한다는 사회발전 행정에 대한 변증법적 이해,

10) 안함광은 발자크와 고골리의 예가 갖는 의미를 다음과 같이 설명한다.
"이는 요컨대 작가의 주관적 의도와 그 작품의 객관적 의의는 반드시 일치되지만도 아니한다는 것에 대한 경고인 동시에 이론예술학의 통속화에 대한 정당한 반격 이외에 그 아무것도 아닐 것이니 선배들의 이 긍긴한 명제가 예술의 '세계관'에 대한 경원한 사상을 이론 붙여줄 성질의 것이 아닌 것에 대하여는 췌언을 요할 바 아니다."(안함광, 위의 글, 『조선일보』, 1936.6.5).

즉 유물론적 모사론을 그의 철학적 기저로 하고 있는 것이다.[11]

그는 사회주의리얼리즘을 인식론적으로 이해하는 면모를 보인다. 인간의 의식은 사회 발전의 합법칙성을 인식할 수 있으며, 그런 인식만이 능동적으로 사회의 발전을 앞당길 수 있다는 마르크스주의적 인식론에 기초하여, 사회주의리얼리즘을 이해하고 있는 것이다. 이렇게 인식론에 강하게 경사된 점은 안함광의 리얼리즘론이 지닌 기본적 특징이다. 임화가 이미 낭만정신론을 발표해서 주관의 역할을 강조한 터였지만, 변증법적 인식론의 토대에서 사회주의리얼리즘을 총체적으로 이해하려 한 그의 노력은 충분히 주목할 만하다.

그런데 여기에서 문제는 그 인식의 주체가 더 이상 이론적으로 설명되지 못한다는 점이다. 어떻게 해야 인간은 현실의 합법칙성을 인식할 수 있고, 의식의 능동성을 갖는가 하는 점이 설명되지 않는다. 그것이 주체 내부로부터 고유하게 나오는 능력인지, 아니면 외부로부터 주어진 것인지 그의 이론 구조에서는 알 수 없다. 그는 사회적 존재들 간의 변증법적 교호관계를 말하고는 있으나, 이것은 의식이 존재에 의지하고, 의식은 다시 존재에 반작용을 한다는 명제 차원이지 방법론적 구체성 속에서 설명되지는 않는다.[12]

이런 문제는 자연스럽게 앞에서 언급한 문학에 대한 토대의 규정성 문제와 연결되어 안함광 문학 이론에서 긴장 요소로 작용한다. 즉, 문학이 토대에 의해 규정을 받으면서도, 이렇게 능동적 역할을 하는가라는 문제가 우리의 관심사로 떠오르게 되는 것이다.

결국 「전망」에서 우리가 확인할 수 있는 예술에 대한 안함광의 이해 방식은, 첫째, 문학이 현실을 반영함으로써 한 사회나 시대의 물질적 조

---

11) 위의 글, 『조선일보』, 1936.6.4.
12) 하정일은 안함광의 사회주의리얼리즘에서 드러나는 이런 편향을 혁명적 낭만주의가 지배적 계기로 작용한 데서 찾는다. 하정일, 앞의 책 참조.

건에 의해 결정된다는 것, 둘째, 문학의 현실 반영 과정에서 사회 발전의 객관적 법칙을 인식함으로써 의식이 능동적 역할을 한다는 것으로 정리된다. 이 같은 안함광의 문제 설정은 조선적 특수성 탐구로 나아가는바, 여기에서 어떻게 인간의 의식 또는 인식 능력이 반영 과정에서 능동적인 역할을 할 것인지가 그의 이론적인 과제였다. 따라서 반영 과정에 있어서 인간의식의 능동적 역할이 합리적으로 해명될 수 있는 것은 안함광의 리얼리즘론을 해명하는 데에 핵심적인 문젯거리이다.[13] 사실, 현실 반영의 문제와 의식의 능동성이란, 이후 그의 문학론에서 핵심적인 축을 형성하는 요소이기도 하다. 이 두 문제가 갈등과 긴장을 형성하면서 안함광 특유의 이론을 추동시켜 나간다고 해도 과언이 아닐 만큼, 그것은 절대적인 영향력을 행사하고 있다. 그런 점에서 안함광의 문학론은 이때부터 인간의식의 문제가 강하게 대두되기 시작하는 것이라고 할 수 있다.

3. 현실 극복 논리로서의 정열과 감성―휴머니즘론 비판

1937년에 들어와 안함광은 당시 문단 초미의 관심사로 제기되었던

---

13) 안함광은 조선 문단에 사회주의리얼리즘을 적용시켜야 한다든가, 혹은 그래서는 안된다든가와 같은 류의 문제의식을 가지고 있지 않았다. 그는 사회주의리얼리즘을 원칙적 진리, 일종의 원리 체계로 이해해서, 조선 현실에 대한 면밀한 탐구의 결과에 따라 유연하게 적용시켜야 할 것이라고 생각했던 것이지, 그것을 조선에 수용할 것인가 말 것인가의 문제에 대해서는 큰 의미를 부여하지 않았다. 안함광에게는 조선의 현실과 거기에 기반한 이론이 중요했을 뿐, 사회주의라는 수식이 중요했던 것은 아니었다. 그에게 반영론은 현실에 기초한 이론의 구체성을 구축할 일종의 방법론이었던 것이다. 그는 실제로 「전망」에서 "창작방법의 진실한 현실적 구상화를 위하여 조선의 특수한 사회적 조건, 문학적 현실 등이 진지한 탐구의 대상이 되지 않아서는 아니 될 것을 거듭 역설한다"고 말하고 있다.

휴머니즘론에 대해서도 독자적인 발언을 하기 시작한다.[14] 휴머니즘론이란 카프가 해산되어 문단의 주류가 상실되고 난 후 본격적으로 전개된 평단의 쟁점이었다. 이 논쟁은 우선 파시즘이 대두하기 시작한 현실에 대해 지식인들이 어떻게 대응할 것인가 하는 문제를 내포하고 있었다는 점에서 의미를 갖는다.[15] 카프가 이미 해산되어 버리고 파시즘이 만연한 이 변화된 현실에서 지식인들은 거기에 어떻게 대처하고, 어떤 방법으로 싸워나갈 것인가 하는 문제가, 그 논쟁 안에는 잠재되어 있었다. 그것은 곧 작가 주체의 설정 문제와 무관하지 않은바, 현실에 대처하고 싸우는 존재로서 작가가 어떤 방향에서 그리고 어떤 이념적 근거를 가지고 현실에 임할 것인가 하는 점과 밀접히 관련된다. 휴머니즘론의 연장선에서 행동주의·지성·모럴이 논의된 것 역시 현실의 변화에 대해 작가들이 주체를 어떤 방향에서 설정할 것인가 하는 방법을 찾기 위한 노력들이었다.

안함광도 휴머니즘 논쟁에 대해 "진보적 혁신적 요소를 거세당하고 있는 역사적 전환기에 있어서의 새로운 사회의 해방, 새로운 사회적 인간의 탐구를 의욕하는 것"[16]이라고 말함으로써 그 의미를 적지 않게 생각한다. 그렇다고 해서 그가 논쟁의 선편을 쥔 김오성(金午星)이나 백철(白鐵)의 입장에 동조했던 것은 아니다. 그는 오히려 백철 류의 휴머니즘을 자유주의·문화주의라고 공격한다. 그렇다고 이런 공격이 자유의 의미나 문화의 중요성까지 부정하면서 이루어졌던 것은 아니고, 다만 자유에 대한 요구가 자유주의로, 문화에 대한 강조가 문화주의로 빠지는

---

14) 안함광은 이미 1935년 백철의 인간묘사론을 반박하는 글에서, 인간이란 태어날 때부터 물질에 의해 제약되는 사회적이고 역사적인 존재임을 역설한 바가 있다. 안함광, 「인간묘사론 시비에 관하여」, 『조선중앙일보』, 1935.11.29~12.3.

15) 휴머니즘 논쟁에 대해서는 김영민, 『한국근대문학비평사』(소명출판, 1999)를 참조할 것. 참고로 김영민 교수는 휴머니즘 논쟁의 의의를 사회주의리얼리즘과의 관련성, 프로문학의 지속성 여부에 대한 논자들의 태도 여부, 동반자 작가 논쟁과의 관련성에서 찾고 있다.

16) 안함광, 「지성의 자유와 휴머니즘의 정신」, 『동아일보』, 1937.6.27~7.2.

것을 경계하려는 의도에서 비롯된 것이었다.17)

그렇다면 안함광이 생각했던 휴머니즘이란 어떤 것이었는가. 그는 휴머니즘 논의를 크게 세 방면으로 나누어 정리하는데, 그것은 모럴의 문제와 행동주의의 문제 그리고 지성의 문제로 대별된다.

그는 우선 모럴에 대해 그것이 지향하는 방향성의 측면에서 회의적인 시선을 거두지 않는다. 모럴이란 말에는 파시즘과 야만주의의 공세에 대해 어떤 방향에서 맞설 것인지가 분명하게 제시되어 있지 않다는 것이 그의 생각이었다. 이렇게 방향성을 분명히 알 수 없는 모럴 논의란 자칫 논의가 엉뚱한 방향으로 흐를 수 있다는 설명도 덧붙인다. 안함광은 모럴에 대한 논의 자체가 합리적 방향으로 나아갈 것을 보장할 수 없다는 한계를 안고 있다고 결론 내린다. 한편, 그는 행동주의에 대해서도 행동을 이끌 지도성이 구체적으로 어떤 것인지 알 수 없다고 말함으로써, 행동주의의 한계를 지적한다. 지성 역시 마찬가지이다. 지성은 실천과 유리되어 '온실성'만 드러낼 뿐, 불안의식을 극복할 힘으로 작용하지 못하고 있다는 것이 그의 생각이다. 결국 그는 문단에서 쟁점이 되는 휴머니즘 논의가, 하나같이 방향성과 지도성을 결여하고 있다는 점을 들어 적극적인 가치를 부여하지 않는다.

이렇게 보아 온다면 그가 어떤 문제의식을 가지고 휴머니즘 논의에 참가하게 되는가를 짐작할 수 있다. 그것은 변화된 현실에 대처하기 위한 방향과 문인들을 그 방향으로 이끌 지도 원리에 대한 탐색이었다. 그에게 휴머니즘론이란 "혈육적인 지도성을 갈구하며 마지않는 과정이고 그와 동시에 새로운 삶에로의 자각적인 계기"였던 것이다. 카프가 해산되고 문단의 중심이 상실된 현실에서 그는 휴머니즘 논의가 과거처럼 문단을 지도하고, 문단이 나아갈 방향을 제시하는 역할을 해 주기 바랐다.

---

17) 안함광, 위의 글 참조.

이는 파시즘이 강화되어 가는 시기, 문학에 종사하는 문인이나, 지식인들이 어떻게 살아가야 할 것인가의 문제와 밀접한 연관을 갖고 있는 것이기도 하다. 지도성이나 방향성이란 넓게 보아 결국 인간 주체가 영위하는 삶의 추동력과 원리를 의미하는 것일 터이며, 삶을 살아가는 것도, 문학을 하는 것도 결국은 작가나 지식인 주체에게로 귀속되기 마련이다. 따라서 지식인들이 변화된 현실에 대응하기 위해 새로운 지도성을 수립하는 문제와 삶의 문제는 곧바로 연결된다. 그가 휴머니즘론에 기대를 걸었던 것도 파시즘이 횡행하는 현실에서 지식인들이 삶의 문제와 문학의 문제를 거기에서 안내 받을 가능성을 간파했기 때문이다. 그렇다면 여기에서 안함광이 생각하고 있던 휴머니즘의 내용이란 것도 자연스럽게 도출된다.

> 현금 바바리즘에 대한 인간적 자각이 시대적 동향을 진실면에서 파악하여 현실의 가면을 박탈하고, 있을 수 있는 가능(可能)의 세계, 있어야 할 의욕(意慾)의 세계에 대한 휴머니즘적 정열의 연소를 묘파할 때, 그 가운데는 생신(生新)한 역사적 지도성이 자기 스스로 주선적(主線的) 지위에서 관류 유출될 수 있을 것이며, 따라서 그는 현실에 대한 가장 작열한 집착과 극복의 의욕으로써 현출될 수 있을 것은 용이히 이해할 수 있는 문제다.[18]

안함광에게는 행동주의도, 모럴도, 지성도 휴머니즘을 구현할 방법이 되지는 못하였다. 그 모두 역사의 방향성을 논의 내부에 포함하고 있지 않기 때문이었다. 그에게 중요한 것은 역사의 지도성이고, 이것은 '있어야 할 가능의 세계, 의욕의 세계'에 의해 보장되는 것이어야 했다.[19] 특히 의욕과 가능이 중요한 것은 현재의 현실이 만족스럽지 못한, 극복되고 지양되어야 할 현실이라는 점과 관계있다. 현실이 지양되어 다다라

---

18) 안함광, 「현대문학 정신의 모색」, 『조선일보』, 1937.11.14.
19) 여기에서 안함광이 말하는 '가능의 세계'나 '의욕의 세계'란, 물론 마르크스주의에 기초한 역사의 발전 방향을 암시한다.

야 할 세계에 대한 전망이 안함광이 말한 '가능의 세계요 의욕의 세계'였다. 현실을 극복한다고 할 때, 극복의 방향이 마련되지 못하였다면, 그것은 진정한 극복은 아닐 것이다. 그런 점에서 안함광은 휴머니즘 논쟁에서 의욕과 가능의 세계라는 우회적 표현을 통해 여전히 사회 변혁의 꿈을 포기하지 않은 것으로 추측된다.

그러나 여기에서 한 가지 더 주목할 것은 안함광이 단순히 가능과 의욕의 세계만을 구두선(口頭禪)처럼 외친 것이 아니라는 점이다. 위의 인용문을 잘 읽어보면 알 수 있듯이, 그는 "시대적 동향을 진실 면에서 파악해"야 한다던가, 혹은 "현실에 대한 가장 작열(灼熱)한 집착"이라는 말로 현실인식의 중요성을 힘께 강조하고 있다. 현실에 대한 인식과 현실의 발전에 대한 신념이 어우러질 때, 역사적 지도성도 자기 스스로 '관류(貫流), 유출(流出)' 된다는 생각을 갖고 있었던 것이다. 안함광의 휴머니즘론은 이렇게 '있어야 할 의욕의 세계에 대한' 정열을 갖고 현실을 인식하는 것으로 요약된다.

안함광이 휴머니즘론을 말하면서도 리얼리즘을 강조했던 것은 이런 측면에서 이해할 수 있다. 현실을 진실 면에서 인식하고, 현재의 국면을 극복하자는 것은 리얼리즘과 무관한 것이 아니었고, 오히려 리얼리즘을 통해서만 온전하게 실현될 수 있는 것이었기 때문이다. 그가 '휴머니즘적 의욕을 리얼리즘으로 연소'시키자고 주장한 것도 이런 이유에서였다.

이렇게 보면 안함광이 휴머니즘론에 접근하는 방식은, 앞 절에서 살펴본 사회주의리얼리즘론에 대한 그의 인식과도 밀접히 연결됨을 알수 있다. 현실에 대한 반영과 의식의 능동성이 그가 이해한 사회주의리얼리즘론의 요체였다면, 휴머니즘론에 대해서는 '현실에 대한 가장 작열한 집착과 극복의 의욕'이 핵심 내용으로 되어 있다. '현실 반영'이 '현실에 대한 집착'으로, '의식의 능동성'이 '극복의 의욕'으로 바뀌었을 따름이다. 사회주의리얼리즘 논쟁을 통해 그가 다다른 문학관이 휴머니즘론에서도 지속적으로 관철되고 있는 것이다.

그러나 한 가지 아쉬운 것은 반영의 문제와 의식의 문제, 객관 현실의 문제와 주체의 관계가 여전히 해명되지 못하고 있다는 점이다. 휴머니즘론에서는 상대적으로 '극복의 의지'와 '있어야 할 의욕의 세계에 대한 정열'이 강조되고 있을 뿐, 현실에 대해 이런 의지와 정열이 어떻게 개입하고 연관되는가 하는 관련성이 체계적으로 해명되지는 못하고 있다. 냉정하게 말해 안함광에게 의욕과 가능의 세계는 현실인식의 영역과 별개의 존재인 것처럼 여겨진다. 그러다 보니 주체가 가져야 할 의지와 정열은 마치 선험적으로 주어진 것처럼 해석될 여지마저 생긴다. 안함광에게 주체가 어떻게 '가능의 세계', '의욕의 세계'를 인식하고 그것을 자기 것으로 할 수 있는가는 이미 의문의 대상이 아니다. 그렇다면 주체의 의지와 정열은 결국 이미 이전부터 확보되어 있는, 이론 이전의 것이거나, 주체의 의지 혹은 신념으로밖에는 이해되지 않는다.

미루어 짐작컨대 아마 안함광은 이를 주체의 세계관으로 설정하고 있는 듯하다. 그가 주체의 세계관이야말로 현실을 인식하고 극복할 수 있는 근본 조건이라고 생각했을 가능성은 농후하다. 주지하는 바와 같이 그는 사회주의리얼리즘 논쟁 때부터 세계관의 중요성을 남달리 강조해 온 터였기 때문이다. 최소한 그는 진보적 세계관을 갖고 있는 주체 자체에 대해서는 일관되게 옹호하는 자세를 보여 왔다. 이런 안함광의 자세가 1930년대 후반이라는 상황에서 빛을 발하는 것은 틀림없는 사실이다. 백철·박영희는 말할 것도 없지만, 김남천 역시도 수체에 대한 회의를, 고발이라는 이름으로 공공연하게 거론하던 터였기 때문이다. 그러나 안함광의 입론을, '구체적 현실에 대한 구체적 대안'이라는 측면에서 생각해 본다면 당위론에 치우친 감이 없지 않다. 작가들이 극복의 의지를 가지지 못하기 때문에 문제가 되는 상황인데, 이론적 틀을 벗어난 자리에서 아무리 극복의 의지를 가지라고 외친 들, 그것은 작가를 지도할 현실적 방법론이 되기보다는 당위적인 주장으로만 받아들여질 가능성이 큰 것이다. 그러나 이런 우리의 판단은 최종적인 것은 아니다. 1938년을 넘어가면서 안함광 그 스스로도 구체적인 대안을 모색하는 고민을 보여 주고 있을 뿐만 아니라, 주체의 문제에 대해서도 전면적인 재검토를 시작하고 있기 때문이다.

이렇게 안함광이 주체의 문제를 본격적으로 검토하기 시작한 것은, 과거와 달라진 현실을 앞에 두고 많은 작가들과 연대함으로써 파시즘의 대두에 대처하기 위한 의도에서 비롯된 것이었다. 중일전쟁이 터지고, 유럽에서는 나치스트와 파시스트들이 득세하는 마당에서 현실은 도무지 종잡을 수 없게 흘러가는데, 과거처럼 단순히 몇몇 공식으로 채워진 세계관만을 외친다고 해서 문제가 해결될 수는 없었음을 그 스스로도 자각했을 터였다. 휴머니즘 논쟁은 비록 서양의 논의를 소개하는 데에서 비롯되었지만, 그 문제의식만큼은 조선의 특수한 현실을 기반으로 한 것이었고, 그 근저에는 작가와 지식인들의 주체 문제가 자리 잡고 있었다.

안함광이 모윤숙의 「렌의 애가」나 이태준의 일련의 작품들, 이상의 「날개」를 평가하면서 평가의 척도를 '작가의 눈'에서 찾아, 이를 작가의 이데올로기와 결부시킨 것도 당연히 문제를 작가의 주체로부터 찾으려는 문제의식의 소산이었다. 물론 그는 작가의 눈을 거론하면서도 핵심은 그것이 현존 질서에 야합하는가, 아니면 현실을 극복하는 방향으로 '의욕'하는가에 있다는 점을 분명히 함으로써 기존의 입장을 일관되게 견지해 나간다.[20] 그에게 최대의 현안은 현실을 극복할 '의욕, 혹은 의지'에 있었던 것인데, 그 방법으로 주체의 자세를 논한다는 점에서 안함광은 이제 단순한 당위론으로부터 벗어나기 시작한다.

그렇다면 그가 내놓은 대안이란 무엇인가? 결론부터 말하자면 그것은 사상과 감성의 통일이다. 그런데 그는 작가들이 현실에 대해 보다

---

20) 안함광, 「조선 문학의 현대적 상모」, 『동아일보』 1938.3.19~25.

적극적인 가치 평가를 해야 한다는 의도에서 감성의 중요성을 더욱 역설한다. 그래야 사상도 살아날 수 있다는 것이다.

> 누구를 특히 사랑할 수도, 누구를 특히 미워할 수도 없는 미온의 상태! 이는 예술가에 있어서는 그의 자살을 의미한다. 왜냐하면 선을 사랑하고 불선(不善)을 미워하는 정열 없이 객관세계에 있어 진리와 성실을 추구할 수 도저히 없기 때문이다.
> 이와 같이 우리의 감성이 그러한 치열한 정열에 의하여 특징된 성격을 갖고 진리와 성실을 추구하는 것일 때, 우리는 그곳에서 비로소 사상과 감성의 통일이라는 아름다운 장면에 도달할 수 있는 것이며 우리는 또 이러한 경지에서만 현재 성론(成論)되는 바 모럴 문제도 해결할 수 있는 것이라 생각한다.21)

이렇게 안함광은 주체가 가져야 할 자세로 감성 문제를 제기함으로써, 작가들이 현실에 대해 무기력해 하고 현실을 설명하는 것에만 머무는 태도를 지양할 수 있다고 생각했다. 작가들은 정열로 뭉친 감성으로 현실에 예민하게 반응하고, 그를 통해 비로소 현실에 적극적·능동적으로 개입하게 된다는 것이다. 현실과 이성이 상극(相剋)하는 현재의 무기력한 분위기에서는 휴머니티를 갖는 감성에 의지해야 객관세계에 대해서도 진리와 성실을 추구할 수 있다는 생각이다. 안함광의 대안은, 감성에 의지해 현실을 적극적으로 평가하고, 무기력에서 벗어나 새로운 의욕을 갖자는 것으로 요약된다. 미와 추, 선과 악, 진리와 거짓에 대한 감성적인 판단이 사상과 연결될 때 작가들이 가셔야 할 바람직한 주체적 자세가 될 수 있다는 이런 생각은 경청할 만한 내용임에는 틀림없다. 이런 주장은 특별히 세계관이나 의지를 내세우기 이전에 보편적인 인간 감성으로 파시즘체제에 대한 비판의식을 확보할 수 있다는 의미로도 읽힐 수 있다.

그러나 문제는 감성이 그것 자체로만 존재할 경우, 다시 말해 이성의

---

21) 위의 글, 『동아일보』 1938.3.25.

영역과 조응되지 못하는 경우이다. 안함광은 이에 대해 감성이 진리와 성실을 추구함으로써 사상과 통일을 지향한다는 점을 강조해, 그럴 가능성을 차단하고 나선다. 그렇지만 어떤 경로와 원리로 감성이 진리와 성실을 추구할 수 있으며, 사상과 통일된다는 것인지는 설명되지 않는다. 잘못하면 감성은 그가 그토록 강조했던 방향성과 지도성을 상실할 가능성도 안고 있다. 그렇지 않다면 안함광은 주체가 지닌 감성에 이미 선험적인 방향성을 전제한 것이라고 생각할 수밖에 없다. 그에게 감성과 정열은 당연히 그리고 의심할 것도 없이 진리와 성실을 추구하는 존재로 설정된 듯한 인상이다. 그가 감성을, '선을 사랑하고 불선(不善)을 미워하는 정열'이라고 규정했을 때, 선과 '불선'을 판단하는 기준의 문제는 이미 주체에게 주어진 것처럼 설정되었다는 사실도 이와 무관하지 않다.

이런 입론을 통해서는 개별 작가나 지식인들이 왜 일관된 자기의 의지를 갖지 못하고 고민하는가의 문제가 해명되지 않는다. 안함광의 설명대로라면 감성에 충실하고 그것이 나아가 진실하고 성실하다면 문제가 풀리는데 과연 현실은 그렇게 마음먹은 대로 흘러가지 못했던 것이다. 그렇다면 그는 선·악의 판단기준의 문제는 이미 주체 내부에 내재되어 존재하는, 논의 이전의 것이라고 판단했거나 아니면 그것을 고민할 코드가 존재하지 않았던 것인지도 모른다. 선악이라는 가치판단의 문제는 안함광에게 이론(理論) 이전의 신념의 차원이거나 탐구의 대상이 아니었다.

안함광을 이렇게 비판하는 이유는 그것이 1930년대 후반이라는 시대적 조건을 염두에 두었기 때문이다. 즉, 많은 작가들이 현실에서 진리를 발견하지 못하고 창작의 무력을 느끼는 것이 당시의 솔직한 사정이었다면 그리고 과거에 가졌던 신념을 더 이상 지켜 가지 못했던 것이 문단의 한 대세였다면, 진리와 신념만을 교조적으로 강조하는 것이 현실적 대안이 될 수는 없는 문제이다.

그는 작가가 현실의 객관적 본질을 인식할 수 있다는 것, 역사는 발전한다는 것에 대해서는 어떤 회의도 하지 않았다. 안함광 식대로 생각하자면 그것은 작가의 의지 문제였다. 작가가 현실을 부정하려는 의욕과 정열을 가지면 가능하다는 것이 그의 설명인 것이다. 그런데 문제는 그가 문인 주체들이 어떻게 하면 현실의 본질을 인식할 수 있겠는가에 대해 그 이상의 설명을 하지 못하고 있다는 점이다. 그의 설명을 연장해 가면 작가 주체는 의지만 있으면 현실의 본질을 당연히 인식할 수 있는 것, 그래서 주체는 마치 선험적으로 현실을 인식할 수 있는 능력을 가진 존재로 설정되었다는 점이 그가 다다른 한계였다.

4. 생활의 발견과 그 너머에 존재하는 초극(超克)의 논리—지성론

그러나 안함광 역시 정체된 평론가는 아니다. 역동하는 현실에 대해 그는 끊임없이 사유하고, 자기 갱신의 길을 걸어간다. 안함광이 지성(知性)에로 논의의 핵심을 옮기게 되는 사실에 접하면서, 우리는 그에게 이론적 진전의 가능성을 기대하게 된다. 감성과 다르게 지성이란 이성의 영역일뿐더러, 감성과 어울려 현실을 인식·평가할 수 있는 계기로 작용할 가능성이 있기 때문이다.

그가 지성론을 제기하는 배경을 살펴본다면 이 점은 더욱 분명하다. 안함광은 이제껏 견지해 오던 작가의 세계관이나 이데올로기·사상의 문제를 유보하면서 지성을 그 대안으로 내놓는다. 이는 선험적인 도식을 거부하고, 현실 속에서 진리를 발견하기 위한 의도라고 볼 수 있는데, 특정 사상을 내세움으로써 많은 양심적 작가를 배제하게 되는 우려를 불식시키려는 뜻도 담겨 있다. 더구나 강화되는 파시즘체제와 전쟁

동원 체제에 맞서 많은 작가들의 연대가 필요함을 그 역시도 인식하고 있었다고 할 것이다. 안함광은 지성을 통해 그것이 가능하다고 보았다. 그런 점에서 그가 지성에 부여하는 의미는 세계관에 견줄 만한 것이었다. 이는 주체에 대한 전면적인 재검토라고 할 수 있는데, 그가 이토록 지성에 의미를 부여하는 이유는, 지성이야말로 현실을 합리적으로 지양시킬 사상을 발견·창조·구체화하는 계기라고 판단했기 때문이다.

> 지성이란 진리탐구의 광의의 기술이며 '모멘트'라는 것을 이해할 필요가 있다고 생각한다. 다시 말하면 지성은 그 자율성을 위협하는 외부세계를 합리적으로 발전시킬 그러한 사상의 발견, 창조, 또는 구체화를 획득하는 '모멘트'인 것이다.[22]

따라서 지성은 새로운 지도정신으로 주체를 건립하기 위한 방법인 동시에, 새로운 지도사상을 구체화시킬 때까지 지식인들이 견지해야 할 과도적 주체이기도 하다. 지성 자체가 목적이 아니라, 지성을 통해 주체화된 사상을 발견하려는 목적이기 때문이다.

결국 안함광이 지성을 내건 데에는, 현재의 상황이 지식인들로 하여금 상호 연대할 수 있는 지도사상을 찾아가는 것이 필요하다는 현실 판단이 작용한 때문으로 이해할 수 있다. 그는 당시의 국면을 파시즘이 강화되고 있는 때라는 것을 분명히 감안하고 있었다. 게다가 지도정신이란 과거처럼 외부에서 일방적으로 주입한다고 해서 갖게 되는 것이 아니라는 사실을 깨달은 결과이기도 하다. 과거 카프의 오류는 바로 이런 데서 비롯되었던 것임을 그 스스로도 지적하고 있다.[23]

그런데 여기에서 중요한 변화가 바로 그가 사상 또는 세계관을 유보하기 시작했다는 점에 있다. 지성을 통해 주체화된 사상을 발견하자는

---

22) 안함광, 「지성의 자율성의 문제」, 『조선일보』, 1938.7.10~16.
23) 이에 대해서는 안함광, 「조선 문학의 정신검찰」(『조선일보』, 1938.8.23~31)을 참조할 것.

주장에는 이제껏 그 자신이 강조했던 세계관을 내세우기가 어려운 처지임을 스스로도 인정하고 있다는 추론이 가능한 것이다. 물론 이를 두고 여러 해석이 가능하다. 안함광이 파시즘이 득세하는 시절, 그에 맞서기 위해 광범위한 지식인의 연대를 중요하게 생각한 결과 세계관을 내세우기보다 지성을 연대의 매개로 생각했다는 평가도 가능하지만 다른 한편으로는 그만큼 그가 이제껏 고수해 왔던 세계관을 유보함으로써 현실과 타협해 들어간다고도 해석할 수 있는 것이다. 그러나 그의 지성론을 검토해 보면 아무래도 전자라고 보는 편이 타당할 듯하다. 위 인용문에서도 그는 지성을 "자율성을 위협하는 외부세계를 합리적으로 발전시킬 그러한 사상"을 발견하는 계기로 이해하고 있기 때문이다. 그는 지성론을 매개로 지성을 옹호하는 모든 양심적 작가들을 하나의 전선으로 다시 묶을 수 있을 것이라는 기대를 하고 있던 듯하다. 현재의 국면에서 세계관을 강하게 내세우는 대신에, '지성'이라는 보다 커다란 틀을 가지고 지식인들이 광범위하게 연대할 수 있는 가능성을 모색하고 있었던 것이다.

이렇게 보아 온다면 안함광이 말하는 지성이란 단순히 현실을 분석하고 설명하는 지적 능력만을 의미하는 것이 아니라는 것을 알 수 있게 된다. 만약 그렇다면 지성은 현실 극복을 위한 주체의 방법론이 되기보다는, 오히려 고상한 취미나 교양, 이런 저런 지식의 집적물과 다를 것이 없기 때문이다. 게다가 그런 지성이란 현학 취미에 빠져 외부의 실재 세계에 대한 무관심으로 기울 가능성도 있다. 이런 점에서 안함광은 직관적 개성이란 매개항을 설정함으로써, 지성을 현실에 대한 가치판단의 계기가 강하게 결합된 것으로 상정한다. 그의 말을 직접 빌어 본다면, 그것은 "일정한 사회의 규정을 자각코(하고—인용자) 그를 초극—합리적, 역사적으로 발전시키려는 행동의 속성"에 다르지 않은 것이다.[24]

---

24) 안함광, 「지성의 자율성의 문제」, 『조선일보』, 1938.7.15.

지성으로 현실을 인식하되, 보다 더 적극적으로 현실에 개입해서 그것을 평가하고, 종국에는 현실을 지양시킬 행동으로까지 나아가는 것을 그는 염두에 둔 것이다.

결국 그가 주체의 방법으로 내놓은 지성이란 현실에 대한 인식을 기반으로 하면서도, 현실을 극복하려는 능동적 의지가 강조된 것이다. 우리가 앞에서 살펴본, 선을 사랑하고 악을 미워하는 감성도 지성의 성질인 직관적 개성에 포괄된다. 실제로 그는 지성과 감성의 통일 위에 문학의 기둥을 세워야 한다고 역설하기도 한다.[25] 안함광이 상정한 지성 안에는 현실에 대한 인식의 계기와 현실을 평가하여 초극하는 계기가 모두 남겨져 있다는 섬에서, 지금까지 그의 이론적 입장이 발전·송합된 것으로 볼 수 있다.

특히 「조선 문학의 정신검찰―세계관, 문학, 생활적 현실」은 독립된 주체론이라고 부를 수 있을 만큼 주체에 대한 심화된 인식을 보여 준다. 그런데 재미있는 것은 이것이 카프 시절의 문학을 전면적으로 재평가하는 것과 동반되고 있다는 점이다. 그가 주체 재건이라는 말보다 주체 건립이란 말을 내세웠던 것도 카프에 대한 평가와 무관한 것이 아니었다.

'재건'을 운위하기 이전―좀 더 명확히는 조선 문학에 있어 경향문학 정신이 지배세력이던 당시를 지칭해하는 말이라고 규정해도 좋다! 이렇게 생각해 볼 때, 왕시(往時) 조선 신흥문학의 응결적(凝結的) 중심세력이던 그 자체가, 앞에서 말한 바와 같이 국제적 시대사상에 대한 단순한 존경적(이 말은 '신념적 혈육화'와의 상대적 성격으로서 사용하고 있는 것임은 두말할 것도 없다) 이데올로그들의 집합적 성격에 불과하였다는 사실은, 지금에 있어 운위되어지는 바, '재건' 필요 이전의 '주체'의 성격도[26] 결국 우리가 희구하는 바 예

---

25) 안함광, 「문학의 기둥을 어디에 세우나」, 『조선일보』, 1938.12.20.
26) 안함광 평론의 문장은 동시대의 다른 평론가와 비교해서도 매우 투박하고 난삽하다. 단어나 문장이 유려하지 못해서, 이해하는 데 어려움을 겪는다. 여기에서 말하는 "'재건' 필요 이전의 '주체'의 성격도"라는 말은 주체재건론이 나오기 이전의 주체의 성격, 즉 프로문학에서의 주체의 성격을 가리키는 것으로 이해된다. 사소하다면 사소한 문

술적 창조의 주인공적 위치의 것이 못된 것이었다는 것을 말하고 있음이나 아닐까!

　다시 말하면 이전에는 실천에 의하여 혈육화된 주체적 인식, 주체적 세계관을 가지고 있던 것이 그 이후 일익(日益) 가압(加壓)되는 객관적 제약 때문에 분열되어진 것이 아니라, 좀 더 간단히 말하자면 이전에는 문학과 생활이 합리적으로 통일되어 있던 것이 급변하는 외부적 제압에 의하여 이원적으로 분열되었다는 것이 아니라, 그와는 반대로 애초부터 문학과 생활의 합리적 통일을 갖고 있지 못하던 소시민적 지식인이 오늘이라는 시대적 특질과 예술적 창조기에로의 전환에 있어, 적응성, 행동성, 자유성의 보다 가혹한 박탈을 받게 되었고 동시에 자신의 무력을 더욱 절실히 느끼게 된 데 불과하다.[27]

조금 긴 인용이긴 했지만, 그는 여기에서 카프 시절의 주체란 온전한 의미의 주체가 아니었다는 과감한 발언을 하고 있다. 애초부터 주체의 성격은 소시민성에 기반을 두었던 것이므로 문제가 있었다는 것이다. 그가 이렇게 카프를 전면적으로 비판하고 나선 것은 세계관에 대한 그의 생각이 바뀌었기 때문이다. 우리는 지금까지 안함광이 감성이나 지성의 문제를 거론함으로써 세계관, 혹은 작가 주체의 문제에 지속적인 관심을 가져 왔다는 것을 검토해 보았다. 그는 이제 카프 맹원들이 그토록 강조했던 세계관이 단순히 수입된 사상에 의존한 관념적 지식이었음을 반성하게 되는 것이다. 요컨대 세계관이 생활과 매개되지 못했기에 그것은 작가들에게 주체화될 수 없었다는 생각인 것이다. 세계관을 운위할 때 특히 생활이 중요한 이유는 "예술세계란 언제나 두뇌적 이데올로기가 말하는 세계가 아니라 주체의 생활만이 말할 수 있는 세계"이기 때문이다.[28] 문학예술의 특수성에 비추어 도식적 이데올로기

제이지만 안함광의 이런 문장은 비평가로서 그가 충분히 인정받지 못하는 이유가 되는 것처럼 보이기도 한다. 개인적인 의견을 피력하자면 안함광의 이런 문장은 문학의 한 장르로서 평론을 생각하는 입장에서는 심각한 단점이라고 생각한다.

27) 안함광, 「조선 문학의 정신검찰」, 『조선일보』, 1938.8.28.
28) 위의 글, 『조선일보』, 1938.8.25.

의 위험을 경계하고, 생활에 토대를 둔 주체적 사상의 중요성을 그는 비로소 자각한 것이다.

그러나 속단하지는 말자. 안함광은 카프를 부정하는 것이 아니라 반성하고 있는 것이다. 그는 카프의 이런 문제점이 당시로서는 어쩔 수 없는 시대적 특질이고 '원시적 계몽성' 때문이었다고 이해하는 자세를 보여 준다. 그가 주체에 대한 심화된 인식에 도달할 수 있었던 것도 과거에 대한 이와 같은 진지한 반성이 뒤따랐기 때문이다. 그는 경박하게 과거를 무조건 부정하려고 하지도 않았고, 현재의 현실을 추종하지도 않았다.

이런 반성 끝에 내놓은 안함광의 주체선립 방법은 기본적으로 현실의 본질에 대한 인식을 강조하는 것에서 출발한다. 진정한 의미에서 주체를 건립하기 위해서는 작가의 생활적 조건, 작가가 생활하는 현실에 대한 인식이 선행되어야 하며, 그로부터 세계관도 창조된다고 설명한다. 그는 이것이 시대적 고민의 근본조건과 교섭함으로써 가능하다고 본다. 다시 말해 작가들이 주체화된 세계관을 가지려면, 자신의 생활적 근거를 인식하고 시대적 고민의 근본조건과 교섭해야 한다는 것이다. 요컨대 그는 생활과 매개된 현실을 인식하는 것으로부터 세계관을 주체화하는 길도 열린다고 생각하고 있다.

이런 의미에 있어서 현금의 작가들은 우선 자신의 생활적 현실에 대한 솔직한 시찰(視察)과 인식—실천의 태도로부터 출발하여 혈육화된 주체적 인식을 갖고 현실의 가치를 가급적 재현할 수 있는 새로운 세계의 의거처를 발굴해 나가야 할 시기라고 생각되어진다.
그러나 이는 있어야 할 의욕의 세계, 또는 있을 수 있는 가능의 세계와 작가의 생활적 현실 사이에 어떤 장애를 설치하는 거와 같은 태도를 의미하는 것은 아니다. 그렇다고 하는 것은 작가의 생활적 현실이라고 하는 것은 연못과 같이 정체되어 있는 것이 아니라 그와 반대로 언제나 유동 발전하는 것이며 작가는 모름지기 그의 발전을 구체상에 있어서 합리적으로 파악해 나가야

할 것이기 때문이다.[29]

이렇게 안함광은 작가를 둘러싸고 있는 구체적인 현실에서 출발할 것을 강조한다. 이때 생활적 현실이란 관념적으로 조작된 현실이 아니라 작가 주체가 살아가는 바로 그 현실을 가리킨다. 이런 점에서 안함광의 주체에 대한 입장은 이전과는 다르다. 더 이상 당위적인 주체를 상정하고 있지도 않고, 주체를 선험적으로 주어진 것으로 여기지도 않으며, 주체의 신념에 대해 흔들림 없는 신뢰를 보내지도 않는다. 생활이라는 공간 속에서 살아가는 구체적 존재가 작가 주체인 것이다.[30] 이런 주체는 이제 실천을 통해 현실을 인식하고, 인식을 통해 현실에 능동적으로 개입한다. 그리고 궁극적으로 세계관도 그 과정에서 싹트게 되는 것이다. 그가 현실인식의 방법으로 주체의 실천을 강조한 것은 매우 중요하다. 주체가 어떻게 객관 현실과 관계를 맺는가를 그는 실천으로부터 시작하고 있다.[31]

안함광이 반영론을 받아들여 다다른 주체론은 이와 같은 것이었다. 과거 카프의 오류를 극복하면서, 동시에 파시즘이 횡행하는 현실에 맞서 작가들의 시대에 대한 인식을 강조한 것은, 결론만 보자면 특별할 것이 없을지라도, 그 나름의 치열한 고민 끝에 내려진 구체적 방법론이었다. 게다가 그는 현실을 인식하는 과정에서 실천의 계기를 강조함으로써, 그 구체성의 질을 한층 높이고 있다. 김남천이나 최재서가 주체의 문제를 언급하면서도 주체—객체의 변증법적 관계를 자기의 이론 속에 구체화시키지 못한 것을 생각한다면, 안함광의 이 같은 주체에 대한 이해는 주목할 만한 것이다.

---

29) 위의 글, 『조선일보』, 1938.8.31.
30) 이런 점에서 류보선이 안함광의 생활 개념에 대해 자연주의적이라고 규정한 것은, 그의 문제의식을 너무 과소평가한 것이다. 류보선, 앞의 글 참조.
31) 임화는 이미 1937년에 「사실주의의 재인식」(10월), 「주체의 재건과 문학의 세계」(11월)에서 주체에 있어 실천의 의미를 입론한 터였다.

그러나 한편, 안함광이 주체를 사유하는 방식 자체는 이전과 크게 달라지지 않았다는 점에 주목해야 한다. 그는 여전히 현실에 대한 인식이란 축과 현실의 극복이라는 축에서 주체화의 문제에 접근하고 있다. 그런데 문제는 현실에 대한 인식과 현실을 극복하려는 의욕, 다른 말로 하면 현실 반영의 문제와 의식의 능동성의 문제가 여전히 통합되지 못하고 있다는 데 있다. 그가 상정한 실천도 인식의 계기로만 작용하고 있을 뿐, 극복의 의욕은 그 외부에 자리 잡고 있다. 이런 점에서 안함광의 문학론은 임화와도 그 궤를 달리 하고 있다.

조금 도식화시켜 말해, 임화가 창작과 실천에 대한 이론을 구축하는 과정에서 일관되게 주―객 변증법을 관철시키고 있다면, 안함광은 인식 과정에만 주―객 변증법을 개입시킨다. 임화에게 인식과 실천, 주체와 객체는 이론을 구성하는 그물망의 한 매듭처럼 엮여 있는 것이라면, 안함광의 이론 구조에서 현실인식과 주체의 의지는 별개로 나누어진 독립 요소이다. 따라서 그는 인식이 어떻게 의욕으로 상승하는가, 의욕이 어떻게 인식에 작용하는가를 총체적인 구도에서 해명하지 못한다. 작가 주체의 의지의 문제는 여전히 인식의 외부에서 개입되는 존재로 설정되어 있다. 주체를 생활의 한 복판으로 끌어 내렸으면서도, 그는 여전히 주체의 의지와 정열에 커다란 기대를 품고 있는 것이다. 물론 그는 "있어야 할 의욕의 세계, 또는 있을 수 있는 가능의 세계와 작가의 생활적 현실 사이에 어떤 장애를 설치하는 거와 같은 태도를 의미하는 것은 아니"라고 말하고 있지만 그것이 이론 안에서 합리적으로 해명되고 설명되지 못하고 있다.

그가 사실주의를 옹호하는 한편으로, 환경의 초극을 테마로 하는 역사적 픽션(fiction)을 강조한 것 역시 이 같은 이론 구조의 연장이다.[32] 그가 이해한 사실주의 속에는 물론 이 두 계기가 모두 포함되어 있다. 낭

---

32) 안함광, 「불안, 생의 사상, 지성―사실이냐? 낭만이냐?」, 『비판』, 1938.11.

만주의를 반대하면서 사실주의를 옹호한 근거 역시 이것이다. 그러나 환경의 초극이나 역사적 픽션의 설정이, 현실 반영과 원리적으로 결부되지 못함으로써, 그의 리얼리즘론은 두 편향의 가능성을 지니게 된다. 즉, 초극의 의지만이 강조될 경우, 그것은 주체의 독단적 신념으로 나아갈 가능성도 지니게 되고, 현실 반영의 문제만이 전면에 나서는 경우, 그것은 현실에 침잠하는 속화된 리얼리즘으로 나아갈 가능성도 배제할 수 없게 되는 것이다.

5. 현실과 유토피아, 반영과 초월—리얼리즘론

안함광은 「조선 문학의 정신검찰」 이후, 주체론에 상응하는 리얼리즘론을 본격적으로 내놓기 시작한다. 리얼리즘론에서도 현실의 인식과 초극의 문제는 매우 중요한 요소임을 알 수 있다. 예컨대 안함광이 리얼리즘론에서 비중을 두어 거론하는 진실성의 논리나, 허구성(fiction)의 논리 역시 앞의 두 범주가 변형된 형태로 이해된다. 문학에서 픽션의 논리를 강조하는 이유가 "환경에 대한 초극이라고 하는 것은 반드시 새로운 질서를 요망하는 세계이고 이 새로운 질서의 세계는 하나의 의욕의 세계일뿐으로 결코 가시(可視)의 현실은 아니기 때문이"라고 말하는 점을 보면, 픽션의 논리는 초극의 의지가 연장된 것임을 알 수 있다.[33] 픽션의 논리에는 유토피아에 대한 그의 강한 열망이 담겨 있다.

그런데 그가 이해한 픽션론은 현실인식의 문제를 배제하지 않는다. 픽션이 비록 의욕의 세계를 염두에 둔 것이지만, 그것은 "현실의 역사적

---

33) 안함광, 「성격 구조와 허구성의 요구」, 『조선일보』, 1938.12.17.

필연성에 대한 신념을 기반으로 함이 없이는 나타날 수 없"다는 생각을
했기 때문이다.[34] 그가 나찌스트의 로맨티시즘을 예로 들어 역사적 필
연성을 결여하고 있다고 비판한 것도 이런 구도 속에서 가능한 것이었
고, 혁명적 낭만주의를 사회주의리얼리즘에 있어서 낭만적 계기로 위치
조정한 것도 마찬가지이다.[35] 이것은 그가 현실 반영의 문제와 현실을
초극하는 의식의 논리 사이에서 균형을 잡으려는 시도로 이해된다.

  소설을 구성하는 원리를 설명하는 자리에서도 이런 구도는 일관되게
관철되고 있다. 그는 작가가 픽션의 논리를 가져야 작품을 창작할 때
소설의 다양한 부분들을 하나의 일관되고 유기적인 틀로 연결시킬 수
있다고 하면서도, 그것이 진실성에 토대를 누지 않으면 안 된다고 강조
한다. 그런 점에서 '진실성'의 문제와 '픽션'의 논리는 상호 보완적 관
계이다. 소설 작품의 구체적 분석 논리로 등장하는 묘사와 설화(說話) 개
념도 그렇다. "묘사가 객관의 세계를 자기 성격으로 하는 것임에 반하
여, 설화란 그와는 반대로 주관의 자기표현을 특성으로 하는 것이겠는
데, 언제나 훌륭한 소설이란 주관과 객관의 통일 위에서만 창조되어질
수 있는 것"이라는 설명은 그가 반영의 문제와 초극의 의지를 강조한
데에서 나온 것이다.[36] 그가 말하는 설화는 사실 '서사', 임화 식으로
말해서 '말하려는 것'과 다르지 않은 개념이다. 그가 리얼리즘을 이해할
때나 소설론을 말할 때나 현실 반영의 문제와 현실 극복의 문제는 항상
동반 논리로 등장한다. 그는 리얼리즘을 이 두 계기의 종합으로 파악하
고 있는 것이다. 안함광이 보기에 진실성과 허구성의 결합, 서사와 묘사
의 종합이 바로 리얼리즘이었다. 그가 『고향』을 리얼리즘의 전범으로
제시한 이유도 이 때문이다.

---

34) 위의 글.
35) 안함광, 「문학의 진실성과 허구성의 논리」, 『인문평론』, 1939.12.
36) 안함광, 「로만논의의 제과제와 『고향』의 현대적 의의」, 『인문평론』, 1940.11.

실로 『고향』은 일정한 '문학의 논리'를 관철한 구성의 세계를 갖는다는 점에서도 특징적이어니와, 그 구성으로 하여금 성과를 거두게 한 내재적 요인은, 정(正)히 설화와 묘사의 종합에 있다는 것은, 특기하지 않을 수 없는 하나의 시사(示唆)이다.[37]

그러나 안함광의 리얼리즘론에는 진실성과 허구성의 논리가 상호 보완 관계일 뿐, 이원적으로 분리되어 있다는 문제점을 안고 있다. 이 두 범주가 하나의 원리 체계로 통합되지 못하고 있는 것이다. 엄밀한 의미에서 진실성의 논리는 픽션의 논리를 포섭하는 것으로 분리될 수 있는 것이 아니다. 이것은 반영론 자체가 현실 극복의 계기를 이미 그 이론 안에 포함하고 있는 것과 마찬가지이다. 그럼에도 불구하고 안함광은 픽션의 논리를 독립적 범주로 설정한다. 그런 까닭에 허구성의 논리는 진실성과 더불어 리얼리즘의 두 축으로 기능하게 되는 것이다. 그러나 진실성과 허구성의 논리는 상호 보완적인 관계가 아닌, 인간이 세계를 인식해 가는 총체적 과정의 다른 측면일 뿐이다. 그런데 안함광은 이를 서로 다른 요소로 이해하는 성향이 강하다. 그에게 현실과 유토피아, 반영과 초월은 동전의 양면이면서도, 하나가 될 수 없는 그런 것이었다.

이런 문제점은 한식(韓植)과 개성(個性) 논쟁을 벌일 때에도 이미 예견되었다. 그는 현실을 전체성에서 동적(動的)으로 파악해야 함을 정당하게 강조하고, 이를 위해서는 작가가 개성적 태도를 갖는 동시에 위대한 보편성, 또는 객체와 통일되어야 가능함을 역설한다. 이런 입장이야 충분히 공감할 만하고, 정당한 것이지만 그는 개성적 주체가 현실의 구조 속에서 어떻게 보편성에 이르게 되는가를 밝히기보다는 이미 설정된 보편성과 개성이 교섭되는 것 그리고 개성과 보편성의 관계만을 강조하는 것으로 논의를 이끌어 간다.[38]

---

37) 위의 글, 31면.
38) 안함광, 「문학에 있어서의 개성과 보편성」, 『조선일보』, 1939.6.28~7.1.

그의 전형론이 형식화된 것처럼 보이는 이유도 여기에서 기인한다. 그는 전형을 어떤 그룹 전체를 우수하게 대표하는 것으로 보고 있는데, 이는 형식화된 전형론의 표본이다.

특질 없는 보편성만을 가진 것이 유형이라고 하면 보편성 없는 특질만을 가진 것이 개성이라 할진대 그와 반대로 전형이란 어떤 그룹 전체를 우수하게 대표하는 것을 이름이 아닐까?[39)

설령 개성과 유형의 통합을 전형이라고 한다 하더라도 여전히 문제는 남는다. 전형이란 문학의 특수성을 인식하는 데서 비롯되는 예술적 인식과 창조의 과정으로, 과학의 인식 과정과는 다르다. 과학적 인식이 도달한 결과가 보편성이라고 할 때, 문학적 전형은 그 보편성에 개성을 첨부하는 식으로 창조되는 것이 아니다. 문학이 현실을 형상으로 인식한다는 공통점을 지니면서도, 리얼리즘이 중요한 이유는 그것이 바로 현실을 전형화시켜 현실의 본질에 육박한다는 점에 있다. 이때 전형화란 예술적 인식의 고유한 측면을 가리킨다. 전형은 운동의 과정이고, 예술적 창조 과정을 가리키는 개념이다. 그러나 안함광은 이를 개성과 보편성의 정태적인 통합이나 어떤 그룹 전체를 대표하는 것이라고 안이하게 말한다. 그 과정에 대한 설명은 없이 결론만이 덩그렇게 남은 형국이다. 게다가 보편성이란 전형화 과정에서 자연스럽게 드러나는 것임에도 불구하고 그는 마치 그것이 선험적으로, 혹은 당위적으로 설정된 것인 양 생각하는 인상을 준다. 그렇게 되면 보편성의 문제가 이론 탐구의 대상에서 제외되는데, 이는 그의 이론이 지닌 문제점으로 우리가 앞에서 이미 지적한 바이기도 하다.

결국 안함광의 리얼리즘론은 그의 주체론과 조응하는 것임을 알 수 있는데, 그 나름의 고민과 탐색의 결과이기는 하지만 이론 내적 균열을

---

39) 안함광, 「개성논의와 가치의 리버럴리즘」, 『조선일보』, 1938.12.23.

보이고 있음은 부인할 수 없다고 하겠다.

6. '사실(事實)'을 넘어서는 주체의 논리—사실정신(事實情神)

한편 1938년에 들어서 조선의 평단에서는 '사실(事實)'의 문제가 점차 논의의 대상으로 떠오르기 시작한다. 최재서가 1938년 7월 『조선일보』에 「사실의 세기와 지식인」이라는 글을 발표하고, 이어서 8월에는 임화가 『동아일보』에 「사실의 재인식」이라는 이름으로 '사실'을 어떻게 처리해야 할 것인가 하는 자신의 고민을 보여 준다. 백철 또한 12월 『조선일보』에 「시대적 우연의 수리(受理)」라는 글을 통해 예의 '사실수리론(事實受理論)'을 내놓기도 한다.

문단에서 이렇게 사실의 문제가 중요한 논란거리로 등장한 것은 간과할 수 없는 중요성을 함축하고 있는데, 그 이유는 바로 '사실'이란 용어가 함축한 의미 때문이다. '사실'이란 용어는 P. 발레리가 역사의 객관성을 부정하고 역사에 대한 불신을 표명하면서 사용되었다. 발레리는 역사란 단시 '사실'의 집적에 불과하며 역사가의 주관에 의해 사실들이 선택되고 배열되는 것이므로 역사의 객관성이란 보장될 수 없다고 본다.40)

'사실의 세기'라는 논리가 당시 지식인들에게 풍미하기 시작한 것은 진보적 지식인들이 품고 있었던 역사 발전에 대한 믿음, 주체에 대한 신뢰가 흔들리는 상황이란 것을 암시해 준다. 오랜 동양문화의 상징인 북경은 중일전쟁으로 인해 이미 제국주의자들에게 함락되었고, 서구의

---

40) 류제식, 『뽈 발레리 연구』, 신아사, 1983, 103면.

파시즘도 이제 지식인들의 대응을 허락하지 않을 만큼 현실적 힘과 논리를 갖기 시작하고 있었다. 좌파 지식인들의 정신적 고향인 모스크바도 이런 현실에 적극적 대응을 하지 못하는 상태였다. 세계 도처에서 벌어지는 그 같은 현상은 그것이 아무리 정당성이 없는, 부정되어야 할 사태라고 하더라도, 하나의 거대한 흐름으로 자리 잡아 가고 있었던 것만은 틀림없는 '사실'이었다. 그래서 지식인들은 역사의 발전이란 과연 가능한 것인지를 근본적으로 되묻기 시작하고 있었다. 이는 필연적으로 진보에 대한 근본적인 물음을 동반할 수밖에 없었고, 현실을 인식하는 주관, 명석판명(明晳判明)한 이성에 대한 의문을 제기하는 것으로 나아갈 수밖에 없었다.

따라서 '사실'을 대하는 주체의 입장, 사실을 인식하는 주관의 역할에 대한 논의가 조선의 평단에서도 관심사로 떠오르게 된다. 백철이 '사실수리론'을 통해 현재 세계사적으로 벌어지는 사건들을 '사실'로서 있는 그대로 받아들여야 한다고 말한 것은 주체의 존재와 주관의 능력에 회의를 표명한 사건이었다.

일관되게 주체의 의지를 강조해 왔던 안함광 역시 「시대의 특질과 문학의 태도」라는 글에서 '사실'의 문제를 전면적으로 다룬다.41) 부제가 "사실에 임하는 사실의 정신"이라고 되어 있는 이 글에서, 그는 현재의 혼돈을 극복하기 위한 주체의 자세를 다음과 같은 유추로 암시한다.

> 유성은 지구의 입장에서 보면, 때로는 퇴행하고 때로 정지하고 때로 진행하는 것 같지마는, 만약 최고의 이성만이 가질 수 있는 태양의 입장에서 본다고 하면, 그는 코페르니쿠스의 법칙에 의하여 궤도적으로 진행하는 것이라고는 생각할 수 없을까? (…중략…) 환경에 대한 인간의 태도가 내재적이 아니라 초월적일 필요는 여기에 있는 것이다.42)

---

41) 안함광, 『동아일보』, 1939.6.20~7.6.
42) 안함광, 「시대의 특질과 문학의 태도」, 『동아일보』, 1939.6.20~7.6.

그는 백철처럼 '사실'을 일단 있는 그대로 받아들여야 한다고 생각하지 않는다. 오히려 그는 '사실'에 대해 주체가 일정한 거리를 갖고 거시적인 입장에서 관조해야 한다고 주장한다. '태양의 입장'이 바로 그것이다. 그런데 그가 주장한 관조는 막연한 것이 아니고, 역사적 필연성에 대한 신뢰를 전제로 한 것이어서 나름대로의 설득력을 얻고 있다. 역사적 필연성에 대한 신뢰가 회의스런 '사실의 세기'에 안함광의 이런 태도는 그것 자체로 평가될 만한 일임에는 틀림없다. 이제 그는 역사적 필연성의 확보 방법을 '사실정신'이란 이름으로 구체화시킨다. '사실정신'의 핵심은, 위 인용문에서도 나왔듯이 환경에 대한 초월적 태도로 요약되는데, 초월이라고 해서 그것이 현실의 논리를 무시하는 어떤 형이상학적 논리를 전제로 하고 있는 것은 아니다. 다음의 인용을 보자.

> 오인(吾人)이 여기에서 말하는 '사실정신'이란 '사실'의 존재현상으로서의 정신을 말함이 아니라 '사실'의 존재 이유에 대한 편의적 언표다. (…중략…) '사실'의 존재이유는 언제나 현현되어지는 '사실' 그 자체에 모순을 성립시킨다는 의미에서 그는 질료적이고 그를 지양한다는 의미에서 그는 이데—적이다. (…중략…) 이리하여 '사실의 정신'을 갖고 '사실'에 임하자는 것은 (…중략…) 현존하는 것의 모든 것은 역사적으로 발전되어지고 내재적 모순을 갖고 있다는 창조적 자각의 필요를 의미한다.[43]

이렇게 보면 그가 사실의 세기에 내놓고 있는 '사실정신'이란 것은, 주체를 위협하는 현실에 맞서는 주체 옹호의 방법론과 다르지 않다. 사실에 토대를 두되 그 사실을 비판 없이 받아들이거나 거기에 끌려가는 것이 아닌, 결국은 지양될 것임을 아는 지혜가 사실정신이라고 하겠다. 그는 이른바 사실의 세기에도 진보적 주체를 견결히 옹호하고 있는 것이다. 파시즘의 득세로 상황은 더욱 암울해지고 있었지만, 그는 '사실'과 타협하지 않고 '사실정신'을 통해 시대를 극복할 방법을 찾고 있었다.

43) 위의 글.

그런데 진보적 주체에 대한 강한 옹호의 성격을 갖고 있는 안함광의 '사실론'은 주체-객체의 변증법적 운동 과정에서 도출된 것이라기보다는 주체 자체로부터 촉발되었다는 점에서 문제를 내포하고 있다. 예컨대 현실이 모순이라는 계기 속에서 운동·발전한다는, 그래서 현재의 사실은 지양될 수밖에 없다는 논리는 모두 주체에게 부과되어, 주체가 '사실정신'을 가져야 하는 당위성으로 귀결된다. 즉, 그의 논리대로라면 작가 주체가 사실정신을 가져야만 이 모든 것을 인식할 수 있다는 것인데, 문제는 주체가 사실정신을 갖기 위해서는 현실과 어떤 주-객 변증법적 연관 속에 있어야 하는 것인지가 해명되지 않고 있다는 것이다.

결국 안함광의 입론 그 자체는 매우 타당한 문제의식에서 출발한 것임에도 불구하고, 이론의 구체성으로 들어가면 항상 이런 문제점에 부닥치게 된다. 즉 그의 이론 구조 속에서 보편성, 객관적 진리, 현실의 필연성 등은 이미 선규정된 것인 양 설정되어 있어서, 이것들은 언제나 이론틀 바깥에 존재하는 것처럼 보인다.44) 그러다 보니 안함광은 주체의 문제를 사고할 때에도 상대적으로 '감성'·'의지'·'능동성'의 문제에 집착하게 되고, 결국 이는 그의 이론 내에서도 '초극의 의지', '사실정신', '감성', '픽션의 논리'만이 도드라지게 되는 결과를 불러일으키게 되는 것이다.

한편, 안함광의 이런 생각이 또 한 번 전환의 계기를 맞는 것은 생활의 문제를 전면적으로 탐구하면서부터이다. 그가 생활의 문제를 들고 나온 것은 친일로의 전향이 공공연히 일어나는 사태에 대한 그 나름대로 대안을 모색하는 과정이었다. 친일을 강요하는 현실에 대해 그는 생활이라는 공간으로 퇴각하기 시작하는 것이다. 안함광이 「문예비평의 현대적 윤리」라는 글에서45) "사색의 거점을 폴리씨(policy)의 테두리 밖에

---

44) 그의 평론에서 우리가 느끼게 되는 투박한 문장과 남성적 분위기 또한, 이런 그의 섬세하지 못한 이론 구조와 무관하지 않을 것이다.

45) 안함광, 『동아일보』, 1940.5.29~6.2.

놓"자고 한 것도 이런 배경에서 이해할 수 있는 일이다. 정치나 정책을 배제함으로써 오히려 자기를 유지·발전시킬 수 있지 않겠느냐 하는 것이 그의 생각이었다. 그는 이것이 곧 전통에 대한 사랑이며, 그것은 외부적인 것의 교체 여하를 막론하고 항상 그 밑을 흐르고 있는 본질적인 것에 대한 사상으로 연결된다고 주장한다.

그가 이 시기에 제기한 전통에 대한 사랑이 무엇을 가리키는 것인지는 뚜렷하지 않아도,46) 신체제론이나 대동아공영권 논리를 피해 가기 위한 것임은 분명해 보인다. 정치의 테두리 바깥인 생활에 사색의 거점을 설정하자는 논리도 그것을 입증해 준다.47) 생활에 대한 그의 생각은 「조선 문학의 정신 검찰」에서 우리가 보았던 것과 크게 다르지 않다. 다만 그때와 달리 이제 생활은 자기를 보호하는 울타리의 성격이 크다. 이미 임화도 생활의 중요성을 강조한 터였다.48) 정치로부터 떠나 생활로 귀환함으로써 파시즘의 광풍이 불어오는 시대에 그는 스스로를 지키기 위해 안간힘을 쓰고 있었던 것이다.

---

46) 전통이 의미하는 것이 민족적인 전통으로도, 혹은 과거 프로문학 이래의 전통으로도 해석될 수 있다. 그러나 어느 편인지는 분명하지 않다.

47) 참고로 이 글보다 앞에 발표된 「조선 문학의 진로」(『동아일보』, 1939.11.30~12.8)에는 노골적으로 친일을 강조하는 주장이 담겨 있다. 그러나 이 글만을 놓고 안함광의 친일 여부를 단정하는 것은 위험한 일이다. 이후 발표된 안함광의 글과도 맥락이 전혀 닿지 않는다. 이 글을 쓰기 이전과 이후의 맥락에서 생각해 보면 합리적으로 이해되기 힘들다. 맥락에서 벗어난 글을 두고 그를 친일론자로 몰아 부칠 수는 없는 일이다. 따라서 본 논문에서는 이 글을 고려 대상에서 제외하였다.

48) 임화, 「리얼리즘의 변모」, 『태양』, 1940.2. 이 글은 임화 평론집 『문학의 논리』에 '생활의 발견'이라는 제목으로 실려 있다.

제 9 장

주체 재건을 향한 도정(道程)과 실천으로서의 리얼리즘

임화(林和)

1. 임화 비평을 이해하는 한 방법

임화(본명 林仁植, 1908~1953)가 한국 근대비평사에 뚜렷한 족적을 남겼다는 사실에 대해서는 한국 근대문학에 대한 이해를 가진 사람이라면 모두 동의할 수 있을 것이다. 그가 카프의 서기장을 지내고 『문학의 논리』라는 두툼한 평론집을 내고, 근대문학 초창기의 역사를 정리한 일련의 '신문학사 연구'를 수행했다는 표면적인 사실을 들추지 않는다고 하더라도 그는 한국 근대비평사의 주요 국면에서 매우 핵심적인 역할을 담당했다. 그래서 그런지 임화에 대한 기존의 연구 역시 그의 비평사적 위치와 역할에 대해서는 어느 정도 합의하고 있는 것처럼 보인다.1) 그

---

1) 임화에 대한 대표적 연구 성과 몇몇만 들자면, 김윤식의 『임화 연구』(문학사상사, 1989), 신두원의 「임화의 현실주의론연구」(서울대 석사논문, 1991), 김영민의 『한국근

러나 세부적으로 들어가 보면 임화에 대한 평가는 매우 다양하고 상반되기까지 하다. 특히 통칭 1930년대 후반이라고 하는 1935년에서 1940년까지 그의 비평적 궤적을 둘러싼 평가는 더욱 그렇다. 과도한 단순화일는지 모르겠으나 그것은 크게 보아서 이 시기 임화의 비평을 궁극적으로 프로문학이 포기되는 과정으로 볼 것이냐, 혹은 원칙을 지키면서 민족문학을 준비하는 과정으로 볼 것이냐의 문제로 정리될 수 있을 것 같다. 이는 연구사적인 측면에서 1980년대 말 '카프 해소·비해소파 논쟁'에서 발원되는 오래된 문제이다.

그러나 그런 입장을 내세우기에 앞서 임화의 비평세계를 충실하게 재구성하는 일도 필요하리라는 생각이다. 물론 연구자의 일관된 입장이 전제되어야 그의 비평사적 공과가 더욱 분명하게 드러나는 것도 사실이기는 하다. 그러나 다른 한편으로 그렇게 되면 연구자에 의해 '해석된 임화'만이 존재할 뿐 임화 비평의 선체적인 상은 조명되기 어렵다. 그런 의미에서 이 논문은 임화의 비평을 가급적 선입견을 배제하고 그 비평의 기저에 있는 이론적 구조들을 읽어내려고 노력한 결과물이다. 평가와 해석 이전에 임화의 비평을 자세히 읽어 보고 그것의 변화와 발전을 그 내적 논리로부터 이해해 보자는 의도가 크게 작용하였다.

따라서 이 논문은 본격적인 임화 연구의 예고편으로 이해하는 것이 타당할 것 같다. 과거의 연구들을 정리하면서, 다른 한편으로는 임화 비평의 내적 논리를 재구성하고 그것 안에서 발견되는 문제점을 나름대로 정리한 결과이다. 이런 이해의 토대 위에서 임화에 내한 평가나 심화된 연구도 가능할 수 있다고 판단한다. 1930년대 후반의 비평사는 전반적으로 그런 이해를 바탕으로 조금 더 심화된 연구와 방법론적 고민

대문학비평사』(소명출판, 1999), 하정일의 『민족문학의 이념과 방법』(태학사, 1993), 김재용의 「카프 해소파의 이론적 근거-임화론」(『실천문학』, 1993년 여름), 이훈의 「1930년대 임화의 문학론 연구」(서울대 박사논문, 1993), 김재용의 「임화의 이식문학론과 조선적 특수성 인식의 명암」(『문예연구』 55호, 1999), 신두원의 「계급문학, 민족문학, 세계문학」(『민족문학사연구』 21호, 2002) 등이 있다.

이 뒤따르는 게 순서라는 생각을 강하게 가져 왔다. 개인적으로도 이런 연구를 통해 한국 근대비평사의 새로운 관점이나 방법론을 고민하는 계기로 삼고자 한다.

2. 형상을 통한 미적 반영론의 인식

1920년대 말부터 카프의 주도적인 이론가로 활동해 오던 임화가 문학관의 전환을 보이기 시작하는 것은 1933년 중반을 넘어서면서부터이다. 이미 많은 연구자들이 지적한 바와 같이 「6월중의 창작」에서 그 맹아가 보이기 시작, 김남천과의 ''물」 논쟁', 백철·함대훈과의 '형상 논쟁'을 거치면서 그의 이론적 선회는 명확한 지향점을 보이는바, 그것은 미적 반영론에 대한 인식을 기반으로 한 것이었다. 여기에서는 그가 미적 반영론을 어떤 수준, 어떤 각도에서 이해하고 있는지를 살펴봄으로써 이 시기 그의 문제의식을 재구성해 보도록 하겠다.

그랬을 때 가장 먼저 우리의 주목을 끄는 글이 「진실과 당파성」이다. 비록 짧은 분량이지만 이 글에는 당시 임화가 문학을 이해하는 관점이 농축되어 담겨 있다. 그가 역점을 두어 설명하려는 것은 문학에서 진리는 어떻게 확보될 수 있는가의 문제이다.

> 작가가 세계를 그 진실한 양상대로 인식하고 묘사한다는 문학적 진실은 현실의 객관적 진리에 의존하는 것으로 금일의 세계에 대한 객관적인 비판의 의식성만이 이 모든 것을 가능케 하는 전제인 것이다.[2]

2) 임화, 『동아일보』, 1933.10.13.

별것 아닌 것처럼 보이지만 임화의 이런 주장에는 중요한 이론적 함의가 담겨 있다. 우선 그가 문학적 진실을 현실에 의존하는 것으로 이해하고 있다는 점에 주목해야 한다. 지난 시기 카프의 창작 방법에는 현실의 문제가 이론 체계 내의 일부로 개입된 경우는 거의 없었다는 점에서 이 발언의 중요성을 생각할 수 있다. 카프의 평론가들이 현실적 문제를 중요하게 생각하지 않은 것은 아니지만, 그것이 창작방법론의 내적 체계의 일부로 설정된 경우란 찾아보기 힘들다. 프롤레타리아리얼리즘이 제창된 때나, 유물변증법적 창작방법론이 제기된 때에도 '당의 슬로건'과 유물변증법적 세계관이 핵심이었지, 정작 현실은 이론을 형성하는 계기 바깥에 존재하고 있었다. 조금 극단적으로 말해 당시 문인들의 사고 구조에서 현실의 문제는 이미 선험적으로 규정되었다고 할 수 있겠는데, 그들에게 모든 이론의 중심과 기준은 당과 세계관이었고, 작가들은 당의 노선과 세계관을 충실히 따르면 되는 것처럼 여겨졌었다. 극단적으로는 세계관에 형상의 옷을 입히는 것이 작가들이 해야 할 일인 것처럼 여겨지기도 했던 것이다.[3] 이런 사정을 감안할 때 임화가 비록 선언적인 수준이기는 하지만, 문학 작품의 진리 기준을 현실의 객관성에서 찾은 점은 충분히 강조될 필요가 있다.

그 다음, 문학적 진실을 구현하는 방법으로 작가의 "객관적인 비판의 의식성"을 들었다는 점에 주목해 볼 수 있다. 그는 문학 작품에서 진리가 구현되는 조건을 작가의 비판적인 의식에서 찾는다. 이런 설명은 현실의 객관성과 결부시켜 생각할 때에라야 온전히 그 의미가 드러난다.

---

3) 예컨대 임화가 작가의 세계관과 창작과의 관계를 제대로 이해하지 못하면, "예술은 전혀 사상이나 세계관을, 형상을 가지고 설명하는 것이라는 류의 형이상학이 군림하게 된다"고 경고한 것도(「비평에 있어 작가와 그 실천의 문제」, 『동아일보』, 1933.12.19) 과거의 이 같은 편향을 지적한 것이라고 할 것이다. 김영민 교수도 앞의 책에서 "사회주의 리얼리즘론에 이르면 작가적 시각의 주객관적 통합과정을 거쳐 예술적 형상화라는 특수한 방식으로 일정한 시대의 객관적 현실을 반영한다는 이론이 제시되었다"(430면)고 지적한다.

임화의 설명에 따르면 진리란 현실의 객관성에 토대를 둔 것으로, 이때 작가의 의식은 그 같은 객관성을 드러내기 위한 필요조건이 된다. 여기에서 작가의 비판적 의식은 마르크스주의적 세계관을 가리키는 것이기는 하나, 그것이 '현실의 객관성'과 분리되지 않는다는 점에서 과거의 세계관과는 그 의미가 다르다.

이렇게 그의 글에서 문학적 진리와 현실의 객관성, 과학적 세계관이 하나의 틀 안에서 고민되고 있는 것을 볼 때, 그가 이 무렵 미적 반영론에 토대를 둔 이론으로 선회하고 있다는 것을 눈치 챌 수 있다. 그가 이해한 반영론이란 객관적 실체로서 현실이 반영된 문학만이 진실한 문학이고, 그렇게 되기 위해서는 작가들이 과학적 세계관에 입각해야 한다는 것이었다. 그리고 그것이야말로 당파적인 것이라고 보았다. 일찍이 임화는 1933년에 반영론의 이론적 함의를 누구보다 먼저 파악하고 있었다.

그러나 임화의 이런 주장은 아직 상식적이고 선언적인 수준에 그친 것이다. 그의 입장은 김남천·백철·함대훈 등과의 논쟁을 통해 보다 구체적으로 전개된다. 논쟁 과정에서 드러나는 그의 문제의식은 크게 두 가지로 정리되는데, 그것은 문학이 어떻게 현실을 객관적으로 반영하는가의 문제와, 그 경우 작가의 세계관은 어떤 역할을 하는가의 문제였다. 다시 말해 문학에서 객관 현실의 규정성(반영의 문제)과 주체의 역할(세계관의 문제)에 그의 관심이 놓여 있었다고 할 수 있겠다.

우선 그는 문학이 현실을 어떻게 반영하는가를 설명하기 위해 형상(形象)의 성질로부터 논의를 시작한다. 그에 따르면 문학이 현실을 반영한다는 점에서는 과학과 다르지 않지만, 현실을 형상을 통해 반영한다는 점에서는 과학과 구별된다고 한다. 임화는 특히 문학적 형상이 지닌 물질적 성격에 주목해서 반영론을 이끌어 낸다. 다시 말해 문학이란 생활의 구체적 형상(이것이 물질적 성격이다)을 통해 묘사하고 표현하는 데 그 특질이 있으므로, 당대의 객관적 현실이 형상 속에 반영되기 마련이고, 이는 역으로 문학이 객관 현실에 의해 제약될 수밖에 없음을 설명해 준다는 것이다. 쉽게 생각해서 형상은 언어를 통해 그려진 감각적 대상이나 마찬가지이므로 물질적으로 눈에 보이는 것이 기초가 될 수밖에 없다는 뜻이다. 형상이 인간의 감각에 바탕을 두는 것이라면, 인간의 감각이란 기본적으로 물질적인 것을 기초로 형성되는 것이기 때문이다. 아무리 상상력을 발휘한다고 해도 작가는 그가 놓여 있는 세계와 시대를 완전히 초월하여 상상력을 구가할 수는 없는 일이다.[4]

> 예술의 형상은 인식할 수 있는 물질적 세계. 내에 존재한 제물(諸物)－자연 및 인간 등으로 구성되는 것이기 때문에 형상의 물질성은 형상이 예술에 있어 고유의 것이란 것과 똑같이 형상에 있어서 본질적인 것이다.[5]

형상의 이 같은 특징은 문학이 객관 현실을 반영하는 근본적 이유가 될 뿐만 아니라, 문학이 당대의 인식 능력과 사회적 관계에 제약받을 수밖에 없다는 논리를 가능하게 한다. 즉, 문학적 형상은 그 속성상 물질적인 것, 눈에 보이는 것(상상력도 감각적인 것을 기초로 하지 않는다면 불가능하다)에 의존하게 되므로, 당대 사회의 실제 현실을 반영하고, 이는 그 사회가 도달한 생산력의 수준에 의해 제약받을 수밖에 없다는 설명이다. 한 사회의 물질적 토대가 어떤 경로와 방법으로 문학에 반영되는가를, 그는 형상의 개념을 통해 설득력 있게 설명한 것이다. 이런 설명은, 그가 이 무렵 문학의 반영론적 성격의 핵심을 누구보다도 정확하게 이해하고 있었음을 말해 준다. 1934년을 전후로 사회주의리얼리즘 논쟁에 참여한 논자들이 이 같은 이론적 의미를 간과한 채, 수용찬반론과 같은 원론적인 문제에 얽매여 일부에서 소모적인 논쟁을 하기도 했다면, 임화의 이 시기 글들은 이들과 맞서서 사회주의리얼리즘의 이론적 의미

---

4) 예컨대 SF에 등장하는 미래 사회나 외계 생명체 역시 동시대 인식 수준이나 과학이 다다른 수준 안에서 상상력이 발동된 것이지 이것을 완전히 초월하여 그려 낼 수는 없는 일이다.
5) 임화, 「집단과 개성의 문제」, 『조선중앙일보』, 1934. 3. 15.

를 강력하게 설득하려는 노력의 일환이라고 이해된다.6) 김남천과의 '「물」 논쟁'이나 백철·함대훈과의 '형상 논쟁'이 그 경우이다.

그렇지만 한편으로 임화의 형상론에는 반영론에 대한 편향적 이해가 잠재되어 있음도 지나칠 수는 없다. 그것은 반영론에 대한 기계적 이해라고 할 만한 것인데, 마치 형상의 물질성이 현실을 당연히 객관적으로 반영하는, 그래서 자동적으로 당대 사회의 물질적 토대에 의해 제약되는 것으로 생각하는 경향이 그것이다. 즉 반영 과정에 영향을 미치는 주체의 역할에 대해서 아직 임화는 충분한 주의를 기울이지 않고 있다.

그런데 흥미로운 것은 반영론에 대한 이런 이해 방식이, 역으로 문학을 지배계급의 세계관이 반영된 것으로만 이해하는 결과를 불러오기도 한다는 점이다. 임화에게 있어서는 문학이 물질적 토대에 의해 제약되는 존재이므로, 한 시대의 문학 안에 그 시대 지배계급의 세계관이 반영되는 것은 당연한 이치다.7) 따라서 그의 이론에는 객관적 현실의 반영 문제와 작가 주체의 역할이 미묘하게 분리되어 있다. 문학이 그 속성상 현실을 반영하는 것이라면, 거기에 진실을 부여하는 것은 전적으로 작가의 세계관이라는 생각이 그것이다. 이런 생각은 작가의 세계관이 현실의 진실을 담아내는 결정적 역할이 된다는, 세계관 유일주의와 상통한다. 그의 문제의식에서 형상은 소박하게 현실을 반영하는 것으로, 작가의 세계관은 거기에 진실을 부여하는 것으로 분리·설정되어 있다. 사실 기계적 반영론과 세계관 유일주의는 그렇게 먼 거리에 있는 것이 아니다. 다음과 같은 루카치의 언급은 그런 점에서 유의할 만하다.

참다운 예술작품의 형상화는 바로 이러한 당파성을, 표현되는 소재 자체의 속성으로서, 즉 거기에 내재하는, 거기에서부터 유기적으로 뿜어나오는 추진력으로서 형상화하는 것을 지향하기 때문이다. 엥겔스가 명백하게 그리고 단

---

6) 물론 사회주의리얼리즘 수용 찬반론의 의미를 간과해서는 안 된다. 조선의 현실을 놓고 외국 이론을 어떻게 바라보아야 할 것인가가 그들의 고민이었기 때문이다.

7) 임화, 「문학에 있어서의 형상의 성질문제」, 『조선일보』, 1933.11.25~12.2.

호하게 문학에서의 경향성을 지지하였을 때 그는 바로 이러한 '객관성의 당파성'을 염두에 두었으며 모든 주관적으로 주입된, 주관적으로 끼워진 경향성을 단호하게 거부하였다.[8]

루카치는 당파성이란 바로 객관적 현실 자체로부터, 표현되는 소재로부터 우러나오는 것임을 역설하는 한편으로, 작가가 주관적으로 당파성을 주입하는 것의 위험을 경고하고 있다. 이 시기 임화의 반영론이란 이 같은 루카치의 경고로부터 자유로웠던 것은 아니다.

임화가 반영론에 대해 언급하면서, 상대적으로 리얼리즘의 승리에 대해서는 별다른 관심을 보여 주지 않는 것도 이런 점에서 유의할 만하다. 하기야 당시 문단의 흐름이 리얼리즘의 승리를 멋대로 해석해 창작 과정에서 세계관의 역할을 부정하는 방향으로 나아가고 있었으므로, 그가 리얼리즘의 승리를 언급하지 않은 것은 의도적이었다고 볼 수도 있을 터이다. 그러나 이 무렵 임화의 그 같은 무관심은 오히려 아직 그의 반영론에 대한 인식 수준이 리얼리즘의 승리를 파악하는 데까지 나아가지 못한 결과로 이해해야 하지 않을까 한다. 지금까지 우리가 살펴본 바와 같이 그는 문학이 현실을 반영하긴 하지만 현실의 진리를 반영하는 것은 절대적으로 작가의 세계관이라는 이론적 편향에서 벗어나지 못하고 있었기 때문이다. 이런 생각이 그로 하여금 세계관을 강조하게 만들고, 작가가 프롤레타리아 운동 전체와 결부되어야 함을 강조하게 만들었다고 볼 것이다.

간략히 정리하자면 이 시기 임화는 반영론을 받아들이면서 문학의 현실 반영성에 눈을 돌리게 되고, 거기에서 세계관의 역할을 이론적으로 정립하려는 노력을 보인다. 그러나 그가 과거의 편향을 모두 벗어난 것은 아니었던바, 반영론에 대한 기계적 이해와 세계관 유일주의가 그 예이다. 그러나 이런 성격의 이론이란 어떤 면에서는 원칙을 확인하는

---

8) 게오르그 루카치, 이춘길 편역, 「예술과 객관적 진리」, 『리얼리즘 미학의 기초이론』, 한길사, 1985, 57~58면.

것에 불과한 것으로 볼 수도 있다. 원칙 자체가 틀리지는 않았다고 해도 원칙으로 현실의 문제가 설명되고 해결되는 것은 아니다. 김남천이 '「물」논쟁'에서 임화의 의견에 원론적으로 동의하면서도 부족하다고 느꼈던 지점이 바로 그것이었다.

3. 주객 통합의 원리로서 낭만정신과 문학사 서술

문학적 반영론을 객관 현실의 규정성과 작가의 의식 주관이라는 두 축에서 이해했던 임화가 낭만적 정신이라는 이름으로 작가의 진보적 세계관을 옹호·주장한 것은 어찌 보면 당연한 일이었다. 그는 현실의 규정성과 작가의 세계관이 문학적 반영의 중요한 두 축이라고 인식했음에도 불구하고 그것의 매개 연관에 대해서까지 이론화시키지 못했기 때문이다. 따라서 그에게는 자본주의가 몰락해 가는 현실에서 노동자계급 당파성이 결정적 역할을 하는 것처럼 보였고, 현실 반영은 그에 따라오는 종속변수로 여겨졌던 것이다. 게다가 카프에 소속되어 있던 작가·비평가들마저 창작 과정에 있어서 세계관의 의의를 공공연하게 부정하고 사회주의리얼리즘을 전향의 이론적 근거로 삼았던 것이 당시 문단의 사정이었다. 주지하는 바와 같이 박영희·이갑기·백철은 이미 전향선언을 한 터였고, 그 사회적 파장도 만만치는 않았던 것이다.

결국 임화는 카프 서기장으로서 사회주의리얼리즘의 이론적 의미가 잘못 해석되고 이용되는 현실에 맞서, 보다 적극적인 대처가 필요함을 절감했을 것이다. 이렇게 해서 1934년에서 1936년에 이르는 동안 그가 벌인 이론적 투쟁은 크게 두 가지로 정리된다. 그 하나가 세계관을 부정하려는 전향론자에 맞서 세계관을 옹호하는 예의 낭만정신론이었다면, 다른 하나는 문학사 서술을 통해 프로문학의 정당성과 의미를 역사적으로 증명하는 것이었다.

1) 프로문학의 역사적 정당성과 반영론―「조선신문학사론 서설」

특히 임화가 문학사 서술에 나서게 된 데는 몇 가지 배경이 있다. 하나는 당시 프로문학의 퇴조와 더불어 재등장하기 시작한 전통 논의와 고전 논의이다. 이들 가운데 일부는 조선문학의 정통성을 신비화된 과거에서 찾거나, 민족정신과 민족혼 등 관념적인 것에서 찾으려는 공통점을 보이고 있었다.9) 이들에 대해 임화는 조선의 근대문학사를 서술함으로써 문학의 발전이라는 것이 일정한 원리, 그것도 사회 경제적 연관을 맺으면서 발전하는 것임을 규명하고 이를 통해 신문학의 전통을 계승·발전시켜 갈 주체가 프로문학에 있음을 증명하려고 하였다.

둘째, 주로 신경향파에 대한 평가를 둘러싸고 프로문학 계열 내의 논자들이 보여 준 문학사에 대한 잘못된 인식을 바로 잡으려는 노력이다. 신남철·이종수·김기진으로 대표되는 논자들은 하나같이 문학과 생활을 이원론적으로 분리해서 사고함으로써 문학사를 관념론적 기준으로 평가하고 있다는 것이 임화의 판단이었다. 예컨대 신경향파를 놓고 사상과 세계관에서는 진보했으나 예술상으로는 퇴화했다는 식의 평가가 그런 경우이다. 임화는 이에 내해 반영론에 기초한 문학사를 직접 집필함으로써, 사상성과 예술성은 분리되는 것이 아니며, 문학사의 발전이란 것도 복잡하긴 하지만 그 특수성 속에서 사회적 연관 아래에 발전하는 것임을 보여주려 했다.

마지막으로, 이는 보다 궁극적인 배경일 텐데, 당대 프로문학의 위기

---

9) 이에 대해서는 황종연, 「한국문학의 근대와 반근대」, 동국대 박사논문, 1993을 참조.

를 극복하기 위한 기초 작업으로 문학사 서술을 선택한 것이다. 그의 말을 빌자면 문학사 서술이란 "현실생활의 역사적 운동의 조류 위에서 자기 스스로를 전방(前方)으로 이끌 통일된 예술적 X[정]치적인 실X[천]의 절박한 육체적 필요"에서 나오는 것이다.[10] 이런 배경에서 집필된 「조선신문학사론 서설」의 결론이, 프로문학을 신문학의 정당한 계승자이자 조선문학을 건설할 주체로 평가하리라는 점은 쉽게 짐작할 수 있는 일이다.

그런데 여기에서 우리가 정작 관심을 가지려는 것은 그의 문학사관과 문학사 서술 방법의 문제이다. 어떤 방법과 관점이 위와 같은 결론에 이르게 만들었는가가 보다 더 근본적인 문제일 디이다. 그랬을 때 그의 문학사 서술에서 가장 먼저 눈에 띄는 것이, 토대 결정론적 사고와 주관주의적 편향이 미묘하게 결합되어 있는 부분이다. 이는 기계적 반영론과 세계관 유일주의의 또 다른 변형이라고 할 수 있을 터인데, 이광수와 자연주의문학을 서술할 때에도 이 같은 태도가 확인된다.

소소유자(중간층적)로 더욱 특유한 소시민의 한계의 협애성은 민족부르[주아]를 자기와의 대립자로 보지 못하는 그것으로 인(因)하는, 일층 혼란되고 강화되어 관념상의 해방이 모든 것을 가져오는 것 같이 생각하고 현실의 자기의 인식과 자각의 한계를 넘을 때 곧 애매한 관념적 방법으로 이상화, 낭만화한 것이다. 이곳에서 춘원(春園)의 인도주의와 이상주의적 귀결의 낭만적 환상은 구성된 것이다.

그러나 기미 이후의 '민족문학' ─ 자연주의 ─ 으로부터는 이 환상성이 소멸되었다. 이것은 무엇보다도 그들이 기대하던 민족부르[주아]가 이것은 아무것도 그들에게 주지 못하고, 오히려 전진적 경향으로부터 떠나 그들 소시민의 공연한 대립자로서 산업흥용(토산장려)을 위하여 비싸더라도 우리 상품을 사라(토산애용)는 후안적(厚顏的) 행위를 감행함에 의존하는 것이다.[11]

10) 원문 인용 가운데 [ ] 부분은 검열로 누락되거나 원본 상태가 좋지 않아 판독이 어려운 부분을 연구자가 추정하여 삽입한 것이다. 이하도 마찬가지이다.
11) 임화, 「조선 신문학사론 서설」(『조선중앙일보』, 1935.10.9~11.3), 『임화 신문학사』(임

그는 문학 작품의 내포적 총체성이나 문학의 자율성, 그로부터 연유하는 객관적 당파성을 파악하지 못한 채, 문학 작품에 반영된 물질적 토대 그리고 다시 물질적 토대가 제약하는 문학 작품과 작가의 계급적 한계만을 상대적으로 강조하여 문학사를 서술하고 있다. 춘원과 자연주의의 차이는 오직 민족 부르주아의 변화로만 이해되고 있을 뿐이다.

이런 관점은 신경향파를 서술하는 부분에 오면 주관주의적 편향과 겹쳐지기도 한다. 임화의 토대결정론적(土臺決定論的) 관점을 존중하는 입장에 선다 하더라도, 신경향파문학에 대한 평가는 지나치게 과장되어 있는 듯하다.

> 조선의 시민과 그 문학은 이렇게 역사적으로 초라한 것이었으며 또 빈약, 불철저한 것이었다. 이 발전의 전 도정은 맹목할 비약 대신에 지지(遲遲)한 점 진성의 완만한 곡선이 그어져 있을 뿐이다.
> 그러므로 신경향파 문학이 그 전의 시대에 버금하여 교체하는 형태란 실로 한 개 르네상스였다. 신경향파는 사실상 문화사상(文化史上)의 순서로 당연히 조선의 시민적 문학이 해결해야 할 것을 미해결 채로 남긴 과제까지도 계승받아 실로 모든 영역의 개척자로서의 운명을 가지고 출발한 것이다.[12]

신경향파 이전의 문학이 지지부진했던 반면, 신경향파에 들어오면 조선문학은 르네상스를 맞이하게 된다는 것이 임화의 평가이다. 이런 평가는 신경향파문학이 바로 자본주의 현실을 통째로 무너뜨릴 계급의 등장과 연결된디는 관점을 동반한다 신경향파의 문학사적 의미는 과소평가할 수 없다는 생각에는 동의하지만, 임화의 이런 관점에는 동의하기 힘들다. 사회주의가 곧 도래할 것이라는 전망 아래에서 조선의 현실을 일면적으로만 이해한 것이기 때문이다. 임화는 식민지 조선의 물질적 토대와 그로부터 연유된 계급투쟁의 단계가 마치 난숙한 자본주의

규찬·한진일 편), 한길사, 1993, 343면.
12) 위의 책, 362면.

의 그것이라고 생각한 듯하다. 게다가 신경향파 이전의 문학사적 성과들, 예컨대 염상섭이나 현진건·나도향 등이 쌓아 올렸던 업적들을 무시하고 신경향파를 말하기는 어렵다. 신경향파가 지향하는 세계가 그동안 조선 사회에서는 발견할 수 없었던 새로운 것이라고는 해도 그 문학적 새로움이 그 이전의 모든 성과와 대비될 만큼의 크기와 성과를 거두었는가는 의심스럽다.

물론 그가 신경향파의 한계에 대해 눈감은 것은 아니지만, 이를 초창기의 결함으로 너그럽게 보아 넘기고 있다는 점에 유의해야 한다. 신경향파를 무조건 폄하할 일도 아니지만, 그렇다고 그 한계나 오류에 대해서 맹목이 되어서는 곤란하다. 하기야 이런 지우침이 비단 임화 개인의 문제라고 볼 수는 없으며, 프로문학을 공공연히 부정하던 당시 문단 상황에 비추어 볼 때, 긍정적 의미를 갖고 있는 점도 부인할 수 없다. 파시즘의 압력이 점차 거세지고 많은 작가들이 프로문학의 독자성을 부인하기 시작하는 때에 임화의 이런 주장은 충분히 그 가치가 인정되는 것이기는 하다. 다만 그것이 올바른 관점과 방법에 의한 것이 아닐 때, 문제가 발생한다는 것이다. 사실, 이전까지 조선의 사회 현실과 운동에 대한 주관주의적 과장은 카프 맹원들의 일반적인 흐름이었고, 이는 식민지 조선의 프로문학이 빚은 좌편향적 오류라는 평가로 이어질 수도 있다.

이 같은 토대 결정론과 기계적 반영론 그리고 프롤레타리아운동에 대한 주관적 과장은, 문학사 서술 과정에서 사실정신과 진보정신을 구별·분리하는 것으로 변형되기도 한다.13) 신경향파의 문학사적 의의를 서술하는 다음 대목을 보자.

신경향파 문학은 국초(菊初), 춘원에서 출발하여 자연주의에서 대체의 개화를 본 사실적 정신과, 동일하게 국초, 춘원으로부터 발생하여 자연주의의 부

---

13) 이상경 역시 이런 점을 지적하고 있다. 이상경, 「임화의 소설사론에 대한 비판적 견해」, 『창작과비평』, 1990년 가을, 298~303면 참조.

정적 반항을 통과한 뒤 낭만파에 와서 고민하고, 새로운 천공(天空)으로의 역(力)의 비상을 열망하던 진보정신의 종합적 통일자로 계승된 것을 무한의 발전의 대해로 인도할 역사적 운명을 가지고 탄생된 자이다.[14]

신경향파 이전까지의 문학사에서 사실정신과 진보정신을 분리·구분하는 이런 관점은, 앞 절에서도 이미 언급한, 임화가 반영론을 인식하는 수준과 방식을 단적으로 보여 준다. 즉, 형상의 물질성과 세계관의 역할이라는 두 축이 문학사 서술에서는 사실적 정신과 진보정신으로 표현된 것이다. 이것은 다시 신경향파에 대한 서술에 가면 '최서해적 경향'과 '박영희적 경향'으로 변모하거니와, 문제는 그가 이 둘의 이론적 연관을 낭만적 정신이나 진보정신에서만 찾는다는 점이다. 이런 점에서 문학사 서술도 낭만정신론의 영역 안에 있다고 할 것이다.

물론 임화의 문학사 서술은 그가 미적 반영론을 받아들여, 비평과 문학사의 영역에서 새로운 과학적 문예학을 수립하려는 노력의 결과라는 점에서, 당시로서는 뛰어난 업적이었다. 이로써 그는 한국 근대비평사에서 차지하는 자신의 위치를 유감없이 드러내기도 하였지만, 우리가 지금까지 보아온 것처럼 몇 가지 점에서 중요한 이론적 결함을 드러내기도 하였다. 그것은 반영론에 대한 기계적 이해와 세계관 유일주의에서 연원하는바, 역사에 대한 토대 결정론적 사고, 문학에 있어서의 사실정신과 진보정신의 분리 등이 그 증거이다.

2) 거꾸로 선 리얼리즘─낭만정신론

임화가 원래 낭만정신을 내세우게 된 데에는, 세계관을 부정하려는 일부 평단의 시도에 맞서 세계관을 옹호하려는 의도가 크게 작용한 것

---

14) 임규찬·한진일 편, 앞의 책, 354면.

이었다. 따라서 낭만정신론은 그가 행했던 또 하나의 중요한 이론투쟁이었던 셈인데, 그러나 여기에서 임화가 말하는 낭만적 정신이란 문예사조로서 '낭만주의'이거나 작가의 주관, 즉 세계관으로서의 의미만을 지칭하는 것은 아니다. 그는 오히려 문학상에 나타난 '주관적인 것으로 표현되는 모든 것'을 '낭만적 정신'으로 확대시켜 이해하고 있다.

> (…중략…) 나는 문학상에서 주관적인 것으로 표현되는 모든 것을 낭만적인 것이라고 부르며 그것이 사실적(寫實的)인 것의 객관성에 대하여 주관적인 것으로 현현하는 의미에서 '낭만적 정신'이라고 부르고 싶다. 따라서 이곳에서 부르는 낭만적 정신이란 개념은 어떤 특정의 시대, 특정의 문학상의 경향을 의미하는 것이 아니라 한 개의 원리적인 범주로서 호칭되는 것이다.15)

여기에서 낭만적 정신은 주관성의 원리에 토대를 두고 있다. 사실정신이 객관성의 원리라는 점은 여기에서 자연스럽게 유추된다. 그가 문학사를 낭만과 사실, 주관과 객관이라는 양대 경향이 상호 침투 · 대립 · 상충하는 복잡한 과정이라고 말한 것도 이런 이해에 근거하고 있다. 서구문학사를 고전주의 · 낭만주의 · 자연주의와 같은 사조의 변천으로 설명하는 가운데, 주—객 대립의 원리로 이해하는 것도 같은 이유이다.16)

그렇다면 그가 사회주의리얼리즘에 부여하는 의미도 같은 각도에서 이해할 수 있다. 즉 사회주의리얼리즘은 지금까지의 문학사에서 분리되어 있던 주체와 객체를 통합하는 원리라는 점에서 의미가 있는 것이다. 사회주의리얼리즘이 과거의 문예사조와 질적으로 다른 것, 즉 하나의 방법이자 원리인 것도 바로 이런 데에 있다는 것이다. 이 같은 임화의 생각은 문제의 정곡을 찌른 것이어서 주목된다. 반영론에 대한 인식은

---

15) 임화, 「낭만적 정신의 현실적 구조」, 『조선일보』, 1934.4.19~25(『문학의 논리』, 학예사, 1940, 7면). 앞으로 이 책에서의 인용은 해당 평론이 처음 발표된 시기를 소개하되, 서지사항은 생략하고 책이름과 면수만 표기하기로 한다.
16) 임화, 『문학의 논리』, 16~17면을 참조.

그를 주체—객체의 문제를 사고하는 데로 나아가게 하는바, 과거의 문학이 현실(객체)의 반영과 주체의 정신이 분리될 수밖에 없었다면, 사회주의리얼리즘에 와서 현실(객체) 반영과 주체의 정신은 하나의 원리 안에서 구현되는 것이라고 생각한 것이다. 왜냐하면 사회주의리얼리즘에서 주체는 객관 현실의 운동·발전 논리와 서로 배치되는 것이 아니기 때문이다.17)

그러나 임화는 이 두 요소가 통합되는 주도적 계기를 주체의 원리, 즉 낭만적 정신에서 찾는다는 점에서 기존의 문제의식을 넘어서지 못한다. 그렇기 때문에 그에게 사실정신 역시 현실의 있는 그대로를 그리는 것, 현실의 모사(模寫)로서의 기능이 강하다.

> 동시에 중요한 것은 과거의 리얼리즘이 몰아적(沒我的) 객관주의로 말미암아 도달치 못한 객관적 현실의 진신한 자태를 파악할 수 있다. 고정한 표면적인 것만을 묘사하는 게 아니라, 현실을 그 발전에 있어서 본질적인 제 관계에 있어 파악하는 것이다.
>
> 그러므로 진실한 낭만적 정신 ─ 역사주의적 입장에서 인류사회를 광대한 미래로 인도하는 정신이 없이는 진정한 사실주의도 또한 불가능한 것이다. 즉 주관과 객관을 진실로 통일하고, 진실 가운데서 비본질적인 일상성의 속악한 제2의적 쇄사(鎖事)만에 종사하는 것이 아니라, 그것을 제거하고 혹은 그것을 뚫고 들어가 그 가운데 움직이는 본질적 성격의 제 특징을 파악하는 것이, 우리들의 새로운 창작 이론과 문학의 이상이다.18)

위 인용문에서도 알 수 있듯이 그는 현실의 발전을 읽어 내는 논리

---

17) 한편, 그는 여기에 머물지 않고 사회주의리얼리즘을 하나의 이론 체계, 학(學)의 범주로 이해하기도 한다. 이 점이야말로 임화의 탁월함을 보여 주는 대목인데, 그가 형상의 성질 문제를 밝히려 하거나, 문학사를 집필하는 것도 이 같은 인식을 기반으로 한 것이었다. 그는 학의 방법론으로서 반영론과 실천 방법으로서의 창작 방법을 상호 연관되는 가운데에도 구분하고 있었던 것이다. 이에 대해서는 임화, 「사회주의리얼리즘 재검토」(『조선 문학』, 1936.6)를 참조.

18) 임화, 『문학의 논리』, 20~21면.

역시 낭만적 정신에서 찾고 있다. "인류사회를 광대한 미래로 인도하는 정신이 없이는 진정한 사실주의도 또한 불가능"하다는 언급이 이를 증명한다. 그는 주관과 객관의 통일을 언급하면서도 그것의 계기를 주관적인 정신으로부터 찾고 있는 것이다. 즉 임화에게는 현실 반영 과정에서 낭만적 정신이 더 지배적이고 결정적인 요인인 것이다. 이렇게 보면 낭만정신론도 앞에서 살펴본 반영론의 이론적 결함이 지속된 결과라고 할 수 있다. 그의 구도에서 주―객은 오직 주관에서만 통합되기 때문이다. 임화가 작가들에게 위대한 낭만적 정신, 다시 말해 현실의 진실을 반영할 세계관의 중요성을 강조한 것은 이 같은 이론적 기반이 전제된 것이었다.

「위대한 낭만적 정신」이란 글도 큰 틀에서 보면 같은 입장의 연속이자 확대이다. '모방'과 '창조', '묘사'와 '서술'이라는 개념으로 『고향』의 인물을 분석함으로써 논의가 구체화되었다는 점이 이채를 띠는 정도이다.

결론적으로 임화의 이론적 결과물들은 도식적으로 굳이 구분하자면 주―객 분리 그리고 거기에서 연유되는 기계적 반영론이 주관의 과도한 강조와 함께 어울린 결과였다. 문학사를 토대 결정론적 관점에서 서술한 것이 그렇고, 신경향파에 지나친 의미를 부여한 것, 주―객 통일의 원리를 주체의 정신에서만 찾으려 한 것도 그렇다. 그가 조선문학의 주체로 노동자 계급을 내세우고, 조선문학의 성격으로 프로문학을 중심에 놓은 것은 그런 점에서 당연한 일일 것이다.19) 이런 이론적 치우침은 그 결과의 잘잘못을 떠나, 주관성 원리에 기반하고 있는 사유로부터 나온 것이라는 점에 문제가 있었다. 임화의 결론을 선뜻 수긍할 수 없는 이유도 바로 이런 점에 있다.

---

19) 하정일은 이런 점에서 임화가 근대적 전망과 근대 이후적(以後的) 전망 사이에서 끊임없이 동요하고 있으면서도, 전체적으로 후자의 측면이 지배적이라고 지적한다. 하정일, 「1930년대 후반 문학비평의 변모와 근대성」, 『민족문학과 근대성』(민족문학사연구소 편), 문학과지성사, 1995, 372면.

그러나 다른 한편 간과해서는 안 될 것이 이 시기 임화가 다른 논자들보다 앞서서 반영론의 이론적 의미를 간취하는 한편, 프로문학의 우월성을 이론적으로 입증하기 위해 조선 신문학의 발전 과정을 탐구해 들어가기 시작했다는 점이다. 아울러 그 연장선상에서 세계관의 중요성을 이론적으로 규명하여 작가들이 세계관을 유지해 가야 할 이유에 대해서도 과거와는 다른 방식으로 작가들에게 설득하고 있다. 카프 2차 검거사건 이후 임화는 이런 방식으로 프로문학의 독자성을 옹호하였으며 나아가 그것이 조선문학이 나아가야 할 정도(正道)라고 생각하고 있었던 것이다.

4. 주체—객체 변증법, 혹은 근대문학의 옹호

그러나 임화는 어느 한 곳에 머무르는 정체된 평론가, 이론가는 아니다. 문단 현실을 향한 발언과 이론투쟁은 지속되고, 그럴수록 스스로도 끝없는 갱신의 길을 걸어간다. 백철이나 김오성 류의 르네상스적 휴머니즘론에 대해, 이상적 인간형은 노동자 계급에 있다고 외치기도 하고, 문학의 개성과 보편성을 기계적으로 분리하는 백철의 오류를 지적하며 문학의 전형성을 내세우기도 한다. 그런데 우리는 여기에서 임화의 중요한 이론적 변화와 발전을 감지하게 되는데, 그것은 바로 그가 전형의 의미에 대해 이론적 관심을 보이기 시작하면서부터이다.

만일 과학이 일반만을 표현하고 문학이 개별만을 표현한다면 인간생활을 보편적 입장에서 취급하는 사회학이나 역사학에 비하여 문학은 일 개인만을 표현하는 보잘것없는 물건이 될 것이다. 이러한 견해는 모두가 인간생활의 진실로부터 먼 망견(妄見)이다.

사회학이나 역사학이 보편적인 것 가운데 인간생활의 개별적인 것을 표현하는 대신 문학은 개별적인 것 가운데 보편적인 것을 표현할 따름이다. 진리(혹은 사실)란 단순히 일반적인 것도 아니며 단순히 개별적인 것도 아니다. 일반과 개별의 통일이 항상 진리이고 진실이다.

이런 문학적 진실이 집중적으로 표현된 곳이 바로 인간적 형상이다. 그러므로 문학의 형상은 임의의 개인을 소박하게 재현한 초상화가 아니라 다수한 동질의 인간군의 보편성이 개인적 형식 가운데 함축된 성격 타입이다.[20]

형상이라는 것은 문학이 현실을 파악하는 방법의 고유성이며 그것은 다름 아닌 전형화의 논리라는 설명이다. 여기에서 우리는 그가 이미 기계적 반영론으로서의 형상의 논리에서 떠나고 있음을 알게 된다.[21] 형상은 더 이상 물질적 성격만 갖는 존재가 아닌 것이다. 형상은 "현실을 파악하는 방법의 고유성"이라는 말에[22] 이미 주-객 변증법의 논리가 관철되고 있다. 그는 이제 낭만적 정신을 전면적으로 비판하는 단계로 들어서게 된다.

1) 주-객 변증법과 주체 재건으로서 리얼리즘적 실천

임화는 전형에 대한 탐구를 하면서 기계적 반영론을 점차 벗어나게 된다. 그 과정에서 주체의 문제에 대해서도 변증법적으로 사고하게 된다. '위대한 낭만적 정신'을 주장할 때만 하더라도 그는 주관을 절대적

---

20) 임화, 「문예이론으로서의 신휴머니즘에 대하여」, 『풍림』 5호, 1937.4(『문학의 논리』, 194~195면).
21) 이런 점에서 임화가 "과거 프로문학의 충분히 일반화되지 않은 성격, 타입을 공식주의의 산물이라 비판함은 백철 씨가 우리나 일반이다"(『문학의 논리』, 198면)라고 말하는 것에도 유의해야 한다. 그는 전처럼 과거 프로문학을 주관적으로 과장하지 않는다.
22) 임화, 앞의 글(『문학의 논리』, 192면).

인 것으로 생각하는 경향이 컸다. 그러나 이제 그에게 주관은 문학과 현실 사이를 끊임없이 운동하는 존재가 된다. 객관 현실 역시 주체와 상관없이 기계적으로 문학에 반영된다고 생각했던 것이 얼마 전까지의 그의 생각이었다. 그러나 이 같은 생각은 주체 · 주관에 대한 생각이 바뀌면서 사라진다.

임화는 김남천의 「남매」를 분석하면서 '작가의 눈'에 새롭게 주목하는데, 그가 규정한 작가의 눈이란 "작품 위에 현실 세계를 반영할 뿐만 아니라 작가 자신의 자태를 투영하는 렌즈", "현실 세계와 문학적 세계상의 매개자"가 된다.23) 이때 '작가의 눈'이 작가의 주관을 의미함은 재론의 여지가 없다. 이제 임화에게 주관은 현실과 문학을 연결시켜 주는 매개자, 상호 침투하는 변증법적 존재가 된다. 주관은 현실세계를 반영하는 동시에 능동적으로 자신을 작품에 투영함으로써 문학과 현실세계를 매개하는 것으로 이해되는 것이다. 반영은 더 이상 인간의 주관과 무관하게 진행되는 기계적 과정이 아니게 된다.

「남매」의 분석 과정에서 작품을 내적 구성의 논리와 현실 반영의 측면이라는 두 축에서 접근하는 것도 이와 무관하지 않다. 내적 구성이 작가가 자신을 투영함으로써 나타난 소설적 형식이라면, 현실 반영은 보다 더 객관 현실의 문제와 관련되어 있다. 실제로 「남매」를 분석한 「작가의 눈과 문학의 세계」는 '작가의 눈'을 리얼리즘과 관련시켜 설명하는 이론적 부분과 작품의 내적 구성 논리를 분석한 부분 그리고 작품에 반영된 현실의 문제를 검토한 부분으로 구성되어 있다.

그러나 이 글에서는 아직까지 작가 주체와 현실, 작품 사이의 변증법적 연관이 체계적으로 설명되지는 못하고 있다. 그래서 그런지 작품 분석도 내적 구성의 논리와 현실 반영의 문제가 유리된 듯한 인상이다. 예컨대 임화는 이 작품이 예술 작품으로서 내면적 진실성은 갖고 있으

---

23) 임화, 「작가의 눈과 문학의 세계」, 『조선 문학』 13, 1937.6.

나, "작가가 적발한 악의 본질과 묘사된 생활 환경의 가치"가 본질을 외면한다면서 아쉬움을 표하고 있다. 요컨대 작품 구성은 좋은데, 현실 반영에서는 미흡했다는 식이다.

그러나 엄밀한 의미에서 작품 구성이라는 형식 역시도 현실의 문학적 반영의 결과이다. 현실의 문학적 반영이란 작품에 대한 전체적인 규정인 까닭에 작품 구성과 현실 반영이 따로 놀 수는 없다. 작가가 현실을 인식하고 이를 작품으로 창작하는 과정은 하나의 일관된 과정이므로, 반영과 표현도 내적 연관을 갖게 마련이다. 이런 점에서 임화의 「남매」 분석은 일정한 성과에도 불구하고 여전히 문제되는 지점은 남아 있다. 내용과 형식의 분리가 그것이다. 그러니 「사실주의의 새인식」과 그 이후 발표되는 일련의 '주체론'에서 임화는 이런 문제점을 털어내고 한국 근대 리얼리즘 이론의 한 정점을 보여 주기에 이른다. 그것은 곧 주체에 대한 변증법적 이해에서 비롯된 것이기도 하다.

예의 「사실주의의 재인식」은 카프 해산 이후, 혼돈을 보이던 당시 문학 현실을 앞에 두고 혼돈의 본질과 타개책을 제시한 글이다. 임화는 혼돈을 두 방향으로 정리하는데, 그것은 '포복(匍匐)적 리얼리즘'에 바탕을 둔 관조주의적 경향과, 낭만주의에 토대를 둔 주관주의적 경향이다. 전자가 주로 엄흥섭·이기영·한설야 등의 소설과 박영희 류의 평론에 나타나는 주된 경향이라면, 후자는 임화·윤곤강 등의 시와 임화 자신의 '낭만정신론'에서 유래된 것으로 정리한다. 특히 박영희 류의 비평이 비평의 사상적 질을 저하시키고 전망을 결여한 채 지도적 임무를 포기한 결과를 초래했다면, 낭만정신론은, 의도하지는 않았다고 하더라도, 비평에 있어 감상주의와 인상주의·불가지론·풍류성·복고주의 등과 결부될 가능성이 있음을 지적한다. 아울러 그는 스스로 낭만정신론이 "시적 리얼리티를 현실적 구조 그곳에서 찾는 대신, 정신을 가지고 현실을 규정하려는 역도된 방법에 있었던 것"[24]이라고 규정함으로써 비판의 핵심에 다가선다. 이것은 우리가 낭만정신을 검토하면서 지적했던 주—객 통합의 원리로서 주체의 문제를 근본적으로 반성하는 의미를 갖는다. 그의 말대로 낭만정신이란 현실에서 나오는 것이 아니라 현실 바깥에 있는 정신에서 나오는 것이기 때문이다.

그렇다면 관조주의와 주관주의를 극복할 대안이란 무엇인가? 그것은 다름 아닌 리얼리즘이다. 물론 이때의 리얼리즘이란 관조주의와 주관주의를 지양한 것으로서의 리얼리즘이다. 임화는 지양의 원리, 주체—객체 통일의 원리를 주체의 실천에서 찾는다. 바로 여기에 그의 주체론이 갖는 핵심적인 의미가 있다. 임화가 주체의 실천에 눈을 돌렸을 때, 그에게 주체란 고립된 개인의 신념을 넘어서는 것으로 이해되기 시작한다.[25]

일체의 주관을 현실에 종속시키라거나, 의식의 능동성에 대한 집착만으로 주체의 문제는 해결되지 않는다. 여기에는 주체에 대한 일방적인 불신과 신뢰가 동전의 양면처럼 잠재해 있을 뿐만 아니라, 주체를 단자(單子, monad), 즉 고립된 개인으로밖에 사고하지 못하는 인식의 일면성이 원인과 결과로 결합되어 있다. 그러나 임화의 리얼리즘론에서 상정된 주체와 현실은, 현실에 규정받는 주체 그리고 주체와 관계된 현실이고, 따라서 주체는 현실 속에서 발전하고 운동하는 존재이며, 현실도 주체에 의해 변화될 수 있는 존재이다. 그리고 현실과 주체를 매개하고 연결하는 것은 다름 아닌 실천이다.[26]

---

24) 임화, 「사실주의의 재인식」, 『동아일보』, 1937.10.8~14(『문학의 논리』, 86면).

25) 임화의 리얼리즘론에서 미적 주체성을 직접적인 주제로 다룬 것은 소성환이나. 그러나 그는 미적 주체성과 실천 개념을 노동자 계급 당파성에 입각한 당파적 실천으로만 설정해 이 시기 임화의 문제의식을 제대로 읽어 내는 데까지 이르지는 못한다. 조정환, 「1930년대 현실주의논쟁과 프롤레타리아문학의 독자성문제」, 『민주주의 민족문학론과 자기비판』, 노동문학사, 1989 참조 임화의 주체론에 대한 이론적 평가가 본격적으로 이루어지기 시작하는 것은 신두원의 논문부터이다. 신두원, 「임화의 현실주의론연구」, 서울대 석사논문, 1991 참조

26) 그렇다고 여기에서 필자가 '실천만능론'을 주장하려는 것은 아니다. 실천만이 모든 것을 좌우한다는 생각은 경험주의로 일탈할 우려가 있다. 주체—객체의 변증법에서 실천이란 그 같은 경험주의와는 다르다.

일찍이 「포이에르바하」론의 저자가 실천으로부터 유리된 사유가 현실적이
냐 비현실적이냐는 논쟁은 한 개 '스콜라' 철학적 문제이고 실천만이 차안성
(此岸性)을 증명하리라고 말 한 것을 기억할 필요가 있다.

우리는 생활 그것과 같은 문학을 요구하지 않는가? 정히 한 개의 생활적 실
천인 문학 그 가운데에서 주체성은 자기의 정당성을 증명하고 객관적 현실과
통일되는 것이다. (…중략…) 이러한 문학은 과학과 더불어 인간생활에 있어
깊은 실천적 의의를 갖는 것이다. 그러므로 리얼리즘이란 결코 주관주의자의
무고(誣告)처럼 사화(死化)한 객관주의가 아니라 객관적 인식에서 비롯하여
실천에 있어서 자기를 증명하고 다시, 객관적 현실 그것을 개변해가는 주관화
의 대규모적 방법을 완성하는 문학적 경향이다.[27]

그러면 임화가 생각한 실천이란 구체적으로 무엇을 가리키는 것인
가? 그의 말을 빌자면 그것은 '예술적 실천, 즉 리얼리즘적 실천'을 의
미한다. 뒤에서 다시 설명하겠지만 임화가 특히 리얼리즘적 실천을 유
달리 강조한 것은 그가 엥겔스의 발자크론의 의미를 간파하면서부터이
다. 사실 그는 '낭만적 정신'을 주장할 당시만 하더라도 이를 제대로 파
악하지 못하고 있었다.[28] 그동안 발자크나 톨스토이의 작품을 자연주의
라고 했다가, 부정적 리얼리즘이라고 하는 등, 자기 입장도 분명치 못했
고, 평가에도 인색했었다. 이는 1920년대 초반의 염상섭·현진건 등에
대한 평가에서도 비슷하게 나타난다. 「조선 신문학사론 서설」을 집필할
때만 해도 그는 기계적 반영론에 경도되어 있었으므로, 이들에게서 본
격적인 리얼리즘을 발견할 이론적 토대가 부족했던 것이 사실이었다.
그러던 임화가 엥겔스의 '발자크론'이 지닌 이론적 함의를 재평가하게
되면서 리얼리즘에 실천적 의미를 부여하게 되었고, 작가들에 대한 평

---

27) 임화, 앞의 글(『문학의 논리』, 93~94면).
28) 임화는 위의 글에서 스스로 "당시에(낭만주의를 주장하던 시기에—인용자) 우리는
   엥겔스의 발자크론을 읽고 있음에도 불구하고 세계관과 예술적 사상과 리얼리즘의 관
   계에 대하여 명백한 이해를 가졌었다고는 말할 수가 없었다"(『문학의 논리』, 86~87면)
   고 말한다.

가의 기준에서도 리얼리즘을 최우선으로 놓게 되는 것이다.

그런데 임화의 이런 변화는 공교롭게도 중·일전쟁으로 대표되는 일제의 강화된 탄압과 무관하지 않다는 점에서 의미심장하다. 사회가 준전시체제로 돌입하는 것을 바라보면서 임화는, 과거와 같은 조직적이고 공개적인 문학운동이나 정치투쟁이 더 이상 가능하지 않게 되었음을 체감했을 터이고, 작가들도 개인적 차원의 문학 활동 이외에 다른 길을 모색한다는 것이 현실적으로 거의 불가능하다고 느끼리라 판단하였을 것이다.

1937년 이전까지만 하더라도 그는 비록 카프가 해산되었을망정 프롤레타리아 혁명의 현실적 가능성까지 포기했던 것으로 보이지는 않는다. 그런 까닭으로 그는 여전히 '위대한 낭만적 정신'을 외치고 '당파성'을 내걸 수 있었다. 그렇지만 시시각각으로 변하는 현실의 힘은 그의 이런 주관적이고 관념적인 현실인식을 압박해서, 그로 하여금 현실의 논리를 더욱 냉정하고 객관적으로 인식하도록 작용했으리라 생각된다. 따라서 임화가 조직운동으로서의 문학을 포기하면서 리얼리즘을 작가들에게 내놓았을 때, 그것은 주체 재건의 방법론적 의미가 강한 것이었다. 다시 말해 조직운동에서 떠나 개인으로 돌아간 작가들로 하여금, 여전히 중심을 잃지 않고 창작에 나설 수 있는 방법론으로 제시된 것이 리얼리즘이었다.

특히 '리얼리즘의 승리'론은 파시즘체제가 더욱 강화되는 이 시기에 현실에 기대 현실의 진리를 확인하고 입증하는 방법으로 임화에게도 그리고 작가들에게도 상당한 의미를 가졌다. 김남천 역시 이 점에서는 유사하다. 파시즘체제 아래에서 세계관을 주장하기는커녕 유지해 나가는 것도 힘든 상황에서 임화는 현실의 힘에 의지함으로써 알 수 없이 흘러가는 현실의 진실을 인식하고자 했던 것일 터이다.

그러므로 창작방법이란 작가에게 창작하는 방법뿐만 아니라 생활하는 방법까지를 암시할 수 있지 않으면 아니 된다. 이곳에 문예이론의 지도적 임무란 것이 발휘된다고 나는 믿고 싶다. 뿐만 아니라 오늘날 작가들이 이론에게 제출하는 기본 요구도 이곳에 있을 것이다. 왜 그러냐 하면 방금 작가들이 해결해야 할 초미의 급무는 결코 일개 문학상 과제가 아닌 때문이다.

작가로서보다도 한 인간으로 현실의 파랑을 횡단할 길은 무엇이냐는 완전히 엄숙한 세계관 상의 대(大) 문제다. 무엇이 한 사람의 백면(白面) 작가를 절박한 세계관 상의 결정적 국면 하에 직립시키는가? 실로 오늘날 이곳 현실이 갖는 바 표열(漂烈)한 성격이 여기 있다.[29]

「사실주의의 재인식」이 발표된 이후 얼마간, 임화는 이 문제를 핵심적 과제로 삼아 글을 쓴다 ㄱ 기본 방향이란 앞에서도 말했듯이 엥겔스의 발자크론에 토대를 둔 '리얼리즘의 승리'론이다. 임화는 변화된 현실에서 작가들의 사상성이 저하되고 작품의 침체현상을 보면서 작가들에게 리얼리즘적 실천의 중요성을 언급한다. 특히 그가 리얼리즘적 실천을 강조한 데는 주체-객체 변증법의 핵심 범주로 '실천'의 의미를 인식한 것과 무관하지 않다. 실천을 통해 주관은 현실에 개입하고, 현실을 변화시키며, 현상과 본질의 변증법을 인식할 수 있다. 현실과의 실천적 관계로 주체 역시 변화·발전하게 되는 것은 당연하다.

그러나 임화가 작가들에게 리얼리즘적 실천을 강조했다고 해서, 정치적 실천이 어려우므로 차선책으로 예술적 실천을 선택한다는, 선택의 논리에 의존한 것은 아니다. 오히려 그는 예술의 특수성으로부터 예술적 실천의 중요성을 지적하고, 거기에서 세계관이 형성되고 주체가 재건되는 논리를 발견하고 있는 것이다. 주체가 재건될 때에라야 정치적 실천의 정당성 역시 주체 내부로부터 확신된다. 임화가 리얼리즘적 실천을 강조한 것은 그 때문이다.

따라서 작가에게 있어서는 예술적 실천이란 것이 매개하는 중심계기라는

---

29) 임화, 「주체의 재건과 문학의 세계」, 『동아일보』, 1937.11.11~16(『문학의 논리』, 46면).

데 작가의 세계관이 형성되는 과정에 특수성이 있는 것이다.

　유명한 엥겔스의 발자크론 가운데 적용된 분석방법은 사적(史的) 이론의 일반 공식이 아니라 예술실천의 이러한 구체성에서 출발한 것이라고 나는 생각한다. 그러므로 우리들이 자기 재건의 노선으로 고를 것은 예술적 실천 일반이 아니라 리얼리즘적 실천 그것이다.[30]

　리얼리즘적 실천은 작가를 좋은 생활 실천(예술적 실천이 아닌!)으로 인도할 뿐만 아니라 와해된 주체로 하여금 "객관 현실의 양양한 파악으로 끄을어 가고, 확립된 세계관은 생활적 예술적 실천에로 작가를 인도하여, 작가는 실천을 통하여 자기의 세계관을 혈육으로서 주체화"시킬 수 있는 것이다.

　그러면 도대체 리얼리즘이란 무엇이길래 이런 가능성을 내포한 것일까? 임화는 이를 리얼리즘의 고유한 구조와 자기 법칙에서 찾는다. 좋은 사상이 곧바로 훌륭한 예술이 되지 못하듯이, 사상이나 철학을 형상으로 번역하는 것이 리얼리즘이 아니라, 문학 나름의 구조와 법칙으로 현실을 인식하는 것이 리얼리즘이기 때문이다. 그리고 현실에 대한 리얼리즘적 인식의 핵심은 다름 아닌 전형화이다. 리얼리즘은 현실을 인식하는 하나의 관념 형태, 즉 광의의 사상(思想)의 한 형태로서 독자적 위치를 가지며, 전형화를 그 내용으로 한다는 것이다. 따라서 작가들이 리얼리즘적 실천에 섰을 때에 비로소 "사회적 대립의 장렬한 본질과 조우할 것이며, 암담한 현실이란 심각한 내적 갈등의 일 포말(泡沫)에 불과함을 최종적으로 인식"할 수 있게 되는 것이다.

　이렇게 보아 온다면 임화가 이 무렵 리얼리즘적 실천에 왜 그토록 의미를 부여하는 것인지가 이해된다. 개인으로서의 작가가 리얼리즘에 자기를 의탁할 때, 현실의 포말(泡沫) 위에 부유하는 관조주의와, 현실을 관념적으로 재단하는 주관주의를 넘어서서 위대한 문학을 창조해낼 수

---

30) 위의 글(『문학의 논리』, 55면).

있을 뿐만 아니라, 생활에서도 자기를 세우고, 사상과 세계관을 혈육화(血肉化)시킬 수 있기 때문인 것이다. 파시즘체제 아래에서 스스로를 버텨나갈 수 있는 방법을 임화는 리얼리즘에 철저하게 충실한 것에서 찾고 있다. 임화의 이 같은 주체 재건의 방법은 파시즘에 맞서는 문학의 진경을 보여 주고 있다. 게다가 그의 문장은 유려하고 장엄해서 일종의 비장미까지 느끼게 해, 식민지 치하 지식인의 고뇌와 지적 응전의 극치를 보여 준다.

결국 임화의 리얼리즘관에는 작가들이 리얼리즘적 실천을 감행함으로써 주체를 세워나갈 수 있다는 실천적 방법론의 성격이 깔려 있다. 그러나 우리는 여기에서 리얼리즘적 실천이 들어서면서 세계관의 자리가 슬그머니 사라지고 있다는 점에 주목하게 된다. 이것은 임화에게 있어서 주체의 이념적 지향이 핵심 관건이 아니라는 사실을 의미한다. 물론 그는 세계관을 "자기 재건의 길인 동시에 예술적 완성의 유력한 보장"31)이라고 해서 중요시하지만, 더 이상 핵심은 아니다. 핵심은 리얼리즘적 실천이기 때문이다.

이렇게 세계관의 문제가 희석되는 것은 당대 시대적 조건에 상당한 영향을 받은 탓이 클 것이다. 이제 그는 과거처럼 노동자 계급 당파성을 전면에 내걸지 않는다. 휴머니즘 논쟁을 결산하는 글에서도 그는 노동자 계급의 입장에서 휴머니즘을 비판하고 대안을 모색하기보다는, 리얼리즘을 제안함으로써 자기주장으로 삼는다. "리얼리즘을 통해서만 우리는 휴머니즘을 파악할 수 있고, 그것 없이는 문학이 제 세계 속에 진정한 휴머니즘을 실현할 수 없다"32)는 것이 주장의 핵심이다. 어쩌면 그는 파시즘 치하에서 노동자 계급의 독자성을 내세우는 것이 과연 의미가 있겠는가에 대해 확신을 가지지 않았던 듯하다. 많은 양심적 작가들이 파시즘체제 아래에서 사상적 압박과 생존의 위기를 받고 있는 상

31) 『문학의 논리』, 65면.
32) 임화, 「휴머니즘 논쟁의 총결산」, 『조광』 30호, 1938.4(『문학의 논리』, 235면).

황이므로 노동자 계급의 독자성과 세계관을 강조하는 것이 과연 적절한 상황 인식인가는 생각해 볼 문제이다.

그런 까닭인지 임화는 카프에 대한 평가에서도 과거와 다른 입장을 보이기 시작한다. 그는 카프의 오류를 소시민의 관념적 급진성에서 비롯된 것이라고 평가하고 있는 것이다. 현재의 문단도 어떤 중심을 상정하기에는 너무나 무력하게 총체적으로 방황하고 있음을 아프게 깨닫는다.[33] 리얼리즘의 기준에서 작가들은 너나 할 것 없이 미달되고 있고, 이념만으로 카프의 주류성을 평가하려는 자세는 해소되기에 이른다.

이 같은 배경에서 임화는 작가들에게 예의 리얼리즘적 실천을 권고한 것인데, 이는 과거처럼 관념화된 세계관을 중심으로 한, 편 가르기에서 벗어나고 있음을 의미한다. 그는 리얼리즘적 실천을 지향하는 소시민 작가 일반을 염두에 둔 것이지, 카프 작가를 중심에 둔 것은 아니었다.[34] 문제는 세계관이 아니라 리얼리즘이었던 것이다. 아무리 세계관에 투철하더라도 작가가 리얼리즘적 실천에서 일탈한다면 그것은 올바른 실천으로 인도되지 못하는 것이기 때문이다. 임화가 한설야의 『황혼』과 『청춘기』를 놓고 상반된 평가를 내렸던 것도 이런 점에서 이해가 가는 일이다. 요컨대 리얼리즘이 세계관에 우선하는 원칙이 된 것이다.[35] 결국 임화는 리얼리즘을 통해 새로운 주체를 건설하려 한 것이고 그리고 그것이 조선 현실의 당면한 과제라고 여긴 듯하다.

---

33) 임화, 「방황하는 문학정신」, 1937.12.12~15.
34) 이에 대해서는 하정일의 앞의 책(1993)과 앞의 글(1995)을 참조.
35) 임화의 다음과 같은 언급에서 그의 생각을 엿볼 수 있다.
　　"작가가 진보적 생활 실천자임에 불구하고 예술경향 상, 반리얼리스트이었다면 예술창작 그것뿐만 아니라 생활 실천 그곳에까지 악영향을 미칠 수 있다 할 것이요, 작가가 비(非)진보적임에 불구하고 예술경향 상 리얼리스트이었다면 예술을 비진보적 생활 실천이 파급하는 악영향에서 최대한으로 방어할 수 있고 나아가서는 비진보적 세계관 그것을 개변시킬 만큼 반작용을 할 수도 있는 것이다."(「주체의 재건과 문학의 세계」, 『문학의 논리』, 54~55면)

2) 근대문학의 완성을 향한 도정—이론의 역사화, 역사의 이론화

위와 같은 입장이 증폭·집중되어 나타난 것이 그의 「세태소설론」과 「본격소설론」이다. 이 두 글은 1930년대 중반 무렵부터 현재에 이르기까지 임화의 이론적 발전과 한계가 고스란히 담겨져 있는데다가, 문학사에 대한 그의 변화된 입장과 현재 문단을 보는 구도가 비교적 일목요연한 체계로 정립되어 있어 주목을 끈다. 아울러 이들이 하나의 체계로 엇물려 임화가 지향하는 리얼리즘의 구도와 조선 근대문학에 대한 인식이 드러나고 있다는 점에서 중요한 비평사적 의의를 지니기도 하다.

우선 우리는 이 두 편의 글에서, 임화가 리얼리즘을 통해 근대문학을 역사적이고도 이론적으로 사유하고 있다는 점에 주목할 필요가 있다. 임화가 조선문학의 당면 과제로 "고전적 의미의 소설 양식의 완성"이라고 말한 것은 그가 리얼리즘을 통해 근대문학을 지향하고 있음을 보여준다. "고전적 의미의 소설 양식"이란 다름 아닌 부르주아 발흥기의 발자크, 에밀 졸라를 염두에 둔 것이다. 지금까지 리얼리즘 이론에 대한 탐색이 그로 하여금 '근대'를 자각하게 만든 것이다.

임화는 리얼리즘을 주체의 측면에서 사고하면서 급기야 주체—객체의 변증법으로 실천의 개념을 인식할 수 있었고, 실천 개념을 통해 '리얼리즘의 승리'론을 주체의 방법론으로 내걸은 바 있었다. 그런데 그가 깨달은 리얼리즘의 승리란 바로 전형화 방법이었는바, 이는 그가 서구 리얼리즘의 역사를 확인하면서 얻은 결론이었다. 이 같은 이론적 탐색은 미적 반영론에 토대를 둔 리얼리즘을 이론적이면서도 역사적으로, 역사적이면서도 이론적으로 파악하는 계기인 동시에, 자연스럽게 조선의 문학 현실에 대해서도 새롭게 접근하도록 만들었다.

그런데 임화가 조선소설의 과제로 본격소설을 내걸었다는 것은, 그가 식민지 조선 사회의 과제를 근대사회의 완성으로 보고 있다는 점에서 문제적일 수밖에 없다. 임화가 문면에서 밝힌 근대사회란 자본주의의 발흥과 근대 시민 계급의 성장으로 요약될 수 있을 터인데,36) 이 점에서 조선의 신문학사(新文學史)를 바라보는 그의 고뇌가 담겨 있다. 왜냐하면 리얼리즘의 근대적 성격을 자각한 임화에게, 조선의 신문학이란 반(半)봉건적으로밖에 보이지 않았기 때문이다.

> 누언하는 바와 같이 소설은 개인으로서의 성격과 환경과 그 운명을 그리는 예술이라 서구적 의미의 완미한 개성으로서의 인간 또는 그 기초가 되는 사회생활이 확립되지 않는 한 소설양식의 완성은 기대할 수 없는 것이다.
> 이런 의미에서 진정으로 개성이기엔 다분히 봉건적인 신문학, 또한 개성적이기보다는 지나치게 집단적인 경향문학은, 결국 조선에 소설양식을 완성할 수 없었다.37)

결국 임화는 조선문학의 과제가 근대를 지향하는 것이고 그것은 리얼리즘을 통해 완성될 수 있다는 생각을 갖고 있었다. 그렇다고 임화가 지금까지의 조선 신문학사를 전면 부정하는 입장에 서는 것은 아니다. 오히려 그는 불충분하나마 본격소설에의 지향을 조선 신문학의 전통으로 보고 있는 것이다. 그리고 이런 기준에서 이기영과 이광수·한설야와 이태준을 같은 반열에 올려놓는다.38)

이런 인식은 위에서도 잠깐 암시되고 있지만 동시대 조선문학의 지형도와 날카롭게 대비된다는 점에서 의미를 찾을 수 있다. 다시 말해

---

36) 명민한 임화로서는 근대사회가 민족국가의 수립과 연결된다는 것을 모를 리 없었다. 그러나 그는 이를 명시적으로 언급하지는 않는다 / 못한다. 임화가 근대사회를 민족국가의 수립에서 찾고 있었다는 것과 근대문학을 민족문학에서 찾고 있었다는 단초는 조선문학의 정의에 대한 앙케이트에 대한 대답, 「객관적 사정에 의하여 규정된다」(『삼천리』 76호, 1936.8)에서 찾아볼 수 있다. 그는 이 글에서 인도와 아일랜드의 타고르, 예이츠의 문학은 진정한 인도, 아일랜드의 문학이 아니라 침략자에게 굴종당한 표식이라고 말하면서, 진정한 문학은 금후에 다시 시작될 것이라고 지적한다. 이런 언급이 조선을 염두에 둔 우회적 서술이라는 것은 쉽게 짐작할 수 있다. 그러나 이는 말 그대로 단초에 불과한 것이어서 체계적인 이론이나 주장으로까지 정리된 것은 아니었다.
37) 임화, 「본격소설론」, 『조선일보』, 1938.5.18~25(『문학의 논리』, 375면).
38) 위의 글(『문학의 논리』, 371면).

'세태'와 '내성'으로 분열된 조선문학의 현실은 근대적 과제를 온전히 수행하지도 못할뿐더러, 근대 이후의 역사적 산물도 아니라는 인식이 임화의 뇌리 속에 강하게 자리 잡고 있음을 뜻하는 것이다. 임화가 보기에 조선문학은 미약한 물질적 토대와 "유별난 생활 과정"으로 근대문학의 완성에 이르지 못한 까닭에, 당시 유행 사조였던 '세태'와 '내성'도 근대 리얼리즘 이후의 서구 모더니즘문학과 그 질을 달리 할 수밖에 없는 것이다. 그렇다고 분열된 세태 묘사나 심리 묘사로 근대적 리얼리즘이 완성되는 것을 기대할 수 있는 것도 아니다.

결국 그는 1930년대 후반 새롭게 형성되는 문학의 지형이 결코 조선문학의 중심일 수 없고,[39] 중심은 리얼리즘에서 찾아야 한다고 생각한 셈이다. 그가 이렇게 생각한 데에는 조선 사회가 아직 근대의 과제를 완수하지 못했기 때문이라는 인식이 크게 작용하고 있었다고 보아야 할 것이다. 임화는 의연히 근대의 과제를 리얼리즘에서 찾았고, 세태와 내성 역시 이런 한에서만 그 의의를 부여했던 것이다.

세태의 묘사라든가, 심리의 묘사 등은 소설의 중요한 이대(二大) 요소이고, 또한 과거의 조선소설이 이 영역에서 규범될 만한 아무 것도 만들어 놓지 못하였던 만큼, 그것이 성과라는 것을 무시할 수는 없다. 그럼에도 불구하고 요즈음 소설에선 미약하나마 형성되려하던 본격소설에의 지향이 쇠퇴하고 의연히 조선선 고전적 의미의 소설양식의 완성이란 당면의 숙제로 남아 있음을 잊어서는 아니 된다.[40]

조금 도식적으로 말한다면 임화에게 있어 조선문학의 과제는 근대문학의 완성이고, 근대문학의 완성이란 다름 아닌 리얼리즘이었던 셈이

---

39) 임화는 「문단시감」(『조선일보』, 1938.7.17~23.『문학의 논리』에서는 「문단적인 문학의 시대」라는 이름으로 수록되어 있다)에서 현재 문단의 중심을 이루고 있는 것은 장차 주변으로 물러가야 할 것들이며, 게다가 문단의 중심이 문학의 중심이 되는 것은 아니라고 말한다.
40) 임화, 「본격소설론」(『문학의 논리』, 386면).

다. 따라서 '세태'와 '내성'은 변질된 근대이거나 반봉건성(半封建性)의 표식, 혹은 근대문학으로 가는 일시적 우회로였고, 근대문학의 완성을 통해 지양되어야 할 것이었다.

그런데 한편 이 무렵 임화의 리얼리즘론은 그 역사적 성격과 지향을 이론적으로 체계화시켰다는 긍정적 의미 이외에, 이론 내적 균열의 조짐을 드러내기도 해서 문제적이다. 이런 문제는 그가 본격소설을 성격과 환경의 조화라는 단선적인 논리로 유형화시킨 데서 발견된다. 「사실주의의 재인식」을 쓸 무렵만 하더라도 그에게 1차적인 것은 리얼리즘적인 실천과 전형화의 논리였다. 그러나 「세태소설론」을 집필할 때 그의 리얼리즘론은 전형화와 실천보다는 작품의 내적 구조로서 '성격과 환경의 조화'라는 도식으로 정립된다. 성격과 환경의 조화란 물론 엥겔스의 발자크론에 나오는 '전형적 환경하에서의 전형적 성격'을 염두에 두고 나온 말이지만, 전형화는 간 데 없고 인물과 환경의 하모니, 성격과 환경의 조화만이 유형화된 논리로 전면에 서게 된다.41)

이 같은 유형화의 논리에는 현실 반영의 문제가 이론적 연관으로 개입할 통로가 없어질 수도 있다는 문제점을 안고 있다. 임화가 이광수와 이기영의 작품에서 형태적인 공통성을 발견하고 이 두 작품의 변별을 '정신'에서만 찾은 사실이 이를 반증한다. 성격과 환경의 조화라는 작품 내적 구조에서 작품의 질을 변별하는 것은 '정신', 이념 이외에는 찾을 수 없다.

이 같은 분식틀에 현실 반영의 문제가 이론적으로 끼어 들어갈 공간이 없다면, 현실의 반영과 작품의 내적 형식 사이에는 이론적 균열이 발생하게 된다. 작품의 내적 구조에 초점이 맞춰진 '인물과 환경의 갈등과 조화의 논리'는 곰곰이 생각해 보면 어느 시대의 서사물에 대입해도 분석이 가능한 틀이다. 잘못하다 보면 현실 반영의 문제는 이런 분

---

41) 이런 논리는 사실 「한설야론」(『동아일보』, 1938.2.22~24)에서 이미 예견된 바이긴 하다.

석틀 바같에 존재하는 것으로 여겨질 수도 있다. 이는 전형화가 인물과 환경의 조화라는 유형화의 논리로 바뀐 탓이다. 그는 주체와 객관이 실천을 통해 교섭한다는 사실을 인식하고 있었지만, 이것이 성격과 환경의 조화로 논리적 비약을 하면서 주체의 실천이 괄호로 묶여 버리는 결과를 초래하기도 한다. 그랬을 때 성격과 환경은 다시 분리되고 마는 것이다.

특히 세태와 내성이란 개념으로 1930년대 후반 소설의 침체와 혼란을 날카롭게 지적했으면서도, 그는 "작가 내부에 있어서 말하려는 것과 그리려는 것의 분열"이라고 말함으로써 작가 주체의 이원화된 분열로 설명하고 만다. 그렇지만 생각해 보자. 1930년대 후반 소실의 침체가 정말 주체가 분열되어 있어서 초래된 것인가? 분열이란 원래 하나이던 것이 나누어진 것이므로 다시 통합되면 문제는 사라진다. 그러면 세태와 내성이 통합된다고 본격소설이 될 수 있을까? 그렇지 않은 것이다. 다음과 같은 임화의 논리를 보자.

> 「구보 씨의 일일」에는 지저분한 현실 가운데서 사체(死體)가 되어 가는 자기의 하루 생활이 내성적으로 술회되었다면, 『천변풍경』 가운데는 자기를 산송장을 만든 지저분한 현실의 여러 단면이 정밀스럽게 묘사되어 있다. 그러므로 이 두 소설이 훌륭한 의미에서 조화 통합되었다면 우리는 어떤 본격적인 예술소설을 연상할 수가 있다.[42]

이것은 뭔가 잘못된 이원론이다. 엄밀히 말해 「소설가 구보 씨의 일일」과 『천변풍경』은 조화·통합으로 해결될 문제가 아닌, 전혀 다른 차원의 질적 비약을 통해 가능한 것이기 때문이다. 현실의 혼돈을 분석·유형화하는 임화의 논리에는 이제 주─객 변증법으로서의 실천 대신에 주─객 이원론이 들어설 조짐마저 보인다.[43] 임화가 조선 신문학사를

---

42) 임화, 「세태소설론」, 『동아일보』 1938.4.1~6(『문학의 논리』, 350~351면).
43) 조금 단순화시키자면 임화의 유형화 논리는 다음과 같은 도식을 초래할 수도 있다.

본격소설의 지향이라는 축으로 정리하면서 과거 작가를 모두 같은 범주로 묶을 수 있었던 것도 이런 분리된 이원론의 구도에서 나온 것이다. 그러나 1930년대 후반의 주체는 분열되어서가 아니라 변질되었기에 문제가 있었던 것이며, 이것은 파시즘체제 아래 전망을 발견하기 어려운 시대적 조건에서 유래된 것이다. 그렇다면 본격소설도 분열된 주체의 통합(세태와 내성의)이나 성격과 환경의 조화가 아닌, 주체의 재건과 현실의 전형화를 통해 가능한 것이었을 터이다.

이 시기 임화는 차라리 리얼리즘을 더욱 철저히 고수하는 방향으로 나아가는 편이 낳을 듯했다. 논자에 따라서는 임화가 리얼리즘을 고수한 것이라고 평가할 수도 있겠지만 지금 보아온 것처럼 형식화된 이원론의 구도 아래에서 리얼리즘의 합리적 핵심은 사라질 가능성도 배제할 수 없다. 임화는 리얼리즘을 고수하면서도 파시즘체제 아래에서 스스로 의식했건 하시 못했건 이론적 엄격성을 조금씩 무너뜨리고 있었다. 그것이 설령 파시즘 치하 양심적 작가들의 대동단결을 목적으로 한 것이라고 하더라도 「사실주의의 재인식」을 쓰던 시기와는 스스로 구별되는 점이 없지 않다. 그것을 변화되는 현실에 유연하게 대처하는 것으로 보기에는 분명 부족한 점이 있었다.

	주체	객체
분열	내성소설	세태소설
통합	통속소설	본격소설

주체와 객체 / 분열과 통합의 관계에서 나오는 소설의 유형이란 위의 네 경우이다. 예컨대 주-객체가 분열 상태일 때 주체의 측면에서 내성소설이 나온다면, 객체로 중심이 이동했을 경우에는 세태소설이 등장한다. 반면에 주관적으로 주-객 통합을 시도하게 되면 통속소설이 되고, 현실의 입장에서 주-객이 통합되었을 때, 비로소 본격소설이 된다. 그러나 임화는 「최근소설의 주인공」(『문장』, 1939.9)에서 인간의 운명과 생애 가운데에 사회의 주체적 측면이 표현됨을 설명하고 있다. 성격과 환경 사이의 교호 관계 그리고 그를 통해 반영되는 현실의 모습을 그는 간과하지 않고 있었다. 따라서 임화의 소설론을 무작정 유형화 논리로 몰아붙이는 것 역시 경계해야 할 것이다. 다만 여기에서 임화의 이론틀 내에서 발견되는 유형화의 위험성을 지적하려는 것이다. 임화는 이 시기에 들어와 이 둘 사이에서 매우 위태로운 곡예를 하는 것처럼 보인다.

5. '사실(事實)'과의 저항(抵抗)과 생활로의 퇴각

한편 임화의 평론은 1930년대 말, 정확히 말해 1938년 8월에 발표된 「사실의 재인식」을 시작으로 또 다른 변화의 조짐을 보인다. 그 변화의 원인이란 말할 것도 없이 파시즘의 등장과 전시체제(戰時體制)로의 전환이라는 정세의 변화에서 찾을 수 있겠지만, 임화 개인에게서는 현실의 변화를 지켜보면서 스스로를 반성하는 데서 나온다.44)

　　나는 최근의 소설이 세태소설과 내성소설로 분열되고 있음을 분석하면서 그 통일을 위하여 구체적으로 무엇을 작가들에게 제시해야 할지 실로 막막치 아니할 수 없었다. 물론 나는 그것을 소위 '본격소설'의 길을 개척함에 있다고 결론하였으나 유감인 것은 그 논리가 작가들로 하여금 창작하는 붓대에 흘러내리는 산 혈액이 될 만한 것이 아니라는 것은 아무래도 부정할 수가 없다.45)

이론적인 당위성은 있다고 하더라도, 스스로의 주장이 현재와 같은 시대에서 정말 현실성이 있는 것인가에 대해 그는 고민하고 있는 것이다. 이른바 '사실(事實)'의 힘에 그 역시도 눈을 돌리지 않을 수 없었던 것 같다. 그는 이제 '사실'을 인정해야 할 것이라고 말한다.

그렇지만 한 가지 분명한 것은 그가 말하는 '사실의 인정'은 결코 백철의 사실수리론(事實受理論)과는 궤가 다르다는 점이다. 그가 사실을 인정한다는 것이 현실의 변화 앞에서 절망한다거나, 사실을 받아들임으로써 신체제의 논리로 간다고 해석되어서는 곤란하다.46) 위의 인용 역시,

---

44) 1937년 중일전쟁이 시작된 이래 일본이 중국을 파죽지세로 몰아붙이는 것을 보면서 당시 양심적이고 진보적인 지식인들은 일본 파시즘의 위력을 실감하게 된다. 그것은 이들이 일제로부터 벗어나는 민족해방에 대한 전망을 유보하거나 상실하게 만드는 측면이 있었다. 전상숙, 『일제시기 한국 사회주의 지식인 연구』, 지식산업사, 2004, 287면.
45) 임화, 「사실의 재인식」, 『동아일보』 1938.8.24~28(『문학의 논리』, 121면).
46) 이훈은 「1930년대 임화의 문학론과 근대성」, 앞의 책(민족문학사연구소 편, 1995)에

절망에서 나온 말이라기보다는, 반성을 통해 새로운 모색을 다짐하려는 의도에서 나온 것임을 글 전체의 맥락이 증명한다. 그는 오히려 '사실과의 길항(拮抗)'을 강조한다. 사실을 주관적으로 거부할 것이 아니라, 사실과 실천적으로 맞서야 한다고 생각한 것이다. 임화가 말한 '사실의 인정'이란 그런 뜻이다. 현실 감각이 있는 평론가—그는 이를 정치(政治)라는 말로 표현한다—라면 현실의 논리 속에서 대안을 모색해야 한다는 것이 그의 생각이었다.

> 물론 기정(旣定) 사실의 승인이란 것이 이태리의 이디오피아 점령으로 대영제국의 주권의 양보 내지 포기로 끝난다면 그것은 하나의 굴복이다. 그러나 반대로 기정(旣定)의 사태는 이미 확정적임에 불구하고 관념적으로 그것을 부정하는 나머지 그 나라의 외교 정책이 모순에 빠지고 무능에 끝난다면 이것은 벌써 능한 의미의 정치는 아니다.
> 기정 사실의 인정은 그 사태를 기초로 하여 자기발전의 확고한 현실적 노선을 발견함에 이름을 의미한다.[47]

그렇지만 그의 논리는 사실과의 길항 이상으로 진전하지는 않는다. 현실의 논리에 관심을 돌리는 한편으로 그는 어떤 총체적 대안을 제시하는 것으로 나아가지 않는다. 그 대신 그는 문단과 저널리즘의 관심사에 대해 활발한 관심을 보여 준다. 그러나 여기에는 다만 현실과 문단을 바라보는 태도와 포즈만이 있을 뿐이다. 안함광은 임화의 평론을 두고 '유격술'이라고 했거니와, 안함광과는 다른 의미로 우리는 이 시기 임화의 평론에서 유격술을 발견한다. 「전체주의 문학론」이 그렇고, 「시

서 임화의 이 글을 두고 '기정(旣定) 사실의 인정'을 파시즘 수용으로 해석하려 한다 (422면). 그러나 필자가 보기에 이 글의 핵심은 사실수리론이 문단적 영향력을 넓혀가는 것에 대해 그 나름대로 제동을 걸려고 했었다는 데 있다. 글의 전체적 맥락이 그것을 보여 준다. 그는 사실을 인정하자는 것보다, 사실에 어떻게 임할 것인가에 비중을 두고 있는 것이다.

47) 임화, 「사실의 재인식」(『문학의 논리』, 130면).

민문화의 종언」, 「생산소설론」이 모두 그렇다.[48] 신체제적 지향을 드러내는 듯한 제목을 달고 그는 교묘하게 게릴라전을 수행하고 있는 것인지도 모른다. 문학사 집필 또한 이와 다르지 않다. 아카데미즘이란 방어벽을 치고 그는 견결하게 자기 길을 걸어가고 있는 것처럼 보인다.[49]

당시 문단 초미의 관심사였던 세대론(世代論)에 대해서도 그는 비교적 여러 편의 글을 발표한다. 세대론이 단순히 문단 내의 세대 간의 갈등이나 차이만이 아닌, 문학적·이념적 지향을 강하게 띄고 있었다는 점에서 의미를 지니는바, 임화는 신세대를 향해 문학의 현실 연관성을 강조하고 이를 입증하기 위해 「소설문학의 20년」을 집필하기도 하는 것이다. 요컨대 그에게 옹호해야 할 가치는 여전히 리얼리즘이었나.

1940년에 들어와 발표된 「리얼리즘의 변모」[50]에서도 그는 리얼리즘의 가능성을 끈질기게 탐색하고 있다. 리얼리즘에서 현실이 의미하는 바를 설명하고는, 역설적으로 이제는 현실이 아니라 생활에서 리얼리즘을 발견해야 한다고 주장한다. 현실이란 이미, 주체가 살아갈 공간은 아니었던 것이다. 일상으로서의 생활조차도 이제는 옹호하고 지켜나가야 할 것임을 암시하는 것이다.

바꿔 말하면 현실 대신에 맞이한 부득이한 세계로서의 생활이 아니라 역시 소중히 할 것으로서의 생활, 혹은 그것을 긍정하고 그 속에서 무슨 새 의의를 찾아보려는 세계로서 생활이 문학 위에 등장하게 되면 그때는 여태까지 우리가 현실이란 것과 대비하여 생각해 오던 생활과 새로운 의미의 생활이 약간 의미가 달라진다.

---

48) 이런 글들은 다양한 해석의 가능성이 공존한다. 「생산소설론」도 그렇고, 「시민문화의 종언」도 그렇다. 화제 자체는 일제의 국책적(國策的) 과제이지만, 그가 문제에 접근하는 방식은 여전히 실재(實在)에 토대를 둔 변증법에 기초하고 있다. 사유 방식 자체는 변화하지 않고 있는 것이다.
49) 그는 1939년부터 1941년까지 『조선일보』와 『인문평론』에 「개설 신문학사」, 「신문학사」, 「續 신문학사」, 「개설 조선 신문학사」라는 이름으로 근대문학사 집필에 나선다.
50) 『문학의 논리』에는 「생활의 발견」이란 이름으로 실려 있다.

그것은 이미 새로운 오늘날이란 시대의 현실로서의 중대한 의미를 함축하게 된다. 즉 새로이 발견된 현실로서의 생활, 그것이 곧 현실을 버린 뒤에 생활의 발견이 초래한 중대한 결과가 되는 것이다.[51]

현실은 일상적 생활마저 지켜 가고 소중히 해야 할 정도로 급박하게 돌아가고 있었다. 이제 임화의 비평이 한국어로 쓰인 한국문학으로서 의미를 갖는 것은 대략 이 언저리까지이다. 그는 금광업자인 최남주(崔南周)가 설립한 학예사와 관계하면서 단행본 출판에 관여하기도 한다. 이따금 평론을 쓰기도 하지만 그전의 이론적 긴장이 연속되는 모습을 발견하기는 힘들다. 어쩌면 그것은 지금까지와는 다른 차원의 문제들로 접근해야 할 영역으로 보인다. 그의 평론이 다시 빛나게 부활하는 것은 1945년 8월 해방을 맞이하면서이다.

---

51) 임화, 「생활의 발견」, 『태양』, 1940.1(『문학의 논리』, 338면).

근대에 대한 옹호 또는 파시즘과 비판적 거리 두기

김기림(金起林)

1. 1930년대와 김기림의 비평

김기림(본명 金仁孫, 1908~?)은 최재서와 함께 일제강점기의 대표적인 영문학자였다. 게다가 그는 뛰어난 시인이기도 했고 한국 근대문학사에서 자기 나름의 시론(詩論)을 구축한 몇 안 되는 평론가이기도 했다. 함경북도 성진[臨溟]의 부유한 과수원집의 외동아들로 태어나 보성고보를 다니고 일본대학 전문부 문과와 동북제대 영문과에서 제대로 문학수업을 받은, 당시로서는 보기 드문 지식인이었다.[1] 비슷한 지적 배경을 갖고 있는 최재서가 일제 말기에 파시즘에 적극적으로 협력한 것과는 달리 그는 자신이 생각한 문학 활동이 불가능한 상황에 맞닥뜨리자 더 이

---

1) 김학동, 『김기림 평전』, 새문사, 2001.

상 글을 쓰지 않고 낙향하여 시골학교[鏡城中學校]에서 교편을 잡으며 해방될 때까지 은둔생활을 하였다.

이 글은 이 같은 김기림의 문학 활동을 1930년대 비평을 중심으로 연구한 결과이다. 그렇지만 그의 비평 활동 전체를 다루거나 그의 시론(詩論)을 연구 대상으로 하고 있지는 않다. 이미 김기림의 시론이나 비평에 대해서는 여러 훌륭한 연구물들이 나와 있는 상태이다.[2] 거기에 뭘 덧붙이거나 뺄 처지에 있지 못하다. 이 글은 주로 1930년대 김기림이 당시 시대 상황과 문학 환경에 대해 어떤 비평적 입장을 갖고 대처하고 극복해나갔는가 하는 문제를 다루고자 한다. 물론 그 과정에서 김기림의 시론에 대해서도 검토하지 않을 수는 없겠지만 그것 자체가 본 연구의 목적은 아닌 것이다. 핵심은 이 시기 김기림이 조선의 문학과 현실을 인식하는 문제의식을 확인하고 그가 이 문제를 어떻게 해결해 갔으며 그것이 1930년대라는 시대 상황과 결부지어 어떻게 이해될 수 있을 것인지, 나아가 한국 근대비평사에서는 어떤 의미를 지니는지를 검토해 보는 것이다.

1930년대는 주지하는 바와 같이 1931년의 만주사변, 1932년 만주국 설립, 1937년 중일전쟁 발발 등의 사건이 보여 주는 것처럼 일제가 대륙침략을 위해 식민지 조선을 병참기지화하고 아시아적 규모의 침략전쟁을 시도하는 때였다. 일본 파시스트들은 이런 전쟁을 위해 국가적 차원의 총동원 체제를 구축해 가면서 정당 내각 체제를 붕괴시키고 내선일체를 내세워 식민지 조선 역시 그런 전쟁 체제에 동원하기 위해 온갖 수단을 사용한다.[3] 사상에 대한 통제와 언론탄압, 경제적인 수탈과 군

---

2) 대표적인 것만 몇 개 들어본다면 원명수의 『모더니즘 시 연구』(계명대 출판부, 1983), 강은교의 「1930년대 김기림의 모더니즘 연구」(연세대 박사논문, 1987), 김유중의 『한국 모더니즘 문학의 세계관과 역사의식』(태학사, 1996), 한계전 외 『한국 현대시론사 연구』(문학과지성사, 1998, 174~195면), 김우창의 「모더니즘과 근대세계」(유종호 외, 『현대 한국문학 100년』, 민음사, 1999, 561~617면), 김윤정의 『김기림과 그의 세계』(푸른사상, 2005) 등이 있다.

사적 동원 등 식민지 조선은 일제 파시스트들에 의해 사회 전 부문이 재편되기에 이른다. 이런 현상은 시간이 흐를수록 더욱 강화되어 1940년을 넘어가면서부터 조선은 일본과 구별되는 민족 단위의 자립성을 상실할 위기를 맞게 된다.

이런 시기에 김기림이라는 한 비평가가 그런 사회 체제의 변화에 대해 어떻게 반응하고 그것을 스스로의 비평에 어떻게 구현해 나갔는가를 살펴보고자 하는 것이 이 글의 목적이다. 문학비평이란 문학 작품을 분석하고 평가하는 것이 기본이지만 다른 한편, 문학에 대한 자기의식(意識)을 이론적으로 탐색해 나가는 작업을 포함한다고 할 때 동시대의 정치사회적 문제에 대해 어떻게 반응하고 그것을 자신의 문학적 고민으로 어떻게 육화시켰는가는 비평사적으로도 중요한 점검의 대상이 아닐 수 없는 것이다.

물론 이에 대한 기왕의 연구가 없었던 것은 아니다. 류보선과 김재용은 김기림의 평론을 이 글과 유사한 문제의식으로 접근하여 분석한 바가 있다.4) 이들의 성과는 본 연구에도 상당한 참조가 될 만큼 이 시기 김기림의 주요한 비평적 측면을 해명하는 데에 기여하고 있다. 그러나 김재용은 김기림이 일제 말 파시즘에 대해 비판적 거리를 두게 된 이유만을 중점적으로 다룬 소론(小論)이어서 정작 그의 문학론과의 연관성을 해명하기에는 부족하다는 느낌이 강하다. 이에 비해 류보선은 김기림의 비평을 파시즘과의 연관 속에서 폭넓게 해명하고 있다. 그러나 김기림의 비평을 파시즘 이전과 이후로 나누되 그 둘을 지나치게 단절시켜 설명하는 점, 파시즘 이전 김기림의 비평에 대해서는 과소평가를 하고 있는 점, 그래서 그 변화의 계기를 충분히 해명하고 있지 못한 점 등이 아쉬움으로 남는다.

---

3) 이형철, 『일본군부의 정치지배』, 법문사, 1991.
4) 류보선의 「1930년대 후반기 한국 문학비평 연구」(서울대 박사논문, 1995)와 김재용의 『협력과 저항』(소명출판, 2004), 204~221면을 각각 참조.

따라서 이 글은 김기림의 1930년대 비평적 탐색이 어떻게 변화·발전해갔는가 하는 변화와 지속의 양상들을 전체적으로 규명하면서 파시즘 대두 이후 김기림 비평의 변모와 그것의 비평사적 의미 등을 집중적으로 살펴볼 예정이다. 이 시기 김기림의 비평을 읽다 보면 그가 동북제대에 유학하던 1936년부터 1939년까지를 경계로 그 이전과 이후가 나뉘는데 이 글에서도 대략 이 시기를 중심으로 전과 후를 나누어 그의 비평을 검토하도록 하겠다.

2. 주지주의와 모더니즘

1) 근대시를 향한 기획―주지주의(主知主義)

김기림의 비평은 초기에는 주로 시론의 형태를 지니고 나타난다. 일제 말기인 1940년 전후로 가면 그는 한국문학 전반에 대한 식견을 갖고 자기 입장을 표명하는 경우도 있지만 대개는 조선의 근대시에 대해 스스로의 비평적 의견을 개진함으로써 자기 나름의 문학적 입장을 드러낸다. 물론 그가 소설에 대해서 전혀 언급하지 않았다는 것은 아니지만 그의 주요 관심사가 시에 놓여 있음은 부인할 수 없다. 이는 그가 시인이면서 시론을 연구한 학자이기 때문에 그럴 것이다. 그렇지만 외국문학 이론에 관심을 둔 연구자이기는 해도 그의 문제의식은 조선시단에 깊게 드리워져 있다.[5]

---

5) 1930년대 김기림을 연구자로 볼 것인지에 대해서는 이론의 여지가 있을 수 있다. 동북제대 유학 후는 그렇게 볼 수 있지만 최재서와 달리 그가 이 시기에 아카데미즘에 지속적으로 관계하고 있었다는 증거는 없다. 오히려 그는 『조선일보』 사회부에 재직하고 있는 기자였다. 그럼에도 불구하고 그는 일본대학 졸업 이후 문학 이론과 시 연

이 점은 김기림과 최재서를 구별시켜 주는 점이기도 하다. 최재서는 비평을 시작할 때 그의 문제의식의 발단이 조선의 현실보다는 세계 문학적 보편성에 가 있었다. 최재서는 서구의 문학 이론이나 유파를 여과 없이 끌어들여 그것이 마치 조선문학의 상황인 듯이 문제를 설정하는 경우가 왕왕 발견되고 있기 때문이다.6) 이에 비해 김기림은 서구문학에 대한 교양을 바탕으로 조선시단(詩壇)의 문제를 자기 나름으로 진단하려는 노력을 보인다. 그가 비평을 본격적으로 시작하는 무렵의 글을 보면 이런 점이 비교적 명확히 드러나고 있다. 뒤에서 다시 언급하겠지만 그가 이 시기에 힘주어 주장하는 주지주의(主知主義) 역시 그런 문제점을 인식하고 난 뒤, 그에 대한 대안으로 고안된 것이었나.

김기림은 조선 근대시의 가장 큰 문제점으로 센티멘탈리즘을 거론한다. 그는 감정과 감상을 절제할 줄 모르고 격정적으로 쏟아내는 소박한 센티멘탈한 시가 조선시단의 병폐라고 지적하고 있다. 『신동아』 1933년 7월호에 발표한 「포에지와 모더니티」를 보면 그의 이런 문제의식이 단적으로 표현되고 있다. 그는 이 글에서 조선시의 문제점을 "이미지를 통하지 않고 추상화한 주관의 감정이 직접 독자의 감정에 감염하려고 하는 그러한 경향의 시가 있다. 첫째는 감상적 낭만주의 시다. 다음에는 격정적 표현주의 시다"라고 지적한다. 여기에서 그가 말하는 감상적 낭만주의시나 격정적 표현주의시는 대체로 당시 낭만주의 계열의 시나 카프 계열의 시를 지칭하는 것으로 이해된다. 그가 이렇게 개인의 감상과 정치적 격정의 직접적 표출을 조선시단의 통폐로 이해하는 태도는 1930년대 말까지 크게 바뀌지 않는다. 이 글 말고도 그는 여러 곳에서 조선시의 이런 문제점에 대해 지적한다. 그가 조선시단의 폐단을 극복

구에 대한 열정을 보이고 있었다. 그가 발표한 글들에서도 이 점은 쉽게 확인된다. 그런 점에서 김기림을 연구자로 볼 여지가 없는 것은 아니라고 생각한다.

6) 그런 대표적인 글이 「문학발견시대」(『조선일보』, 1934.11.21~29)이다. 이에 대해서는 이 책 7장을 참조.

하기 위한 대안으로 발표한 「시에 있어서의 주지적 태도」에서도 예의 센티멘탈리즘론이 등장한다.

그런데 앞에서 간단히 언급한 바와 마찬가지로 김기림은 이런 병폐를 극복할 대안을 시인의 주지적(主知的) 태도로부터 찾고 있다. 격정적인 센티멘탈리즘으로부터 벗어나는 길이야말로 주지적 태도로부터 나오고 주지적 태도는 이런 격정주의와 대척점에 선다고 그는 주장한다.

> 시인은 한 개의 목적=가치 창조로 향하여 활동하는 것이다. 그래서 의식적으로 의도된 가치가 시로써 나타나야 할 것이다. 이것은 소박한 표현주의적 방법에 대립하는 전연 별개의 시작상(詩作上)의 방법이다. 사람들은 흔히 그것을 주지적(主知的) 태도라고 불러왔다.7)

그가 주장하는 주지적 태도는 일종의 지성론(知性論) 비슷한 것으로 보인다. 사물에 대해 즉자적으로 반응하기보다는 거리를 두면서 그것을 분석적이고 비판적으로 사고하는 지적 태도의 중요성을 강조하는 것으로 이해된다. 이는 그가 시에 나타난 현실이 무엇이고 어떠해야 되는가를 설명하는 대목을 보면 더욱 분명해진다. 그는 「포에지와 모더니티」에서 시에서 표현된 현실이란 '의미적(意味的) 현실'이고 그것은 곧 현실의 본질적 부분, 그의 말을 그대로 옮겨온다면 "현실의 한 단편이면서도 그것이 상관하는 현실 전부를 대표하는 부분"이라고 설명한다.8) 그런데 그는 이런 주지적 태도가 시에서는 이미지로 표현된다고 말한다. 이미지라는 객관적 상관물을 내세움으로써 감정과 감상을 절제할 수 있다고 생각하는 것이다. 그러면서 이미지를 통하지 않고 추상화된 관념이나 감상이 그대로 표출되는 것을 센티멘탈리즘이라고 비판하는 것

---

7) 김기림, 「시에 있어서의 주지적 태도」, 『신동아』, 1933.4(『김기림 전집』 2, 심설당, 1988, 78~79면). 『김기림 전집』은 발표 당시 원문과 일부 차이가 있다. 위의 인용 마지막 문장에서도 원래 발표문에는 '사람들은'이 아니라 '나는'으로 되어 있다.
8) 『신동아』, 1933.7.

이다.

그런 점에서 김기림이 말하는 주지주의는 단순한 지식이나 교양만을 가리키는 것은 아니다. 그가 모럴[morality]이나 휴머니티를 강조하는 것을 보면 그는 분명 지식(知識) 이상의 문제를 고민하고 있는 것으로 보이기 때문이다.9) 그가 카프의 공식주의·관념주의를 비판하면서 제시하고 있는 대안 역시 그 연장선상에서 이해할 수 있는 면이 있다.

> 프로문학에 있어서도 우선 필요한 것이 한 작품 속에서 관념이 부과하는 결론을 강제하기 전에 그 작가가 프롤레타리아의 눈을 획득하는 것이 아닐까? 사실 프로 작가들의 작품을 우리가 읽고 관념이 작품 속에서 풀려있지 못하고 날로(생경하게) 뒹구는 작품에서는 불쾌를 느끼고 차라리 프롤레타리아의 눈을 가지고 생생하게 그려진 작품에서는 깊은 감명을 받은 것을 기억한다. (…중략…) 나는 이 시대에 사는 지식계급이 그 독자(獨自)의 눈을 가지고 사회와 인생을 바라본 그러한 정직한 문학의 필요를 느낀다. (…중략…) 그러한 문학을 가지기 위하여는 우선 우리는 '정직한 지식계급의 눈'을 준비하여야 하겠다. 나는 그것을 현상 긍정적인 지식계급의 또 다른 한 가지의 눈과 구별하기 위하여 '인텔리겐챠의 눈'이라고 명명한다.10)

위 인용문을 보면 김기림은 매우 의식적으로 '현상 긍정적인 지식계급'과 구별하여 '인텔리겐챠의 눈', '정직한 지식계급의 눈'을 강조하고 있음을 쉽게 알 수 있다. 또한 김기림이 카프에 대해 비판적인 것도 이념에 있는 것이 아니라 그것의 표현 방식에 있음을 아울러 확인할 수 있다. 요컨대 그는 조선시단의 문제에 대해 센티멘탈리즘을 지적하면서 그 나름의 대안으로 주지적 태도를 내세우고 있는데 그가 말하는 주지적 태도란 단순히 지식의 있고 없음의 문제가 아니라 현실에 대한 비판

---

9) 김기림이 문학에서 모럴과 휴머니티를 강조하는 것은 「예술에 있어서의 '리얼리티', '모럴' 문제」(『조선일보』, 1933.10.24)나 「장래할 조선 문학은?」(『조선일보』, 1934.11.14 ~18)에서 확인할 수 있다.

10) 김기림, 「문예시평」, 『조선일보』, 1934.4.3.

적 지성을 뜻하는 것임을 짐작할 수 있다.

그렇지만 김기림은 아직 시에 있어서 주지적 태도가 구체적으로 무엇을 의미하는 것인지, 스스로 중요하다고 생각하는 모럴이나 사상이 어떻게 시에서 표현될 수 있는 것인지에 대해서는 이론적으로 충분히 설명하지 못하고 있다. 즉, 그는 서구적 교양에 충실한 건강한 합리주의자 그리고 양심적 지식인으로서 조선의 시와 문학에 대해 때때로 중요한 지적들은 하고 있지만 그리고 그것이 동시대 비평계에서 카프 논자들과도 구별되고 해외문학파와도 구별되는 김기림만의 진정성을 담지하고 있는 것은 사실이지만 여전히 상식적 수준을 넘어서는 주장은 아닌 것으로 판단된다.

2) 오선의 시론과 전체성에 대한 관심

김기림이 어떤 일관된 체계를 갖고 자신의 시론을 내놓는 것은 1935년 「오전(午前)의 시론」에 와서이다. 그는 여기에서 본격적으로 전체시론(全體詩論)이란 것을 주장하게 된다. 시론 자체를 따져보자는 것이 목적은 아닌 만큼 그의 이전 문제의식이 어떻게 발전해 가는가를 중심으로 살펴보도록 한다.

그는 시가 지향해야 할 것은 지성과 이념, 사상(思想)과 기술(技術)이 혼연하게 융합되는 것이라고 주장한다. 사실 「오전의 시론」이 주장하려는 요체도 여기에 있다. 전체시(全體詩)라는 것도 시의 그런 요소들이 종합된 것을 강조하자는 의미에서 명명(命名)한 것이었다. 조선시단의 문제에 대한 자각과 대안모색의 견지에서 주지주의를 강조했던 것이, 이 시기에 오면 '전체시'라는 개념으로 종합되기에 이른다. 그가 이렇게 전체시에 대한 강한 지향을 보이는 것은, 한편으로는 조선 시단의 감상적 센티멘탈리즘을 극복하고 다른 한편으로 '기교(技巧)'로만 흐르는 기술주의를 극복하려는 뜻이 내포되어 있다.

이전과 다르게 시에 있어서 기교나 기술에 대해 그가 비판적인 태도를 보이는 것은 의외이다. 왜냐하면 센티멘털리즘을 넘어서기 위해서는 지적인 거리두기, 다시 말해 그런 거리 두기를 통해 시에서 표현되는 기교적인 요소로서 이미지의 창조가 필수적일 수 있을 텐데, 그는 이 시기에 오면 오히려 이런 기교주의(技巧主義)에 대해 비판적인 입장을 드러낸다. 그것은 "아무리 우수한 사유도 서투른 기술을 통해서 나타난 일은 없다. 아무리 우수한 기술도 기술만으로는 유희요 장식에 지나지 않는다"라는 일종의 명제 같은 언급으로 요약된다.11) 그가 이렇게 주장할 수 있었던 데에는 기술은 목적이 아니라 방법에 불과하다는 것을 명확히 깨닫고 있었기 때문이다.

김기림은 따지고 보면 매우 건강한 균형감각을 갖고 있는 평론가여서 자신의 주장이 특정한 극단으로 나아가는 것을 허락하지 않았다. 당시 조선시에 기교나 기술이 필요하다는 것을 누구보다 절실하게 느끼고 있었지만 그렇다고 기교, 혹은 형식만을 일방적으로 강조하고 주장하는 것이 절대로 아니었다. 그가 목적하는 시, 이상적으로 생각하는 시는 전체시였던 것이다. 그는 이를 현실의 시, 살아 있는 시라고 명명한다. 그것은 다시 말하면 '사상과 기술이 혼연하게 융합한 상태'를 뜻한다.

이렇게 김기림은 내용이니 형식이니 하는 이분법적 논리로 조선의 시를 논하는 것이 아니라 그것의 '혼연한 융합'으로서 전체시를 갈구하고 있었던 것이다. 요컨대 그는 시에서 표현되는 '의미의 단편(斷片)'들이 종합되어 한편의 시에 삼투된 전체적인 사상으로 연결되고, 그 개별 개별의 시들이 지향하는 사상이 다시 시인의 전 사상 체계와 유기적으로 연결되는 것을 바라고 있었던 것이다. 즉, 시 한편 속에 등장하는 하

11) 『조선일보』, 1935.9.18.

나의 이미지로부터 시인이 지향하는 전체적인 사유 체계가 하나의 전체로 통일되고 그것이 자연스럽게 한 편의 시로도 표현되는 것을 그는 꿈꾸고 있었다.

그는 어찌 보면 세련된 이원론자, 혹은 헤겔주의자처럼 보이기도 한다. 그의 논리 구조를 따라가다 보면 전형적인 정―반―합의 요소로 그것이 구성되어 있는 경우가 많기 때문이다. 현실을 이원론적인 구도 아래에서 나누고 이상적인 지양태로 새로운 아이디얼 타입을 제시하는 방식은 변증법의 정반합적 논증 방식인 것이다. 특히 「오전의 시론」에서 주장된 전체시의 경우 그런 논리 구조에 충실하다. 과도하게 도식화시킨 면이 없지 않지만 그의 논리는 센티멘탈리즘에 대한 반(反)으로 기교주의 그리고 그 양자의 지양, 즉 합(合)으로서 전체시를 상정하고 있는 인상이 짙은 것이다.

어쨌거나 그는 「오전의 시론」을 장기간 연재하면서 다른 한편 더욱 뚜렷한 목소리로 기교주의에 대한 의식적인 비판을 감행하기에 이른다. 그가 「오전의 시론」과는 별도로 「시에 있어서의 기교주의의 반성과 발전」이라는 글을 통해 기교주의에 대한 자신의 입장을 분명히 밝혀 두는 것도 그래서일 것이다.

그는 이 글에서 기교주의가 조선시단의 '원시적 상태'에 대한 하나의 부정이자 반동으로 출현했다는 사실을 지적함으로써 일단은 그 의의를 인정하는 태도를 취한다. 그가 언급하고 있는 조선시단의 원시적 상태란 앞에서도 여러 번 언급한 바와 같이 '로맨티스트의 일시적 감흥에 의한 즉흥시, 생경한 관념의 주입에 의한 관념적 시'를 가리킨다. 그렇지만 기교주의가 그런 역할을 넘어서서 하나의 기교 과잉, 기술 과잉으로 치달아 또 다른 '주의'로 발전하는 것에 대해서는 우려하는 목소리를 낸다. '기교'는 「오전의 시론」에서 우리가 확인한 바와 같이 하나의 수단일 뿐인 것이기 때문이다. 그의 말을 직접 들어보자.

오늘의 편향화한 기교주의는 벌써 전체로서의 시에 종합되기를 요구하고 있지 않느냐? 그것은 한 질서에의 의지다. '전체로서의 시는 어떤 것이며 기술의 각 부분은 그 속에서 어떻게 통일될 것이냐? 또한 그러한 전체로서의 시의 근저가 될 정신은 무엇일까?' 이것은 따로 한 개의 논문의 제목이 될 것이다. 다만 여기서는 지금은 기교주의를 위하여는 반성의 시기라는 것과 시의 전체성의 이해를 통하여 시의 순수화를 기도하는 것 — 그것이야말로 현대시의 새로운 과제가 아닐까 하는 점을 말해두면 그만이다.12)

기교주의에 대한 그의 입장이 위 글에 명확히 표현되어 있다. 전체시, 시의 순수화로 나아가기 위해 기교주의 또한 반성이 필요한 시기라는 것이다. 그런데 이런 그의 생각은 파리에서 개최된 국세작가회의에 대한 소식을 접하면서 더욱 강화된다. 1935년 파리에서 파시즘에 반대하고 문화를 옹호하기 위해 개최된 국제작가회의의 소식을 전하면서 김기림은 기교주의에 대한 자신의 비판적 입장을 더욱 명확히 밝히고 시인들이 현실의 문제에 더욱 적극적인 관심을 가져야 한다고 강조한다. 김기림으로서는 기교주의가 일종의 현실도피적인 자세일 수도 있다고 판단했기 때문에 더욱 강경한 목소리로 이를 비판하고 나섰던 것이다.

지난 해 6월에 파리에서 문화의 옹호를 위한 국제작가회의가 열렸을 때 그들은 어떠한 문화를 옹호할 것인가 하는 문제를 우선 고려하지 않으면 아니되었다고 한다. 그것은 물론 오늘의 문명의 현실을 지지하는 문학은 아니다. 차라리 그것을 비판하고 초극하려는 문화일 것이다. 과연 우리들의 기교파적 시는 옹호되어야 할 문학 중에 들었을까? 그보다 국제작가회의가 적대하려는 노력이 무해 무익한 가련한 '카나리아'로써 방임하거나 도리어 장려할 그러한 종류의 문학 속에 들지나 않았을까? 만약에 그렇다면 그것은 바로 시의 명예가 아니고 굴욕일 것이다. 내가 나의 수많은 동료에게 한 개의 '돌아 우편, 앞으로!' — 즉 현실에의 적극적 관심을 제의하려는 까닭도 거기 있다.13)

---

12) 김기림, 「시에 있어서의 기교주의의 반성과 발전」, 『조선일보』, 1935.2.14; 윤여탁 편, 『김기림 문학비평』, 푸른사상, 2002, 217면.

위 인용문을 보면 김기림은 파리 작가회의로부터 동시대의 조선시가 나가야 할 방향에 대해 매우 중요한 시사점을 얻은 듯하다. 문화를 옹호하고 현실 문제에 더욱 적극적으로 개입해 들어가는 것이 시의 역할이고 나아가 그것은 비단 조선시단에만 해당하는 것이 아니라 세계적 보편성과도 통할 수 있음을 깨달았던 것이다.

이렇게 김기림은 조선시단에 대한 비판적인 문제의식으로부터 주지주의의 필요성을 인식하는 단계로 그리고 다시 주지주의의 편향인 기교주의에 대한 반성을 통해 전체시론에까지 이르게 되는 것이다. 그런데 그가 다다른 전체시론이란 말 그대로 방법과 사상이 통일된 것, 이념과 기술이 혼연일체가 된 것으로서의 시를 지칭하는 것이었다. 여기에 파시즘이 발호함에 따라 그에 맞서 싸우는 세계의 양심적 지식인들의 움직임을 지켜보면서 김기림으로서는 기교주의에 대한 더욱 철저한 비판과 현실에 대한 개입의 필요성을 깨닫는 계기가 되었다.

3. 한국적 모더니즘과 근대에 대한 옹호—파시즘을 넘어서는 길

1) 모더니즘에 대한 역사주의적 인식과 문학적 연대의 가능성

김기림은 1936년 4월 동북제대(東北帝大) 영문학부에 입학하기 위해 센다이[仙臺]로 유학을 떠난다. 1929년 일본대학 전문부(專門部)를 졸업한 이후 7년 만에 본격적으로 영문학을 공부하러 조선일보를 휴직하고 일본으로 건너간 것이었다.[14] 이 기간 동안 김기림은 학업 때문에 시작

---

13) 김기림, 「시인으로서 현실에 적극 관심」, 『조선일보』, 1936.1.4; 윤여탁 편, 위의 책, 256면.

(詩作)과 비평에는 소홀한 모습을 보인다. 실제로 이 무렵 발표된 글만 보더라도 다른 시기에 비해 현저하게 그 양이 적다.

학업에 열중하던 때 발표한 글들을 보면 김기림이 이 시기 서구의 근대적인 학문이 지닌 과학성에 대해 커다란 신뢰를 갖고 있다는 점을 알수 있다. 그는 서구의 근대 이성이 창조한 결과물인 과학이 혼란한 세계에 대해 질서를 부여하는 것이라고 생각하고 과학시대에 걸맞은 인생태도를 새로운 모럴로 규정한다. 그만큼 그는 근대 과학에 대해 전폭적인 신뢰를 보내고 있는 것이다. 문학의 영역에서도 문학의 과학, 시의 과학이 절실하게 요청된다고 강조한다. 동북제대에서 본격적으로 영문학을 공부하면서 그는 서구의 근대적 학문의 정수를 맛보았던 것이다.

> 우리는 드디어 시와 과학은 결코 서로 대립하고 부정하는 것이 아니고 조화할 수 있는 것임을 또 조화해야 할 것을 깨달으리라. 시가 조직하고 통일할것은 과학적 세계상에 알맞은 인생태도일 것이다. 그래서 그것은 과학적 태도와 근저에 있어서 일치하는 것이리라.[15]

그는 이 글에서 시와 과학이 서로 배타적인 것이 아님을 힘써 강조한다. 오히려 시가 과학으로부터 배워 시의 과학이 필요함을 역설한다. 그의 이런 근대 이성과 과학에 대한 신뢰는 그가 일제 말기를 버텨나가는데에 커다란 힘으로 작용했던 것으로 보인다. 그가 여기에서 강조하고있는 과학이란 것도 자연과학만을 지칭하는 것은 아니다. 근대적 합리성에 토대를 둔 근대적 학문 체계를 그는 과학이라는 이름으로 일반화시키고 있을 뿐이다.

그건 그렇다고 쳐도 「오전의 시론」 이후, 학업에 종사하면서 김기림은 조선의 시단과 문학에 대해 더 이상 적극적이고 구체적인 자기 입장을 개진하는 글을 발표하지는 않는다. 그가 조선 문단에 대해 자신의

---

14) 김학동, 앞의 책, 42면.
15) 김기림, 「과학과 비평과 시」, 『조선일보』, 1937.2.25; 윤여탁 편, 위의 책, 271면.

입장을 적극적으로 피력하는 것은 1939년 대학을 졸업하고 다시 조선일보에 복직한 뒤였다. 「모더니즘의 역사적 위치」는 2차 일본 유학 이후 그가 본격적으로 자신의 입장을 피력한 첫 번째 글이다.

이 글은 1930년대 말 한국의 근대비평사에서 몇 안 되는 중요한 평론이다. 여기에는 1930년대 초 비평을 시작하던 무렵의 문제의식으로부터 1930년대 말 변화된 문학적 인식에 이르기까지 김기림의 핵심적인 문제의식이 정련되어 담겨 있다. 흥미로운 것은 과거 자신이 주장했던 여러 내용들을 모더니즘이라는 이름으로 규정하고 있다는 점이다. 주지주의·기교주의 등의 지칭에서 벗어나 모더니즘이라는 뚜렷한 문학적 지향을 내세우고 있는 것이 과거와 달라진 점이다. 요컨대 김기림은 이 글에서 한국 모더니즘의 탄생 배경으로부터 글이 발표된 현재, 모더니즘문학이 추구해야 할 과제에 이르기까지 핵심적인 문제에 대해 자신의 생각을 내놓고 있다.

또 한 가지 그가 모더니즘을 말, 즉 언어의 문제와 관련시켜 사고하고 이를 통해 경향파(傾向派)시와의 연대 가능성을 언급하고 있다는 점에 주목해야 한다. 앞에서 살펴보았듯이 그는 문화옹호국제작가회의의 내용을 접하고 기교주의에 대한 비판적 입장을 더욱 뚜렷하게 내세웠을 뿐만 아니라 시인들이 사회적 문제에 대해 더욱 관심을 가져야 한다는 주장을 피력한 바 있다. 그는 아마도 일본 유학 기간을 거치면서 세계 지식인들의 이런 움직임에 더욱 촉각을 곤두세웠을 가능성도 높다.[16] 더구나 파시즘으로 치닫는 당시 일본 사회의 분위기, 조선에서 들려오는 소식 등을 접하면서 과연 조선시가 어느 방향으로 나아가야 할

---

16) 그가 유학하던 기간 동안 벌어진 주요한 세계사적 사건을 짚어보면, 1936년 7월 스페인 내전이 발발하고 1937년 스페인의 프랑코 정권을 돕기 위해 독일이 게르니카를 공습, 시민들을 무차별 학살하는 일이 벌어진다. 세계의 많은 젊은 지식인들이 파시즘에 맞서 싸우기 위해 스페인 내전에 참전한 사실은 이미 잘 알려져 있다. 피카소 역시 이를 주제로 한 그림 '게르니카'를 남겨 주목을 받았다. 아울러 1937년 중일전쟁이 일어나고 중국 내에서는 국공합작을 통한 반일 연합전선이 형성되기에 이른다.

것인지 고민했을 것이라는 점은 그 이전의 김기림의 태도로 미루어 충분히 예측 가능한 일이다. 그런 점에서 「모더니즘의 역사적 위치」는 범상치 않은 내용을 담고 있을 뿐만 아니라 그의 지금까지의 고민이 총체적으로 정리된 결과이기도 하다.

> 이에 시를 기교주의적 말초화(末梢化)에서 다시 끌어내고 또 문명에 대한 시적 감수(感受)에서 비판에로 태도를 바로 잡아야 했다. 그래서 사회성과 역사성으로 이미 발견된 말의 가치를 통해서 형상화하는 일이다. 이에 말은 사회성과 역사성에 의하여 더욱 함축(含蓄)이 깊어지고 넓어지고 다양해져서 정서의 진동은 더욱 강해야 했다.
> 전시단(全詩壇)적으로 보면 그것은 그 전대의 경향파와 모더니즘의 종합이었다. 사실로 모더니즘의 말경(末頃)에 와서는 경향파 계통의 시인 사이에도 말의 가치의 발견에 의한 자기반성이 모더니즘의 자기비판과 거의 때를 같이하여 일어났다고 보인다. 그것은 물론 모더니즘의 자극에 의한 것이라고 보여질 근거가 많다. 그래서 시단의 새 진로는 모더니즘과 사회성의 종합이라는 뚜렷한 방향을 찾았다. 그것은 나아가야 할 오직 하나인 바른 길이었다.[17]

이처럼 김기림이 이 글에서 모더니즘과 경향파의 종합, 혹은 모더니즘과 사회성의 종합을 제안하는 것은 모더니즘의 자기반성을 통한 사회성의 자각을 전제로 하고, 아울러 경향파시의 언어적 가치에 대한 자각과 반성을 매개로 하고 있다. 김기림이 이를 두고 앞으로 조선시가 나아가야 할 '오직 하나인 바른 길'이라고 언급하고 있는 것은 이 시기 비(非)카프 계열의 문인에게서 나온 매우 중요하고도 소중한 인식이다.

이런 인식은 임화(林和)가 조선소설에 대한 본격적인 탐구를 거치면서 조선문학에서 본격소설의 가능성을, 경향파는 물론 신문학에서도 찾으려는 노력과 비교하여 좋은 시사점을 제공한다.[18] 김기림은 조선 근

---

17) 김기림, 「모더니즘의 역사적 위치」, 『인문평론』, 1939.10.
18) 임화는 「본격소설론」에서 '완미한 의미의 근대문학'이라는 이름으로 이광수와 이태준을 이기영과 한설야와 같은 반열에 올려놓고 언급하기 시작한다. 그는 경향문학과

대시의 문제점을 해결하려는 의욕으로 모더니즘에 집착하였고 다시 모더니즘이 결여하고 있는 사회성과 비판의식을 경향파시에서 찾음으로써 조선시의 방향에 대해 나름대로 확신을 갖게 되었다. 1930년대 후반에 들어와 임화와 김기림 모두 이 같은 문학을 조선문학의 대안이라는 틀로 적극적으로 인정하고 있음은 의미심장한 일이다. 즉, 이런 생각은 한국의 근대문학이 과연 어떻게 자기의 발전 방향을 정립할 것인가와 관련해서 그 이전과는 전혀 다른 인식론적 국면을 열어줄 수 있는 계기가 되는 것이다.

이것을 조금 더 적극적으로 해석하자면 탄압과 침략으로 나아가는 일제 파시즘에 맞서 식민지 조선의 문인들이 상호 연대할 수 있는 틀을 발견한 것으로 이해할 수 있다. 의식적이건 그렇지 않건 김기림은 모더니즘의 반성을 통해 모더니즘의 보완책을 경향문학에서 읽었으며 임화 역시 리얼리즘론을 탐구해 들어가면서 '리얼리즘의 승리론', 더 나아가 조선의 근대문학이 완수해야 할 과제가 경향문학과 신문학 모두에게 주어진 것이라고 인식하고 있다.19) 이런 인식을 통해 상호 연대의 틀이 내용적으로도 마련될 수 있다는 점에서 비평사적 의미를 갖는다.

더구나 파시즘의 압제 앞에서는 모더니즘이건 경향문학이건 문학 자체가 위기임을 이들은 모르지 않았을 것이다. 굳이 인민전선과 같은 정치적인 전략이나 노선을 내세우지 않아도 이들은 주체적으로 자기의 문제의식을 쫓으면서 결국 상호 연대할 수 있는 문학적 내용을 발견한 것이다. 식민지 조선의 문학적 특수성과 그것이 처한 여러 문제들에 대한 이들의 주체적인 고민과 탐색이 그런 결론에 이르도록 만들었다는 것은 중요한 의의를 갖는다. 일본 문단을 통해 유입된 서구문학 담론을

구별되는 문학으로서 이들을 신문학이라고 지칭한다.
19) 임화가 '리얼리즘의 승리'론에 대해 인식하기 시작하면서 세계관 우선주의의 노선을 버리게 됨은 익히 잘 알려진 일이다. 1930년대 후반 구카프 계열의 평론가들이 이런 '리얼리즘의 승리'에 대해 재평가하기 시작하는 것은 양심적 문인들과 연대하는 이론적 뒷받침이 된다는 점에서 중요한 의의를 갖는다.

쫓아가기에 급급했던 것이 과거 카프나 모더니즘문학의 한계였다면, 이제 그로부터 벗어나 자생적인 문제의식을 스스로 탐색해 들어가는 기반을 만든 것이었기 때문이다. 더구나 그 결론이 모더니즘과 경향문학의 종합, 혹은 완미(完美)한 의미의 근대문학에의 지향이었다는 점에서 이 시기 비평사의 한 정점을 보인 것으로 평가할 만하다.

2) 근대에 대한 옹호와 민족 문제에 대한 인식

김기림은 이제 모더니즘에 대한 이런 역사적인 이해를 바탕으로 조선문학의 특수성에 대한 보다 더 심화된 인식을 내놓게 된다. 이 시기 그가 보여 준 태도는 일제 말 문인들이 파시즘에 맞서 어떻게 저항하고 스스로를 지켜 갈 것인가에 대한 시사점도 담겨 있어서 주목하지 않을 수 없다. 그가 1940년 10월 잡지 『인문평론』에 발표한 「조선 문학에의 반성」은 그런 점에서 「모더니즘의 역사적 위치」와 함께 이 시기 한국 근대비평사에서 빼놓을 수 없는 글이다.

이 글에서는 김기림의 조선문학에 대한 역사주의적 인식이 돋보인다.[20] 그가 평소에 갖고 있던 문제의식이 더욱 난숙해져 훨씬 더 구체적인 내용을 담아내고 있다. 그것을 간단히 요약하자면 '근대에 대한 옹호'라고 할 수 있다.

김기림은, 조선의 신문화가 근대를 모방하고 근대를 추구하고자 했다고 지적한 뒤, 그런데 조선의 근대화는 일본과 청(淸)을 통한 간접적인

---

20) 그런데 이 글에서는 추측컨대 동시대 임화 등의 문학사 서술 작업이나 자본주의 발달사에 대한 학계의 연구에 영향 받은 흔적이 역력하다. 조선의 신문화를 근대의 모방과 근대의 추구로 이해하고 조선의 근대를 불구(不具)의 근대로 규정하는 것이라거나 자본주의의 미숙한 발달을 지적하는 점 에서 그런 흔적들을 찾아볼 수 있다. 글 안에서 실제로 임화의 신문학사 연구를 거론하고 있기도 하다. 물론 김기림 스스로의 문제의식 역시 여기에 긴밀하게 어울려 있다. 이런 영향관계에 대해서는 한층 더 엄밀한 실증적 연구가 뒤따라야 할 것이다.

영향, 동시에 봉건적인 유교사상의 완강한 지배 때문에 더디게 진행될 수밖에 없었다고 진단한다. 더구나, 자본주의적 생산조직이 미발달된 상태에서 소비의 측면에서만 근대적 자극이 일상생활 전면에 뻗어 있음으로 인해 동양적 후진성을 벗어나지 못하고 있다고 조선의 상황을 날카롭게 지적한다. 결국 우리 문학도 이런 연유로 19세기적인 요소와 20세기적인 요소가 뒤섞여 있는 수준이라고 판단한다.

그런데 김기림은 이렇게 조선이 겪어 왔던 근대화 과정을 비판적으로 점검하면서 최근의 상황에 대해 나름의 의견을 피력한다. 즉 그는 이와 같은 역사적 과정과는 달리 오늘날 조선의 신문화와 신문학이 추구해 오던 근대 그 자체가 문제되는 상황임을 주목하고 있다. 김기림은 '근대' 자체가 문젯거리로 등장하고 있는 상황을 거론하고 있는 것인데, 이는 분명 당시 일본 지식계를 풍미하던, 그러면서도 다른 한편 대동아공영권 논리에 이론적 명분을 부여한 '근대의 초극'론을 염두에 두고 있는 것으로 보인다. 근대문명이 봉착한 문제점을 지적하면서 서구가 이룩해 놓은 근대문명을 극복해야 한다는 근대초극론은, 이를 애초에 주장한 일본 지식인들의 의도는 그렇지 않았을지라도 결국 일제 파시스트들에게 '대동아공영'의 논리를 뒷받침하는 이론적 명분을 제공하고 말았다. 즉 서구에 대한 대안으로 아시아 그리고 아시아를 주도적으로 이끌어 갈 일본의 역할을 침략 논리로 포장한 것이 대동아공영권의 논리였던 것이다. 그런데 여기에서 김기림은 근대 그것이 막다른 골목에 부닥쳤다고 그것을 '매질(罵叱)하고 조소하는' 건 옳은 태도가 아니라고 근대의 초극론과 거리를 둔 뒤 다음처럼 말한다.

우리는 지나간 30년 동안의 우리 자신의 체험을 토대로 '근대' 그것을 다시 면밀하게 검토할 필요가 있겠다. 개인주의 자유주의 민주주의 등등 '근대'를 지도하던 뭇 원리는 벌써 휴지가 되었다 한다. 이 뭇 원리는 흘러간다 할지라도 '근대'의 기초에 가로 누운 이른바 근대정신 그것 속에는 물론 버릴 것도 많겠으나 한편 추려서 새 시대에 유산으로 넘길 부분은 무엇 무엇일까? 가령 사실의 정확한 계산과 법칙에 대한 열렬한 경도로서 표현할 수 있는 과학정신 은 '근대' 그것의 청산장(淸算場)에서 어떻게 취급되어야 할 것인가? 그것은 근대문명 그것의 착잡거대(錯雜巨大)한 구조의 기사(技師)가 아니었던가? 그 것을 부려온 고주(雇主)의 실책은 오늘 와서는 감출 수 없으나 그렇다고 해서 기사의 지식과 지혜의 산모인 과학정신 조차를 고발하려는 것은 무모나 만용 아닐까? 잘못된 것은 고주의 의욕이었다. 새로운 세계의 구상에 있어서도 과 학정신은 의연히 가장 정확한 지표일 것이고 또 과학은 가장 신뢰할 수 있는 조언자일 것이다.[21]

그가 근대의 초극론에 거리를 누면서 정작 옹호하려했던 것은 과학 정신이었다. 그런데 그가 생각하고 있는 과학정신이란 근대 이성에 토 대를 둔 합리성에 다름 아니었다. 우리가 이미 앞에서 본 것처럼 그는 과학을 근대적 학문 체계라는 넓은 개념으로 이해하고 있었다. 이성을 통해 세계를 합리적이고 법칙적으로 설명하려는 노력을 그는 근대정신 으로 이해하고 있었던 것이다. 그는 근대의 초극이라는 이름으로, 혹은 대동아공영이라는 이름으로 서구 문명의 자산을 일거에 무시하려는 태 도는 근대가 지닌 합리적 핵심을 간과하는 태도라고 비판한다. 비록 그 런 말을 표면적으로 하고 있는 것은 아니지만 문맥을 통해 일제 파시즘 의 정책에 대해 그가 거리를 두고 비판적인 자세를 유지하고 있다는 사 실은 충분히 읽어 낼 수 있다.

물론 김기림이 동시대의 시대적 분위기를 정면으로 거스르고 있는 것은 아니다. 근대에 대한 회의와 부정에 대해 그는 일면 인정하는 자 세를 취하고 있음도 부인할 수는 없다. 그렇지만 당시의 폭압적 분위기 를 감안한다면 이런 정도의 언급만 하더라도 나름대로의 비판정신에 철저하지 않으면 하기 힘든 이야기였다. 최재서처럼 근대의 초극 논리 에 쉽게 타협하기보다 근대 이성의 힘에 대한 신뢰를 저버리지 않은 것

---

21) 김기림, 「조선 문학에의 반성」, 『인문평론』, 1940.10.

은 그가 지향한 이성이 도구 합리적인 이성이 아니라 비판적 지성으로서의 그것이었음도 미루어 짐작할 수 있는 일이다.

한편 김기림의 지향점이 동양보다는 서양에 가 있었다는 것 역시 부인할 수는 없다. 그는 동양이 전체적으로 서양에 비해 감상적이고 과학적이지 못한 것을 문제라고 생각하고 있었다. 서구의 합리성과 과학정신에 대한 깊은 신뢰는, 동양이 그럴수록 그런 부족한 점을 메워가야 한다고 생각하도록 만들었다. 그렇다고 해서 김기림이 뿌리 없는 서구 추종자라고 생각할 수는 없다.22) 오히려 그는 객관적인 측면에서 동양과 서양을 비교하고 나아가 동서양간 문화 교류의 입장에서 동양의 문화를 그리고 다시 서양의 문화를 이해하자는 입장이었다.23)

그런데, 이 글에서 더욱 주목할 것은 이 같은 이성에 대한 신뢰와 조선 현실 및 조선문학에 대한 역사주의적 인식을 바탕으로 그가 민족문화에 대한 바람직한 모습을 제시하는 데로 나아가고 있다는 점이다. 내선일체(內鮮一體)와 국체명징(國體明徵)을 내걸고 이제 창씨개명까지 강제로 추진하고 있는 상황에서 김기림은 진정 민족 간 융화란 무엇인가에 대해 스스로의 생각을 개진하기에 이른다. 한글 사용을 막고『조선일보』와『동아일보』마저 강제 폐간되는 상황 아래에서 그는 민족 간 교류와 문화의 의미에 대해 상식론을 펼침으로써 당대 상황에 대해 비판적인 의견을 개진한다.

　수백(數百)의 조문(條文)이나 규약이 달(達)할 수 있는 형식의 한계를 넘어서 그것의 저편에 다시 깊이 맺어질 수 있는 것은 서로서로의 문화의 접촉과

---

22) 그런 면모를 보이는 것은 오히려 최재서이다. 그의 서구추종은 동양에 대한 불신과 짝을 이루고 있는데 이것이 근대의 초극론과 결탁되면서 서양과 동양에 대한 그의 생각이 역전되는 모습을 보인다. 즉, 동양에 대한 한없는 신뢰와 서구에 대한 증오에 가까운 공격이 신체제론 이후 최재서의 모습이다. 어느 쪽이건 서구에 대한 잘못된 콤플렉스의 투영이기는 마찬가지이다.

23) 김기림이 쓴「'동양에 관한 短章」(『문장』, 1941.4)을 보면 그가 동양과 서양의 문화를 대립적이기보다는 상호보완적으로 이해하고 있음이 드러나고 있다.

포용과 존경이라는 노력이다. 민족과 민족의 정신은 오직 문화라는 운하(運河)를 통해서 왕래할 수 있다는 일은 매양 잊어버리기 쉽다. (…중략…) 한 민족의 문화는 늘 그 자신의 존엄과 독창성과 의욕을 가지는 것이고 따라서 거기로 통하는 길은 오직 애(愛)와 존경을 거쳐서만 뚫려진다. 한 민족이 세계에 향해서 실로 그 자신이 이해되기를 원한다면 그것은 자신의 문화를 버림으로써 얻어질 리는 만무하다.[24)]

김기림의 이런 지적은 그 내용만 보자면 특별할 것이 없다. 오늘날의 시각에서 볼 때 당연한 상식론을 언급하고 있는 것일 뿐이다. 그러나 당시는 상식이 통용되지 않고 오히려 상식을 거스르는 것이 당연한 일처럼 강요되던 시대였다. 그가 이런 발언을 하는 사회역사적 맥락에서 살펴보자면 김기림의 위와 같은 언급은 대단한 용기를 필요로 했다. 내선일체를 강제로 추진하고 있는 통치자들이 보았다면 가슴 한편이 찔리는 내용을 담고 있기 때문이다. 김기림이 역설한 민족문화에 대한 존경과 애정이란 민족을 말살하려는 온갖 행위들이 난무하던 당시 정황에서는 감히 하기 어려운 말이었다.

그런데 사실, 김기림이 주장하고 있는 내용은 대개 이런 것들이다. 그는 상식과 지성에 토대를 둔 합리성을 지향하고 있었기 때문에 그의 주장이나 생각들은 매우 온건하고 균형감이 있다. 특별하게 튀는 주장을 하거나 센세이셔널한 토픽을 들고 나오지 않는다. 돌이켜 보면 주지주의를 언급하거나 기교주의에 대한 반성을 주장할 때도 마찬가지였다. 그는 정치적으로나 문학적으로 서구적 교양에 자신의 사상적 뿌리를 두고 온건하고 합리적인 중도노선을 걸어온 사람이었다. 그러나 일제 말 파시즘체제 아래에서는 이런 온건한 합리주의마저도 설 땅이 없었다. 자신의 입장을 견지해 나가려는 노력 자체가 현실에 대한 저항이나 비판의 모습을 띨 수밖에 없었던 것이다. 그리고 어떻게 보면 바로 그

---

24) 위의 글.

지점이 조선의 문인들이 파시즘에 맞서 연대할 수 있는 출발점이었을지도 모른다. 김기림의 1930년대 후반의 비평은 그것을 가장 잘 보여주고 있는 셈이다.

4. 조선문학에 대한 인식과 문학적 연대

지금까지 우리는 1930년대 김기림의 비평을, 조선 현실과 문학에 대한 그의 문제의식과 대안 모색을 중심으로 살펴보았다. 그는 시를 쓰는 시인이면서도 시에 대한 비평을 전문적으로 해 온 조선의 드문 비평가 가운데 하나였다. 그는 서구문학을 공부한 교양을 바탕으로 조선시단에 대한 문제제기를 하고 대안으로 주지주의를 주장하였다. 그러나 다시 주지주의가 하나의 과잉 편향이 되어 기교주의로 흐르는 것을 보고 이에 대한 비판으로 전체시론을 내놓기에 이른다. 1930년대 중반을 넘어가면서 김기림은 세계적으로 파시즘이 발호하는 현상을 목도하고, 또 서구 지식인 작가들이 이에 맞서 저항하는 모습을 보면서 문학이 현실에 대해 비판적으로 개입해 들어가야 함을 더욱 절실히 깨닫게 된다. 이런 그의 인식은 2차 일본 유학을 거친 뒤 모더니즘과 경향문학의 종합을 구상하는 데로 나아가게 만들고 조선문학에 대한 역사주의적 인식으로 확대되도록 만든다. 아울러 근대적 합리성과 이성에 대한 신뢰를 통해 일제 파시즘의 근대초극론에 대해 비판적인 입장을 견지하면서 내선일체 정책에 대해서도 거리를 두도록 만든다. 김기림의 이런 점은 일제 말기 많은 작가들이 친일협력으로 돌아서는 와중에 드러난 것이어서 더욱 그 가치를 발한다.

글을 마무리하면서 김기림의 비평이 특히 1930년대 후반이라는 시점에서 어떤 비평사적 위치와 의미를 갖는지 정리해 보도록 하겠다.

우선 김기림의 비평은 파시즘체제가 강화되어 가는 1930년대 후반에 양심적인 작가들이 정치적 경향을 떠나 서로 연대할 수 있는 틀을 제시하고 있다는 점에서 그 중요성과 의의가 있다. 이미 본론에서 확인한 바와 같이 김기림은 1930년대 말에 들어서면 모더니즘과 경향문학의 종합을 조선문학의 바람직한 대안으로 상정하고 있다. 그러나 이런 입장은 어느 날 갑자기 이루어진 것은 아니다. 김기림은 1930년대라는 상황에서 한편으로는 조선문학, 구체적으로는 조선시에 대한 검토를 거치면서, 다른 한편으로는 파시즘체제가 강화되어 가는 현실을 접하면서 이 같은 결론에 다다를 수 있었다. 이런 그의 생각은 그동안 카프 결성 이후 현실 변혁에 대한 강한 의욕을 내비친 문학과, 문학의 특수성에 더욱 착목하려는 문학이 양립되어 있는 현실을 타개하고 상호 소통과 연대를 모색할 수 있는 방향을 제시한 것으로 읽힌다. 요컨대 리얼리즘과 모더니즘의 상호 연대를 막연하게나마 상정하고 있지 않느냐는 것이다. 이것은 비단 김기림만의 생각이 아니라 동시대 다른 비평가들, 예컨대 임화 같은 경우가 명시적으로 언급한 바가 있었으므로 실제로 현실 속에서 실현될 수 있는 가능성도 있었던 사안이다. 논리의 비약이라고 비판받을 수도 있겠지만 해방 직후 '조선문학가동맹'의 결성에 많은 문인들이 합세할 수 있었던 것은 1930년대 말 이런 인식들이 형성되었기에 가능할 수 있었다고 판단된다.

둘째, 김기림의 비평은 일제 파시즘이 조선의 문인들을 친일 협력의 길로, 한편으로는 위협적으로 다른 한편으로는 설득적으로 몰아가는 시대에 하나의 비판적 거점을 제시하고 있다는 점에서 의미를 갖는다. 김기림은 비록 서구 교양에 뿌리를 둔 것이기는 하지만 근대적 이성에 대한 신뢰와 문화의 가치를 옹호함으로써 당대 사회 현실에 대해 비판적인 거리를 유지할 수 있었다. 그는 근대 이성의 합리적 핵심을 끝까지 포기하지 않는 자세를 보인다. 아울러 민족의 문화에 대해서도 마찬가지이다. 이런 인식은 조선의 근대문학에 대한 역사주의적 인식을 바탕으로 한 것이어서 더욱 설득력을 얻는다. 일제 파시즘에 대한 문인들의 협력이 단순히 파시즘체제의 폭압에 의해 강제적으로 일어난 일이 아니라 나름의 내적 논리에 의해 자발적으로 진행된 측면이 있음을 인정한다면,[25] 김기림의 이런 입장은 이 시기 근대초극론을 비롯해서 일제에 의한 내선일체정책에 동요되지 않을 수 있는 비판적 거점을 제시한 것이라는 의미를 갖는다. 물론 김기림이 인식하고 있는 이성의 힘이라는 것이 잘 정련된 이론으로 발전한 것은 아니었지만 일제 파시즘 시기에 이렇게 뚜렷하게 근대 이성에 대한 신뢰의 자세를 보인 문인들은 많지 않았다. 김기림은 근대에 대한 신뢰를 통해 일제 파시즘과 비판적 거리를 유지하면서 저항의 또 다른 국면을 보여 준 것이다.

결국 김기림은 한국적 모더니스트로서, 아울러 서구 교양에 뿌리를 내리고 있는 양심적 지식인으로서 당대 사회에 대해 비판적 입장을 견지하고 조선의 근대문학이 어떻게 발전해 나가야 할 것인가를 성찰적으로 고민한 일제강점기 문학적 전범으로 남아 있는 것이다.

---

25) 이에 대해서는 김재용, 앞의 책을 참조.

일제 파시즘에 직면한 한국의 근대비평

1930년대 후반 한국 근대문학비평

1. 1930년대 후반 한국 근대문학비평사에 접근하는 두 관점

이 글은 1930년대 후반 한국 근대비평사의 주요한 국면들을 몇몇 평론가를 중심으로 정리한 결과이다. 1930년대 후반이라는 시기는 시간적으로만 보았을 때 카프(KAPF)가 해소되고 난 뒤인 1935년부터 일제 말한국어로서 더 이상 문학 활동이 이루어지는 것이 불가능한 상황까지의 시기를 가리킨다. 대략 1940년 여름이 그 무렵일 것이다. 이 시기의비평사를 연구할 때 우리가 유의해야 할 것, 혹은 주목해야 할 것은 다음과 같은 점들이다.

우선 가장 중요한 것은 이 시기가 일본 제국주의의 파시즘체제가 강화되는 때라는 점이다. 1932년 5·15사건을 계기로 일본은 정당 내각체제가 붕괴되고 군부에 의해 정치가 지배되는 파시즘체제로 전환된다.

그 이전은 형식적으로라도 민간 정당에 의해 뽑힌 수상이 내각을 통솔하는 민주적 절차가 존중되었지만 1932년 5·15사건 이후에는 군부가 내각마저 지배하는 확실한 군부 파시즘체제로 재편된다.[1] 국가 정책에 대해 일체의 비판이 허용되지 않았고 일본 왕을 정점으로 하는 국체명징(國體明徵)이 선포된다. 이를 바탕으로 일본 군부파시스트들은 대륙 침략을 위한 국가적 동원 체제를 하나하나 갖춰 가기 시작한다. 식민지 조선 역시 이들의 그 같은 목적을 충실하게 뒷받침하는 방식으로 통치된다. 대륙침략을 위한 병참기지화가 한층 더 박차를 가해 추진되고 사상통제를 위해 내선일체(內鮮一體), 만선일여(滿鮮一如) 등이 시정방침으로 선포된다. 실제로 일본 군부는 1937년 중일전쟁을 일으켜 전쟁이 일어나던 그해에만 북경·상해·남경을 점령할 정도로 파죽지세로 중국 본토를 유린한다. 일본뿐만 아니라 이때는 전 세계적으로 독일·이태리·스페인 등에서 파시즘이 발호하고 민주주의를 탄압하던 시기였다. 일본 내부에서는 일부 지식인들이 서구 문명에 대한 비판적 대안으로 동아공영론(東亞共榮論)을 내세우는데, 원래 의도는 그렇지 않았다 하더라도 이것은 군부파시스트들에 의해 대동아공영권 구축을 정당화시키는 논리로 작동하게 된다.[2] 사실, 일부 조선의 지식인들도 이런 논리에 타협해 들어가기 시작한다.

이 시기 비평사를 이해하는 데 이런 일본 제국주의의 지배 체제의 변화와 침략 논리가 중요한 이유는 그것이 곧바로 조선의 지식인 문인들에게 온갖 형태의 위협과 억압, 혹은 내적 설득의 논리로 다가왔기 때문이다. 특히 비평은 시나 소설과 달리 사상과 이데올로기 문제를 직접적으로 다루고 또 표현하기 때문에 사상 통제의 직접적 대상이 되기 쉬웠다. 그런 점에서 이 시기 평론가들이 시대적 변화에 대해 어떻게 문

---

1) 이형철, 『일본군부의 정치지배』, 법문사, 1991.
2) 동아공영론과 대동아공영권 논리는 같은 것이 아니다. 오히려 이 둘은 묘한 긴장관계에 있다.

학적으로 대응해 갔는가는 이 무렵 비평사를 이해하는 데에 매우 중요한 측면일 수밖에 없다.

두 번째, 시대적인 문제와 뚜렷하게 분리될 수 없는 문제이기는 하지만 비평 자체의 이론적 발전에도 주목하지 않을 수 없다. 1930년대 후반의 비평사를 단지 일본 파시즘의 강화와 이에 대한 비평적 대응이라는 구도로만 보기에는 비평사를 지나치게 상황 논리에 기대어서 이해한다는 문제점이 발생한다. 아울러 비평 스스로의 장르적 특성과 자율성을 간과하는 면도 없지 않다. 더구나 이 시기는 사회주의리얼리즘이 수용되어 반영론에 대한 미학적 이해가 깊어지고 서구 모더니즘이 본격적으로 수용되는 때이기도 하다. 그런 이론적 토대를 기반으로 식민지 조선의 평론가들은 강화되는 파시즘체제 아래에서 그 이전과 달리 나름의 문학적 고민을 심화시켜 가기에 이른다. 특히 구카프 계열의 비평가들은 프롤레타리아국제주의의 관철이라는 점에서 조선의 상황보다 프롤레타리아 계급의 독자성 문제에 관심을 두던 과거와는 달리, 1930년대 후반으로 오면 식민지 조선의 상황을 인식하면서 문제를 구체적이면서도 주체적으로 제시하고 해결해 가려는 노력을 보인다. 그것이 이 시기에 와서 비평 이론의 심화와 조선문학의 특수성에 대한 탐구로 외화되기에 이르는 것이다. 물론 이런 노력을 파시즘에 맞서기 위한 문학적 대응으로 이해해야 할 면도 있지만 분명 비평사 내부의 이론적 발전으로 접근해야 할 부분도 있는 것이다.

이제 이런 문제들을 초점으로 하여 1930년대 후반의 비평사에서 제기된 문제를 임화·안함광·김남천과 최재서 그리고 김기림의 비평을 중심으로 간략히 정리해 보도록 하겠다.

2. 카프 해소와 비평가들의 움직임

1935년 카프가 해소되었음에도 불구하고 이 무렵 카프 소속의 비평가들, 즉 김남천·안함광·임화 등은 카프가 지향했던 문학적 이념을 포기한 것은 아니었다. 카프의 해소는 많은 카프 맹원의 구속으로 말미암아 활동이 더 이상 불가능해진 상황에서 지도부가 어쩔 수 없이 내린 결정이었지 카프의 이념 자체를 포기한 것으로 보기는 어렵다. 임화나 안함광은 사회주의리얼리즘의 수용에 따라 더욱 깊이 있는 이론적 탐색을 지속하고 있었던 것이다. 이들은 사회주의리얼리즘의 합리적 핵심인 미적 반영론에 주의를 기울이면서 객관 현실의 문학적 반영 과정을 이론적으로 규명하는데 노력을 기울인다. 그리하여 이들은 세계관이야말로 현실의 객관적 진리를 담고 있는 것이므로 문인들이 세계관을 확고히 할 때에만 문학은 현실을 올바로 반영할 수 있다고 생각했다.

이들은 세계관의 의미와 역할을 부정하려는 당시 문단 일부의 움직임에 반발해서 이런 주장을 내놓은 것이기도 하지만, 특히 세계관이 현실의 진리를 인식하는 중심적 계기라 보고 이를 이론적으로 규명했다는 점에서 과거 유물변증법적 창작방법론의 주장과는 구별된다. 이들은 서구 근대문학사를 탐구하면서 문학이 현실의 객관성을 반영하는 존재이고, 현실을 반영하는 과정에서 진보적 세계관은 현실의 운동 과정에 내재된 합법칙성을 작품 속에 반영하는 결정적 계기라는 점을 설명한다. 과거처럼 당파성과 세계관을 작가들에게 무조건 주입해야 할 것으로 그리고 작가들은 이를 일말의 회의 없이 학습해야 할 것으로 이해하지 않고, 세계관이 창작 과정에 개입하는 역할을 이론적으로 설명하게 되는 것이다.

특히 안함광은 작가들이 현실의 진리를 인식하면 할수록, 현실에 내재하는 발전의 합법칙성도 인식할 수 있음을 강조한다. 그는 특히 인식

과정의 변증법을 강조해 이를 '의식의 능동성'이라 지칭하고, 문학의 현실 반영과 아울러 자신의 중요한 이론적 근거로 삼는다. 임화 역시 반영론의 인식론적 의미를 정확히 이해하고 세계관이 그 과정에 어떤 역할을 하는지 강조한다. 그는 이를 '낭만정신'으로 개념화하여 작가 주체의 역할을 강조한다. 그러면서도 특히 임화는 형상성(形象性)을 반영의 문제와 결부시키고 전형(典型)의 이론을 탐구하면서, 문학이 현실을 반영하는 과정과 그 특수성을 한층 구체적으로 해명한다.

그러나 이들은 여전히 문학의 현실 반영과 세계관의 역할을 분리하여, 세계관의 중심적 역할을 미적 반영론 외부에서 설명하려 하거나(안함광), 현실과 세계관의 이론적 연관을 세계관에서만 찾으려고 하는(임화) 등의 한계를 보이기도 한다. 그들은 세계관이 여전히 유일한 기준이었던 것이다. 임화와 안함광이 모두 세계관의 강조를 통해서만 프로문학을 옹호하려 했던 것도 여기에서 기인한다.

한편 김남천은 임화나 안함광과는 달리 작가의 실천문제에 관심을 기울이기 시작한다. 그는 임화와의 '「물」 논쟁'에서 비평이 실질적인 역할을 하기 위해서는 구체성을 확보해야 하는데 그럴 수 있는 방법이 바로 작가의 실천 문제를 다루는 것이라고 주장하였다. 그는 세계관 자체를 부정한 것은 아니었지만, 세계관을 통해서는 당위적이고 도식적인 결론만 나올 수밖에 없으므로, 작가의 구체적 실천 문제를 비평이 문제삼아야만 작가들을 실질적으로 지도할 수 있다고 생각했다. 김남천의 이런 문제의식은 실천에 대한 정당한 문제제기라는 의미를 가질 뿐만 아니라, 비평의 기능과 역할에 대한 반성을 그 안에 담고 있는 것이었다. 그러나 김남천이 파악한 실천은 사회적이고, 역사적인 맥락 속에서 논의되기보다는 개인의 실존적 문제에 지나치게 집중됨으로써 개인적인 측면을 벗어나지 못한다. 그는 개인의 문제를 푸는 모든 중심, 평가의 모든 근거를 작가들의 실천에서 발견했는데 정작 실천의 사회적 과정에 대해서는 깊이 있는 탐구를 보이지 못하고 있다.

그러나 한편 김남천은 이런 문제의식을 더욱 발전시켜 카프의 도식성과 관념성에 대해 가장 먼저 문제제기를 하고 대안을 모색해 나가는 모습을 보인다. 그 결과가 예의 '고발문학론'이다. 그는 문단의 위기를 작가들의 소시민적 주관에서 찾아, 이를 '고발'이라는 문학적 실천으로 극복하자고 주장한다. 그는 작가들 스스로 자기의 소시민성을 적나라하게 드러내고 고발하되, 그 방법은 작가들의 주관을 객관 현실에 종속시키는 데 있다고 설명한다. 이런 주장은 작가의 주관보다는 현실의 객관성을 존중하는 반영론에 그 역시 경도되었음을 말해 주는 사실이기는 하나, 그가 파악한 소시민성이라는 개념이 계급으로서의 그것이기보다는 실존적 개인으로서의 그것에 더 가깝고, 작가를 둘러 싼 외부 현실과 작가 주체를 형식 논리적으로 대립시킴으로써 문제를 올바로 해결하는 데까지는 이르지 못한다. 즉 그의 사고방식에서 작가의 주관은 현실에 일방적으로 종속되는 존재이거나, 자기 내면으로 침잠하는 존재일 뿐인 것이다.

그렇지만 이 무렵까지도 이들 비평가들은 카프의 문학적 지향에 대해 근본적으로 회의를 보인다고 볼 수는 없다. 카프의 도식성이나 관념성을 극복하기 위해 여러 대안을 모색한 것은 사실이지만 그것이 카프가 지향했던 프롤레타리아문학의 독자성을 부인한 것은 아니었다. 고발문학론을 제기했던 김남천도 프로문학의 독자성을 부인하려 한 것이 아니라 오히려 제대로 된 프로문학을 위한 과정으로 그런 주장을 한 것이라고 보아야 한다.

다른 한편 이 시기 비평사에서 주목해 보아야 할 또 하나의 측면은 최재서·김기림을 중심으로 한 새로운 비평가의 등장이다. 서구문학에 대해 체계적이고 전문적인 교육을 받은 이들은 카프 계열의 비평가들과는 이념적 지향을 달리하면서도 조선의 근대문학에 대해 전문적 식견을 갖고 개입하기 시작한다.

최재서는 문학에서 중요한 것은 세계관이 아니라 작가의 태도임을 강조하면서 이를 문학의 형식적 문제로 구체화시킨다. 즉, 그는 이념 내용보다 문인들이 현실을 대하는 태도가 중요하다고 지적하고, 그 태도를 거부적 태도, 수용적 태도, 비판적 태도로 정리한다. 그리고 당대 문학의 침체에 맞서 비판적 태도인 풍자문학을 대안으로 제시한다. 그러나 엄밀하게 따져서 '태도'의 문제와 풍자문학이라는 대안은 작가와 작품의 이념 및 내용을 '형식적 태도'의 문제로 해소시킨 것이어서, 정작 문인들이 이 시기에 고민하고 있는 문제를 근본적으로 해결한 것으로 보기는 힘들다. 현실에 대한 비판적 태도와 풍자문학이라는 것은 대상을 대하는 작가 주체의 입장이 분명하지 않을 때 비판과 풍자의 핵심을 놓쳐버릴 수도 있는 것이기 때문이다. 최재서의 이런 형식화된 논리는 「리얼리즘의 심화와 확대」에서 잘 드러난다. 「날개」도 리얼리즘이고 「천변풍경」도 리얼리즘이라는 분석은 그가 현실을 대하는 작가의 형식적 태도에만 초점을 두었기 때문에 가능한 논리였다.

차라리 최재서에 비해 김기림이 이 시기에 주창한 전체시론은 상당한 설득력을 갖는다. 센티멘탈이 과잉된 조선 근대시의 문제를 해결하기 위해 주지주의를 주창한 바 있던 김기림은 이 시기에 오면 주지주의가 다시 기교 만능의 기교주의로 흐르는 것을 비판하면서 오히려 기술과 사상이 혼연된 일체로서 '전체시(全體詩)'를 강조한다. 그가 말하는 전체시란 시인의 이념적 지향과 시적 기술(技術)이 분리될 수 없도록 하나의 전체로 얽혀 있는 것을 뜻한다. 기교란 단순한 수단에 불과하므로 오히려 현실과 사회의 문제에 대해 시인들이 더욱 진지하게 고민해야 할 것을 강조하고 있는 것이다. 물론 이것은 상식적인 주장을 넘어서는 것은 아니지만 모더니스트로서 조선 근대시의 취약한 점을 지적하면서도 자칫 모더니스트가 경도되기 쉬운 부박한 형식주의를 경계하고 있다는 점에서 주목하지 않을 수 없다.

3. 파시즘의 위협과 문학적 연대의 모색

1937년 7월 중국 노구교(蘆溝橋)에서 중국군과 일본군의 충돌은 중일 전쟁의 발단이 되어 곧바로 북경이 함락되는 사건이 일어난다. 8월에는 상해 사변이 발생하고 동양의 거대 제국 중국이 일본의 화력 앞에 맥을 못 추는 현상이 빚어진다. 이보다 3개월 전인 1937년 4월 독일은 스페인의 게르니카를 침공, 민간인들을 무참하게 폭살하기에 이른다. 이렇게 중일전쟁과 전 세계적으로 발호하는 파시즘은 식민지 문인들로 하여금 파시즘에 저항해야 한다는 생각을 강하게 갖게 만든다. 이미 1935년 6월 파리에서 개최된 문화옹호 국제작가회의의 소식도 같은 해 9월 박승극의 「문화옹호 국제작가회의의 경과」를 통해 접한 터였다.

우연이라고 말하기에는 이상할 정도로 1937년 7월 중일전쟁 이후 발표된 구카프 계열의 평론가들의 글을 보면 과거 세계관을 내세우던 시기의 문학론과는 상당한 격차를 보인다. 결론부터 말하자면 그것은 이들이 세계관을 유보하기 시작했다는 점이다. 그러나 세계관을 유보했다는 그 사실도 중요하지만 이들이 그냥 세계관을 유보한 것이 아니라는 점에 주목해야 한다. 임화는 이 시기에 들어와 「사실주의의 재인식」을 통해 과거 자신이 '낭만정신'을 주장하던 것의 문제점을 스스로 비판하고 현실 그 자체의 중요성에 착목하기 시작한다. 즉, 주—객 변증법으로서 예술적 실천을 내세우며 작가가 예술적 실천을 통해 리얼리즘을 구현할 수 있는 가능성을 적극적으로 인정하기 시작한다. 굳이 구별하여 말하자면 작가에게 중요한 것은 이제 세계관보다는 리얼리즘적 실천임을 임화는 강조하고 있다. 다시 말해 그는 리얼리즘적 실천을 통해 객관적 실재의 본질이 현상의 포말(泡沫)을 뚫고 인식될 수 있으며, 그렇게 파악된 실재의 논리로 현실에 맞서는 주체의 재건(再建)도 가능하다고 주장한다. 임화는 주체를 현실과 실천적으로 관계 맺는 존재로 이해함으로써, 주체와 현실의 관계를 변증법적으로 이해하고 그를 통해 문학적 대안을 모색하려 했다. 이제 임화에게는 세계관이 유일한 대안이 아니라, 주체-객체의 변증법의 논리를 이해함으로써 리얼리즘이 대안으로 떠올랐던 것이다.

임화의 이런 주장이 돋보이는 것은 그가 '리얼리즘의 승리론'을 발견하고 그것을 적극적으로 주체적인 이론으로 소화시켜 동시대 문제를 해결할 문학의 실천적 대안으로 제시했다는 점에 있다. 범박하게 말해서 '리얼리즘의 승리'란 작가의 반동적 세계관에도 불구하고 리얼리즘이라는 실천적 방법을 통해 현실의 본질을 반영할 수 있다는 엥겔스의 주장을 G. 루카치 등이 이론화시킨 것이었다. 임화가 당시 루카치를 읽었는지는 모르지만 그는 '리얼리즘의 실천적 방법'에 주목하고 오히려 세계관이라는 장막을 거둬 냄으로써 작가들이 광범위하게 연대할 수 있는 가능성을 이론적으로 제시한 것이라 평가할 수 있다.

사회주의리얼리즘 논쟁 당시에는 정작 리얼리즘의 승리나 엥겔스의 발자크론에 대해 그 이론적 의미를 간과하다가 이 시기에 들어와 그것의 가치를 재발견한 것은 당시 정세나 비평 이론의 발전에서 중요한 의미를 지닌다.

이는 안함광도 마찬가지이다. 그가 비록 '리얼리즘의 승리'를 체계적으로 이해하고 주장한 것으로 보이지는 않지만 그는 이 시기에 들어오면 세계관 대신 '지성'을 내세움으로써 파시즘에 맞서는 양심적 작가들의 연대 가능성을 모색하기 시작한다. 안함광은 지성을 "자율성을 위협하는 외부세계를 합리적으로 발전시킬 그러한 사상을 발견하는 계기"로 이해함으로써 '지성'을 매개로 모든 양심적 작가들이 연대해야 함을 강조하고 있는 것이다. 그는 그렇지만 임화에 비해 상대적으로 현실을 극복할 수 있는 행동으로 나아가도록 추동하는 지성의 논리를 강조하여 현실 변화에 무게 중심을 두고 있다. 그러나 유감스러운 것은 그의 이론틀 내에서는 현실인식의 문제와 현실 극복의 문제가 이론적 연관으로 통일되지 못한다는 점이다. 그래서 현실을 극복하려는 의지를 갖고 있는 존재로서 주체는 언제나 현실 밖에 선차적으로 존재하는 것으로만 이해된다. 즉 현실과의 실천적 과정 속에서 주체가 변화되는 변증법적 과정을 인식하지 못한 채, 현실 극복의 의지를 이미 가지고 있는 존재로 주체를 이해하고 있는 것이다. 주체가 현실 극복의 의지를 가졌을 때에 비로소 현실의 진면목이 인식될 수 있다는 것이 지성론의 요체인바, 주체가 그런 극복의 의지를 어떻게 가질 수 있는가의 문제는 안함광에게 이론 이전의 신념의 문제인 것처럼 보인다. 그런 점에서 그가 현실을 극복하려는 초극의 의지를 강조할 때에도 그것은 다분히 현실과는 유리된 선험적인 당위처럼 이해되는 것이다.

동시대의 문제에 대해 깊이 있는 관심을 가져야 한다고 생각한 것은 김남천도 예외가 아니었다. 이 시기에 들어와 그는 고발문학론에서 모럴론으로 방향을 전환한다. 모럴론이란 세계의 문제를 작가들이 자기(自己)의 절박한 문제로 인식하라는 주장에 다름 아니다. 그런데 그는 모럴론에서 다시 풍속론으로 옮겨가는데 이 풍속론이야말로 리얼리즘이라는 실천적인 창작 방법을 김남천 식대로 재창안(再創案)한 것이었다. 요컨대 풍속 묘사를 통해 리얼리즘이 가능하다는 것인데, 그것 역시 리얼리즘의 승리론을 그 스스로의 문제의식으로 고안한 것이다. 물론 김남천의 주장은 여전히 주체와 객체의 문제를 변증법적 상관관계 속에서 충분히 인식하고 나온 이론은 아니었다.

그러나 어쨌건 이들은 이제 작가의 세계관이 문제가 아니라 리얼리즘이라는 실천적 방법, 혹은 세계의 문제를 인식할 틀로서 모럴이나 지성의 중요성을 강조하기 시작한다. 그런데 이런 변화는 프롤레타리아문학의 독자성보다는 리얼리즘 그 자체 그리고 파시즘에 의한 폭압적 현실에 대한 비판적 저항에 더 가치를 두는 것으로 이해된다. 그렇지만 이를 두고 프로문학의 독자성을 버리고 현실과 타협했다고 평가할 일은 아니다. 이것 아니면 저것이라는 이항대립 식 논리로 이 시기의 정치 사회국면을 생각할 문제가 아닌 것이다. 파시즘적 지배 체제가 사회 전면으로 확산되고 나아가 하나의 시대적인 흐름이 되었을 때, 이들은 식민지 조선의 현실에 대해 주체적으로 고민하면서 리얼리즘의 승리론을 재창안하거나 작가의 세계관을 지성이나 모럴로 폭넓게 이해함으로써 작가들의 광범위한 연대의 틀을 모색하려는 것이기 때문이다. 더구나 그 과정에서 리얼리즘론의 심화가 이루어지고 조선 현실에 대한 주체적 고민이 깊어졌다는 것은 이 시기 한국 근대비평사가 거둔 중요한 성과로 기록되어야 한다.

구카프 계열의 비평가들이 시대의 문제에 대해 고민한 것과 마찬가지로 최재서나 김기림 역시 파시즘세세 아래에서 유사한 고민을 보인다. 최재서는 모럴과 지성의 논리를 내세우는데, 그가 내세운 모럴이란 혼란된 삶에 통일된 질서를 부여하고 문학 행위에서 중심을 세워 갈 주체의 논리를 의미한다. 주체가 모럴을 가질 때에라야 삶에서도 문학에서도 중심을 세울 수 있으리라는 것이 그의 생각이었다. 그는 모럴을 일종의 가치판단의 체계로 생각해, 그 근거와 원리를 서구의 인문학적 전통에 토대를 둔 고전과 교양에서 찾는다. 지성의 힘을 통해 서구적 고전과 교양으로 문인들이 무장된다면, 현실의 혼란에서 벗어나 문학의 발전도 도모할 수 있으리라는 것이 그의 생각이었다. 그러나 그의 이론은 서구적 지성의 눈으로 식민지 조선을 바라본 혐의가 짙었을 뿐만 아니라, 가치 판단의 객관성도 확보되기 힘들었다. 그는 애초에 이념과 내용보다는 태도와 형식에 비중을 둔 이론가였거니와, 정작 가치판단의 내용, 고전과 교양의 내용이 무엇인지에 대해서는 이렇다 할 이론적 해명을 보이지 못하고 만다. 그가 개인과 사회를 모두 아우르는 모럴을 주장했지만 그것이 이론화되지 못하고 단순한 경구에 그쳤던 것도 그 때문이다.

한편, 이제 막 2차 일본 유학을 마치고 돌아온 김기림은 한국의 모더니즘문학을 전면적으로 검토하면서 모더니즘과 리얼리즘의 종합을 제안하기에 이른다. 김기림은 「모더니즘의 역사적 위치」라는 글에서 모더니즘과 경향파의 종합, 혹은 모더니즘과 사회성의 종합을 제안하고 있는데, 이는 모더니즘의 자기반성을 통한 사회성의 자각을 전제로 하고, 아울러 경향파시의 언어적 가치에 대한 자각과 반성을 매개로 하고 있다는 점에서 단순한 종합의 의미가 아니다. 일찍이 그는 기교주의에 대한 반성을 토대로 '전체시론'을 주창한 바가 있거니와 여기에서도 결국 모더니즘의 취약한 사회성을 강화해야 함을 언급하고 있는 점은 인상적이다. 김기림이 이를 두고 앞으로 조선시가 나아가야 할 '오직 하나인 바른 길'이라고 언급하고 있는 것은 이 시기 비(非)카프 계열의 문인에게서 나온 매우 중요하고도 소중한 인식이다.

이 시기에 오면 비평가 각각의 이론적 주장은 조금씩 다르다고 하더라도 큰 틀에서 보자면 파시즘에 반대하고 문학을 옹호하는 지점에 있어서는 큰 차이점을 보이지 않는다는 것을 알 수 있다. 이들은 조선문학 그 자체를 옹호하고 지켜 가는 것이 중요하다고 인식하고 있었고 그런 과정에서 스스로 여러 실천적 대안을 모색하고 있었다. 그런데 그런 실천적 대안은 이전 시기와는 질적으로 다른 것으로 이해되는데, 즉 그것은 문제의식과 대안을 주체적으로 고민했다는 점에서 그렇다. 다시 말해 그것은 한국의 근대문학비평사가 이 시기에 들어와 독자적인 자기의 이론적 틀을 갖춰가기 시작한 것으로 이해되는 것이다. 초창기 초보적이고 감상문 수준의 비평에서 벗어나 카프 시대에 들어오면 일본을 통해 유입된 프롤레타리아문학 이론에 크게 경도된 모습을 보인 것이 이전의 근대문학비평이었다면, 그래서 여전히 외국문학, 특히 일본문학의 영향권 내에서 자유롭지 못한 것이 식민지 조선의 문학비평이었다면, 이 시기는 비록 외국문학론을 받아들인다고 하더라도 '자기'의 입장, 즉 주체적인 고민과 문제의식 안에서 그것을 소화하고 다시 재창안함으로써 말 그대로 '한국 근대비평'으로서 독자적인 영역을 확보하기 시작했던 것이다.

4. 사실(事實)의 세기와 근대의 초극(超克)

한편 1930년대 말부터 등장하기 시작한 사실(事實)의 논리와 동아 공영론은, 어떻게 보면 식민지 조선의 양심적 문인들이 파시즘에 맞서 비판적 입장을 견지하면서 힘겹게 한국문학을 옹호하는 것에 대한 하나의 대응 논리 비슷한 것이었다. 당시 세계사적으로 전개되는 제반 사건들을 어떤 주관으로도 거부할 수는 없다는 '사실(事實)의 논리'는 역사 발전에 대한 근본적인 불신을 담고 있었다. 역사란 사실의 집적이므로 그 사실을 무시한 어떤 논리도 주관에 불과한 것이라는 생각이, 당시 평론가, 지식인들에게 점차로 확산되어 나가던 형편이었다. 여기에서 말하는 사실의 논리란 다름 아닌 파시즘이 세계적인 규모로 자기의 영향력을 확대해 가는 그런 사건들을, 주관적으로는 인정하고 싶지 않더라도 일단 객관적인 현실로 인정하자는 주장이다. 그러나 이런 '사실'의 논리가 일제의 대동아공영권론이나 신체제론과 결부될 때, 파시즘의 세계 지배를 인정하는 논리로 나아갈 가능성마저 안고 있다는 점에서 그것은 단순치 않은 의미를 갖고 있었다. 이때 주체의 자세는 그 어느 때보다 중요할 수밖에 없다. 주체가 그 사실을 아무런 자기 입장 없이 무작정 받아들이게 된다면, 그것은 사실의 논리를 인정하는 꼴이 될 수밖에 없고, 그렇다고 무조건 사실을 외면할 수도 없으므로 문인들이 이 '사실'을 어떻게 처리해야 할 것인가가 중요하게 되는 것이다. 백철이 1938년 12월 『조선일보』에 발표한 「시대적 우연(時代的 偶然)의 수리(受理)—사실(事實)에 대한 정신의 태도」에서 일제의 중국 침략을 새로운 역사 발전이라는 '사실'로 인정하자고 주장한 것을 보더라도, '사실'의 논리가 갖고 있는 역사적 맥락을 짐작할 수 있다.

한편, 동아공영론 역시 마찬가지 각도에서 이해할 수 있다. 동아공영론은 이후 근대의 초극론으로 발전되는데 이것은 일군의 일본 인문학자들이 서구 문명의 한계와 문제를 지적하면서 동양적 가치를 다시 평가하자는 의도에서 제기된 담론이었다. 이를 일본 파시스트들은 서양에 대립하는 동양의 우월 논리로 제멋대로 받아들여 대동아공영권 구축 논리로 확장한다. 영미귀축(英美鬼逐), 즉 영국과 미국의 귀신을 내쫓고 대(大) 동아시아의 공영권(共榮圈)을 구축한다는 이들의 논리는 말이 아시아 공영이지 일본의 제국주의적 침략주의를 정당화하는 강변에 다름 아니었다.

그런데 이런 논리는 일제 말기 일부 지식인들에게 급속하게 영향력을 행사하기 시작한다는 점에서 문제의 심각성이 있었다. 이렇게 된 이유는 예상 외로 일본이 중국 등에서 거둔 전과들과 독일·이태리 등 추축국(Axis-powers)을 중심으로 유럽에서 파시즘이 위력을 발휘하는 현상을 목도하였기 때문이다.[3] 당연히 파시즘은 반문명적이고 침략적인 것이었음에도 불구하고 그것이 전 세계적으로 주요한 세력을 형성하기 시작하면서 지식인들은 가치의 혼란을 느끼기 시작하였고 그에 따라 사실의 논리이건 근대의 초극이건 그냥 쉽사리 무시할 수 없는 환경이 조성되었던 것이다. 특히 많은 식민지 조선의 사회주의자들이 이 무렵 전향을 하게 되는 것도 일본의 이 같은 위력을 바라보면서 일제로부터 벗어나는 즉각적인 민족해방에 대한 전망을 유보하거나 또는 잃어버리게 만드는 측면이 있었기 때문이다.[4]

일제 말기인 1940년 전후로 들어오면서 최재서는 사실(事實)의 논리 앞에 무력하게 투항하는 자세를 보인다. 사실이란 역사의 힘이므로 이를 받아들이자는 그의 말이 이를 반증한다.[5] 세계사적 추세가 된 사실의 세기 앞에서 최재서가 상정한 주체는 무력한 모습을 보인다. 그는

---

3) 김재용은 『협력과 저항』(소명출판, 2004)에서 특히 중일전쟁에서 무한, 삼진의 함락이 그 결정적 계기였다고 설명한다.
4) 전상숙, 『일제시기 한국 사회주의 지식인 연구』, 지식산업사, 2004, 292면.
5) 최재서, 「소설과 민중」, 『동아일보』, 1939.11.7~12.

소설론에서 보편성의 의미를 지닌 '성격(性格)'에의 의욕을 주장하지만, 그가 말하는 '성격'은 삶을 지배하는 또 다른 원리, 요컨대 대동아 공영권을 향한 신체제의 논리를 적극적으로 내면화하는 사이비 주체를 예정한 것이었다. 그의 주체론은 주체 내부에서 진리를 검증하고 반성적으로 성찰할 수 있는 원리를 결여하고 있었기에 현실의 변화에 따라 그의 주체론은 갈피없이 흔들리게 되는 것이다. 이때부터 그의 이론은 파멸의 길로 향한다. 그리고 그것은 내용이 결여된 형식과 태도의 강조, 강한 서구 지향성이 결합된 그의 주체론이 다다른 파국이었다.

그러나 김남천이 이 무렵 관찰문학론을 들고 나온 것은 의미심장하다. 그는 이제 주체에게 아무런 기대를 걸지 않는다. 그에게 주관이란 더 이상 믿지 못할 존재였고, 그 이유로 현실을 설명하려는 일체의 논리도 '주관적'이라는 이름으로 거부한다. 오로지 믿을 수 있는 건 언제나 흔들림 없이 존재하는 현실뿐이었다. 그가 객관 현실에의 침잠과 주체의 역할을 배격하는 관찰문학론을 들고 나온 것도 그 때문이다. 그것이 정녕 리얼리즘의 길인가에 대해서는 여러 모로 의심스러우나, 그가 어떤 형태의 사상에도 주관이라는 이름을 붙여 거부하는 태도를 보였을 때, 그것이 파시즘의 지배 논리를 넘어서는 방법이 되었다는 것은 하나의 아이러니이다.[6]

결국 주체가 현실의 진리를 받아들여야 한다는 이론적 지향은 최재서를 사실(事實)의 논리에 무력하게 투항하도록 만들었고 그것은 일제의 신체제론과 협력하는 길로 가는 징검다리였다. 반면 김남천은 주체와 현실의 관계에 대한 탐색을 포기하고 스스로 자기 안에서 주체를 지운다. 그에게 현실을 설명하는 일체의 논리는 모두 주관일 따름이고 언제나 변함없는 것은 현실 그것뿐이었다.

---

[6] 「등불」은 작가 주체마저도 객관화시켜 드러내자는 그의 생각이 잘 표현된 작품이다. 「등불」을 보면 이 시기에 작가의 고민과 삶이 매우 담담하게 그려져 있는데 시대를 살아가는 작가의 내면이 당대의 사회적 분위기와 미묘한 갈등 속에서 드러나고 있다.

임화에게 사실(事實)의 논리란 그 의미가 다르다. 그는 현재 전개되고 있는 세계사적 사실(事實)을 인정하자고 하면서도, 그것을 '사실과의 길항(拮抗)'이란 말로 표현한다. 따라서 그가 말한 사실의 인정이란 것도 사실을 그대로 받아들이자는 논리가 아니다. 현실에서 전개되는 사건을 주관적으로 거부하기보다는 거기에 실천적으로 맞서자는 의미인 것이다. 그것이 곧 '사실의 재인식'인바, 임화는 사실과 주체가 실천적 긴장을 유지하면서, 그 사실이 결국은 현상에 불과하다는 것을 인식할 수 있는 주체의 자세를 강조한다.

안함광 역시 마찬가지이다. 그는 '사실(事實)에 임하는 사실의 정신'을 들고 나오는데, 이때 사실정신(事實情神)이란 사실의 존재 이유를 객관화된 거리감각을 갖고 지양과 발전으로 인식하자는 의미였다. 현실을 사실 자체로 받아들이기보다 항상 지양과 발전·변화되는 개념으로 이해하자는 주장은 현실의 본질을 인식하려는 주체의 노력을 강조하는 의미가 담겨 있는 것이었다.

김기림 역시 근대에 대한 견결한 옹호의 자세를 보인다. 근대문명이 아무리 문제점을 보이고 있다 하더라도 근대가 이루어 놓은 합리적 지성마저 포기해서는 안 된다고 주장한다. 서구의 근대문명을 비판하고 대동아공영권의 논리를 강조하는 당시 지식계의 주장에 맞서 그는 근대가 이루어 놓은 성과인 합리적인 이성의 힘에 대해 신뢰하는 자세를 꺾지 않는다.

임화와 안함광·김기림은 당시 지식인들에게 일종의 지적 유행처럼 번지고 있던 '사실의 세기(世紀)'론이나 근대의 초극론이 미치는 악영향(즉 진보와 발전을 불신하고, 현상에 투항해 버리는)에 맞서 강력한 제동의 논리를 펼친 것이었다.

민족적 정체성마저 위협받고 개인의 일상적 삶과 생명을 부지해 가는 것조차 힘들던 광기의 시대에, 임화와 안함광·김기림은 생활로 퇴각하고 김남천은 소설의 운명에서 자기를 의탁한다. 최종적으로 이들

중 일부는 표면적으로는 일제에 협력하는 모습을 보이기도 하였지만 그것을 마냥 친일로만 몰아 부칠 것은 아니다. 특히 김기림은 고향으로 낙향하여 평범한 생활인의 길을 걸으면서 일제의 신체제에 저항하는 모습을 보인다.

1940년을 전후로 한 이 시기에 이들은 근대를 위협하고 민족 주체성을 말살하려는 파시즘에 맞서 주체를 옹호하고 근대 이성의 힘에 신뢰를 보임으로써 일제 파시즘에 저항하는 모습을 보인다. 양심적인 지식인들의 연대와 문학의 힘에 대한 신뢰 역시 마찬가지이다. 이들은 식민지 조선의 근대문학에 대한 역사적 성찰을 바탕으로 조선의 근대문학을 완성해 가는 것이 역사적 과제임을 인식한다. 특히 임화와 김기림은 식민지 조선의 근대문학이 발전해 온 과정을 역사적으로 인식하고, 아울러 파시즘체제 아래에서 조선문학의 위기를 체험하면서 파시즘과 비판적으로 거리를 둔다.7) 이들이 살아간 시대의 현실은 문학에 대해 엄혹하고 위협적인 것이었지만, 이들은 그런 현실에 맞서 문학적 고투를 멈추지 않았다. 결론적으로 그럼으로써 한국문학에 대한 자기의식을 확보하고 비평의 이론적 진전과 성취를 거둘 수 있었던 것이다.

---

7) 임화가 「소설문학의 20년」을 발표한 것이 1940년 4월, 김기림이 「조선 문학의 반성」을 발표한 것이 1940년 10월이었다. 이 글들에서 두 사람 모두 조선문학에 대한 역사적 점검과 전망을 하고 있다는 점이 의미심장하다. 아울러 임화가 일제 말에 「조선 신문학사」를 연재한 것은 잘 알려진 사실이기도 하다.

1930.1	**비평·문학**	김기진, 「예술의 대중화에 대하여」
		권환, 「무산예술운동의 별고와 장래의 전개책」
	국내	광주학생운동 여파로 전국적 학생 시위.
		三越백화점 경성지점, 충무로1가에 준공됨.
	국외	런던에서 해군 군축회의 열림(英·美·佛·伊·日 참석)—
		일본 군부 불만 촉진.
1930.2	**국내**	조선은행 대구지점 폭탄사건의 張鎭弘, 사형을 선고받음(6.5
		대구감옥에서 자결).
		經學院에 明倫學院을 병치.
	국외	이탈리아·오스트리아 우호조약 조인(무솔리니의 대오스트
		리아 침투 활발화).
		일본 제17회 총선거, 민정당 절대 다수 획득과 무산정당의 참패.
1930.3	**비평·문학**	안막, 「프로예술의 형식문제」
		송영, 「교대시간」
	국내	용산공작회사 영등포공장 직공 350여 명, 시간비 지급을 요구
		하며 총파업.
		진남포 加藤정미소 여직공 130명, 10여 명의 직공을 이유 없이
		해고시킨 데 대한 항거로 총파업.
		崔承喜, 창작무용발표회를 단성사에서 가짐.
		『詩文學』 창간.
1930.4	**비평·문학**	권환, 「평범하고도 긴급한 문제」
		안막, 「마르크스주의 예술비평의 기준」
	국내	근우회 전국대회 개최를 금지.
		『동아일보』, 미국인 빌라즈가 기고문 「조선의 現狀 下의 귀지
		의 사명은 중대하다」를 게재하여 제3차로 무기정간 당함(9.1
		정간 해제).

---

1) 본 연표는 이 책에서 언급된 주요 평론가의 것을 중심으로 작성된 것이다. 비평사
연표이지만 필요할 경우 주요 문학 작품도 함께 고려하여 넣었다.

1930.5		
1930.6	비평 · 문학	김남천, 「영화운동의 출발점 재음미」
		임화, 「시인이여! 일보전진하자!」
	국내	9일 여운형, 경성복심원에서 치안유지법 위반이라는 명목으로 징역 3년을 선고받음.
1930.7	국내	19일 신채호, 대련법원에서 징역 10년을 선고.
		전국에 폭우 피해로 사망 766명, 행방불명 933명, 부상 1,012명, 가옥 유실 및 도괴 1만 3965호, 선박 파손 3,153척.
	국외	중국 공산당, 장사에서 폭동, 장사 소비에트 정부 수립.
1930.8	비평 · 문학	안막, 「조선프로예술가의 당면의 긴급한 임무」
	국내	평양고무 노동자 1,800여 명, 임금 인하 조치에 항의해 동맹파업.
1930.9	비평 · 문학	권환, 「조선예술운동의 당면한 구체적 과정」
1930.10	비평 · 문학	김태준, 「조선소설사」 연재 시작.
	국내	개성 · 함흥, 府로 승격.
1930.11	비평 · 문학	안함광, 「계급문학의 자유성」
	국내	9일 신간회, 간부의 피검으로 마비된 회의 기능 회복을 위해 중앙집행위원회 소집. 金炳魯, 위원장에 선출됨.
	국외	일본 하마구찌 수상 일본 우익청년에게 저격당함. 정당정치 붕괴 시작.
1930.12	국내	지방제도의 개정, 邑面제 및 道제 공포
		여수 · 下關 간 정기연락선 취항(1일 1회 왕복).
		조선어연구회, 한글맞춤법통일안 제정을 결의.
	국외	중국 장개석, 제1차 討共戰 전개.
1931.1	비평 · 문학	염상섭, 『삼대』(~1931.9)
	국내	成興片倉製絲工場 여직공 600여 명, 임금 인상을 요구하고 파업.
	국외	인도 대규모 抗英투쟁.
1931.2	비평 · 문학	김기림, 「시의 기술, 인식, 현실 등의 제문제」
	국외	일본혈맹단사건 발생.
1931.3	비평 · 문학	안함광, 「조선프로예술운동의 현세와 혼란된 논단」

	국내	청진 운수노동회원 800여 명, 임금 인하에 반발해 총파업.
		미곡법 개정(7.1 시행, 미곡의 수출입을 제한).
		『혜성』 창간.
	국외	일본 군부 쿠데타 시도 발각.
1931.4	비평·문학	이태준, 「고향」
	국내	신간회 서울지회, 해체를 결의.
1931.5	비평·문학	안함광, 「무산연극운동의 촉진」
		한설야, 「사실주의 비판」
	국내	신간회, 전국대회를 열고 해체를 결의.
		부·읍·면의 제1회 의회의원 선거 실시.
		『批判』 창간.
1931.6	국내	총독 齊藤實 사직. 宇垣一成, 총독이 됨(7.14 부임).
		동아일보사, 하기 방학을 기해 브나로드운동 전개(~1934)
		제1차 카프검거사건 발생, 70여 명 검거.
	국외	미국 대통령 후버, 배상 및 戰債 지불의 1년 간 유예를 제안(후버 모라토리움 선언).
1931.7	비평·문학	김기림, 「현대시의 전망」
		권환, 「목화와 콩」
		김남천, 「공장신문」
		이상, 「오감도」
	국내	길림성 萬寶山에서 수로공사 문제로 한국·중국 농민 충돌.
		중국인 습격, 서울을 위시해 전국으로 번짐.
		劇藝術研究會 조직, 방정환 사망.
1931.8	비평·문학	안함광, 「농민문학 문제에 대한 일고찰」
	국내	ML계 조선공산당재건협의회사건 발생.
1931.9	비평·문학	김남천, 「反카프음모사건의 계급적 의의」
	국외	일본 관동군, 만주 점령을 꾀하여 봉천교외 柳條溝의 만철선로를 폭파(만주사변 시작).
		중국 상해에서 10여만 명의 항일대집회 열림.
1931.10	비평·문학	백철, 「농민문학 문제」
		안함광, 「농민문학 문제 재론」

	국내	『중외일보』해산되고『中央日報』로 게재(11.25 창간호 발행).

1931.11 비평·문학 염상섭, 『무화과』(~1932.11)

염상섭, 『카프 시인집』

국내 남원·김제·순천·나주·울산·김해·삼천포·흥남 등 8개 면, 읍으로 승격.

평양고보생들, 경찰의 학원 간섭에 반발해 맹휴(48명 퇴학, 17명 무기정학).

『新東亞』창간(~1936.6, 통권 59호).

국외 중국 江西省 瑞金에서 중화소비에트 임시중앙정부 수립(주석 모택동).

1931.12 비평·문학 신석초, 「문학창작의 고정화에 抗하여」

안함광, 「농민문학의 규정 문제」

임화, 「1931년간의 카프예술운동의 정황」

국내 금화폐·금괴의 수출 총독 허가제 도입.

1932.1 비평·문학 한설야, 「변증법적 사실주의의 길로」

임화, 「당면정세의 특질과 예술운동의 일반적 방향」

임화, 「1932년을 당하여 조선 문학운동의 신단계」

한설야, 「변증법적 사실주의의 길로」

국내 조선은행, 1원권 발행.

국외 중국 上海에서 일본군과 중국군이 충돌하여 上海事變 일어남.

1932.2 국외 국제연맹이사국(12개국), 상해의 전투 행위 중지를 일본에 경고

1932.3 비평·문학 백철, 「창작방법 문제」

국내 端川·城津 적색노조사건으로 다수 검거됨.

김성수, 보성전문학교를 인수.

국외 滿州國, 건국선언을 발표.

1932.4 비평·문학 이광수, 『흙』(~1933.7)

국내 한인애국단원 尹奉吉, 상해 虹口공원에서 열린 상해사변 승리 축하식장에 폭탄 투척.

1932.5 비평·문학 이북명, 「질소비료공장」

국내 인천 金谷里 성냥공장 직공 360명, 임금 인상을 요구하며 총

		파업.
		1월 이후 전국 천연두 발생자 총수 1,595명(사망 276명).
	국외	일본 5 · 15사건(우익청년장교에 의한 수상 살해 – 정당내각
		붕괴).
		일본, 齋藤實내각 성립.
1932.6	국외	중국, 장개석 4차 討共戰 시작.
1932.7	국내	方應謨, 『조선일보』 인수.
	국외	독일 나치스, 제1당이 됨.
1932.8	국내	『조선일보』, 경영난으로 임시 휴간(~11.22).
1932.9	비평 · 문학	안함광, 「조선프로연극운동의 신전개」
	국내	충남도청, 공주에서 대전으로 이전.
	국외	일본 滿州國 승인.
1932.10	비평 · 문학	신석초, 「예술적 방법의 정당한 이해를 위하여」
	국내	이봉창, 동경 市谷형무소에서 사형당함.
1932.11	국내	총독부, 정신작흥운동(자력갱생운동) 개시.
	국외	미국 대통령에 민주당 루스벨트 당선.
1932.12	국내	윤봉길, 일본 金澤육군형무소에서 사형당함.
		총독부, 산미증식계획 중지를 발표.

1933.1	비평 · 문학	안함광, 「프롤레타리아 문화와 동반자 문학」
		안함광, 「1932년도 문단의 개관과 신년문단의 전망」
	국내	『동광』, 통권 40호로 폐간당함.
		동아일보사, 여성지 『新家庭』 창간.
	국외	中日 양군, 山海關에서 충돌(산해관사건).
		히틀러, 독일 수상에 취임.
1933.2	국내	조선무역협회 설립됨.
		평양 세창고무공장 직공들, 임금 인하에 반발해 총파업.
		『중앙일보』, 『조선중앙일보』로 게재.
1933.3	비평 · 문학	이태준, 「꽃나무는 심어 놓고」
		김유정, 「산골 나그네」
	국내	사상범 · 보통범의 분리 수용을 결정(사상범은 대전형무소에).

	국외	미국 은행의 폐쇄와 금수출 금지의 영향으로 일본 환시장과 주식시장 등 휴장.
		독일 국회, 바이마르헌법 폐기(히틀러의 독재권 확립).
		일본, 국제연맹 탈퇴.
1933.4	비평·문학	김기림, 「詩作에 있어서의 主知的 태도」
		백철, 「동반자작가 문제」
	국내	부산·奉天 간 특급 제1·2 열차 운행 개시.
		동아·중앙·조선 3개 신문사, 한글맞춤법통일안에 의한 철자법으로 발행.
1933.5	비평·문학	김남천, 「문학시평 – 문화적 工作에 관한 약간의 時感」
		이기영, 「서화」
	국내	각 도, 도제 실시 이후 최초의 도의회의원 총선거를 실시.
1933.6	비평·문학	안함광, 「문학적 형식의 탐구와 그 태도에 관하여」
	국외	일본 공산당 간부 佐野學와 鍋山貞親, 옥중 전향 성명(이후 전향이 유행).
		런던국제경제회의 열림(~7.27; 66개국, 공황대책을 토의 실패).
1933.7	비평·문학	김기림, 「포에지와 모더니티」
		김남천, 「임화에 관하여」
		김남천, 「임화적 창작평과 자기비판」
		임화, 「6월중의 창작」
	국내	서울·동경 간 직통전화 개설됨(7.15 전화 통화 시작).
1933.8	비평·문학	백철, 「인간 묘사 시대」
		임화, 「가톨릭 문학 비판」
	국내	『滿鮮日報』 창간.
		九人會 조직.
1933.9	비평·문학	안함광, 「최근 조선문단의 동향」
	국내	만주사변 이후 최초의 총독부 알선 만주이민단, 서울역 출발.
		「아리랑」, 「한양의 사계」 레코드, 치안 방해 이유로 발매금지 처분.
1933.10	비평·문학	김기림, 「예술에 있어서의 리얼리티, 모럴 문제」
		안함광, 「동반자작가 문제를 청산함」

임화, 「진실과 당파성」

국내 인천부두화물 인부 400여 명, 운임 인하에 반발에 인천객주조
합 사무소 습격, 파업.

국외 독일, 제네바군축회의 및 국제연맹으로부터 탈퇴를 성명.

중국 장개석, 제5차 討共戰 개시.

1933.11 **비평·문학** 안막, 「창작방법 문제의 재토의를 위하여」

임화, 「비평의 객관성 문제」

임화, 「문학에 있어서의 형상의 성질문제」

이기영, 『고향』(~1934.9)

국내 조선어학회, 한글맞춤법통일안 발표.

1933.12 **비평·문학** 안함광, 「조선문예비평계의 동향」

임화, 「비평에 있어 작가와 그 실천의 문제」

1934.1 **비평·문학** 박영희, 「최근문예이론의 신전개와 그 경향」

임화, 「1933년의 조선 문학의 제경향과 전망」

임화, 「1933년을 통하여 본 현대조선의 시문학」

국내 朴龍喆, 『文學』지 창간.

1934.2 **비평·문학** 안함광, 「평론의 단순화에 항하여」

1934.3 **비평·문학** 김남천, 「창작방법에 있어서의 전환의 문제」

안함광, 「시사문학의 옹호와 타도 나이브 리얼리즘」

안함광, 「예술의 발생론적 근거와 그의 사회적 기능에 대하여」

임화, 「현대문학의 제경향」

임화, 「집단과 개성의 문제」

국외 만주국, 帝政 실시.

1934.4 **비평·문학** 임화, 「낭만적 정신의 현실적 구조」

국내 영친왕 이은, 서울에 옴.

조선농지령 공포(10.20 시행).

1934.5 **비평·문학** 백철, 「인간탐구의 도정」

채만식, 「레디메이드 인생」

국내 이병도·김윤경·이병기 등 震檀學會 창립.

제2차 카프사건 발생, 80여 명 검거.

1934.6	비평·문학	권환, 「현실과 세계관 및 창작방법과의 관계」
		안함광, 「창작방법 문제의 토의에 기하여」
		안함광, 「창작방법 문제, 신이론의 음미」
1934.7	비평·문학	김기림, 「현대시의 발전」
		한효, 「우리의 새 과제―방법과 세계관」
1934.8	비평·문학	최재서, 「현대주지주의문학이론의 건설」
		최재서, 「비평과 과학」
		강경애, 『인간문제』(~1934.12)
		박태원, 「소설가 구보 씨의 일일」
	국내	한강인도교공사 기공(1936.10.23 개통).
	국외	독일, 국민투표에서 히틀러를 총통으로 결정.
1934.9	국내	『三四文學』 창간.
	국외	일본, 해군 주장으로 워싱턴조약 단독 폐기.
		소련, 국제연맹 가입.
1934.10	국내	흥남제련소 직공 600여 명, 대우 개선·부당해고 문제로 총파업.
		동대문·청량리 간 전차궤도 복선화.
	국외	중국 홍군, 瑞金을 탈출하여 長征 시작(大長征).
1934.11	비평·문학	송강, 「낭만과 사실」
		최재서, 「문학발견시대」
	국내	부산·新京 간 직통열차 운전 개시.
1934.12	비평·문학	안함광, 「당면현실을 인식파악하자」
	국내	평양부, 里制를 폐지하고 町制로 통일할 것을 결정(1935.4.1 시행)
		대좌부(유곽)창기취체규칙 개정(자유 외출 가능).
		박헌영, 서울지방법원에서 징역 6년을 선고받음.
1935.1	비평·문학	최재서, 「올더스 헉슬리 론―現代諷刺情神發露」
		유진오, 「김강사와 T교수」
	국외	중국 공산당, 遵義에서 긴급회의 열어 모택동이 지도권 장악.
1935.2	비평·문학	김기림, 「시에 있어서의 기교주의의 반성과 전망」
		김기림, 「현대시의 技術―시의 회화성」

	국내	안창호, 대전감옥에서 가출옥 후 大寶山에서 휴양.
1935.3	국외	일본, 國體明徵 결의안 만장일치로 결의.
1935.4	비평·문학	김기림, 「오전의 시론」(~1935.10)
		안함광, 「조선프로문학의 현단계적 위기와 그의 전망」
	국내	총독부, 日 拓務省과 80만 韓農의 만주이민 원안을 결정.
	국외	일본 천황제를 비판한 美濃部達吉, 불경죄로 고발됨.
1935.5	비평·문학	김남천, 「창작과정에 관한 감상」
		최재서, 「자유주의문학비판」
	국내	평양 적색노조사건으로 朱寧河 등 17명 검거됨.
		KAPF 해체.
	국외	독일, 징병령 공포
1935.6	비평·문학	김남천, 「지식계급전형의 창조와『고향』의 주인공에 대한 감상」
		안함광, 「창작방법 문제의 재검토를 위하여」
		임화, 「조선적 비평의 정신」
		한효, 「문학상의 제문제」
	국내	『四海公論』 창간.
	국외	프랑스, 공산당·사회당·급진사회당 등 반파시즘 단체의 합동집회(인민전선의 결성).
1935.7	비평·문학	김기림, 「객관성에 대한 시의 '포즈'」
		임화, 「역사적 반성에의 요망」
		최재서, 「풍자문학론」
		김유정, 「만무방」
	국내	진남포제련소 직공 1,200명, 임금 인상과 8시간노동제 등 요구하고 총파업.
	국외	소련 모스크바에서 제7회 코민테른대회 열림(~8.20). 인민전선 테제를 채택.
1935.8	비평·문학	김남천, 「문예가 협회에 대하여」
		김두용, 「창작방법의 문제」
	국내	고등보통학교에 현역장교를 배속, 군사 교육 실시.
	국외	일본 정부, 國體明徵 발표.
1935.9	비평·문학	박승극, 「문화옹호 국제작가회의의 경과」

	한효, 「창작방법의 논의」
	심훈, 『상록수』(~1936.2)
국내	총독부, 각 학교에 신사참배를 강요.
국외	독일, 반유태 뉘른베르크법 공포

1935.10 **비평·문학** 임화, 「조선신문학사론 서설」

정지용, 『정지용 시집』

국내 대전·전주·광주읍, 府로 승격.

국세조사 실시, 남자 1,127만 1,005명, 여자 1,093만 7,097명

최초 발성영화 「춘향전」 단성사 개봉.

『朝光』 창간.

국외 이탈리아, 에티오피아 침입 개시(에티오피아전쟁).

1935.11 **비평·문학** 김기림, 「현대비평의 딜레마」

김두용, 「창작방법의 문제에 대하여 재론함」

안함광, 「인간묘사론 시비에 관하여」

김윤식, 『영랑 시집』

국내 『野談』 창간.

1935.12 **비평·문학** 백철, 「비애의 성사」

안함광, 「작금 문예진 총검」

임화, 「담천하의 시단 1년」

국내 김소월 사망.

1936.1 **비평·문학** 김남천, 「건전한 사실주의의 길」

백철, 「현대문학의 과제인 인간탐구와 고뇌의 정신」

안함광, 「소시알리스틱 리얼리즘 제창 후의 조선문단의 추향」

임화, 「조선 문학의 신정세와 현대적 제상」

임화, 「위대한 낭만적 정신」

임화, 「문학의 비규정성의 문제」

백석, 『사슴』

국내 총독부, 학무국 내에 사상계 설치.

1936.2 **비평·문학** 임화, 「기교파와 조선 시단」

한설야, 『황혼』(~1936.10)

국내	경성부 구역 확장(4.1 시행. 고양군·시흥군·김포군의 1읍 70개 리 편입).
국외	중화소비에트 인민공화국 정부, 전국항일구국대표대회 소집 및 내전 정지 등 요구.
	일본 皇道波 청년장교에 의한 2.26 쿠데타 발발, 진압.
1936.3 비평·문학	안함광, 「문예평단 이상 타진-건전한 비평정신의 옹호」
국내	경기도, 洞을 町으로 개정 공포(4.1 시행).
	기독교조선감리회, 총독부에 신교의 자유를 보장하라는 내용의 진정서 제출.
	『女性』 창간.
1936.4 비평·문학	백철, 「문학의 聖林-인간으로 귀환하라」
	최명익, 「비오는 길」
1936.5 비평·문학	백철, 「문학에 있어서의 개성과 보편성의 문제」
	안함광, 「창작방법 문제 논의의 발전과정과 그 전망」
	임화, 「작가에게 보내는 편지-송영 형께」
	김동리, 「무녀도」
국내	삼남지방의 수재민 1,060명, 함북지방으로 이주차 출발. 택시에 미터제 실시.
국외	중국 홍군, 국민정부에 停戰講和 一致抗日을 통보(反蔣슬로건을 버림).
	이탈리아, 에티오피아 병합을 선언.
	일본 군부大臣 現役武官制 부활.
1936.6 비평·문학	안함광, 「작가 한설야 씨의 근업」
	안함광, 「해외문학파의 금후」
	안함광, 임화 외, 「사회주의 리얼리즘 재검토」
	임화, 「현대적 부패의 표징인 인간탐구와 고민의 정신」
국내	총독부 발행 조선민력에 음력 폐지됨. 양력(신민력) 발행을 결정함.
	『신동아』 통권 59호로 폐간당함.
1936.7 비평·문학	김남천, 「비판하는 것과 합리화하는 것과」
	이원조, 「현단계의 문학과 우리의 '포즈'에 대한 성찰」

		임화, 「7월의 창작평」

임화, 「7월의 창작평」

한설야, 「통속소설에 대하여」

김기림, 『기상도』

국내 경성전기, 전차구간과 요금 개정(1구간 5전).

국외 일본 강좌파 학자 등 좌익문화단체 관계자 검거(콤아카데미사건).

에스파냐 군부 반란.

1936.8 **비평·문학** 최재서, 「현대시의 생리와 성격」

한효, 「진정한 리얼리즘에의 길」

박태원, 『천변풍경』(~1936.10, 1937.1~9)

국내 南次郎, 조선총독에 취임(8.26 부임).

조선불온문서임시취체령 공포 시행.

『동아일보』, 무기정간(~1937.6.2).

1936.9 **비평·문학** 김남천, 「문학의 본질」

임화, 「학예자유의 옹호」

백철, 「개성과 보편성」

이상, 「날개」

국내 수원읍·인천부, 구역 확장(10.1 시행).

손기정일장기말소사건 관련 『조선중앙일보』 자진 휴간.

1936.10 **비평·문학** 김오성, 「네오휴머니즘론」

최재서, 「리얼리즘의 확대와 심화」

국내 한강인도교 개통(총연장 381m, 총공사비 210만 원).

국외 로마·베를린 추축 결성.

1936.11 **국외** 독일·이탈리아, 에스파냐의 프랑코 정권(부르고스 정권)을 승인.

1936.12 **비평·문학** 안함광, 「인상에 남은 신인작품」

백철, 「우리문단과 휴머니즘」

국내 조선사상범보호관찰령 공포(12.21 시행).

李載裕 등 50여 명, 조선공산당재건운동 관련 체포됨.

국외 일본·이탈리아 협정 체결.

중국 西安사건 발생―내전 중지, 국공합작 전환.

1937.1	**비평·문학**	안함광, 「소화11년도 조선 문학의 동향」
		안함광, 「병자년도 작단 비평단의 회고와 그의 전망」
		임화, 「진보적 시가의 작금」
		최재서, 「중편소설에 대하여」
	국내	장항제련소 전직공 파업 단행.
1937.2	**비평·문학**	김기림, 「과학과 비평과 시」
		최재서, 「빈곤과 문학」
	국내	白白敎徒 300여 명을 살해한 白白敎 간부 등 150여 명 검거.
		崔承喜 渡歐告別舞踊會 부민관에서 개최.
1937.3	**비평·문학**	임화, 「조선문화와 신휴머니즘론」
		김남천, 「남매」
		김말봉, 『찔레꽃』(~1937.10)
	국내	총독부, 집무 중 일본어 사용 지시.
		최현배, 『우리말본』 간행됨.
1937.4	**비평·문학**	김남천, 「단상―문장, 허구, 기타」
		임화, 「문예이론으로서의 신휴머니즘론에 대하여」
		임화, 「르네상스와 신휴머니즘론」
	국내	南총독, 5대 시정 방침(國體明徵, 鮮滿一如, 敎學振作, 農工立進, 庶政刷新) 발표.
		조선물산장려회 강제 해체됨.
		李箱 동경에서 사망.
	국외	독일 공군, 에스파냐의 게르니카 시를 폭격(2,000여 명 사상).
1937.5	**비평·문학**	김남천, 「사상, 작품, 문장―이기영 검토」
		최재서, 「현대적 지성에 관하여」
		이용악, 『분수령』
1937.6	**비평·문학**	김기림, 「故 이상의 추억」
		김남천, 「고발의 정신과 작가」
		안함광, 「지성의 자유와 휴머니즘의 정신」
		임화, 「작가의 '눈'과 문학의 세계」
		최재서, 「故 이상의 예술」
		김남천, 「처를 때리고」

	국내	치안유지법 위반 혐의 修養同友會회원 150여 명 투옥.
1937.7	비평·문학	김남천, 「창작방법의 신국면」
		임화, 「復古현상의 再興」
		한설야, 『청춘기』(~1937.11)
	국내	경성전화국 직공 500명, 임금 인상을 요구하고 파업.
	국외	중국 蘆溝橋에서 중일 양군 충돌(중일전쟁의 발단).
		일본군, 북경 점령.
1937.8	비평·문학	안함광, 「건강의 퇴조－문학한담을 위하여」
		오장환, 『성벽』
	국외	일본군 육전대 상해 공격, 상해사변(8.13사변) 발생.
		일본 정부, 南京 정부에 대한 단호한 응징을 성명. 전면 전쟁 개시.
		중국 공산당, 抗日救國 10대 강령 발표.
1937.9	비평·문학	김남천, 「고전에의 귀환」
		김남천, 「최근 평단에서 느낀 바 몇 가지」
		최명익, 「무성격자」
	국내	총독부, 군수동원법 실시 결정.
		전주 신흥학교 기전학교, 신사참배 거부하고 폐교 결정.
	국외	일본, 군수공업동원법·수출입품임시조치법·임시자금조정법 등 공포하고 전시경제체제 구축.
		중국 국민정부 국공합작 선언.
1937.10	비평·문학	김남천, 「조선적 장편소설의 일고찰」
		안함광, 「문학에 있어서의 자유주의적 경향」
		임화, 「寫實主義의 재인식」
		최재서, 「센티멘탈리즘론」
		최재서, 「메가로폴리타니즘」
		채만식, 『탁류』(~1938.5)
	국내	총독부, 皇國臣民의 誓詞를 제정, 전국에 시행하게 강요함.
		총독부, 군사비 충당 위해 자본조정법 공포
		皇國臣民體操 제정.
1937.11	비평·문학	안함광, 「현대문학정신의 모색」

임화, 「주체의 재건과 문학의 세계」

최재서, 「최근 문단의 동향」

이찬, 『待望』

국내	전문학교 대학생들에게 단발령 실시.
	『조선중앙일보』, 발행권 취소로 폐간당함.
국외	일본·독일·이탈리아, 방공협정 조인.
	일본군, 상해 점령.
	일본, 대본영 설치.
	장개석, 重慶 천도를 선언.

1937.12 **비평·문학** 김남천, 「'유다'적인 것과 문학」

임화, 「방황하는 문학성신」

최재서, 「전통과 도그마」

국내	서울에 지하방공피난소·방호수용소·저수장 등 방공방독 시설 착수.
	日王의 사진 각급 학교 배부, 경배 강요.
	총독부, 흰옷과 이중과세폐지 독려운동 전개.
국외	일본군, 남경 점령. 남경학살사건(약 30만 명), 杭州·濟南 점령.
	일본, 山川均 등 勞農派 400여 명 검거됨(인민전선 1차 검거 사건).

1938.1 **비평·문학** 김남천, 「자기분열의 초극―문학에 있어서의 주체와 객체」

최재서, 「작가와 모럴의 문제」

최재서, 「취미와 이론의 괴리」

이태준, 「패강냉」

채만식, 『천하태평』(~1938.9)

노천명, 『珊瑚林』

| 국내 | 일본 육군성, 조선에 지원병제도 실시계획 발표. |
| 국외 | 에스파냐 프랑코, 국민정부 조직. |

1938.2 **비평·문학** 임화, 「작가 한설야 론」

임화, 『현해탄』

| 국내 | 조선육군지원병령 공포(4.3 시행). |

平北老會, 장로교 최초 신사참배 인정.

중일전쟁특별세 조선에도 적용 결정.

1938.3	비평·문학	김남천, 「도덕의 문학적 파악─과학, 문학과 모럴개념」
		안함광, 「조선 문학의 현대적 相貌」
		이원조, 「고전부흥론 시비」
		임화, 「현대문학의 정신적 基軸」
		최재서, 「언어의 流通性과 진실성」
	국내	경인지역 국민방공훈련 실시.
		평양 숭의·숭실학교 신사참배 거부, 폐교 결정.
	국외	독일군, 오스트리아 진주, 합병.
1938.4	비평·문학	김기림, 「현대와 시의 르네상스」
		김남천, 「일신상의 진리와 모럴」
		임화, 「휴머니즘 논쟁 총결산」
		임화, 「작가와 문학과 剩餘의 세계」
		임화, 「세태소설론」
		최재서, 「비평의 형태와 내용」
		유진오, 「창랑정기」
	국내	원료공급난으로 전국 고무공장 휴업.
	국외	일본, 국가총동원법 공포(5.5 시행).
1938.5	비평·문학	김남천, 「세태, 풍속, 묘사, 기타」
		임화, 「최근 조선소설계 전망─본격소설론」
		박세영, 『산제비』
	국내	일본국가총동원법의 조선 적용 공포.
		일본 경찰, 안재홍 등 興業俱樂部 간부에 대한 총검거 시작.
		총독부, 각종 토목공사 부인동원령 시달.
1938.6	비평·문학	김남천, 「論壇時感」
		임화, 「수필론」
		최재서, 「현대와 비평정신」
		최재서, 「고전연구의 역사성」
		윤곤강, 『輓歌』
	국내	학교근로보국대 구성 지시

수양동우회원 葛弘基 등 16명, 大東民友會에 입회하겠다는 변절성명서 배포.

정무총감, 근로보국대 조직 지시.

<table>
<tr><td>국외</td><td>일본 각료회의, 최고국책검토기관으로 5상회의 설치 결정.</td></tr>
</table>

1938.7	비평·문학	안함광, 「지성의 자율성의 문제」
		임화, 「문단적인 문학의 시대－文壇時感」
		최재서, 「事實의 세기와 지식인」
		김광섭, 『憧憬』
		이찬, 『焚香』
	국내	국민정신총동원 조선연맹 창립.
		시국대응전조선사상보국연맹 결성.
		총독부, 교원과 관공리 제복착용 지시.
		文世榮, 『조선어사전』 간행.
		조선사편수회, 『조선사』 35권, 『조선사료총간』 20종, 『조선사료집』 3질을 간행.
	국외	일본 張鼓峰에서 對蘇 전투, 패배.
1938.8	비평·문학	김남천, 「장편소설에 대한 나의 이상」
		안함광, 「조선 문학의 정신 檢察」
		최재서, 「문학, 작가, 지성－지성의 본질과 그 효용성」
		임화, 「事實의 재인식」
	국내	銅製品 제조제한령 공포(8.15 시행).
		경성부, 유흥소의 신규 설치 불허와 접대부 수의 제한 방침을 결정.
1938.9	비평·문학	김남천, 「현대조선소설의 이념－로만개조에 대한 일작가의 각서」
	국내	흥업구락부사건으로 구속된 申尙雨 등 54명, 전향성명서를 발표하고 기소유예 처분됨.
1938.10	비평·문학	김남천, 「세태와 풍속－장편소설개조론에 寄함」
		임화, 「비평의 시대」
		최재서, 「感想論」
		김남천, 「철령까지」

	국외	일본군 중국 武漢, 廣州 점령.
1938.11	비평·문학	안함광, 「불안, 생의 사상, 지성」
		임화, 「통속문학의 대두와 예술문학의 비극－통속소설론」
		최재서, 「현대비평의 성격」
		이용악, 『낡은집』
	국내	경찰, 延傳 도서관 수색, 白南雲 등 교수 3명 치안유지법 위반
		혐의로 구속.
		수양동우회 예심보석중인 이광수 외 28명, 사상전향진술서 재
		판장에게 제출.
	국외	일본 近衛 수상, 동아신질서 건설(일본·중국·만주 상호원
		조관계 수립) 성명.
1938.12	비평·문학	김남천, 「작금의 신문소설」
		백철, 「時代的 偶然의 受理－事實에 대한 정신의 태도」
		안함광, 「문학과 성격」
		임화, 「저회하는 시정신」
		최재서, 「서정시에 있어서의 지성」
		김문집, 『비평문학』
		최재서, 『문학과 지성』
	국내	조선등화관제규칙 공포 시행
1939.1	비평·문학	김남천, 「문학정신의 건립」
		백철, 「사실과 신화 뒤에 오는 이상주의의 신문학」
		임화, 「신인론」
		임화, 「문예시평－비평의 高度」
		최재서, 「연재소설에 대하여」
	국내	조선징발령 세칙 공포 시행.
		이화여전, 양장 제복 착용 발표.
1939.2	비평·문학	임화, 「역사, 문화, 문학」
		임화, 「전체주의의 문학론」
		최재서, 「문학의 수필화」
		이태준, 「영월영감」

	국내	총독부, 만주·중국으로 쌀 수출 제한 결정.
		『文章』 창간.
1939.3	비평·문학	안함광, 「저널리즘과 문학의 교섭」
		임화, 「1938년도 창작계 개관」
		최재서, 「지성, 모럴, 價値」
		최재서, 「장편소설과 단편소설」
		김동인, 「김연실전」
	국내	노동력 부족으로 중국인 노동자 1,000명 1차적으로 이입.
		친일단체 황군위문작가단 발족.
	국외	일본, 군사교련을 필수과목화함.
1939.4	비평·문학	김남천, 「절게, 막서리, 기타―『大게』 십씰일기에서」
		김남천, 「시대와 문학의 정신―발자크적인 것에의 정열」
		안함광, 「문예비평의 논리와 형태」
		김동리, 「문자우상」
1939.5	비평·문학	안함광, 「순수문학정신이란」
		임화, 「新人不可畏」
		한설야, 「이녕」
	국내	전국 부·읍·면 의원 선거 실시.
	국외	독이군사동맹 강철협약 조인(베를린·로마 추축의 완성).
1939.6	비평·문학	김남천, 「소설의 당면과제」
		안함광, 「현대의 특질과 문학의 태도―사실에 임하는 사실의 정신」
		안함광, 「문학에 있어서의 개성과 보편성」
		유진오, 「순수에의 지향」
		임화, 「신세대론」
		임화, 「최근 10년간 문예비평의 주조와 변천」
		임화, 「소설과 신세대의 성격」
		최재서, 「구라파 현대소설의 이념」
		최명익, 「심문」
	국내	서울 6대 신문사, 排英국민대회 개최.
1939.7	비평·문학	김남천, 「兩刀流의 道場」

안함광, 「김남천론—문학의 주장과 실험의 세계」

임화, 「현대소설의 귀추」

최재서, 「신세대론」

이태준, 「농군」

오장환, 『獻詞』

국내 警防團 규칙 공포(경찰보조기관으로 활동).

서울·북경 간 유선전화 개통.

전국 대학·고등학교·전문학교 학생, 조선학생정신연맹 결성.

국외 일본, 國民徵用令 공포.

일본, 미일통상조약 폐기 통보.

1939.8 **비평·문학** 김동리, 「순수 異議」

안함광, 「순수문학론」

최재서, 「시단의 신세대」

김남천, 『사랑의 수족관』(-·1940.3)

김광균, 『瓦斯燈』

국내 방공법에 의한 첫 훈련 실시(공습 때의 전차·보행자 대피).

매월 1일 興亞奉公日(애국일)로 제정.

국외 독·소불가침조약 체결.

1939.9 **비평·문학** 서인식, 「역사와 문학」

임화, 「최근 소설의 주인공—현대소설의 주인공」

임화, 「개설 신문학사」 연재 시작

김기림, 『태양의 풍속』

국내 조선국방부인회 설치

경성 丁子屋 준공.

쌀값, 통제에도 불구하고 계속 등귀.

국외 독일, 폴란드 진격 개시(제2차 세계대전 시작).

영국·프랑스, 독일군의 폴란드 철퇴 조건으로 교섭 용의 표명.

영국·프랑스, 독일에 선전포고

1939.10 **비평·문학** 김기림, 「모더니즘의 역사적 위치」

김남천, 「고리오옹과 부성애, 기타—발자크연구 노트」

안함광, 「지향하는 정열의 호곡—작가 설야의 노정을 말함」

임화, 「단편소설의 조선적 특성」

최재서, 「성격에의 의욕」

김남천, 『대하』

국내   조선문인협회 결성(박영희·유진오·최재서·이광수 등 참
가. 1943년 朝鮮文人報國會로 개칭).

『人文評論』 창간.

국외   파나마선언(미주 제국의 중립선언) 발표.

1939.11 **비평·문학** 김기림, 「프로이드와 현대시」

서인식, 「게오르그 루카치 저 『역사문학론』 해설」

안함광, 「조선 문학의 진로」

임화, 「교양과 조선문단」

최재서, 「교양의 정신」

최재서, 「정신분석학과 현대문학」

최재서, 「소설과 민중」

신석정, 『촛불』

국내   외국인 입국체재 및 퇴거령 공포

총독부, 『조선일보』, 『동아일보』의 자진 폐간 요구.

1939.12 **비평·문학** 김남천, 「토픽중심으로 본 기묘년의 산문 문학」

김남천, 「성격과 편집광의 문제」

안함광, 「문학의 진실성과 허구성의 논리」

인정식, 「時局과 문화」

임화, 「창작계 1년」

최재서, 「평론계의 제문제」

유치환, 『청마시초』

국내   이관술·김삼룡 등, 서울 콤그룹 조직, 박헌영 가담.

1940.1 **비평·문학** 김기림, 「언어의 복잡성」

임화, 「리얼리즘의 변모─생활의 발견」

임화, 「조선 문학 연구의 일 과제」

최재서, 「현대소설 연구」

국내   총독부, 신년도 노무동원계획 결정(일본으로의 노동력 징발계

획 포함).

경성부, 식량배급조합 결성.

국외   중국 모택동, 「新民主主義論」 발표.

미국, 일본과 통상항해조약 폐기.

1940.2   **비평·문학**   김기림, 「과학으로서의 시학」

김남천, 「신진소설가들의 작품세계」

김동리, 「신세대의 문학정신」

안함광, 「문학상의 제문제」

이광수, 「국민문학의 의의-국가 最高理想의 표현」

최재서, 「가족사소설의 이념」

최재서, 「지성없는 문학은 誤算」

국내   경성·인천 간 시험등화관제 실시.

창씨개명 실시.

묘지규칙 개정(신고제를 허가제로 변경).

1940.3   **비평·문학**   신남철, 「전환기의 인간」

최재서, 「성격의 생성과 분열」

한설야, 「모색」

박팔양, 『麗水詩抄』

국내   국민협회 대표, 13도 도회의원 25명의 연판장을 가지고 조선의 참정권 청원 위해 동경으로 출발.

1940.4   **비평·문학**   김기림, 「시인의 세대적 한계」

김남천, 「관찰문학 소론」

인화, 「소설문학의 20년」

임화, 「생산소설론」

최재서, 「관념소설론」

채만식, 「냉동어」

국외   독일, 노르웨이 급습, 덴마크 무혈 점령.

1940.5   **비평·문학**   김기림, 「시와 과학과 회화」

김남천, 「체험적인 것과 관찰적인 것」

김동리, 「신세대의 정신」

안함광, 「문예비평의 전동과 전망」, 「문예비평의 현대적 윤리」

이태준, 「밤길」

국내 경성부민 식량배급에 매출표제 실시.

국외 영국, 처칠 연합내각(보수·노동·자유) 성립.

네덜란드 독일에 항복.

1940.6 **비평·문학** 김남천, 「명일에 기대하는 인간타입―성격의 피라미드 설」

안함광, 「순수문학시비」

임화, 「동경문단과 조선 문학」

임화, 「문화의 신대륙」

최재서, 「전쟁문학」

최재서, 「현대소설 연구」

국내 사탕배급제 실시.

국외 노르웨이, 독일에 항복.

독일, 파리에 무혈 입성.

일본 외상 大東亞 共榮圈 주장.

1940.7 **비평·문학** 김남천, 「아메리칸 리얼리즘의 교훈」

이광수, 「皇民化와 조선 문학」

국내 총독부, 학생의 만주·중국 여행 금함.

안동에서 훈민정음반포 당시 원본 발견.

국외 일본 각의, 大東亞 신질서 국방국가건설 방침 결정.

미국, 對日 원자재·군수품 수출 허가제 전환.

1940.8 **비평·문학** 김기림, 「시의 장래」

최재서, 「서사시, 로만스, 소설」

한설야, 『탑』(~1941.2)

국내 국민정신총동원조선연맹, 전시생활체제 강요(생활검소화, 6시 기상, 정오 묵도).

조선물산장려회 해산당함.

『동아일보』와 『조선일보』 강제 폐간.

11.1 이후 서양 영화 상영 금지 결정.

1940.9 **비평·문학** 김남천, 「소설문학의 現狀」

국내 학생 복장을 국방색으로 통일.

創氏신고자 총수 320만 116호(79.3%).

		重慶임시정부 한국광복군총사령부 설치.
	국외	이탈리아군, 리비아에서 이집트로 침입.
		일본군, 북부 프랑스령 인도차이나에 진주.
		일본·독일·이탈리아 3국동맹 성립.
1940.10	비평·문학	김기림, 「조선 문학의 반성」
		안함광, 「애수와 만심의 경향—8, 9월 창작평」
		임화, 「창조적 비평」
		김남천, 「경영」
		이기영, 『봄』(~1941.2)
	국내	조선문인협회원, 지원병훈련소 1일 입영.
	국외	일본, 大政翼贊會 성립.
1940.11	비평·문학	김남천, 「소설의 운명」
		芳村香道, 「신체제를 맞는 문학」
		안함광, 「로만논의의 제문제와 『고향』의 현대적 의의」
		최재서, 「전형기의 평론계」
		최재서, 「반성과 모색」
	국내	총력연맹, 전 애국반원에 미곡 공출 이행과 5억 원 저축운동 전개를 지시.
1940.12	비평·문학	임화, 『문학의 논리』
		임화, 「고전의 세계」
		최재서, 「아르바이트화의 경향」
	국내	국민총력 경성부연맹, 年賀·宴會·선물·여행 폐지 결정.